텐서플로로 배우는 딥러닝

텐서플로로 배우는 딥러닝

ISBN 978-89-314-5839-8

독자님의 의견을 받습니다.

이 책을 구입한 독자님은 영진닷컴의 가장 중요한 비평가이자 조언가입니다. 저희 책의 장점과 문제점이 무엇인지, 어떤 책이 출판되기를 바라는지, 책을 더욱 알차게 꾸밀 수 있는 아이디어가 있으면 팩스나 이메일, 또는 우편으로 연락주시기 바랍니다. 의견을 주실 때에는 책 제목 및 독자님의 성함과 연락처(전화번호나 이메일)를 꼭 남겨 주시기 바랍니다. 독자님의 의견에 대해 바로 답변을 드리고, 또 독자님의 의견을 다음 책에 충분히 반영하도록 늘 노력하겠습니다.

파본이나 잘못된 도서는 구입하신 곳에서 교환해 드립니다.

이메일 : support@youngjin.com

주 소 : (우)08507 서울시 금천구 가산디지털1로 128 STX-V타워 4층 401호
　　　　(주) 영진닷컴 기획1팀

저자 솔라리스 | **총괄** 김태경 | **진행** 김민경 | **내지 디자인** 지화경 | **표지 디자인** 한만오 | **영업** 박준용, 임용수 | **마케팅** 이승희, 김다혜, 김근주, 조민영 | **제작** 황장협 | **인쇄** 예림인쇄

텐서플로로 배우는 딥러닝

2016년 3월 15일, 인공지능 바둑 프로그램인 알파고가 인류 최고의 바둑기사인 이세돌을 상대로 4대1 승리를 거두었습니다. 많은 사람이 인공지능의 압도적인 능력에 충격을 받았고, 알파고 이후에 알파고의 핵심기술인 딥러닝, 머신러닝, 인공지능은 이제 해당 분야의 연구자들뿐만 아니라 일반 대중들도 스스럼없이 사용하는 용어가 되었습니다. 정부에서도 딥러닝 기술이 여러 산업군의 모습을 광범위하게 바꿔나갈 것이란 기대하에 "4차 산업혁명"이라는 표어를 내걸고 딥러닝, 인공지능 기술에 대한 막대한 지원을 약속하고 있습니다.

그렇다면 많은 사람이 미래에 필수적인 기술이 되리라 생각하는 딥러닝 기법을 잘 사용하기 위해서는 어떤 능력이 필요할까요? 딥러닝 기법을 잘 사용하기 위해서는 크게 4가지 능력이 필요합니다.

1. 딥러닝 기법의 이론적 배경이 되는 선형 대수, 확률 통계, 최적화 이론에 대한 수학적 이해
2. 기초적인 딥러닝 모델들(ANN, 오토인코더, CNN, RNN)에 대한 정확한 이해
3. 기초적인 딥러닝 모델들을 풀고자 하는 문제에 적용할 수 있는 응용 능력
4. 파이썬과 딥러닝 라이브러리(텐서플로)를 자유자재로 활용할 수 있는 프로그래밍 능력

· · ·

이 4가지 능력을 단시간 내에 모두 학습하는 것은 어려운 일입니다. 특히, 1권의 책만으로 이 4가지 능력을 모두 학습하는 것은 더욱 어려운 일입니다. 이런 이유로 시중에 있는 많은 딥러닝 책들은 살펴본 결과, 대부분의 책들이 이 4가지 항목 중 일부만을 다루고 있었습니다. 어떤 책은 텐서플로 라이브러리 설명(❹)에만 집중했고, 어떤 책은 딥러닝 기법의 수학적 이론(❶)에만 집중하고 있었습니다. 또한 대부분의 책들이 기초적인 MNIST 분류 예제를 뛰어넘는 딥러닝 기법을 실제 문제에 응용하는 방법(❸)을 다루고 있지 않았습니다.

따라서 이 책에서는 4가지 능력을 모두 키우기 위해서, 딥러닝의 배경이 되는 기초적인 수학적 이론들(❶)을 소개하고, 딥러닝 기초 모델들(ANN, 오토인코더, CNN, RNN)(❷)을 자세한 주석이 달린 텐서플로 예제코드(❹)와 함께 설명합니다. 또한, 기초 모델들을 설명한 이후에 기초 모델들을 응용한 심화 개념과 모델들(GAN, FCN, DQN)을 살펴봄으로써, 딥러닝 모델들을 실제 풀고자 하는 문제(Image Captioning, Semantic Image Segmentation)에 적용할 수 있는 응용 능력(❸)을 기를 수 있도록 집필하였습니다.

좀 더 구체적으로 이 책은 기존의 책들이 다루고 있지 않던 최신 논문 구현과 입문 레벨의 중간 지점을 지향했습니다. 그렇다고 기초 예제 코드를 건너뛰지는 않았기 때문에 이 책을 단계별로 따라가다 보면 자연스럽게 기초 레벨에서 심화 레벨로 넘어갈 수 있을 것입니다. 또한 1권의 책으로 딥러닝 이론과 텐서플로 라이브러리를 이용한 실제 구현을 모두 파악할 수 있도록 노력하였습니다.

책의 전반부에서는 딥러닝 알고리즘의 기본 구조인 ANN, 오토인코더, CNN, RNN을 다루고, 책의 중반부는 ANN, CNN, RNN 구조를 이미지 캡셔닝, Semantic Image Segmen-tation 문제에 어떻게 응용하는지를 설명합니다. 책의 후반부에는 최근에 인기 있는 주제인 생성 모델과 강화 학습의 개념을 살펴보고, 파인 튜닝과 사전 학습된 모델을 이용해서 실제 문제를 해결하는 방법을 배웁니다.

프로그래머라면 처음으로 내가 만든 프로그램이 제대로 동작했을 때의 짜릿한 순간을 기억할 것입니다. 딥러닝 모델을 만들고 내가 만든 모델이 생각대로 동작하는 모습을 바라보는 것은 프로그래밍을 할 때 느끼는 재미와 또 다른 짜릿한 재미입니다. 부디 이 책이 독자분들이 정말 재밌는 딥러닝의 세계로 빠져들 수 있는 계기가 된다면 저자로써 더 바랄 것이 없을 것입니다.

2018년 10월
에이아이스쿨 대표
솔라리스

TensorFlow 2.0 변화사항에 대한 요약 정리

2018년에 11월에 1쇄를 출판한 이후 많은 시간이 흘렀습니다. 먼저 3쇄를 찍을수 있도록 많은 호응을 보내주신 독자분들에게 감사의 말씀을 드립니다. 딥러닝은 아주 빠르게 발전하고 있는 분야이기 때문에 1쇄 출판 이후에도 수많은 기법과 아이디어들이 새롭게 제안되고 많은 변화가 이루어졌습니다.

그 중에서도 특히 중요한 변화는 2019년 9월 30일에 릴리즈된 TensorFlow 2.0 버전입니다.

TensorFlow 2.0은 그동안 TensorFlow 1.0 버전에서 불편하다고 생각되었던 많은 부분들을 개선하였습니다. 하지만 그로 인해 TensorFlow 1.0과 비교했을때 API 구조와 사용방법에 대대적인 변화가 발생했습니다. 중요한 변화들을 요약하면 아래와 같습니다.

Eager Execution의 기본 적용

TensorFlow 1.0의 경우, 그래프 생성과 그래프 실행을 분리하고, Lazy Evaluation 형태로 세션을 열고 그래프를 실행하는 시점에 실제값이 계산되는 구조였습니다. 이는 성능을 위한 선택이었지만 이로 인해 디버깅이 불편하고 직관적인 형태로 프로그래밍이 불가능하다는 점이 계속해서 문제점으로 지적되었습니다. 따라서 TensorFlow 2.0에서는 별도의 세션을 통한 실행없이 바로 그래프의 값을 계산할수 있는 Eager Execution 기능이 기본적으로 적용되었습니다. 따라서 모든 변수는 별도의 세션을 통한 실행없이 바로 계산됩니다.

전역적으로 처리되던 부분 삭제

TensorFlow 1.0의 경우 많은 부분이 암시적으로 전역적인 형태로 처리되고 있었습니다. 예를 들어 tf.Variable을 선언하면 전역 그래프에 선언한 tf.Variable이 추가되고, tf.global_variables_initializer() API를 호출하면 전역적으로 선언된 tf.Variable들에 초기값을 할당했었습니다. TensorFlow 2.0에서는 이렇게 전역적으로 처리되던 부분들을 삭제하여 동작의 명확성을 높였습니다.

tf.placeholder & tf.Session 삭제

Eager Execution이 기본적으로 적용됨에 따라 TensoFlow 2.0에서는 tf.Session API를 삭제하고 대신 일반적인 프로그래밍 방법론과 마찬가지로 함수를 통해서 값을 계산합니다. 또한 그래프의 입력을 지정하던 tf.placeholder API가 삭제되고 대신 그래프에 값을 직접 넘겨줍니다. TensorFlow 1.0 의 코드 작성법과 TensorFlow 2.0의 코드 작성법을 구체적인 예제를 통해 비교하면 아래와 같습니다.

```
1    # TensorFlow 1.X
2    outputs = session.run(f(placeholder), feed_dict={placeholder: input})
3
4    # TensorFlow 2.0
5    outputs = f(input)
```

좀 더 실제적인 예제 코드로 변경사항을 확인해보면 아래와 같습니다.

```
1    in_a = tf.placeholder(dtype=tf.float32, shape=(2))
2    in_b = tf.placeholder(dtype=tf.float32, shape=(2))
3
4
5    def forward(x):
6      with tf.variable_scope("matmul", reuse=tf.AUTO_REUSE):
7        W = tf.get_variable("W", initializer=tf.ones(shape=(2,2)),
8                        regularizer=tf.contrib.layers.l2_regularizer(0.04))
9        b = tf.get_variable("b", initializer=tf.zeros(shape=(2)))
10       return W * x + b
11
12
13   out_a = forward(in_a)
14   out_b = forward(in_b)
15
16
```

```
17
18    reg_loss = tf.losses.get_regularization_loss(scope="matmul")
19
20    with tf.Session() as sess:
21      sess.run(tf.global_variables_initializer())
22
23      outs = sess.run([out_a, out_b, reg_loss], feed_dict={in_a: [1, 0], in_b: [0,
      1]})
```

텐서플로 1.0 형태로 작성한 코드

```
1     W = tf.Variable(tf.ones(shape=(2,2)), name="W")
2     b = tf.Variable(tf.zeros(shape=(2)), name="b")
3
4
5     @tf.function
6     def forward(x):
7       return W * x + b
8
9
10    out_a = forward([1,0])
11    print(out_a)
```

텐서플로 2.0 형태로 작성한 코드

두 형태를 비교하면 TensorFlow 2.0에서 훨씬 간결하게 알고리즘을 구현할 수 있다는 사실을 알 수 있습니다.

구체적으로 살펴보면 아래와 같은 변경사항이 있습니다.

- 세션과 플레이스홀더를 삭제하였습니다.
- 변수들을 파이썬 객체로 생성하였습니다.
- forward 함수는 여전히 연산과정을 정의합니다.
- Session.run 호출로 실행하던 부분을 단순히 forward 함수를 호출하는 형태로 변경하였습니다.

v1과의 호환성 및 v2로 마이그레이션 방법

API가 대대적으로 변경됨에 따라서 기존의 TensorFlow 1.0에서 작성한 코드는 Tensor-Flow 2.0에서 동작하지 않습니다. 이런 문제를 해결하기 위해서 구글에서 v1 → v2 마이그레이션 가이드를 공개했습니다.

먼저 기존의 v1 코드를 그대로 사용하고자 할 경우 아래와 같이 compat 모듈을 이용해서 tensorflow 라이브러리를 임포트하고 v2의 기능을 disable하는 형태로 사용할 수 있습니다. (하지만 이렇게하더라도 tf.contrib 모듈은 삭제되어서 사용이 불가능합니다.)

```
import tensorflow.compat.v1 as tf
tf.disable_v2_behavior()
```

v1 형태의 코드를 v2 형태의 코드로 변경하고자 할때는 기존의 v1 코드에서 tf.placeholder와 tf.Session을 사용하던 부분을 삭제하고 파이썬 함수를 이용하는 형태로 전체 코드 구조를 변경해야 합니다. 더 자세한 내용은 텐서플로 홈페이지의 공식 마이그레이션 가이드*를 참조하세요.

tf_upgrade_v2 유틸리티를 이용한 v2 업그레이드 방법

수동으로 마이그레이션을 할 경우, 변경과정에 많은 시간이 걸리고 마이그레이션 도중에 실수를 할 수도 있습니다. 따라서 구글에서는 v1 텐서플로 코드를 v2에 호환되는 형태로 자동으로 변경해주는 tf_upgrade_v2라는 유틸리티를 제공합니다.

하나의 파이썬 스크립트를 v1에서 v2에 호환되는 형태로 변경할때 tf_upgrade_v2 유틸리티 사용법은 다음과 같습니다.

---

* https://www.tensorflow.org/guide/migrate?hl=ko

```
tf_upgrade_v2 ₩
--infile models/samples/cookbook/regression/custom_regression.py ₩
--outfile /tmp/custom_regression_v2.py
```

명령어의 인자^{argument}로 지정할수 있는 값에 대한 설명은 아래와 같습니다.

- infile : v2로 변경할 v1 텐서플로 코드로 작성된 py 파일 경로를 지정합니다. (위 예제의 경우, models/samples/cookbook/regression/custom_regression.py 라는 경로로 지정)
- outfile : v1 텐서플로 코드가 v2에 호환되는 형태로 변경된 py 파일이 저장될 파일 경로를 지정합니다. (위 예제의 경우, /tmp/custom_regression_v2.py 라는 경로로 지정)

만약 폴더째로 변경하고 싶을때는 아래와 같이 사용하면 됩니다.

```
tf_upgrade_v2 ₩
--intree my_project/ ₩
--outtree my_project_v2/ ₩
--reportfile report.txt
```

명령어의 인자^{argument}로 지정할수 있는 값에 대한 설명은 아래와 같습니다.

- intree : v2로 변경할 v1 텐서플로 코드로 작성된 py 파일들이 저장된 폴더 경로를 지정합니다. (위 예제의 경우, my_project라는 폴더로 지정)
- outtree : v1 텐서플로 코드가 v2에 호환되는 형태로 변경된 py 파일들이 저장될 폴더 경로를 지정합니다. (위 예제의 경우, my_project_v2라는 폴더로 지정)
- reportfile : v1 API를 v2 API로 변경한 사항들을 정리한 리포트 파일을 저장할 파일명을 지정합니다. (위 예제의 경우, report.txt라는 파일로 지정)

리포트 파일의 예시는 다음과 같습니다.

```
'tensorflow/tools/compatibility/testdata/test_file_v1_12.py' Line 65
------------------------------------------------------------------

Added keyword 'input' to reordered function 'tf.argmax'
Renamed keyword argument from 'dimension' to 'axis'

    Old:      tf.argmax([[1, 3, 2]], dimension=0))
              ~~~~~~~~~~
    New:      tf.argmax(input=[[1, 3, 2]], axis=0))
```

단, tf_upgrade_v2 유틸리티는 v1 API를 v2와 호환되는 API 형태로 변경해줄뿐, 전체 코드 구조를 v2에 적합한 형태로 변경해주는 것은 아니므로 전체 코드 구조를 v2에 적합한 스타일로 변경하고자 할 경우, 수동으로 마이그레이션을 진행해야만합니다.

tf_upgrade_v2 유틸리티에 대한 더 자세한 설명은 텐서플로 공식 홈페이지를 참조하세요.

Keras Subclassing을 이용한 모델 구현

기존 TensorFlow 1.0에서도 케라스^{Keras}를 이용하여 하이레벨^{High-level} API를 이용한 형태로 모델을 구현할 수 있었습니다. 케라스를 이용할 경우 더욱 간결한 형태로 모델을 구현할 수 있다는 장점이 있습니다. 따라서 TensorFlow 2.0에서는 되도록 케라스를 사용해서 모델을 구현하는 것을 장려하고 있습니다.

TensorFlow 2.0에서 추천하는 모델 구현 방법은 아래와 같습니다.

① tf.keras.Model을 상속받는 class를 정의합니다.

② class의 생성자(__init__)에 모델 구조 정의를 위한 연산들(예를 들어, convolution layer, pooling layer, fully connected layer 등)을 tf.keras.layers API를 이용해서 정의합니다.

③ class의 호출부(call)에서 인자값^{argument}으로 인풋 데이터를 받고, 생성자 부분에서 정의한 연산들을 통해서 모델의 아웃풋을 계산한 다음 반환합니다.

이와 같이 tf.keras.Model class를 상속받아서 구현하는 형태를 **서브클래싱**Subclassing이라고 부릅니다. 좀 더 구체적인 예제로 MNIST 분류를 위한 CNN 모델을 서브클래싱 형태로 구현하면 아래와 같습니다.

```
1    # tf.keras.Model을 이용해서 CNN 모델을 정의합니다.
2    class CNN(tf.keras.Model):
3      def __init__(self):
4
5        super(CNN, self).__init__()
6        # 첫번째 Convolution Layer
7        # 5x5 Kernel Size를 가진 32개의 Filter를 적용합니다.
8        self.conv_layer_1 = tf.keras.layers.Conv2D(filters=32, kernel_size=5,
9        strides=1, padding='same', activation='relu')
10       self.pool_layer_1 = tf.keras.layers.MaxPool2D(pool_size=(2, 2),
11       strides=2)
12
13
14       # 두번째 Convolutional Layer
15       # 5x5 Kernel Size를 가진 64개의 Filter를 적용합니다.
16       self.conv_layer_2 = tf.keras.layers.Conv2D(filters=64, kernel_size=5,
17       strides=1, padding='same', activation='relu')
18       self.pool_layer_2 = tf.keras.layers.MaxPool2D(pool_size=(2, 2),
19       strides=2)
20
21
22       # Fully Connected Layer
23       # 7x7 크기를 가진 64개의 activation map을 1024개의 특징들로 변환합니다.
24       self.flatten_layer = tf.keras.layers.Flatten()
25       self.fc_layer_1 = tf.keras.layers.Dense(1024, activation='relu')
26
27
28       # Output Layer
29       # 1024개의 특징들(feature)을 10개의 클래스-one-hot encoding으로 표현된 숫자
30       0~9-로 변환합니다.
```

```
33        self.output_layer = tf.keras.layers.Dense(10, activation=None)
34    def call(self, x):
35        # MNIST 데이터를 3차원 형태로 reshape합니다. MNIST 데이터는 grayscale 이미
36        지기 때문에 3번째차원(컬러채널)의 값은 1입니다.
37
38        x_image = tf.reshape(x, [-1, 28, 28, 1])
39        # 28x28x1 -> 28x28x32
40        h_conv1 = self.conv_layer_1(x_image)
41        # 28x28x32 -> 14x14x32
42
43        h_pool1 = self.pool_layer_1(h_conv1)
44        # 14x14x32 -> 14x14x64
45        h_conv2 = self.conv_layer_2(h_pool1)
46        # 14x14x64 -> 7x7x64
47
48        h_pool2 = self.pool_layer_2(h_conv2)
49        # 7x7x64(3136) -> 1024
50        h_pool2_flat = self.flatten_layer(h_pool2)
51        h_fc1 = self.fc_layer_1(h_pool2_flat)
52
53        # 1024 -> 10
54        logits = self.output_layer(h_fc1)
55        y_pred = tf.nn.softmax(logits)
56
57
58
59        return y_pred, logits
60
61
```

tf.keras.Model을 상속받은 클래스에서 trainable_variables getter를 호출하면 대응되는 tf.Variable 리스트를 반환 받을 수 있습니다. 따라서 손실 함수에 대한 각각의 파라미터의 **경사도**Gradient를 구해서 **경사하강법**Gradient Descent 으로 파라미터를 갱신하는 코드는 다음과 같이 작성할 수 있습니다.

```
1   # 최적화를 위한 function을 정의합니다.
2   @tf.function
3   def train_step(model, x, y):
4     with tf.GradientTape() as tape:
5       y_pred, logits = model(x)
6       loss = cross_entropy_loss(logits, y)
7     gradients = tape.gradient(loss, model.trainable_variables)
8     optimizer.apply_gradients(zip(gradients, model.trainable_variables))
9
10
```

MNIST 분류를 위한 CNN 모델을 TensorFlow 2.0 형태로 구현한 전체 코드는 아래와 같습니다.*

```
1    import tensorflow as tf
2
3    # MNIST 데이터를 다운로드 합니다.
4    (x_train, y_train), (x_test, y_test) = tf.keras.datasets.mnist.load_data()
5    # 이미지들을 float32 데이터 타입으로 변경합니다.
6    x_train, x_test = x_train.astype('float32'), x_test.astype('float32')
7    # 28*28 형태의 이미지를 784차원으로 flattening 합니다.
8    x_train, x_test = x_train.reshape([-1, 784]), x_test.reshape([-1, 784])
9    # [0, 255] 사이의 값을 [0, 1]사이의 값으로 Normalize합니다.
10   x_train, x_test = x_train / 255., x_test / 255.
11   # 레이블 데이터에 one-hot encoding을 적용합니다.
12   y_train, y_test = tf.one_hot(y_train, depth=10), tf.one_hot(y_test, depth=10)
13
14
15   # tf.data API를 이용해서 데이터를 섞고 batch 형태로 가져옵니다.
16   train_data = tf.data.Dataset.from_tensor_slices((x_train, y_train))
17   train_data = train_data.repeat().shuffle(60000).batch(50)
18   train_data_iter = iter(train_data)
19
20
21
22
```

* https://github.com/solaris33/deep-learning-tensorflow-book-code/blob/master/Ch07-CNN/mnist_classification_using_cnn_v2_keras.py

```python
23
24     # tf.keras.Model을 이용해서 CNN 모델을 정의합니다.
25
26     class CNN(tf.keras.Model):
27       def __init__(self):
28
29         super(CNN, self).__init__()
30         # 첫번째 Convolution Layer
31         # 5x5 Kernel Size를 가진 32개의 Filter를 적용합니다.
32
33         self.conv_layer_1 = tf.keras.layers.Conv2D(filters=32, kernel_size=5,
34         strides=1, padding='same', activation='relu')
35
36         self.pool_layer_1 = tf.keras.layers.MaxPool2D(pool_size=(2, 2), strides=2)
37
38         # 두번째 Convolutional Layer
39         # 5x5 Kernel Size를 가진 64개의 Filter를 적용합니다.
40
41         self.conv_layer_2 = tf.keras.layers.Conv2D(filters=64, kernel_size=5,
42         strides=1, padding='same', activation='relu')
43         self.pool_layer_2 = tf.keras.layers.MaxPool2D(pool_size=(2, 2), strides=2)
44
45
46         # Fully Connected Layer
47         # 7x7 크기를 가진 64개의 activation map을 1024개의 특징들로 변환합니다.
48         self.flatten_layer = tf.keras.layers.Flatten()
49
50         self.fc_layer_1 = tf.keras.layers.Dense(1024, activation='relu')
51
52
53         # Output Layer
54         # 1024개의 특징들(feature)을 10개의 클래스-one-hot encoding으로 표현된 숫자
55         0~9-로 변환합니다.
56
57         self.output_layer = tf.keras.layers.Dense(10, activation=None)
58
59     def call(self, x):
60         # MNIST 데이터를 3차원 형태로 reshape합니다. MNIST 데이터는 grayscale 이미지
61         기 때문에 3번째차원(컬러채널)의 값은 1입니다.
62
```

```python
63      x_image = tf.reshape(x, [-1, 28, 28, 1])
64      # 28x28x1 -> 28x28x32
65
66      h_conv1 = self.conv_layer_1(x_image)
67      # 28x28x32 -> 14x14x32
68      h_pool1 = self.pool_layer_1(h_conv1)
69      # 14x14x32 -> 14x14x64
70
71      h_conv2 = self.conv_layer_2(h_pool1)
72      # 14x14x64 -> 7x7x64
73      h_pool2 = self.pool_layer_2(h_conv2)
74
75      # 7x7x64(3136) -> 1024
76      h_pool2_flat = self.flatten_layer(h_pool2)
77      h_fc1 = self.fc_layer_1(h_pool2_flat)
78      # 1024 -> 10
79
80      logits = self.output_layer(h_fc1)
81      y_pred = tf.nn.softmax(logits)
82
83
84      return y_pred, logits
85
86
87  # cross-entropy 손실 함수를 정의합니다.
88  @tf.function
89  def cross_entropy_loss(logits, y):
90    return tf.reduce_mean(tf.nn.softmax_cross_entropy_with_
91  logits(logits=logits, labels=y))
92
93
94  # 최적화를 위한 Adam 옵티마이저를 정의합니다.
95  optimizer = tf.optimizers.Adam(1e-4)
96
97  # 최적화를 위한 function을 정의합니다.
98
99  @tf.function
100 def train_step(model, x, y):
101   with tf.GradientTape() as tape:
102
```

```python
103         y_pred, logits = model(x)
104         loss = cross_entropy_loss(logits, y)
105     gradients = tape.gradient(loss, model.trainable_variables)
106
107     optimizer.apply_gradients(zip(gradients, model.trainable_variables))
108
109 # 모델의 정확도를 출력하는 함수를 정의합니다.
110 @tf.function
111
112 def compute_accuracy(y_pred, y):
113     correct_prediction = tf.equal(tf.argmax(y_pred,1), tf.argmax(y,1))
114
115     accuracy = tf.reduce_mean(tf.cast(correct_prediction, tf.float32))
116
117     return accuracy
118
119
120 # Convolutional Neural Networks(CNN) 모델을 선언합니다.
121 CNN_model = CNN()
122
123
124 # 10000 Step만큼 최적화를 수행합니다.
125 for i in range(10000):
126     # 50개씩 MNIST 데이터를 불러옵니다.
127
128     batch_x, batch_y = next(train_data_iter)
129     # 100 Step마다 training 데이터셋에 대한 정확도를 출력합니다.
130     if i % 100 == 0:
131
132         train_accuracy = compute_accuracy(CNN_model(batch_x)[0], batch_y)
133         print("반복(Epoch): %d, 트레이닝 데이터 정확도: %f" % (i, train_accuracy))
134     # 옵티마이저를 실행해 파라미터를 한스텝 업데이트합니다.
135     train_step(CNN_model, batch_x, batch_y)
136
137
138 # 학습이 끝나면 학습된 모델의 정확도를 출력합니다.
139 print("정확도(Accuracy): %f" % compute_accuracy(CNN_model(x_test)[0], y_
    test))
```

TensorFlow 2.0 학습자료 – tensorflow/models/official

구글에서 새롭게 릴리즈된 TensorFlow 2.0 스타일로 코드를 작성하는 방법을 학습할 수 있도록 TensorFlow 2.0으로 구현한 다양한 최신논문 구현체들을 아래 깃허브 저장소에 공개하였습니다.

https://github.com/solaris33/deep-learning-tensorflow-book-code

---

📖 README.md

 TensorFlow Model Garden

TensorFlow Official Models

The TensorFlow official models are a collection of models that use TensorFlow's high-level APIs. They are intended to be well-maintained, tested, and kept up to date with the latest TensorFlow API.

They should also be reasonably optimized for fast performance while still being easy to read. These models are used as end-to-end tests, ensuring that the models run with the same or improved speed and performance with each new TensorFlow build.

More models to come!

The team is actively developing new models. In the near future, we will add:

- State-of-the-art language understanding models: More members in Transformer family
- Start-of-the-art image classification models: EfficientNet, MnasNet, and variants
- A set of excellent objection detection models.

Table of Contents

- Models and Implementations
  - Computer Vision
    - Image Classification
    - Object Detection and Segmentation
  - Natural Language Processing

따라서 위 깃허브 저장소에 있는 코드들을 참고하면, 구글의 공식 코드를 통해 최신 TensorFlow 2.0 스타일로 코드를 작성하는 방법을 학습할 수 있습니다.

TensorFlow 2.0을 이용한 알고리즘 구현의 2가지 방식
– beginner style, expert style

TensorFlow 2.0을 이용해서 딥러닝 알고리즘을 구현하는 방법은 크게 2가지 방식으로 나뉠 수 있습니다.

한 가지 방식은 beginner style로 초심자를 위한 구현 형태입니다. 이는 케라스에서 제공하는 compile과 fit API를 이용한 하이레벨High-level 방식의 구현으로 손쉽게 딥러닝 알고리즘을 구현할 수 있다는 장점이 있습니다. 하지만 알고리즘의 디테일한 부분을 직접 컨트롤할 수 없어서 자유도가 떨어진다는 단점이 있습니다.

또다른 방식은 expert style로 전문가를 위한 구현형태입니다. 이는 위에 언급한 서브클래싱을 이용해서 모델을 구현하고, 직접 경사하강법으로 파라미터를 갱신하는 코드를 작성합니다. 일종의 로우레벨Low-level 방식의 구현으로 이렇게 할 경우, 코드를 조금더 많이 작성해야한다는 단점이 있지만, 알고리즘의 디테일한 부분을 직접 컨트롤 할 수 있다는 장점이 있습니다.

....

*   https://www.tensorflow.org/overview

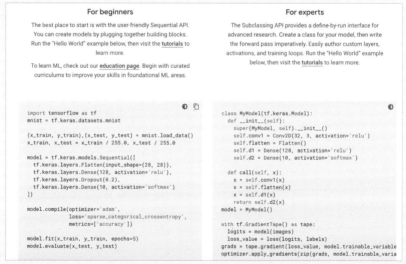

beginner style 구현과 expert style 구현

두 방식 모두 각각의 장단점이 있기 때문에 필요에 따라 적합한 방식으로 딥러닝 알고리즘을 구현하면 됩니다.

TensorFlow 2.0 예제 코드 추가

이처럼 많은 변경이 이루어진 TensorFlow 2.0을 이용한 알고리즘 구현 방법을 독자분들이 학습하실 수 있도록 책에서 사용하는 소스 코드를 모아놓은 아래 GitHub 저장소에 TensorFlow 2.0 관련 예제 코드를 추가하였습니다.

https://github.com/solaris33/deep-learning-tensorflow-book-code

Chapter 2 - 텐서플로우 소개

- 텐서플로우 설치 체크 (Code) (TF v2 Code)

Chapter 3 - 텐서플로우 기초와 텐서보드

- 텐서플로우 기초 – 그래프 생성과 그래프 실행 (Code) (TF v2 Code)
- 플레이스홀더 (Code) (TF v2 Code)
- 선형 회귀(Linear Regression) 알고리즘 (Code) (TF v2 Code)
- 선형 회귀(Linear Regression) 알고리즘 + 텐서보드(TensorBoard) (Code) (TF v2 Code) (TF v2 Keras Code)

Chapter 4 - 머신러닝 기초 이론들

- 소프트맥스 회귀(Softmax Regression)를 이용한 MNIST 숫자분류기 (Code) (TF v2 Code) (TF v2 Keras Code)
- tf.nn.sparse_softmax_cross_entropy_with_logits API를 사용한 소프트맥스 회귀(Softmax Regression)를 이용한 MNIST 숫자분류기 (Code) (TF v2 Code)

Chapter 5 - 인공신경망(Artificial Neural Networks) - ANN

- ANN을 이용한 MNIST 숫자분류기 구현 (Code) (TF v2 Code) (TF v2 Keras Code)

Chapter 6 - 오토인코더(Autoencoder)

- 오토인코더를 이용한 MNIST 데이터 재구축 (Code) (TF v2 Code) (TF v2 Keras Code)

(Code)라는 별칭을 가진 링크를 누르면 TensorFlow 1.0을 이용해서 알고리즘을 구현한 코드를 확인할 수 있습니다. (TF v2 Code)라는 별칭을 가진 링크를 클릭하면 동일한 알고리즘을 TensorFlow 2.0 API를 이용해서 구현한 코드를 확인할 수 있습니다. 마지막으로 (TF v2 Keras Code)라는 별칭을 클릭하면 동일한 알고리즘은 TensorFlow 2.0과 Keras API를 이용해서 구현한 코드를 확인할 수 있습니다. TensorFlow 2.0에서는 keras API를 이용한 구현을 장려하고 있습니다. 따라서 될 수 있으면 (TF v2 Keras Code)라는 별칭을 클릭해서 나오는 코드들을 참조해서 학습하시길 바랍니다.

모쪼록 해당 예제코드가 독자분들이 최신 TensorFlow 2.0을 학습하는데 도움이 되길바랍니다.

2020년 8월
에이아이스쿨 대표
솔라리스

목차

④ 머신러닝 기초 이론들

⑤ 인공신경망(ANN)

예제파일 다운로드

책에 등장하는 예제 파일은 다음 주소에서 확인하시기 바랍니다.

https://github.com/solaris33/deep-learning-tensorflow-book-code

소스 코드 다운하기를 원하신다면,
GitHub에서 사이트 오른쪽에 [Clone or Download] 버튼을 클릭 후, 팝업에서 [Download Zip] 버튼을 클릭하면 zip 파일로 전체 소스 코드를 다운받을 수 있습니다.

CHAPTER

1

인공지능, 머신러닝, 딥러닝 소개

인공지능, 머신러닝, 딥러닝 소개

1.1 딥러닝 알고리즘의 등장 배경

이 책의 메인 주제인 **딥러닝**Deep Learning은 **머신러닝**Machine Learning이라는 학문 분야 방법론 중 하나를 뜻합니다. 딥러닝은 머신러닝의 여러 방법론 중에서 **인공신경망**Artificial Neural Networks(ANN)을 여러 층 쌓아 올린 기법을 의미합니다. 인공신경망을 깊게Deep 쌓아 올려 학습하기 때문에 딥러닝이라고 불리게 되었습니다.

머신러닝은 컴퓨터 공학의 주요 연구분야 중 하나로 **"데이터를 이용해서 컴퓨터가 어떤 지식이나 패턴을 학습하는 것"**이라고 정의됩니다. 더 엄밀한 정의로는 1998년에 톰 미첼Tom Mitchell 교수가 제안한 정의가 있습니다. 톰 미첼 교수는 머신러닝을 "어떤 문제Task T에 관련된 경험Experience E로부터 성과 측정 지표Performance Measure P를 가지고 학습Learn을 진행하는 컴퓨터 프로그램을 말한다. 이때 문제 T에 대한 성과는 P로 측정되고, 경험 E로부터 개선을 진행한다."라고 정의하였습니다.

톰 미첼 교수의 정의에 따르면 모든 머신러닝 문제는 T, P, E를 이용해 정의 될 수 있습니다. 예를 들어, 어떤 이메일이 스팸인지 아닌지 분류하는 스팸 필터 프로그램을 머신러닝 기법을 이용해서 만드는 상황을 가정하면 이때 T, P, E는 다음과 같이 정의 될 수 있습니다.

T : 이메일이 스팸인지 아닌지 분류^{Classify}한다.
E : 스팸 필터가 레이블링한^{Labeling} 이메일이 스팸인지 아닌지를 관찰한다.
P : 이메일이 스팸인지 아닌지 정확히 분류한 개수 혹은 비율

머신러닝은 다시 **인공지능 AI**^{Artificial Intelligence}라는 좀 더 큰 연구분야의 방법론 중 하나입니다. 인공지능은 컴퓨터가 인간과 같은 지능적인 행동을 할 수 있게 해주는 기법들을 연구하는 분야입니다. 인공지능의 다양한 기법 중에서 머신러닝은 데이터를 이용해서 컴퓨터를 학습키는 기법입니다. 하지만 인공지능의 다른 기법 중에는 데이터를 이용하지 않고 인간이 미리 정의한 논리 구조에 따라 컴퓨터가 행동하도록 만드는 기법도 있습니다.

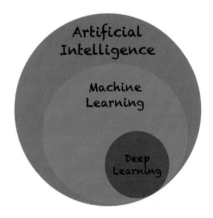

그림 1-1 | 인공지능, 머신러닝, 딥러닝

이처럼 최근에 엄청난 붐을 일으키고있는 딥러닝 알고리즘은 갑자기 등장한 것이 아니라 많은 사람들이 장시간에 걸쳐서 연구한 인공지능 연구 결과들을 토대로 등장하였습니다. 게다가 딥러닝 알고리즘의 근간인 인공신경망 기법은 이미 1980년대부터 활발히 연구되고 실제로 다양한 산업군에 사용되어 왔습니다. 그렇다면 최근에 딥러닝 알고리즘이 갑자기 주목받게 된 이유는 무엇일까요? 많은 사람들은 그 이유로 3가지를 꼽습니다.

❶ 쉽게 빅데이터를 구할 수 있게 된 환경 조성
❷ GPU를 필두로한 컴퓨팅 파워의 발전
❸ 새로운 딥러닝 알고리즘의 개발

머신러닝 알고리즘이 잘 학습되기 위해서는 대량의 데이터가 필요합니다. 하지만 인터넷이 존재하지 않았던 1980년대에는 대량의 데이터를 구하는 것이 쉬운 일이 아니었습니다. 하지만 인터넷이 등장하고 인간 행동의 많은 부분이 웹상에서 이루어지면서 대량의 데이터를 구하는 것이 손쉬워졌고 대량의 데이터, 다른 말로 **빅데이터**BigData를 이용해서 머신러닝 알고리즘을 학습시킬 수 있는 환경이 조성되었습니다.

하지만 빅데이터가 있더라도 컴퓨터의 연산 속도가 충분히 빠르지 않다면 이는 무용지물일 것입니다. 예를 들어 빅데이터를 학습시키기 위해 1년의 학습 시간이 필요하다면 아무리 성능이 좋은 알고리즘이라도 실제 문제에 적용하기에는 무리일 것입니다. 하지만 최근에 GPU를 이용한 병렬 처리 연산이 발전하면서 대량의 데이터를 빠른 시간에 처리할 수있게 되었습니다.

마지막으로 새로운 딥러닝 알고리즘들이 개발되었습니다. 앞으로 배우겠지만, 데이터가 많고 연산을 충분히 빠르게 처리할 수 있더라도 **오버피팅**Overfitting 문제 때문에 머신러닝 알고리즘이 좋은 성능을 보여주지 못했습니다. 하지만 최근에 오버피팅 문제를 해결하기 위해서 ReLU, Dropout 등 다양한 기법들이 새롭게 제안되었습니다.

그림 1-2 | 딥러닝 알고리즘이 주목받게 된 3가지 이유

이 3가지 이유로 인해서 딥러닝 알고리즘은 기존의 인공지능 기법들을 **월등히 뛰어넘은 성능**을 보여주게 되었습니다. 따라서 다른 기법들을 연구하던 많은 인공지능 연구자들도 딥러닝 알고리즘의 가능성에 매료되어 딥러닝을 연구하는 것으로 연구방향을 전환하기도 했습니다.

그렇다면 딥러닝 알고리즘은 어떻게 다른 머신러닝 기법들보다 좋은 성능을 보여줄 수 있을까요? 딥러닝 알고리즘은 인공신경망을 깊게 쌓아 올립니다. 깊게 쌓아 올림으로써 얻는 효과는 **데이터의 특징을 단계별로 학습**할 수 있다는 점입니다. 그림 1-3은 이미지 분류 문제를 수행할 때 깊은 인공신경망의 각 층들이 어떤 특징을 학습하는지 보여줍니다. 깊은 인공신경망의 낮은 층은 이미지의 픽셀, 선 등의 **저차원 특징**Low-Level Feature을 학습합니다.

하지만 높은 층에서는 눈, 코, 입, 얼굴과 같은 **고차원 특징**High-Level Feature을 학습하게 됩니다. 최종적으로 출력층에서는 이들 특징들을 종합해서 최종 판단을 내리게 됩니다.

> **MEMO**
>
> **저차원 특징과 고차원 특징이란?**
>
> 저차원 특징은 선, 픽셀 밝기 등을 말하고, 고차원 특징은 물체 등을 뜻합니다. 저차원 특징은 전체 이미지의 일부분에 대응되는 특징이기 때문에 전체 이미지를 해석할 수 있는 의미 정보를 많이 포함하고 있지 않지만, 고차원 특징은 전체 이미지에 대한 의미 정보를 상대적으로 많이 포함하고 있습니다.
>
> 따라서, 고차원 특징을 이용할 경우 사람이 이미지를 보고 어떤 인지적 판단(예를 들어, 이 이미지는 사람 얼굴에 대한 이미지이고, 이 사람은 남자이다.)을 내리는 것처럼, 컴퓨터도 사람처럼 고차원적인 인지 활동을 할 수 있습니다. 따라서 인지 활동과 같은 복잡한 문제를 해결하고자 할 때는 고차원 특징이 저차원 특징보다 훨씬 유용합니다.

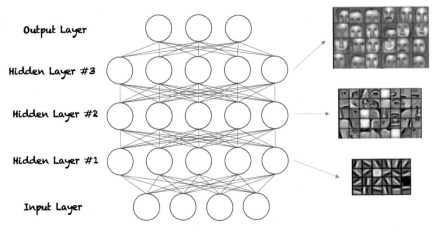

그림 1-3 | 딥러닝 알고리즘의 단계별 특징 학습

이런 식으로 데이터의 특징을 단계별로 학습하기 때문에 딥러닝을 **표현 학습**Representation Learning이라고도 부릅니다. 데이터의 특징을 잘 나타낼 수 있는 표현을 학습하는 것은 딥러닝 뿐만 아니라 모든 머신러닝 알고리즘의 핵심입니다. 데이터의 특징을 잘 학습하면 학습한 특징을 이용해서 알고리즘이 더 좋은 성능을 낼 수 있습니다.

머신러닝 외에 다른 전통적인 기법들은 데이터의 특징들을 연구자들이 고민을 통해서 제안한 알고리즘을 통해 추출했습니다. 이렇게 추출한 특징을 연구자들의 손으로 추출했다고 하여 **Hand-Crafted Feature(손으로 정제한 특징)**라고 부릅니다. 이에 반해 머신러닝 알고리즘으로 추출한 특징은 학습 과정에서 자동으로 특징이 추출되기 때문에 **Learned**

Feature(학습된 특징)이라고 합니다.

그렇다면 머신러닝 알고리즘을 사용하는 것이 모든 상황에서 최선의 선택일까요? 머신러닝 알고리즘을 수행하기 위해서는 대량의 데이터를 수집하는 과정이 선행되어야만 합니다. 따라서 데이터를 충분히 확보할 수 없는 상황에서는 오히려 Hand-Crafted Feature를 사용하는 전통적인 방법론들이 더 좋은 성능을 보여줄 수 있습니다. 따라서 자신이 풀고자 하는 문제와 상황을 고려해서 적절한 알고리즘을 선택하는 것이 중요합니다.

마지막으로 머신러닝 알고리즘의 분류 방법을 살펴봅시다. 머신러닝 알고리즘은 학습 방법에 따라 크게 3가지로 분류될 수 있습니다. 그 3가지는 지도 학습, 비지도 학습, 강화 학습입니다. 다음 장에서는 각각의 기법들이 무엇인지 살펴봅시다.

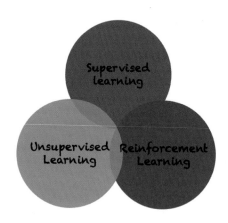

그림 1-4 | 머신러닝 알고리즘의 3가지 분류

1.2 지도 학습Supervised Learning

지도 학습 Supervised Learning은 정답 데이터가 존재하는 상황에서 학습하는 알고리즘입니다. 좀 더 엄밀하게 정의하면 **입력 데이터 x와 그에 대한 정답 레이블**Label **y의 쌍**Pair **(x, y)**를 이용해서 학습하는 알고리즘입니다. 예를 들어, 그림 1-5와 같은 28×28 크기의 이미지인 MNIST 데이터셋이 있으면 이를 이용해 학습을 진행할 때, 지도 학습의 트레이닝 데이터셋Training Set은 다음과 같이 구성될 것입니다.

(0을 나타내는 28×28 이미지, 0), (7을 나타내는 28×28 이미지, 7), (6을 나타내는 28×

28 이미지, 6), (0을 나타내는 28×28 이미지, 0), …

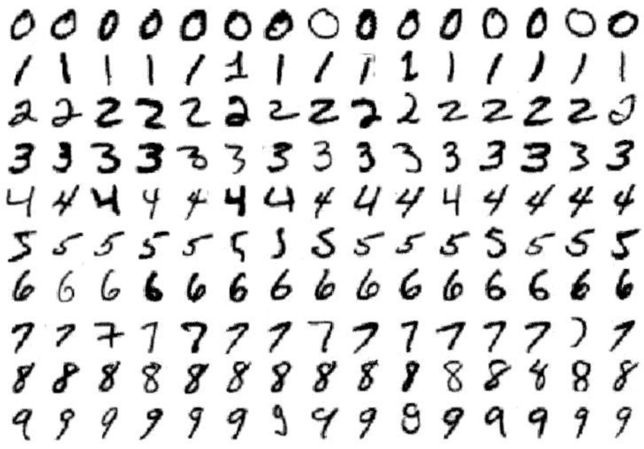

그림 1-5 | MNIST 숫자 분류 데이터

이렇게 구성된 트레이닝 데이터셋으로 학습이 끝나면 레이블이 지정되지 않은 테스트 데이터셋Test Set을 이용해서, 학습된 알고리즘이 얼마나 정확히 예측Prediction하는지 측정할 수 있습니다.

예를 들어서,

(4를 나타내는 28×28 이미지)

를 학습된 분류기에 집어넣으면, 올바르게 4를 예측하는지 아니면 3이나 5와 같은 잘못된 레이블을 예측하는지 측정할 수 있습니다.

이때 예측하는 결과값이 이산값Discrete Value이면 **분류**Classification 문제(이 이미지에 해당하는 숫자는 1인가 2인가?), 예측하는 결과값이 연속값Continuous Value이면 **회귀**Regression 문제(3개월 뒤 이 아파트 가격은 2억1천만 원일 것인가? 2억2천만 원일 것인가?)라고 합니다.

딥러닝에서 지도 학습으로 방법론으로 주로 사용되는 구조는 CNNConvolutional Neural Networks, RNNRecurrent Neural Networks입니다.

1.3 비지도 학습^{Unsupervised Learning}

비지도 학습^{Unsupervised Learning}은 정답 레이블 y 없이 **입력 데이터 x만을 이용해서 학습**하는 알고리즘입니다. 즉, **입력 데이터 (x) 형태**로 학습을 진행합니다. 비지도 학습은 지도 학습과 목적이 조금 다릅니다. 지도 학습의 목적이 어떤값에 대한 예측을 수행하는 것이라면 비지도 학습은 **데이터의 숨겨진 특징**^{Hidden Feature}**을 찾아내는 것**에 목적이 있습니다.

예를 들어, 그림 1-6을 보면 왼쪽 그림처럼 데이터가 무작위로 분포되어 있을 때, 비지도 학습의 일종인 클러스터링^{Clustering} 알고리즘을 이용하면 오른쪽 그림과 같이 비슷한 데이터들끼리 3개의 그룹으로 묶을수 있습니다.

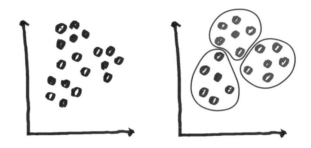

그림 1-6 | 클러스터링 알고리즘 적용 전후 (좌 : 적용 전, 우 : 적용 후)

비지도 학습은 단독으로 사용하기보다는 비지도 학습으로 파악한 데이터의 숨겨진 특징을 원본 데이터 대신 지도 학습의 인풋 데이터로 활용해서 지도 학습의 성능을 더욱 끌어올리는 용도로 많이 활용합니다.

대표적인 비지도 학습의 방법론으로는 주성분 분석^{Principal Component Analysis(PCA)}이 있고 딥러닝에서 비지도 학습을 위해 많이 사용되는 구조는 오토인코더^{Autoencoder}입니다.

1.4 강화 학습^{Reinforcement Learning}

강화 학습^{Reinforcement Learning}은 앞서 살펴본 지도 학습과 비지도 학습과는 학습하는 방법이 조금 다른 기법입니다. 앞서 살펴본 알고리즘들은 데이터가 이미 주어진 정적인 상태^{Static Environment}에서 학습을 진행했다면, 강화 학습은 에이전트^{Agent}가 주어진 환경^{State}에서 어떤 행동^{Action}을 취하고 이에 대한 보상^{Reward}을 얻으면서 학습을 진행합니다.

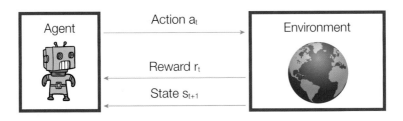

Reinforcement Learning Setup

그림 1-7 | 강화 학습의 기본 구성 요소

이때 에이전트는 보상(Reward)을 최대화(Maximize)하도록 학습을 진행합니다. 즉, 강화 학습은 동적인 상태(Dynamic Environment)에서 데이터를 수집하는 과정까지 학습 과정에 포함되어 있는 알고리즘입니다.

강화 학습의 대표적인 알고리즘으로는 Q-Learning이 있고, 최근에는 Q-Learning과 딥러닝을 결합한 DQN(Deep-Q-Network) 기법을 많이 활용합니다.

1.5 정리

이번 장에서 배운 내용을 정리해봅시다. 이번 장에서는 머신러닝과 딥러닝의 기본 개념에 대해서 살펴보았습니다. 구체적으로

1 인공지능, 머신러닝, 딥러닝의 개념을 살펴보았습니다.

2 딥러닝 알고리즘이 최근에 주목받게 된 3가지 이유(쉽게 빅데이터를 구할 수 있는 환경 조성, GPU를 필두로한 컴퓨팅 파워의 발전, 새로운 딥러닝 알고리즘의 개발)에 대해 살펴보았습니다.

3 머신러닝 알고리즘의 3가지 분류(지도 학습, 비지도 학습, 강화 학습)와 3가지 학습 방법의 개념을 살펴보았습니다.

다음 장에서는 대표적인 딥러닝 라이브러리인 텐서플로를 설치하고, GitHub 저장소에서 책에서 사용하는 소스 코드를 다운받는 방법을 살펴봅시다.

텐서플로 소개

텐서플로 소개

2.1 텐서플로 설치 및 책에서 사용하는 소스 코드 다운로드

2.1.1 텐서플로 소개

텐서플로[TensorFlow]는 구글[Google]에서 개발하여 공개한 딥러닝/머신러닝을 위한 오픈소스 라이브러리입니다. 구글에서 내부 연구와 개발을 위해 사용하다가 2015년 11월 9일에 오픈소스로 대중에게 공개하였습니다. 텐서플로 라이브러리는 C++, JAVA, GO 등 다양한 언어를 지원하지만 기본적으로 파이썬[Python] 환경에 최적화되어 있습니다. 따라서 이 책에서도 파이썬 환경을 기준으로 설명합니다.

텐서플로가 유일한 딥러닝 라이브러리는 아닙니다. 페이스북[Facebook]이 주도적으로 개발하여 공개한 Lua 언어용 딥러닝 라이브러리인 **토치**[Torch]와 토치의 파이썬 버전인 **파이토치**[PyTorch], 마이크로소프트[Microsoft]에서 공개한 **CNTK**[CogNitive ToolKit] 라이브러리 등 경쟁관계에 있는 라이브러리가 다수 존재합니다.

이런 경쟁 라이브러리와 비교했을 때 텐서플로의 장점은 다음과 같습니다.

    1 전세계적으로 활발한 커뮤니티

② 텐서보드TensorBoard를 이용한 편리한 시각화Visualization

③ 단일 데스크톱, 대량의 서버 클러스터, 모바일 디바이스까지 지원하는 광범위한 이식성Portability

④ Keras, TF-Slim 등 다양한 추상화 라이브러리와 혼용해서 사용 가능

특히 활발한 커뮤니티는 텐서플로가 지금까지 가장 인기 있는 딥러닝 라이브러리의 위치를 차지하고 있고, 앞으로도 그럴 확률을 높여주는 가장 큰 이유입니다. 이미 구글Google, 딥마인드DeepMind, 우버Uber, 스냅챗Snapchat 등 많은 글로벌 기업들에서 텐서플로를 활발히 사용하고 있고, 많은 연구자들이 새로운 알고리즘을 구현할 때 텐서플로를 이용해서 코드를 작성하고 있습니다.

이런 이유 때문에 텐서플로는 앞으로도 가장 인기있는 딥러닝 라이브러리의 위치를 차지할 확률이 높습니다. 따라서 새롭게 딥러닝을 공부하시는 분들은 큰 고민없이 텐서플로를 이용해서 딥러닝을 학습하는 것을 추천드립니다.

2.1.2 텐서플로 설치

텐서플로를 설치하는 방법은 여러 가지가 있습니다. 텐서플로 공식 홈페이지에서는 크게 4가지 설치 방법을 가이드합니다. 이 책에서는 가장 기본적인 pip를 이용한 설치 방법에 대해서만 설명하겠습니다.*

텐서플로를 설치하기 위해서는 먼저 파이썬이 설치되어 있어야만 합니다.** 파이썬이 설치되어 있다면 터미널에서 아래 명령어로 간단하게 텐서플로 CPU버전을 설치할 수 있습니다.

```
pip install tensorflow
```

> **MEMO**
> 만약 에러가 뜬다면 pip install--upgrade pip 명령어로 pip 버전을 업그레이드해보세요.

---

* 4가지 설치 방법에 대한 자세한 설명은 텐서플로 공식홈페이지 https://www.tensorflow.org/install/를 참조하세요.
** 파이썬은 파이썬 공식홈페이지인 https://www.python.org/ 에서 다운 받을 수 있습니다.

만약 GPU 버전으로 설치하고 싶다면 CUDA와 CuDNN*을 먼저 설치하고 다음 명령어로 텐서플로 GPU 버전을 설치할 수 있습니다.

```
pip install tensorflow-gpu
```

설치가 완료되었다면 터미널에서 아래 명령어로 python 인터프리터를 실행하고

```
python
```

아래 파이썬 코드를 1줄씩 실행해서 텐서플로가 제대로 설치되었는지 확인해봅시다.

```
1    import tensorflow as tf
2
3    hello = tf.constant('Hello, TensorFlow!')
4
5    sess = tf.Session()
6    print(sess.run(hello))
7    #'Hello, TensorFlow!'
8
9    a = tf.constant(10)
10   b = tf.constant(32)
11   print(sess.run(a + b))
12   #42
13
14   sess.close()
```

터미널에 아래와 같은 출력 결과가 나온다면 텐서플로가 제대로 설치된 것입니다.

출력 결과

```
2018-02-26 22:42:13.731494: I tensorflow/core/platform/cpu_feature_guard.cc:137]
Your CPU supports instructions that this TensorFlow binary was not compiled to
use: SSE4.1 SSE4.2 AVX
Hello, TensorFlow!
42
```

* CUDA와 CuDNN은 nvidia의 개발자 홈페이지인 https://developer.nvidia.com/ 에서 다운받을 수 있습니다.

2.1.3 책에서 사용하는 소스 코드 다운로드

이 책에서 사용하는 소스 코드는 다음 주소의 깃허브 저장소^{GitHub Repository}에서 다운 받을 수 있습니다.

https://github.com/solaris33/deep-learning-tensorflow-book-code

깃허브 저장소에 들어간 후에 [Clone or download] 버튼을 클릭하고 [Download ZIP] 버튼을 클릭하면 Zip 파일 형태로 소스 코드를 다운 받을 수 있습니다. 만약 git이 설치되어 있다면 터미널에서 아래 명령어로 저장소를 다운 받을 수 있습니다.

git clone https://github.com/solaris33/deep-learning-tensorflow-book-code

2.2 딥러닝, 텐서플로 응용 분야

텐서플로는 딥러닝 및 머신러닝 알고리즘을 손쉽게 구현하기 위한 라이브러리입니다. 따라서 머신러닝, 딥러닝을 이용할 수 있는 분야에 텐서플로를 이용할 수 있습니다. 딥러닝 알고리즘의 장점은 다양한 분야에 널리 활용 될 수 있는 범용성입니다. 이번 장에서 소개하는 응용 분야들은 과거부터 다양한 기법으로 연구되던 분야지만 현재는 성능이 뛰어난 딥러닝 알고리즘을 이용해서 문제를 해결하고 있습니다.

2.2.1 컴퓨터 비전^{Computer Vision}

컴퓨터 비전^{Computer Vision}은 인간의 시각과 관련된 부분을 컴퓨터 알고리즘을 이용해서 구현하는 방법을 연구하는 분야입니다. 이미지 분류^{Image Classification}, Semantic Image Segmentation, 물체 검출^{Object Detection} 등이 컴퓨터 비전의 대표적인 문제들입니다. 컴퓨터 비전 문제를 풀기 위해선 딥러닝의 여러 구조 중 CNN이 많이 사용됩니다. 그림 2-1은 이미지에서 물체 부분을 검출해내는 물체 검출 예제를 보여줍니다.

그림 2-1 | 물체 검출 예제

2.2.2 자연어 처리^{Natural Language Processing(NLP)}

자연어 처리^{Natural Language Processing(NLP)}는 인간의 언어와 같이 자연어^{Natural Language}로 표현된 언어를 컴퓨터가 이해할 수 있는 형태로 만드는 방법을 연구하는 학문입니다.* 문장 분류 ^{Text Classification}, 이미지 캡셔닝^{Image Captioning}, 기계 번역^{Machine Translation}, 챗봇^{Chatbot} 등이 자연어 처리의 대표적인 문제들입니다. 자연어 처리를 위해서는 RNN 구조가 많이 사용됩니다. 그림 2-2는 딥러닝 기법을 이용해 중국어 문장을 영어 문장으로 번역하는 NMT^{Neural Machine Translation} 기법을 보여줍니다.

Input sentence:	**Translation (PBMT):**	**Translation (GNMT):**	**Translation (human):**
李克強此行將啟動中加總理年度對話機制，與加拿大總理杜魯多舉行兩國總理首次年度對話。	Li Keqiang premier added this line to start the annual dialogue mechanism with the Canadian Prime Minister Trudeau two prime ministers held its first annual session.	Li Keqiang will start the annual dialogue mechanism with Prime Minister Trudeau of Canada and hold the first annual dialogue between the two premiers.	Li Keqiang will initiate the annual dialogue mechanism between premiers of China and Canada during this visit, and hold the first annual dialogue with Premier Trudeau of Canada.

그림 2-2 | 구글에서 발표한 Neural Machine Translation

---

* 컴퓨터 공학에서는 컴퓨터 언어가 아닌 한국어, 영어 등 인간의 언어를 자연어라고 표현합니다.

2.2.3 음성 인식^{Speech Recognition}

음성 인식^{Speech Recognition}은 음성 데이터가 표현하는 문장이 무엇인지를 인식하는 문제입니다. 소리를 글자로 바꿔준다고 하여 STT^{Speech-To-Text}라고도 불립니다. 그림 2-3은 음성 인식 기법을 이용해서 가상 비서^{Virtual Assistant}를 구현한 애플 Siri, 구글 Now, 마이크로소프트 Cortana 서비스를 보여줍니다. 음성 인식을 사용할 경우 양손을 자유자재로 움직일 수 있는 상태에서 컴퓨터에 명령을 내릴 수 있기 때문에 음성 인식은 컴퓨터와 상호작용할 수 있는 차세대 인터페이스로써 큰 주목을 받고 있습니다. 가정용 인공지능 스피커, 자율주행차에 내장된 음성 인식 시스템 등이 음성 인식의 대표적인 응용 분야입니다.

그림 2-3 | 음성 인식의 응용 사례 - Apple Siri, Google Now, Microsoft Cortana

2.2.4 게임^{Game}

게임^{Game}은 인공지능 연구 역사의 초기부터 인공지능의 성능을 측정하기 위해서 널리 사용되었습니다. 2016년에 바둑을 플레이하는 인공지능 알파고^{Alphago}가 인간 최고 플레이어인 이세돌 9단을 꺾으면서 인공지능의 위력을 만천하에 증명했습니다. 하지만 바둑 이전에 조금더 경우의 수가 작은 체스의 경우 이미 1996년에 인공지능 바둑 프로그램인 딥블루^{Deep Blue}가 인간 최고의 체스 플레이어였던 개리 카스파로프를 꺾었습니다.

게임은 현실세계를 기반으로 환경을 디자인 했기 때문에 현실 세계 문제의 축소판으로 볼 수 있습니다. 게임 인공지능을 구현하기 위한 대표적인 머신러닝 알고리즘은 강화 학습입니다. 최근에는 강화 학습과 딥러닝을 결합한 방법인 DQN 기법이 많은 주목을 받고 있고, 알파고에도 DQN 기법이 사용되었습니다. 알파고를 만든 딥마인드사에서는 최근에 바둑을 넘어 블리자드사와 협력하에 스타크래프트를 플레이하는 인공지능을 연구하고 있습니다. 따라서 빠른 시간 내에 인간 최고의 프로게이머를 이기는 인공지능 스타크래프트 플레이어가 등장할지도 모릅니다.

그림 2-4 | 게임 인공지능의 응용 사례 - AlphaGO

2.2.5 생성 모델Generative Model

생성 모델 Generative Model은 학습 데이터의 분포를 학습해서 학습한 분포로부터 새로운 데이터를 생성하는 기법입니다. 2014년에 GANGenerative Adversarial Networks 구조가 발표된 이후 딥러닝을 이용한 생성 모델 기법이 급속도로 주목받게 되었습니다. 학습 데이터의 양을 늘려서 분류기의 성능을 높이는 데이터 증대Data Augmentation 기법 등에 생성 모델 기법을 응용할수 있습니다. 그림 2-5는 딥러닝을 이용한 생성 모델 구조 중 하나인 BEGAN을 이용해서 컴퓨터가 새로운 얼굴 데이터를 생성한 모습을 보여줍니다.

그림 2-5 | BEGAN을 이용한 새로운 얼굴 데이터 생성

2.3 텐서플로 추상화^Abstraction 라이브러리

텐서플로 라이브러리만으로도 딥러닝 코드를 작성할 수 있지만, 좀 더 손쉽게 딥러닝 알고리즘을 구현할 수 있도록 텐서플로 라이브러리를 한단계 더 추상화^Abstraction한 다양한 하이레벨^High-Level 라이브러리들이 존재합니다. 이들 라이브러리를 이용하면 텐서플로를 이용하는 것보다 좀 더 간결한 코드로 딥러닝 알고리즘을 구현할 수 있습니다. 이 책은 텐서플로를 중심으로 서술되었기 때문에 추상화 라이브러리들에 대해서 자세히 다루진 않지만 이번 장에서 대표적인 추상화 라이브러리들을 간단히 살펴봅시다.

2.3.1 케라스^Keras

프랑수아 숄레^Francois Chollet가 만든 딥러닝 추상화 라이브러리입니다. 텐서플로 뿐만 아니라 CNTK, Theano, MXNet 등 다른 딥러닝 라이브러리들도 지원합니다. 케라스는 딥러닝 추상화 라이브러리 중 가장 많은 유저층을 보유하고 있습니다. 이런 인기에 힘입어 구글은 케라스의 창시자인 프랑수아 숄레를 회사로 영입하였고 케라스는 텐서플로 메인 코드베이스에 병합되었습니다. 따라서 텐서플로 라이브러리와 케라스 라이브러리를 혼용해서 코드를 작성할 수 있습니다.

케라스는 처음에 아래와 같이 모델 클래스를 선언해서

```
1    from keras.models import Sequential
2    model = Sequential()
```

모델에 인공신경망 층을 추가하는 형태로 간단하게 신경망 모델을 구현할 수 있습니다.

```
1    from keras.layers import Dense
2    model.add(Dense(units=64, activation='relu', input_dim=100))
3    model.add(Dense(units=10, activation='softmax'))
```

더 자세한 내용은 케라스 공식 홈페이지*와 케라스 GitHub 저장소**를 참조하세요.

....

*   https://keras.io/
**   https://github.com/keras-team/keras

2.3.2 TF-Slim

TF-Slim은 경량화된[lightweight] 텐서플로 추상화 라이브러리입니다. TF-Slim 라이브러리는 구글에서 개발되었고 케라스와 마찬가지로 텐서플로 메인 코드베이스에 포함되어 있기 때문에 텐서플로와 손쉽게 혼용해서 사용할 수 있습니다. 아래 코드는 TF-Slim 라이브러리를 임포트하고 가중치를 선언하는 예제입니다.

```
1   import tensorflow.contrib.slim as slim
2   weights = slim.variable('weights',
3       shape=[10, 10, 3 , 3],
4       initializer=tf.truncated_normal_initializer(stddev=0.1),
5       regularizer=slim.l2_regularizer(0.05),
6       device='/CPU:0')
```

TF-Slim을 이용할 경우 텐서플로에서 복사&붙여넣기 형태로 작성해야 하는 반복 코드를 간결하게 작성할 수 있고, 이로 인해 발생할 수 있는 에러를 예방할 수 있습니다. 또한 VGGNet, Inception, ResNet 등 대표적인 CNN 구조들의 사전 학습된 파라미터들을 제공하기 때문에 이를 이용해 손쉽게 파인 튜닝을 수행할 수 있습니다. 더 자세한 내용은 TF-slim 메인 GitHub 저장소*를 참조하세요.

2.3.3 Sonnet

Sonnet은 알파고로 유명한 딥마인드[Deepmind]에서 만든 텐서플로 추상화 라이브러리입니다. Sonnet은 가중치 공유[Weight Sharing]를 손쉽게 할 수 있도록 디자인 되었습니다.
Sonnet은 텐서플로 라이브러리가 설치된 상태에서 터미널에서 아래 명령어를 입력해서 설치할 수 있습니다.

```
pip install dm-sonnet
```

다음 코드는 Sonnet을 이용해서 하나의 선형 회귀 모델을 선언하고 이를 이용해서 트레이닝 데이터와 테스트 데이터에 대한 예측을 수행하는 예제입니다. 가중치 공유를 위한 추

---

* https://github.com/tensorflow/models/tree/master/research/slim

가적인 코드 작성 없이도 자동으로 가중치가 공유된 모습을 볼 수 있습니다.

```
1     import sonnet as snt
2
3     # Provide your own functions to generate data Tensors.
4     train_data = get_training_data()
5     test_data = get_test_data()
6
7     # Construct the module, providing any configuration necessary.
8     linear_regression_module = snt.Linear(output_size=FLAGS.output_size)
9
10    # Connect the module to some inputs, any number of times.
11    train_predictions = linear_regression_module(train_data)
12    test_predictions = linear_regression_module(test_data)
```

더 자세한 내용은 Sonnet 메인 GitHub 저장소*를 참조하세요.

이외에도 TF-Learn, PrettyTensor 등 다양한 텐서플로 추상화 라이브러리들이 존재합니다. 이런 추상화 라이브러리를 이용하면 좀 더 손쉽게 딥러닝 알고리즘을 구현할 수 있습니다. 또한 텐서플로 API를 이용해서 코드를 작성할 때도 복잡한 구현이 필요한 부분만 추상화 라이브러리의 API를 사용하는 형태로 텐서플로 라이브러리와 추상화 라이브러리를 함께 사용할 수 있습니다. 이 책에서도 몇몇 코드들은 텐서플로 API와 추상화 라이브러리 API를 함께 사용하여 딥러닝 알고리즘을 구현하였습니다.

2.4 정리

이번 장에서 배운 내용을 정리해봅시다. 이번 장에서는 텐서플로 라이브러리와 딥러닝의 응용 분야에 대해 살펴보았습니다. 구체적으로

1 텐서플로 라이브러리를 설치하는 방법과 GitHub 저장소에서 소스 코드를 다운받는 방법을 살펴보았습니다.

2 딥러닝, 텐서플로 라이브러리의 응용 분야(컴퓨터 비전, 자연어 처리, 음성 인식,

---

* https://github.com/deepmind/sonnet

게임, 생성 모델)에 대해 살펴보았습니다.

❸ 대표적인 텐서플로 추상화 라이브러리(Keras, TF-Slim, Sonnet)에 대해 살펴보았습니다.

다음 장에서는 텐서플로 라이브러리를 이용해서 머신러닝 알고리즘을 구현하는 방법을 배우고, 가장 간단한 머신러닝 모델인 선형 회귀 기법을 구현해봅시다. 또, 텐서플로의 강력한 시각화 툴인 텐서보드TensorBoard를 사용하는 방법을 살펴봅시다.

텐서플로 기초와
텐서보드

텐서플로 기초와
텐서보드

3.1 텐서플로 기초 – 그래프 생성과 그래프 실행*

텐서플로^{TensorFlow}는 라이브러리 이름에서 알 수 있듯이 **텐서^{Tensor}를 흘려보내면서^{Flow}** 데이터를 처리하는 라이브러리입니다. 여기서 텐서^{Tensor}는 다차원 배열을 의미합니다. 텐서의 예시는 아래와 같습니다.

```
3 # 랭크 0 텐서; shape [] 스칼라
[1., 2., 3.] # 랭크 1 텐서; shape [3] 벡터
[[1., 2., 3.], [4., 5., 6.]] # 랭크 2 텐서; shape [2, 3] 행렬
[[[1., 2., 3.]], [[7., 8., 9.]]] # 랭크 3 텐서; shape [2, 1, 3]
```

랭크^{Rank}는 텐서의 차원^{Dimension}을 의미합니다. 만약 랭크가 0이라면 스칼라, 1이라면 벡터, 2라면 행렬, 3 이상이면 텐서라고 부릅니다.

---

* 3장의 코드와 설명의 대부분은 텐서플로 공식 홈페이지(https://www.tensorflow.org)를 참조하였습니다.

이런 텐서들은 **계산 그래프 구조**^{Computational Graph}를 통해 노드에서 노드로 이동^{Flow}합니다. 텐서플로 라이브러리는 텐서들을 흘려보내는 그래프 구조를 먼저 정의하고, 정의한 그래프에 실제 텐서들을 흘려보내주도록 디자인되었습니다. 따라서 텐서플로를 이용해서 프로그램을 작성할 때는 반드시 다음 과정을 거쳐야합니다.

❶ 그래프 생성
❷ 그래프 실행

그래프 생성 단계에서는 연산 과정을 그래프 형태로 표현하게 됩니다. 컴퓨터 공학에서 정의하는 그래프는 **노드**^{Node}와 **엣지**^{Edge}로 이루어진 자료구조입니다. 그림 3-1은 5개의 노드와 7개의 엣지로 이루어진 그래프 예시를 보여줍니다.

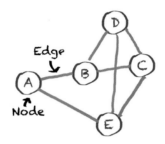

그림 3-1 | 그래프 예시

> **MEMO**
>
> 텐서플로 라이브러리가 그래프 생성과 실행을 분리하는 방식을 취하는 이유는 생성 과정에서 많은 그래프를 생성했더라도 실행 과정에서는 전체 그래프 중 일부만 사용할 수도 있기 때문입니다. 따라서 실행 과정에서는 전체 그래프 대신 실제 연산에 필요한 그래프만 활용해서 최대한 효율적으로 연산을 수행합니다. 이런 기법을 전문적인 용어로 Lazy Evaluation이라고 합니다.

텐서플로는 노드에 **연산**^{Operator}, **변수**^{Variable}, **상수**^{Constant} 등을 정의하고, 노드 간의 연결인 엣지를 통해 텐서를 주고받으면서 계산을 수행합니다.

이제 실제 코드를 통해 텐서플로에서 그래프를 생성하고 실행하는 방법을 살펴봅시다.

01 | 먼저 텐서플로 라이브러리를 임포트합니다.

```
1    import tensorflow as tf
```

02 | **상수**^{Constant} 값을 표현하는 **tf.constant** 노드를 2개 정의하고, 파이썬의 print 함수를 이용해서 노드의 값을 출력해봅시다.

```
3    # 그래프 노드를 정의하고 출력합니다.
4    # 출력값 : Tensor("Const:0", shape=(), dtype=float32) Tensor("Const_1:0",
     shape=(), dtype=float32)
5    node1 = tf.constant(3.0, dtype=tf.float32)
6    node2 = tf.constant(4.0) # 암시적으로 tf.float32 타입으로 선언될 것입니다.
7    print(node1, node2)
```

print 함수의 출력 결과를 보면 아래와 같습니다.

출력 결과

```
Tensor("Const:0", shape=(), dtype=float32) Tensor("Const_1:0", shape=(),
dtype=float32)
```

일반적인 프로그래밍 언어에서는 상수에 할당한 실제값인 (3, 4)라는 결과가 출력될 것입니다. 하지만 텐서플로에서 상수 선언은 그래프의 노드 형태를 정의한 것일 뿐이므로 실제 3, 4라는 결과값을 출력하려면 정의한 그래프를 실행시켜주어야 합니다.

현재는 그래프를 실행하지 않았으므로 노드의 정보만을 출력합니다. 출력값을 분석해보면 node1은 "Const:0"이라는 이름으로 정의되었고 float32 타입의 () shape 형태의 텐서를 표현하는 노드라는 정보를 출력했습니다. 마찬가지로 node2는 "Const_1:0"이라는 이름으로 정의되었고 float32 타입의 () shape 형태의 텐서를 표현하는 노드라는 정보를 출력했습니다.

다시 말하면, 우리는 아직 그래프 생성 단계까지만 수행했기 때문에 다음 단계로 그래프 상에 실제 텐서값들을 흘려보내주기 위해서 그래프 실행 단계를 수행해야 합니다.

텐서플로에서 그래프 실행은 **세션**^{Session}을 열어서 수행합니다.

MEMO

세션은 컴퓨터 공학에서 광범위하게 사용되는 용어입니다. 보통은 "웹서버가 클라이언트와 정보를 교환하는 통신을 주고받는 기간"을 의미합니다. 예를 들어, 웹사이트에서 사용자가 로그인을 하게 되면 웹서버는 세션을 열어서 로그인한 사용자 정보를 저장하고 있다가 사용자가 로그아웃하면 웹서버는 저장하고 있던 사용자에 대한 정보를 삭제하게 됩니다. 텐서플로에서도 세션을 열면 그래프 상에서 텐서를 주고받게 되고 이에 대한 정보를 저장하고 있다가, 세션을 종료하면 저장하고 있던 정보들을 삭제합니다.

03 │ 세션을 연 다음에 상수의 실제값을 출력하는 코드는 아래와 같습니다.

```
9    # 세션을 열고 그래프를 실행합니다.
10   # 출력값 : [3.0, 4.0]
11   sess = tf.Session()
12   print(sess.run([node1, node2]))
```

코드를 실행하면 아래와 같이 상수의 실제값이 출력됩니다.

출력 결과

```
[3.0, 4.0]
```

04 │ 더 복잡한 그래프 구조를 생성하면 더 복잡한 연산을 수행할 수 있습니다. 이제 2개의 노드의 값을 더하는 연산을 수행하는 tf.add 노드인 node3을 정의하고 세션을 열어 값을 출력해봅시다.

```
14   # 2개의 노드의 값을 더하는 연산을 수행하는 node3을 정의합니다.
15   # 출력값:
16   # node3: Tensor("Add:0", shape=(), dtype=float32)
17   # sess.run(node3): 7.0
18   node3 = tf.add(node1, node2)
19   print("node3:", node3)
20   print("sess.run(node3):", sess.run(node3))
```

위 코드를 실행하면 다음과 같은 출력 결과를 얻을 수 있습니다.

출력 결과

```
node3: Tensor("Add:0", shape=(), dtype=float32)
sess.run(node3): 7.0
```

05 │ 마지막으로 모든 코드를 실행했으니 세션을 닫습니다.

```
22   sess.close()
```

텐서플로는 **텐서보드**^{TensorBoard}라는 시각화 툴을 이용해서 그래프 구조를 시각화해 볼 수 있습니다. node1, node2, node3으로 만든 그래프를 텐서보드로 시각화하면 그림 3-2와 같이 그래프 구조를 나타내는 그림을 얻을 수 있습니다.

그림 3-2 | TensorBoard를 이용한 그래프 시각화*

3.1장에서 배운 코드를 한눈에 살펴보면 다음과 같습니다.

```
1    import tensorflow as tf
2
3    # 그래프 노드를 정의하고 출력합니다.
4    # 출력값 : Tensor("Const:0", shape=(), dtype=float32) Tensor("Const_1:0",
     shape=(), dtype=float32)
5    node1 = tf.constant(3.0, dtype=tf.float32)
6    node2 = tf.constant(4.0) # 암시적으로 tf.float32 타입으로 선언될 것입니다.
7    print(node1, node2)
8
9    # 세션을 열고 그래프를 실행합니다.
10   # 출력값 : [3.0, 4.0]
11   sess = tf.Session()
12   print(sess.run([node1, node2]))
13
14   # 2개의 노드의 값을 더하는 연산을 수행하는 node3을 정의합니다.
15   # 출력값:
16   # node3: Tensor("Add:0", shape=(), dtype=float32)
17   # sess.run(node3): 7.0
18   node3 = tf.add(node1, node2)
19   print("node3:", node3)
20   print("sess.run(node3):", sess.run(node3))
21
22   sess.close()
```

---

* 위 그림에서 Const, Const_1은 텐서플로 라이브러리가 자동으로 생성한 이름입니다. 그래프의 노드가 더 명확한 의미를 갖게 하려면 상수를 생성할 때 이름을 지정해주어야만 합니다. 이름을 지정하는 방법은 3.4장을 참조하세요.

TensorFlow API 알아보기*

```
tf.constant(
    value,
    dtype = None,
    shape = None,
    name = 'Const' )
```

tf.constant는 상수 텐서를 선언합니다. tf.constant API의 인자들은 아래와 같습니다.
- value : 상수값이며 직접 지정하거나 shape 형태로 채울 값을 지정할 수 있습니다.
- dtype : 데이터 타입(e.g. tf.float32, tf.int32, tf.bool)
- shape : 상수 데이터의 형태
- name : 텐서의 이름(optional)

tf.constant는 아래와 같이 직접 값을 지정하거나, shape 형태에 값을 채우는 2가지 형태로 정의할 수 있습니다.

```
# 상수값을 직접 지정합니다.
tensor = tf.constant([1, 2, 3, 4, 5, 6, 7]) ⇒ [1 2 3 4 5 6 7]

# shape에 정의된 형태로 값을 채웁니다.
tensor = tf.constant(-1.0, shape=[2, 3]) ⇒ [[-1. -1. -1.]
                                            [-1. -1. -1.]]
```

3.2 플레이스홀더Placeholder

3.1장에서 살펴본 그래프는 상수Constant를 입력받아서 상수를 출력하는 구조였습니다. 상수는 어떤 값으로 처음에 정의하면 이후에 값을 변경할 수 없습니다. 하지만 실제 현실세계의 문제를 풀기 위해서는 임의의 값을 입력받아서 임의의 값을 출력할 수 있어야 합니다. 이를 위한 텐서플로 API가 **플레이스홀더**Placeholder와 **변수**Variable입니다.

....

* 이 책에서 소개하는 TensorFlow API는 가독성을 높이고, API를 쉽게 이해하기 위해서 API의 전체 인자 중에 중요한 인자만을 추려서 소개합니다. API의 전체 인자값을 확인하고 싶으실 경우, TensorFlow 공식 홈페이지의 API 문서(https://www.tensorflow.org/api_docs/)를 참조하세요.

먼저 플레이스홀더에 대해서 알아봅시다. **플레이스홀더 노드**^{tf.placeholder}는 그래프에서 임의의 입력값을 받을 수 있도록 만들어줍니다.

TensorFlow API 알아보기

```
tf.placeholder(
    dtype,
    shape = None,
    name = None
)
```

tf.placeholder는 feed_dict를 통해 임의의 값을 입력 받을 수 있는 연산입니다. 우리가 학습에 사용할 데이터를 그래프 구조에 넣어주기 위해서 사용합니다. tf.placeholder API의 인자들은 아래와 같습니다.

- dtype : feed 할 데이터 타입(e.g. tf.float32, tf.int32, tf.bool)
- shape : feed 할 데이터의 형태이고 None은 임의의 차원이 될 수 있는 특수 키워드입니다. (e.g. [None, 784]. None 부분은 임의의 차원이 지정될 수 있습니다. 예를 들어 [30, 784], [32, 784],[50, 784],…)
- name : 연산의 이름(optional)

실제 코드를 살펴보면서 플레이스홀더의 동작 과정을 이해해봅시다.

01 ┃ 먼저 텐서플로 라이브러리를 임포트합니다.

```
1    import tensorflow as tf
```

02 ┃ 임의의 인풋값을 받을 수 있는 플레이스홀더 노드^{tf.placeholder} a와 b를 정의하고, 임의의 인풋값 2개를 더하는 tf.add 노드를 생성합니다.

```
3    # 플레이스홀더 노드와 add 노드를 정의합니다.
4    a = tf.placeholder(tf.float32)
5    b = tf.placeholder(tf.float32)
6    adder_node = a + b   # 암시적으로 tf.add(a, b) 형태로 정의될 것입니다.
```

03 | 이제 세션을 열고 플레이스홀더에 값을 넣고, 그래프를 실행시켜 실제 연산을 수행해봅시다. 플레이스홀더 노드에 실제값을 넣어줄 때는 sess.run의 1번째 인자^{argument}로 실행하고자 하는 연산을 명시합니다. 2번째 인자로 실제로 넣을 값들을 Dictionary 형태로 명시하는 **feed_dict를 선언하고, feed_dict 부분에 플레이스홀더 노드에 넣을 값을 지정**합니다.

> **MEMO**
> feed_dict는 Feed Dictionary를 의미하고, "그래프에 넣을 Dictionary 형태의 값들" 정도로 해석할 수 있습니다.

```
8     # 세션을 열고 그래프를 실행합니다.
9     # 출력값 :
10    # 7.5
11    # [ 3.  7.]
12    sess = tf.Session()
13    print(sess.run(adder_node, feed_dict={a: 3, b: 4.5}))
14    print(sess.run(adder_node, feed_dict={a: [1, 3], b: [2, 4]}))
```

코드 실행 결과는 다음과 같습니다.

`출력 결과`

```
7.5
[ 3.  7.]
```

텐서보드를 이용해서 위에서 정의한 그래프를 시각화해보면 그림 3-3과 같이 그래프 구조가 정의된 모습을 볼 수 있습니다.

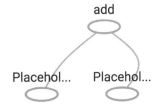

그림 3-3 | TensorBoard를 이용한 플레이스홀더 노드와 add 노드 시각화

04 | 노드를 추가해서 더 복잡한 그래프 형태를 만들어봅시다. adder_node에 3을 곱하는 add_and_triple 노드를 선언하고, 값을 출력한 후에 모든 연산이 끝났으므로 세션을 닫습니다.

```
16    # 노드를 추가해서 더 복잡한 그래프 형태를 만들어봅시다.
17    # 출력값 : 22.5
18    add_and_triple = adder_node * 3    # 암시적으로 tf.multiply(adder_node,3) 형태
      로 정의될 것입니다.
19    print(sess.run(add_and_triple, feed_dict={a: 3, b: 4.5}))
20
21    sess.close()
```

코드를 실행하면 다음과 같은 결과를 얻을 수 있습니다.

`출력 결과`

```
22.5
```

텐서보드로 그래프 형태를 시각화해보면 그림 3-4와 같습니다. 그림 3-3에서 add_and_triple 노드가 추가된 모습을 볼 수 있습니다.

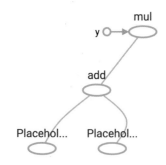

그림 3-4 | TensorBoard를 이용한 노드 시각화

3.2장에서 배운 코드를 한눈에 살펴보면 다음과 같습니다.

```
1    import tensorflow as tf
2
3    # 플레이스홀더 노드와 add 노드를 정의합니다.
4    a = tf.placeholder(tf.float32)
5    b = tf.placeholder(tf.float32)
6    adder_node = a + b    # 암시적으로 tf.add(a, b) 형태로 정의될 것입니다.
7
8    # 세션을 열고 그래프를 실행합니다.
9    # 출력값 :
10   # 7.5
11   # [ 3.  7.]
12   sess = tf.Session()
13   print(sess.run(adder_node, feed_dict={a: 3, b: 4.5}))
14   print(sess.run(adder_node, feed_dict={a: [1, 3], b: [2, 4]}))
15
16   # 노드를 추가해서 더 복잡한 그래프 형태를 만들어봅시다.
17   # 출력값 : 22.5
18   add_and_triple = adder_node * 3    # 암시적으로 tf.multiply(adder_node,3) 형태
     로 정의될 것입니다.
19   print(sess.run(add_and_triple, feed_dict={a: 3, b: 4.5}))
20
21   sess.close()
```

3.3 선형 회귀Linear Regression 및 경사하강법Gradient Descent 알고리즘

3.3.1 머신러닝의 기본 프로세스 – 가설 정의, 손실 함수 정의, 최적화 정의

이제 텐서플로 동작 과정을 어느 정도 이해했으니, 이번 장에서는 첫 머신러닝 모델로 가
장 간단한 머신러닝 모델인 **선형 회귀**Linear Regression 모델을 만들어봅시다. **회귀**Regression란 어
떤 실수값Real value(예를 들면, 1.7, 10.5, 12.3)을 예측하는 문제를 뜻합니다. 만약 예측하는
값이 실수값이 아니라 이산값Discrete Value(예를 들면, 0, 1, 2, 3, …)이라면 이런 문제는 **분류**
Classification라고 부릅니다. 주식 가격 예측, 출산율 예측 등은 회귀 문제이고, 0~9사이의 숫
자 이미지 분류, 선호하는 정당 예측 등은 분류 문제입니다. 선형 회귀 모델은 선형 함수를

이용해서 회귀를 수행하는 기법입니다.

모든 머신러닝 모델은 다음의 3가지 과정을 거칩니다. 이 과정은 앞으로 배우는 모든 머신러닝 알고리즘의 기본 토대이기 때문에 꼭 제대로 숙지하고 넘어가셔야 합니다.

1 학습하고자 하는 **가설**[Hypothesis] h(θ)을 수학적 표현식으로 나타낸다.

2 가설의 성능을 측정할 수 있는 **손실 함수**[Loss Function] J(θ)을 정의한다.

3 **손실 함수 J(θ)을 최소화**[Minimize] 할 수 있는 학습 알고리즘을 설계한다.

이 3가지 과정을 선형 회귀 모델에 대입해서 생각해보면 다음과 같습니다.

1 선형 회귀 함수는 학습하고자 하는 **가설**[Hypothesis] h(θ)을 아래와 같은 선형 함수 형태로 표현합니다.

$$y = Wx + b$$

이때 x와 y는 데이터로부터 주어지는 인풋 데이터, 타겟 데이터이고, W와 b는 **파라미터**[Parameter] θ라고 부르며 트레이닝 데이터로부터 학습을 통해 적절한 값을 찾아내야만 하는 값입니다. 텐서플로에서는 변수 노드[tf.Variable]를 선언해서 파라미터로 사용하고, 플레이스홀더 노드[tf.placeholder]를 선언해서 인풋 데이터, 타겟 데이터를 받습니다.

2 적절한 파라미터값을 알아내기 위해서는 현재 파라미터값이 우리가 풀고자 하는 목적[Task]에 적합한 값인지를 측정할 수 있어야 합니다. 이를 위해 **손실 함수**[Loss Function] J(θ)를 정의합니다. 손실 함수는 여러가지 형태로 정의될 수 있습니다. 그 중 가장 대표적인 손실 함수 중 하나는 **평균제곱오차**[Mean of Squared Error(MSE)]입니다. MSE는 다음 수식으로 정의됩니다.

$$MSE = \frac{1}{2n} \sum_{i=1}^{n} (\hat{y}_i - y_i)^2$$

MSE는 모델의 예측값 $\hat{y}$과 실제 타겟값 y과의 차이를 제곱해서 모두 더한 후, 평균을 취하는 함수입니다. 따라서 우리의 예측값이 실제 타겟값과 가까울수록 작은 값을 갖게 될 것입니다.

예를 들어, 정답이 y=[1, 10, 13, 기]이고 우리의 모델의 예측값이 $\hat{y}$=[10, 3, 1, 4]와 같이 잘못된 값을 예측한다면 MSE 손실 함수는 아래와 같이 35.375라는 큰 값을 갖게 될 것입니다.

$$MSE = \frac{1}{2*4}\{(10-1)^2 + (3-10)^2 + (1-13)^2 + (4-7)^2\} = 35.375$$

하지만, 정답이 y=[1, 10, 13, 기]이고 우리의 모델의 예측값이 $\hat{y}$=[2, 10, 11, 6]와 같이 비슷한 값을 예측한다면 MSE 손실 함수는 아래와 같이 1.5라는 작은 값을 갖게 될 것입니다.

$$MSE = \frac{1}{2*4}\{(2-1)^2 + (10-10)^2 + (11-13)^2 + (6-7)^2\} = 1.5$$

이처럼 손실 함수는 우리가 풀고자 하는 목적에 가까운 형태로 파라미터가 최적화 되었을 때(즉, 모델이 잘 학습되었을 때) 더 작은 값을 갖는 특성을 가져야만 합니다. 이런 특징 때문에 손실 함수를 다른 말로 **비용 함수**Cost Function라고도 부릅니다.

❸ 마지막으로 손실 함수를 최소화하는 방향으로 파라미터들을 업데이트할 수 있는 학습 알고리즘을 설계해야 합니다. 머신러닝 모델은 보통 맨 처음에 랜덤한 값으로 파라미터를 초기화한 후에 파라미터를 적절한 값으로 계속해서 업데이트합니다. 이때, 파라미터를 적절한 값으로 업데이트하는 알고리즘을 **최적화**Optimization **기법**이라고 합니다. 여러 최적화 기법 중에서 대표적인 기법은 **경사하강법**Gradient Descent입니다.

MEMO

경사하강법은 여러 최적화 기법 중에 한 방법입니다. 경사하강법 외에도 Newton's Method, Genetic Algorithm, Simulated Annealing 등 다양한 최적화 알고리즘이 존재합니다. 하지만 이런 알고리즘 들은 경사하강법에 비해 상대적으로 복잡한 형태를 취하고 있기 때문에, 단순하면서도 좋은 성능을 보여주는 경사하강법이 딥러닝 기법의 주요 최적화 알고리즘으로 사용되고 있습니다.

경사하강법은 **현재 스텝의 파라미터에서 손실 함수의 미분값에 러닝레이트 α를 곱한만큼을 빼서 다음 스텝의 파라미터값으로 지정**합니다. 따라서 손실 함수의 미분값이 크면 하나의 스텝에서 파라미터가 많이 업데이트되고 손실 함수의 미분값이 작으면 적게 업데이트 될 것입니다. 또한 러닝레이트 α가 크면 많이 업데이트, α가 작으

면 적게 업데이트 될 것입니다.* 그림 3-5는 경사하강법의 동작 과정을 나타냅니다.

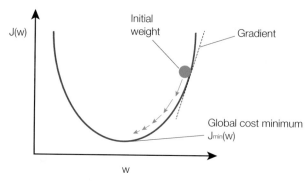

그림 3-5 | 경사하강법의 동작 과정

경사하강법의 파라미터 한 스텝 업데이트 과정을 수식으로 나타내면 다음과 같습니다.

$$\theta_i = \theta_i - \alpha \frac{\partial}{\partial \theta_i} J(\theta_0, \theta_1)$$

위 표현에서 θ는 우리가 **학습하고자 하는 파라미터**를 나타냅니다. 선형 회귀 모델에서 파라미터는 W와 b입니다. 즉, $\theta = (b, W)$-$\theta_0 = b, \theta_1 = W$입니다. W와 b 각각에 대해서 경사하강법 알고리즘의 한 스텝 업데이트 과정을 풀어서 적어보면 아래와 같습니다. 손실 함수로 **평균제곱오차 MSE**를 사용할 경우 $\theta_0(= b), \theta_1(= W)$의 미분값은 아래와 같습니다.

$$\frac{\partial}{\partial \theta_0} J(\theta_0, \theta_1) = \frac{\partial}{\partial \theta_0} \frac{1}{2n} \sum_{i=1}^{n} (\hat{y}_i - y_i)^2 = \frac{\partial}{\partial \theta_0} \frac{1}{2n} \sum_{i=1}^{n} (Wx_i + b - y_i)^2 = \frac{1}{n} \sum_{i=1}^{n} (Wx_i + b - y_i)$$

$$\frac{\partial}{\partial \theta_1} J(\theta_0, \theta_1) = \frac{\partial}{\partial \theta_1} \frac{1}{2n} \sum_{i=1}^{n} (y_i - y_i)^2 = \frac{\partial}{\partial \theta_1} \frac{1}{2n} \sum_{i=1}^{n} (Wx_i + b - y_i)^2 = \frac{1}{n} \sum_{i=1}^{n} (Wx_i + b - y_i)x_i$$

따라서 $\theta_0 = b, \theta_1 = W$의 경사하강법의 파라미터 한 스텝 업데이트는 다음과 같습니다.

$$\theta_0 = \theta_0 - \alpha \frac{\partial}{\partial \theta_0} J(\theta_0, \theta_1) = \theta_0 - \alpha \frac{1}{n} \sum_{i=1}^{n} (Wx_i + b - y_i)$$

....

* 러닝레이트 α가 크면 파라미터를 한번에 많이 업데이트하기 때문에, 학습 시간을 단축시킬 수 있지만 α가 너무 크면 파라미터가 최적의 값을 갖는 지점에서 업데이트를 멈추지 못하고, 최적의 지점을 건너뛰어서 발산할 수 있습니다. 반면에 러닝레이트 α가 작으면 학습 시간은 오래 걸리지만 파라미터가 최적의 값을 갖는 지점을 건너뛰고 발산하는 문제를 피할 수 있습니다. 일반적으로 적절한 α값을 찾는 공식은 없고, 실험을 통해서 최적의 α값을 찾아내야만 합니다.

$$\theta_1 = \theta_1 - \alpha \frac{\partial}{\partial \theta_1} J(\theta_0, \theta_1) = \theta_1 - \alpha \frac{1}{n} \sum_{i=1}^{n} (Wx_i + b - y_i)x_i$$

경사하강법은 손실 함수가 최소가 되는 지점에서 종료하는 것이 가장 이상적이지만 현실적으로 언제 손실 함수가 최소가 될지 알기 어렵기 때문에 충분한 횟수라고 생각되는 횟수만큼 업데이트를 진행한 후 학습을 종료합니다.

이제 머신러닝에 필요한 3가지 과정(모델 정의, 손실 함수 정의, 옵티마이저 정의)을 모두 살펴 보았습니다.

3.3.2 선형 회귀^{Linear Regression} 알고리즘 구현 및 변수^{tf.Variable}

이제 머신러닝의 3가지 프로세스를 이용해서 선형 회귀 모델을 구현해봅시다. 그림 3-6은 선형 회귀의 예시를 보여줍니다.

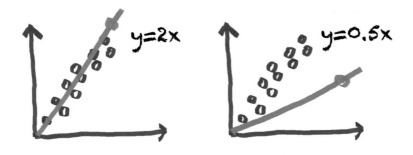

그림 3-6 | 선형 회귀의 예시 (왼쪽 : 잘 학습된 경우, 오른쪽 : 잘못 학습된 경우)

보라색 동그라미는 트레이닝 데이터, 파란색 라인은 선형 회귀 기법이 학습한 가설, 주황색 동그라미는 학습한 가설을 바탕으로 테스트 데이터에 대해 예측을 수행한 결과입니다. 왼쪽 그림은 선형 회귀 모델이 y=2x(W=2, b=0)로 가설을 학습한 경우, 오른쪽 그림은 선형 회귀 모델이 y=0.5x(W=0.5, b=0)로 가설을 학습한 경우입니다. 그림에서 볼 수 있듯이 보라색의 트레이닝 데이터는 y=2x 형태의 경향성을 띠고 있기 때문에 선형 회귀 모델이 잘 학습된 경우 y=2x 형태의 가설을 가지고 있어야 합니다. 만약 잘못된 선형 함수가 학습된 경우 오른쪽 그림과 같이 테스트 데이터에 대해 부정확한 예측값을 출력하게 될 것입니다. 이제 선형 회귀를 알고리즘을 텐서플로 코드로 구현해봅시다. 그전에 텐서플로에서 변수를 선언하는 노드인 **tf.Variable API**에 대해 살펴봅시다.

TensorFlow API 알아보기

```
tf.Variable(
    initial_value = None,
    trainable = True,
    name = None,
)
```

tf.Variable은 옵티마이저에 의해 업데이트 되는 가변값인 파라미터 θ를 선언할 수 있는 클래스입니다. tf.Variable 클래스의 생성자로 지정할 수 있는 인자들은 아래와 같습니다.

- initial_value : 변수의 초기값이며 변수의 shape을 포함한 상태로 지정되어야 합니다.
- trainable : 트레이닝 가능 여부를 나타내는 Boolean 값으로 기본값은 True입니다. 만약 False로 지정하면 해당 변수는 옵티마이저에 의해서 파라미터가 업데이트되지 않습니다.
- name : 텐서의 이름(optional)

tf.Variable API는 초기값을 지정할 연산자에 변수의 shape을 지정해서 아래와 같이 파라미터를 선언합니다.

```
W = tf.Variable(tf.random_normal([1]))
b = tf.Variable(tf.random_normal([1]))
```

tf.Variable API에서 초기화로 사용할 수 있는 연산들을 정리하면 표 3-1과 같습니다.

연산	설명
tf.random_normal	가우시안 분포(정규 분포)에서 임의의 값을 추출합니다.
tf.truncated_normal	truncated normal 분포(끝 부분이 잘린 정규분포 모양)에서 임의의 값을 추출합니다.
tf.random_uniform	균등 분포에서 임의의 값을 추출합니다.
tf.constant	특정한 상수값으로 지정한 행렬을 채웁니다.
tf.zeros	모두 0으로 지정한 행렬을 채웁니다.
tf.ones	모두 1로 지정한 행렬을 채웁니다.

표 3-1 | tf.Variable의 초기화로 사용할 수 있는 연산들

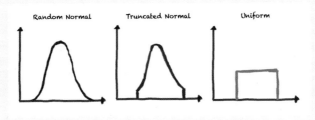

이제 텐서플로 라이브러리를 이용해서 선형 회귀 모델을 구현해봅시다.

01 | 우선 텐서플로 라이브러리를 임포트합니다.

```
1    import tensorflow as tf
```

02 | 변수tf.Variable와 플레이스홀더tf.placeholder를 이용해서 선형 회귀 모델의 그래프 구조 (Wx+b)를 정의합니다.

```
3    # 선형 회귀 모델(Wx + b)을 정의합니다.
4    W = tf.Variable(tf.random_normal(shape=[1]))
5    b = tf.Variable(tf.random_normal(shape=[1]))
6    x = tf.placeholder(tf.float32)
7    linear_model = W*x + b
```

03 | 타겟 데이터를 입력받을 플레이스홀더를 정의합니다.

```
9    # True Value를 입력받기위한 플레이스홀더를 정의합니다.
10   y = tf.placeholder(tf.float32)
```

04 │ 평균제곱오차(MSE) 손실 함수를 정의합니다.

```
12     # 손실 함수를 정의합니다.
13     loss = tf.reduce_mean(tf.square(linear_model - y)) # MSE 손실함수 \mean{(y' - y)^2}
```

05 │ 최적화를 위한 옵티마이저를 정의합니다. 옵티마이저로 경사하강법$^{Gradient\ Descent}$을 사용하고 러닝레이트를 0.01로 지정합니다. 옵티마이저가 최적화할 손실 함수를 optimizer. minimize의 인자로 설정하고 파라미터를 최적화하는 연산을 train_step이라는 이름으로 지정합니다. 즉, train_step* 연산을 1번 실행할 경우 손실 함수와 연관된 파라미터(tf. Variable)를 한 스텝 업데이트합니다.

```
15     # 최적화를 위한 그라디언트 디센트 옵티마이저를 정의합니다.
16     optimizer = tf.train.GradientDescentOptimizer(0.01)
17     train_step = optimizer.minimize(loss)
```

06 │ 학습을 위한 트레이닝 데이터와 테스트 데이터를 준비합니다. 이번 시간에는 y=2x (W=2, b=0)의 경향성을 갖는 선형 회귀 모델을 만드는 것을 목표로 합니다.

```
19     # 트레이닝을 위한 입력값과 출력값을 준비합니다.
20     x_train = [1, 2, 3, 4]
21     y_train = [2, 4, 6, 8]
```

07 │ 세션을 열고 tf.global_variables_initializer() API를 실행해서 tf.Variable에 선언된 변수들에 초기값을 할당합니다. 이번 예제의 경우, (W,b)를 tf.random_normal로 선언했기 때문에 W와 b가 normal distribution에서 추출한 임의의 값으로 초기화됩니다. 변수를 초기화하는 과정은 필수적이므로 tf.global_variables_initializer()는 세션을 열고 항상 실행시켜주어야 합니다.

```
23     # 세션을 실행하고 파라미터(W,b)를 noraml distribution에서 추출한 임의의 값으로
       초기화합니다.
24     sess = tf.Session()
25     sess.run(tf.global_variables_initializer())
```

---

* 파라미터를 업데이트하는 연산을 보통 train_step이라는 이름으로 선언합니다.

08 | feed_dict에 트레이닝 데이터를 지정하고 train_step을 실행한 후, 경사하강법을 1000번 수행해서 파라미터를 업데이트합니다.

```
27    # 경사하강법을 1000번 수행합니다.
28    for i in range(1000):
29      sess.run(train_step, feed_dict={x: x_train, y: y_train})
```

09 | 마지막으로 테스트 데이터를 이용해서 모델이 잘 학습됐는지 출력해보고 모든 연산이 끝났으므로 세션을 닫습니다.

```
31    # 테스트를 위한 입력값을 준비합니다.
32    x_test = [3.5, 5, 5.5, 6]
33    # 테스트 데이터를 이용해 학습된 선형 회귀 모델이 데이터의 경향성(y=2x)을 잘 학습했
         는지 측정합니다.
34    # 예상되는 참값 : [7, 10, 11, 12]
35    print(sess.run(linear_model, feed_dict={x: x_test}))
36
37    sess.close()
```

코드를 실행하면 선형 회귀 모델이 학습이 잘 되어서 아래와 같이 예상되는 참값과 근접한 값을 출력하는 모습을 볼 수 있습니다.

출력 결과

```
[ 6.992405  9.972056  10.965274  11.958491]
```

3.3장에서 배운 코드를 한눈에 살펴보면 아래와 같습니다.

```
1    import tensorflow as tf
2
3    # 선형 회귀 모델(Wx + b)을 정의합니다.
4    W = tf.Variable(tf.random_normal(shape=[1]))
5    b = tf.Variable(tf.random_normal(shape=[1]))
6    x = tf.placeholder(tf.float32)
7    linear_model = W*x + b
8
9    # True Value를 입력받기 위한 플레이스홀더를 정의합니다.
10   y = tf.placeholder(tf.float32)
11
12   # 손실 함수를 정의합니다.
13   loss = tf.reduce_mean(tf.square(linear_model - y)) # MSE 손실함수 \mean{(y' - y)^2}
14
15   # 최적화를 위한 그라디언트 디센트 옵티마이저를 정의합니다.
16   optimizer = tf.train.GradientDescentOptimizer(0.01)
17   train_step = optimizer.minimize(loss)
18
19   # 트레이닝을 위한 입력값과 출력값을 준비합니다.
20   x_train = [1, 2, 3, 4]
21   y_train = [2, 4, 6, 8]
22
23   # 세션을 실행하고 파라미터(W,b)를 noraml distribution에서 추출한 임의의 값으로
     초기화합니다.
24   sess = tf.Session()
25   sess.run(tf.global_variables_initializer())
26
27   # 경사하강법을 1000번 수행합니다.
28   for i in range(1000):
29     sess.run(train_step, feed_dict={x: x_train, y: y_train})
30
31   # 테스트를 위한 입력값을 준비합니다.
32   x_test = [3.5, 5, 5.5, 6]
33   # 테스트 데이터를 이용해 학습된 선형 회귀 모델이 데이터의 경향성(y=2x)을 잘 학습했
     는지 측정합니다.
34   # 예상되는 참값 : [7, 10, 11, 12]
35   print(sess.run(linear_model, feed_dict={x: x_test}))
36
37   sess.close()
```

3.4 텐서보드TensorBoard를 이용한 그래프 시각화Visualization

머신러닝 알고리즘이 제대로 동작하는지 분석하고 최적의 파라미터를 찾기 위해서는 수많은 시행착오를 거쳐야 합니다. 이때 학습이 올바른 방향으로 진행되고 있는지를 측정하는 가장 기초적인 방법은 스텝마다 손실 함수 값을 print 함수로 출력해보는 것입니다. 하지만 시각화된 형태(예를 들면, 2차원 그래프)로 중간 결과들을 볼 수 있다면 실험 결과를 분석하는 것이 훨씬 수월할 것입니다. 이를 위해 텐서플로 라이브러리는 학습 결과를 시각화해서 보여주는 강력한 도구인 **텐서보드**TensorBoard를 제공합니다.

텐서보드를 이용하면 학습 과정을 다양한 형태로 시각화해서 볼 수 있습니다. 그중에서 가장 많이 사용하는 패턴은 다음 2가지입니다.

1 tf.summary.scalar API를 이용한 스텝마다 손실 함수 출력

2 계산 그래프 시각화

먼저 tf.summary.scalar API를 이용해서 스텝마다 손실 함수를 출력하는 방법을 알아봅시다. 텐서보드를 사용하기 위해서는 시각화를 하고 싶은 변수에 대한 요약 정보Summary를 저장하는 코드를 추가해주어야 합니다.

앞서 살펴본 선형 회귀 예제에 텐서보드를 추가하는 상황을 가정해봅시다.

01 ｜ 우선 손실 함수를 나타내는 변수 loss를 정의하고 추가적으로 손실 함수의 값(스칼라 값)의 변화를 추적하기 위해서 tf.summary.scalar API를 이용해서 요약 정보 로그를 남기는 코드를 추가합니다.

```
12    # 손실 함수를 정의합니다.
13    loss = tf.reduce_mean(tf.square(linear_model - y)) # MSE 손실함수 \mean{(y' - y)^2}
14    # 텐서보드를 위한 요약 정보(scalar)를 정의합니다.
15    tf.summary.scalar('loss', loss)
```

02 ｜ 다음에 tf.summary.merge_all API를 이용해서 모든 요약 정보를 하나로 합치는 연산을 merged라는 이름으로 정의합니다. 또한, 지정한 경로에 요약 정보를 직렬화(Serialize)*해서 파일 형태로 저장하는 tf.summary.FileWriter를 정의합니다.

---

* 직렬화는 데이터를 파일로 저장할 수 있게 byte 형태로 변환하는 것을 의미합니다.

tf.summary.FileWriter API의 1번째 인자에 요약 정보들을 파일 형태로 저장할 폴더 경로를 지정합니다. 이번 챕터에서는 코드가 실행되는 디렉토리 바로 아래에 있는 tensor-board_log라는 이름의 폴더에 요약 정보를 저장할 것입니다.

```
29    # 텐서보드 요약 정보들을 하나로 합칩니다.
30    merged = tf.summary.merge_all()
31    # 텐서보드 summary 정보들을 저장할 폴더 경로를 설정합니다.
32    tensorboard_writer = tf.summary.FileWriter('./tensorboard_log', sess.graph)
```

03 | 마지막으로 세션을 열고 스텝마다 merged 연산을 실행해서 리턴으로 계산된 요약 정보 값들(summary)을 받고 이를 정의한 tf.summary.FileWriter에 추가합니다.

```
34    # 경사하강법을 1000번 수행합니다.
35    for i in range(1000):
36        sess.run(train_step, feed_dict={x: x_train, y: y_train})
37
38        # 스텝마다 텐서보드 요약 정보 값들을 계산해서 지정된 경로('./tensorboard_log')
         에 저장합니다.
39        summary = sess.run(merged, feed_dict={x: x_train, y: y_train})
40        tensorboard_writer.add_summary(summary, i)
```

코드를 실행하면 tensorboard_log라는 폴더가 생성되고, 그 안에 요약 정보들이 파일 형태로 저장된 모습을 볼 수 있습니다.

이제 텐서보드를 실행하는 방법을 살펴봅시다. 텐서보드를 실행하기 위해서는 텐서보드 요약 정보들이 저장되어있는 파일 경로를 --logdir에 인자^{Argument}값으로 넘겨주어야만 합니다. --logdir를 지정해서 터미널에서 텐서보드를 실행하는 명령어는 아래와 같습니다.

```
tensorboard --logdir=path\to\log-driectory
```

즉, 이번 장에서 살펴본 코드의 경우 코드를 실행한 디렉토리에서 터미널을 띄우고, 다음 명령어를 입력하면 텐서보드를 실행할 수 있습니다.

```
tensorboard --logdir=./tensorboard_log
```

위 명령어를 실행하고 크롬이나 인터넷 익스플로러 같은 웹브라우저에 접속하여 아래의 URL 주소를 입력하면

http://localhost:6006

그림 3-7과 같이 텐서보드가 실행된 화면을 확인할 수 있습니다.

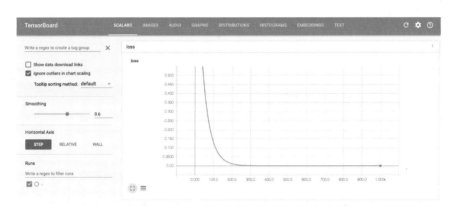

그림 3-7 | 텐서보드 실행 화면

텐서보드 화면 상단의 SCALARS 탭을 클릭하면 우리가 만든 선형 회귀 모델이 손실 함수가 감소하는 추세로 학습되고 있는 것을 2차원 그래프 형태로 볼 수 있습니다. 따라서 우리의 모델이 올바른 방향으로 학습되고 있다는 사실을 알 수 있습니다.

다음으로 텐서보드 이용한 계산 그래프 시각화 방법을 살펴봅시다. 그래프 시각화를 위해서는 추가적인 코드를 삽입할 필요 없이 다음과 같이 tf.summary.FileWriter API를 선언할 때 2번째 인자로 현재 세션에서 사용하는 그래프를 지정해주면 tf.summary.FileWriter API가 요약 정보를 파일 형태로 저장할 때 자동적으로 그래프 구조도 함께 파일에 저장합니다.

```
32    tensorboard_writer = tf.summary.FileWriter('./tensorboard_log', sess.graph)
```

텐서보드를 실행하고 GRAPHS 탭을 클릭하면 우리가 정의한 모델의 계산 그래프 구조를 볼 수 있습니다.

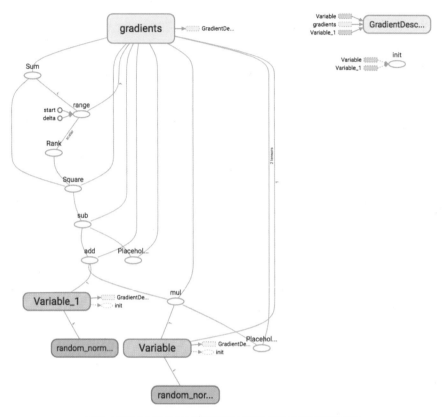

그림 3-8 | 텐서보드를 이용한 계산 그래프 시각화(이름을 지정하지 않은 경우)

그림 3-8의 그래프 구조를 보면 tf.Variable과 tf.placeholder 노드에 이름을 지정하지 않았기 때문에 텐서플로 라이브러리가 노드 이름을 임의로 Variable, Variable_1, Place-holder, Placeholder_1로 지정한 모습을 볼 수 있습니다.

04 | 노드가 의미하는 바를 텐서보드에서 좀 더 명확히 보기 위해서는 노드에 이름을 붙여주는 것이 좋습니다. 노드에 이름을 지정하는 방법은 다음과 같이 노드를 선언할 때 name을 지정해주면 됩니다.

```
3    # 선형 회귀 모델(Wx + b)을 정의합니다.
4    W = tf.Variable(tf.random_normal(shape=[1]), name="W")
5    b = tf.Variable(tf.random_normal(shape=[1]), name="b")
6    x = tf.placeholder(tf.float32, name="x")
7    linear_model = W*x + b
8
9    # True Value를 입력받기 위한 플레이스홀더를 정의합니다.
10   y = tf.placeholder(tf.float32, name="y")
```

노드에 이름을 지정해준 후, 코드를 실행하고 텐서보드를 실행하면 그림 3-9와 같이 우리가 지정한 이름인 W, b, x, y로 노드 이름이 지정된 모습을 확인할 수 있습니다.

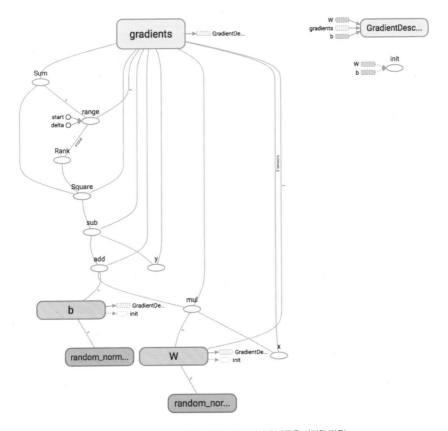

그림 3-9 | 텐서보드를 이용한 계산 그래프 시각화(이름을 지정한 경우)

3.4장에서 배운 코드를 한눈에 살펴보면 아래와 같습니다.

```python
1    import tensorflow as tf
2
3    # 선형 회귀 모델(Wx + b)을 정의합니다.
4    W = tf.Variable(tf.random_normal(shape=[1]), name="W")
5    b = tf.Variable(tf.random_normal(shape=[1]), name="b")
6    x = tf.placeholder(tf.float32, name="x")
7    linear_model = W*x + b
8
9    # True Value를 입력받기 위한 플레이스홀더를 정의합니다.
10   y = tf.placeholder(tf.float32, name="y")
11
12   # 손실 함수를 정의합니다.
13   loss = tf.reduce_mean(tf.square(linear_model - y)) # MSE 손실함수 \mean{(y' - y)^2}
14   # 텐서보드를 위한 요약 정보(scalar)를 정의합니다.
15   tf.summary.scalar('loss', loss)
16
17   # 최적화를 위한 옵티마이저를 정의합니다.
18   optimizer = tf.train.GradientDescentOptimizer(0.01)
19   train_step = optimizer.minimize(loss)
20
21   # 트레이닝을 위한 입력값과 출력값을 준비합니다.
22   x_train = [1, 2, 3, 4]
23   y_train = [2, 4, 6, 8]
24
25   # 세션을 실행하고 파라미터(W,b)를 noraml distribution에서 추출한 임의의 값으로
     초기화합니다.
26   sess = tf.Session()
27   sess.run(tf.global_variables_initializer())
28
29   # 텐서보드 요약 정보들을 하나로 합칩니다.
30   merged = tf.summary.merge_all()
31   # 텐서보드 summary 정보들을 저장할 폴더 경로를 설정합니다.
32   tensorboard_writer = tf.summary.FileWriter('./tensorboard_log', sess.graph)
33
34   # 경사하강법을 1000번 수행합니다.
35   for i in range(1000):
36     sess.run(train_step, feed_dict={x: x_train, y: y_train})
37
```

```
38        # 스텝마다 텐서보드 요약 정보 값들을 계산해서 지정된 경로('./tensorboard_log')
          에 저장합니다.
39        summary = sess.run(merged, feed_dict={x: x_train, y: y_train})
40        tensorboard_writer.add_summary(summary, i)
41
42    # 테스트를 위한 입력값을 준비합니다.
43    x_test = [3.5, 5, 5.5, 6]
44    # 테스트 데이터를 이용해 학습된 선형 회귀 모델이 데이터의 경향성(y=2x)을 잘 학습했
      는지 측정합니다.
45    # 예상되는 참값 : [7, 10, 11, 12]
46    print(sess.run(linear_model, feed_dict={x: x_test}))
47
48    sess.close()
```

텐서보드를 사용하는 방법을 다시 한번 정리해봅시다.

01 | 로그를 남기고자 하는 연산을 tf.summary.scalar API의 인자로 추가합니다.

```
15        tf.summary.scalar('loss', loss)
```

02 | 모든 요약로그들을 하나로 합치는 tf.summary.merge_all API를 연산을 정의하고,
요약 정보들을 파일 형태로 저장하는 tf.summary.FileWriter API를 정의합니다.

```
29    # 텐서보드 요약 정보들을 하나로 합칩니다.
30    merged = tf.summary.merge_all()
31    # 텐서보드 summary 정보들을 저장할 폴더 경로를 설정합니다.
32    tensorboard_writer = tf.summary.FileWriter('./tensorboard_log', sess.graph)
```

03 | 세션을 열고 매번 파라미터를 업데이트할 때마다 tf.summary.merge_all API
가 정의된 연산을 실행해서 요약 로그 값들을 계산한 정보를 리턴받고, 해당 리턴값을
tf.summary.FileWriter에 추가합니다.

```
38        # 스텝마다 텐서보드 요약 정보 값들을 계산해서 지정된 경로('./tensorboard_log')
          에 저장합니다.
39        summary = sess.run(merged, feed_dict={x: x_train, y: y_train})
40        tensorboard_writer.add_summary(summary, i)
```

이제 텐서보드를 배웠으니 앞으로 우리가 만든 모델이 제대로 학습되고 있는지 파악하고 싶을 때, 텐서보드를 적극적으로 활용합시다.

⬡3.5 정리

이번 장에서 배운 내용을 정리해봅시다. 이번 장에서는 텐서플로를 이용해서 우리의 첫 머신러닝 모델인 선형 회귀 모델을 구현해보았습니다. 구체적으로,

① 텐서플로의 동작 과정(그래프 생성, 그래프 실행)과 텐서플로의 내부 구조(계산 그래프)에 대해 살펴보았습니다.

② 텐서플로 기초 API들을 살펴보았습니다. 구체적으로 임의의 값을 입력받을 수 있는 tf.placeholder, 파라미터를 나타내는 tf.Variable API를 배웠습니다.

③ 머신러닝의 3가지 기본 프로세스(모델 정의, 손실 함수 정의, 최적화 정의)에 대해 살펴보았습니다.

④ 텐서플로 라이브러리를 이용해서 가장 기본적인 머신러닝 알고리즘인 선형 회귀를 구현해보았습니다.

⑤ 텐서보드^{TensorBoard}를 이용해서 학습 과정을 시각화하는 방법을 살펴보았습니다.

다음 장에서는 머신러닝의 기초 이론들을 살펴봄으로써 머신러닝의 개념을 견고히 학습해봅시다.

머신 러닝
기초 이론들

머신 러닝
기초 이론들

4.1 Batch Gradient Descent, Mini-Batch Gradient Descent, Stochastic Gradient Descent

3.3장에서 선형 회귀 모델을 살펴보면서 모든 머신러닝 모델의 기본 프로세스에 대해 알아보았습니다. 이 3가지 프로세스는 제대로 숙지하지 못할 경우, 앞으로의 내용을 이해하는데 어려움이 있을 수 있는 매우 중요한 과정이므로 여기서 1번 더 언급하겠습니다.

1. 학습하고자 하는 **가설**Hypothesis $h(\theta)$을 수학적 표현식으로 나타낸다.
2. 가설의 성능을 측정할 수 있는 **손실 함수**Loss Function $J(\theta)$을 정의한다.
3. **손실 함수 $J(\theta)$을 최소화**Minimize할 수 있는 학습 알고리즘을 설계한다.

이 3가지 과정 중에서 손실 함수 $J(\theta)$를 최소화할 수 있는 최적화 알고리즘으로 가장 일반적으로 사용되는 기법이 경사하강법입니다. 경사하강법은 다음 수식처럼 손실 함수의 미분값과 러닝 레이트의 곱만큼을 원래 파라미터에 뺀 값으로 파라미터를 한 스텝 업데이트합니다.

$$\theta_i = \theta_i - \alpha \frac{\partial}{\partial \theta_i} J(\theta_0, \theta_1)$$

이때 3.3장에서와 같이 가설로 선형 회귀 모델(y=Wx)을 사용하고, 손실 함수로 $MSE(\frac{1}{2n}\sum_{i=1}^{n}(\hat{y}_i - y_i)^2)$를 사용할 경우 경사하강법의 한 스텝 업데이트를 위해 계산하는 손실 함수의 미분값은 아래와 같이 나타낼 수 있습니다.

$$\frac{\partial}{\partial \theta_0} J(\theta_0, \theta_1) = \frac{\partial}{\partial \theta_0} \frac{1}{2n} \sum_{i=1}^{n} (\hat{y}_i - y_i)^2$$

$$\frac{\partial}{\partial \theta_1} J(\theta_0, \theta_1) = \frac{\partial}{\partial \theta_1} \frac{1}{2n} \sum_{i=1}^{n} (\hat{y}_i - y_i)^2$$

위 수식에서 우리는 트레이닝 데이터 n개의 손실 함수 미분값을 모두 더한 후 평균을 취해서 파라미터를 한 스텝 업데이트하였습니다. 이런 방법은 경사하강법의 한 스텝 업데이트할 때 **전체 트레이닝 데이터를 하나의 Batch로 만들어 사용하기 때문에 Batch Gradient Descent** 라고 부릅니다. 하지만 실제 문제를 다룰 때는 트레이닝 데이터의 개수가 매우 많아질 수 있고, 이런 상황에서 Batch Gradient Descent를 사용할 경우 파라미터를 한 스텝 업데이트하는데 많은 시간이 걸립니다(한 스텝 업데이트하는데 전체 데이터에 대한 미분값을 계산해야 하므로). 결과적으로 최적의 파라미터를 찾는데 오랜 시간이 걸리게 됩니다.

이와 반대로 경사하강법의 한 스텝 업데이트를 진행할때 **1개의 트레이닝 데이터만 사용하는 기법을 Stochastic Gradient Descent** 기법이라고 부릅니다. Stochastic Gradient Descent 기법에서 한 스텝 업데이트를 위해 계산하는 손실 함수의 미분값은 아래 수식으로 나타낼 수 있습니다.

$$\frac{\partial}{\partial \theta_0} J(\theta_0, \theta_1) = \frac{\partial}{\partial \theta_0} (\hat{y}_i - y_i)^2$$

$$\frac{\partial}{\partial \theta_1} J(\theta_0, \theta_1) = \frac{\partial}{\partial \theta_1} (\hat{y}_i - y_i)^2$$

Stochastic Gradient Descent 기법을 사용할 경우 파라미터를 자주 업데이트 할 수 있지만 파라미터를 1번 업데이트 할 때 전체 트레이닝 데이터의 특성을 고려하지 않고, 각각의 트레이닝 데이터의 특성만을 고려하므로 부정확한 방향으로 업데이트가 진행될 수도 있습니다.

따라서, 실제 문제를 해결할 때는 Batch Gradient Descent와 Stochastic Gradient Descent의 절충적인 기법인 Mini-Batch Gradient Descent를 많이 사용합니다. **Mini-batch Gradient Descent**는 전체 트레이닝 데이터[Batch]가 1000(n)개라면 이를 100(m)개 씩 묶은 Mini-Batch 개수만큼의 손실 함수 미분값 평균을 이용해서 파라미터를 한 스텝을 업데이트하는 기법입니다. Mini-Batch Gradient Descent 기법에서 한 스텝 업데이트를 위해 계산하는 손실 함수의 미분값은 아래 수식으로 나타낼 수 있습니다.

$$\frac{\partial}{\partial \theta_0} J(\theta_0, \theta_1) = \frac{\partial}{\partial \theta_0} \frac{1}{2m} \sum_{i=1}^{m} (\hat{y_i} - y_i)^2$$

$$\frac{\partial}{\partial \theta_1} J(\theta_0, \theta_1) = \frac{\partial}{\partial \theta_1} \frac{1}{2m} \sum_{i=1}^{m} (\hat{y_i} - y_i)^2$$

이 책에서 구현하는 대부분의 코드들은 Mini-Batch Gradient Descent를 사용합니다. 또한 여기서는 경사하강법을 3가지 형태로 엄밀히 나눴지만 어떤 논문이나 글에서는 Mini-Batch Gradient Descent도 Stochastic Gradient Descent라고 부르기도 합니다.

4.2 Training Data, Validation Data, Test Data 및 오버피팅

머신러닝 모델은 크게 트레이닝 과정과 테스트 과정으로 나눕니다. 트레이닝 과정에서는 대량의 데이터와 충분한 시간을 들여서 모델의 최적의 파라미터를 찾습니다. 테스트 과정에서는 트레이닝 과정에서 구한 최적의 파라미터로 구성한 모델을 트레이닝 과정에서 보지 못한 새로운 데이터에 적용해서 모델이 잘 학습됐는지 테스트하거나 실제 문제를 풀기위해 사용합니다. 보통 모델이 잘 학습됐는지 체크 할 때는 테스트[Test], 실제 문제를 푸는 과정을 추론[Inference]이라고 부릅니다.

이렇게 트레이닝과 테스트를 수행하기 위해서 가지고 있는 데이터 중 일부는 트레이닝 데이터, 일부는 테스트 데이터로 나눕니다. 그림 4-1은 전체 데이터를 트레이닝 데이터, 테스트 데이터로 나누는 과정을 보여줍니다. 여기에 더 나아가서 전체 데이터를 **트레이닝**[training] **데이터, 검증용**[validation] **데이터, 테스트**[test] **데이터**로 나누기도 합니다. 검증용 데이터는 트레이닝 과정에서 학습에 사용하지는 않지만 중간중간 테스트하는데 사용해서 학습하고 있는 모델이 오버피팅에 빠지지 않았는지 체크하는데 사용됩니다.

즉, 직관적으로 설명하면 검증용 데이터는 트레이닝 과정 중간에 사용하는 테스트 데이터로 볼 수 있습니다.

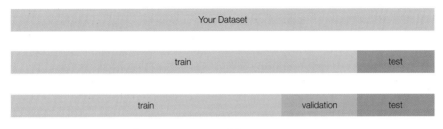

그림 4-1 | Training Data, Validation Data, Test Data

그림 4-2는 학습 과정에서 트레이닝 에러와 검증 에러를 출력한 그래프입니다. 처음에는 트레이닝 에러와 검증 에러가 모두 작아지지만 일정 횟수 이상 반복할 경우 트레이닝 에러는 작아지지만 검증 에러는 커지는 오버피팅에 빠지게 됩니다. 따라서 트레이닝 에러는 작아지지만 검증 에러는 커지는 지점에서 업데이트를 중지하면 최적의 파라미터를 얻을 수 있습니다.

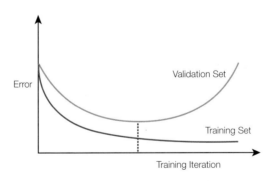

그림 4-2 | Validation Error와 오버피팅

오버피팅Overfitting은 학습 과정에서 머신러닝 알고리즘의 파라미터가 트레이닝 데이터에 과도하게 최적화되어 트레이닝 데이터에 대해서는 잘 동작하지만 새로운 데이터인 테스트 데이터에 대해서는 잘 동작하지 못하는 현상을 말합니다. 오버피팅은 모델의 표현력이 지나치게 강력할 경우 발생하기 쉽습니다.

그림 4-3은 오버피팅, 언더피팅의 경우를 보여줍니다. 그림 4-3의 가장 오른쪽 그림을 보면 모델이 트레이닝 데이터의 정확도를 높이기 위해 결정 직선Decision Boundary을 과도하게 꼬

아서 그린 모습을 볼 수 있습니다. 이럴 경우 트레이닝 데이터와 조금 형태가 다른 새로운 데이터를 예측할 때도 성능이 떨어지게 됩니다.

이에 반해 그림 4-3의 가장 왼쪽 그림은 **언더피팅**Underfitting에 빠진 상황을 보여줍니다. 언더피팅은 오버피팅의 반대 상황으로 모델의 표현력이 부족해서 트레이닝 데이터도 제대로 예측하지 못하는 상황을 말합니다. 마지막으로 그림 4-3의 중앙에 있는 그림은 오버피팅과 언더피팅에 빠지지 않고 파라미터가 적절히 학습된 경우를 보여줍니다.

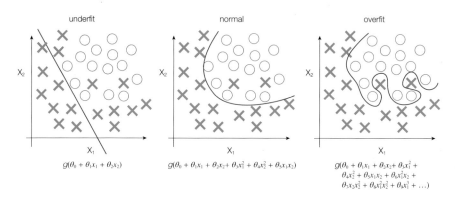

그림 4-3 | 언더피팅, 적절히 학습된 경우, 오버피팅

딥러닝의 경우 모델의 표현력이 강력하기 때문에 오버피팅에 빠지기 쉽습니다. 따라서 오버피팅 문제를 완화하기 위해서 드롭아웃Dropout과 같은 다양한 Regularization* 기법을 사용합니다.

4.3 소프트맥스 회귀Softmax Regression

4.3.1 소프트맥스 회귀Softmax Regression

이번 장에서는 **소프트맥스 회귀**Softmax Regression 기법에 대해 알아봅시다. 소프트맥스 회귀는 n개의 레이블을 분류하기 위한 가장 기본적인 모델입니다. 모델의 아웃풋에 Softmax 함수를 적용해서 모델의 출력값이 각각의 레이블에 대한 확신의 정도를 출력하도록 만들어주는 기법입니다.

....

* 오버피팅을 방지하기 위한 기법들을 Regularization 기법이라고 부릅니다.

구체적으로 Softmax 함수는 Normalization 함수로써 출력값들의 합을 1로 만들어줍니다. Softmax 함수는 아래 수식으로 표현됩니다.

$$softmax(x)_i = \frac{\exp(x_i)}{\sum_j \exp(x_j)}$$

Softmax 함수를 마지막에 씌우게 되면 모델의 출력값이 레이블에 대한 확률을 나타내게 됩니다(=출력값들의 합이 1이 되므로). 그림 4-4는 소프트맥스 회귀의 구조를 보여줍니다.

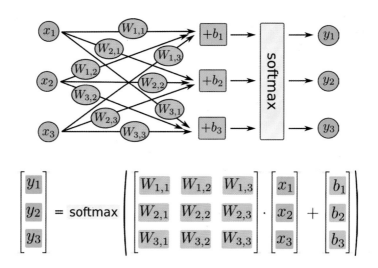

그림 4-4 | 소프트맥스 회귀의 구조

그림 4-5는 모델의 출력값 Logits에 Softmax 함수를 적용한 결과를 보여줍니다. 이 모델은 인풋에 대해서 각각의 레이블일 확률을 0.7(70%), 0.2(20%), 0.1(10%)로 확신하는 것으로 해석할 수 있습니다. 예를 들어, 어떤 이미지가 [개, 고양이, 말]인지 분류하는 분류기를 만든 경우, 이 모델은 지금 인풋으로 들어온 이미지가 70% 확률로 개, 20% 확률로 고양이, 10% 확률로 말이라고 판단한 것으로 해석할 수 있습니다.

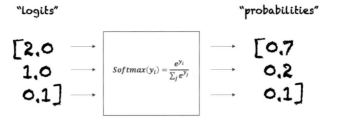

그림 4-5 | Logits에 Softmax 함수를 적용한 결과

4.3.2 크로스 엔트로피$^{Cross-Entropy}$ 손실 함수

소프트맥스 회귀$^{Softmax\ Regression}$를 비롯한 분류 문제에는 **크로스 엔트로피**$^{Cross-Entropy}$ 손실 함수를 많이 사용합니다. 크로스 엔트로피 손실 함수도 평균제곱오차(MSE)와 같이 모델의 예측값이 참값과 비슷하면 작은 값, 참값과 다르면 큰 값을 갖는 형태의 함수로 아래와 같은 수식으로 나타낼수 있습니다.

$$H_{y'}(y) = -\sum_i y'_i \log(y_i)$$

위 수식에서 y'는 참값, y는 모델의 예측값을 나타냅니다. 일반적으로 분류 문제에 대해서는 MSE보다 크로스 엔트로피 함수를 사용하는 것이 학습이 더 잘되는 것으로 알려져 있습니다.* 따라서 대부분의 텐서플로 코드들에서 크로스 엔트로피 손실 함수를 사용합니다. 이 책에서도 대부분의 코드 구현에서 크로스 엔트로피 함수를 손실 함수로 사용합니다.

4.3.3 MNIST 데이터셋

머신러닝 모델을 학습시키기 위해서는 데이터가 필요합니다. 하지만 데이터를 학습에 적합한 형태로 정제하는 것은 많은 시간과 노력이 필요한 일입니다. 따라서 많은 연구자가 학습하기 쉬운 형태로 데이터들을 미리 정제해서 웹상에 공개해놓았습니다. 그중에서도

---

* 크로스 엔트로피 함수가 MSE 함수보다 학습이 더 잘되는 이유에 대한 자세한 설명은 Michael Nielsen의 블로그 게시글인 http://neuralnetworksanddeeplearning.com/chap3.html 을 참조하세요.

MNIST 데이터셋은 머신러닝을 공부하는 사람들이 가장 먼저 접하게 되는 데이터셋으로 머신러닝 분야의 "Hello World"라고 볼 수 있습니다.

MEMO

보통 프로그래밍 언어를 처음 배울 때 가장 먼저 구현해보는 프로그램이 "Hello World"라는 문장을 출력하는 프로그램이기 때문에 프로그래밍 세계에서 "Hello World"는 초심자가 가장 먼저 접하는 예제를 뜻합니다.

구체적으로 MNIST 데이터는 60,000장의 트레이닝 데이터와 10,000장의 테스트 데이터로 이루어진 데이터셋으로 0~9사이의 28×28 크기의 필기체 이미지로 구성되어있습니다. 그림 4-6은 MNIST 데이터의 예제를 보여줍니다.

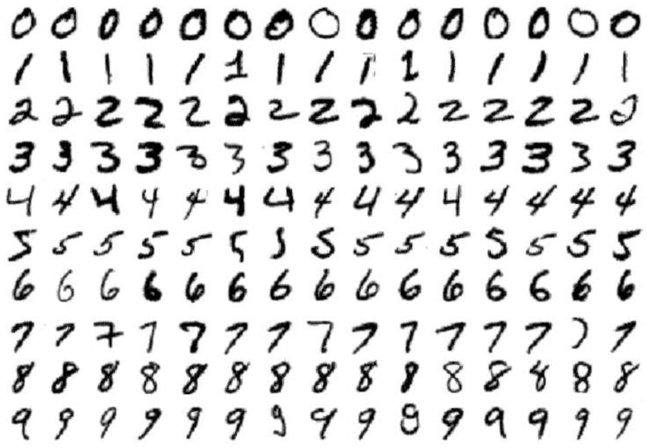

그림 4-6 | MNIST 데이터 예제

MNIST 데이터는 Yann lecun 교수가 관리하는 아래 URL에서 다운받을 수 있습니다.

http://yann.lecun.com/exdb/mnist/

하지만 텐서플로 라이브러리를 이용할 경우 텐서플로 라이브러리의 mnist 모듈의 input_data 함수를 이용해서 손쉽게 MNIST 데이터를 다운받고 불러올 수 있습니다. 다음 코드는 "/tmp/data" 경로에 MNIST 데이터를 다운받고 이를 읽어들여 mnist이라는 변수에 할당하는 텐서플로 코드입니다. 이때 one_hot=True 인자는 MNIST 정답 레이블을 One-hot Encoding 형태로 표현하겠다는 것을 의미합니다.

```
1    import tensorflow as tf
2
3    # MNIST 데이터를 다운로드 합니다.
4    from tensorflow.examples.tutorials.mnist import input_data
5    mnist = input_data.read_data_sets("/tmp/data/", one_hot=True)
```

4.3.4 One-hot Encoding

One-hot Encoding은 범주형 값Categorical Value을 이진화된 값Binary Value으로 바꿔서 표현하는 것을 의미합니다. 범주형 값은 예를 들어 "개", "고양이", "말"이라는 3개의 범주형 데이터가 있을 때 이를 ["개"=1, "고양이"=2, "말"=3]이라고 단순하게 Integer Encoding으로 변환하여 표현하는 것입니다.

이에 반해 One-hot Encoding을 사용하면 범주형 데이터를 "개"=[1 0 0], "고양이"=[0 1 0], "말"=[0 0 1] 형태로 해당 레이블을 나타내는 인덱스만 1의 값을 가지고 나머지 부분은 0의 값을 가진 Binary Value로 표현합니다. 그림 4-7은 One-hot Encoding의 예시를 보여줍니다.

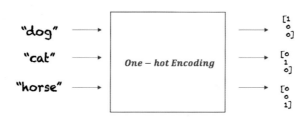

그림 4-7 | One-hot Encoding 예시

단순한 Integer Encoding의 문제점은 머신러닝 알고리즘이 정수 값으로부터 잘못된 경향성을 학습하게 될 수도 있다는 점입니다. 예를 들어, 위의 예시의 경우 Integer Encoding을 사용할 경우 머신러닝 알고리즘이 ["개"(=1)와 "말"(=3)의 평균(1+3/2=2)은 "고양이"(=2)이다.] 라는 지식을 학습할 수도 있는데, 이는 명백히 잘못된 학습입니다. 따라서 머신 러닝 알고리즘을 구현할 때 타겟 데이터를 One-hot Encoding 형태로 표현하는 것이 일반적입니다.

4.4 소프트맥스 회귀를 이용한 MNIST 숫자 분류기 구현

4.4.1 mnist_classification_using_softmax_regression.py

이제 소프트맥스 회귀를 이용해서 MNIST 숫자 분류기를 구현해봅시다. 먼저 전체 코드를 한눈에 살펴봅시다.

```python
1   import tensorflow as tf
2
3   # MNIST 데이터를 다운로드 합니다.
4   from tensorflow.examples.tutorials.mnist import input_data
5   mnist = input_data.read_data_sets("/tmp/data/", one_hot=True)
6
7   # 입력값과 출력값을 받기 위한 플레이스홀더를 정의합니다.
8   x = tf.placeholder(tf.float32, shape=[None, 784])
9   y = tf.placeholder(tf.float32, shape=[None, 10])
10
11  # 변수들을 설정하고 소프트맥스 회귀 모델을 정의합니다.
12  W = tf.Variable(tf.zeros(shape=[784, 10]))
13  b = tf.Variable(tf.zeros(shape=[10]))
14  logits = tf.matmul(x, W) + b
15  y_pred = tf.nn.softmax(logits)
16
17  # cross-entropy 손실 함수와 옵티마이저를 정의합니다.
18  loss = tf.reduce_mean(-tf.reduce_sum(y * tf.log(y_pred), reduction_indices=[1]))
19  #loss = tf.reduce_mean(tf.nn.softmax_cross_entropy_with_logits(logits=logits,
    labels=y)) # tf.nn.softmax_cross_entropy_with_logits API를 이용한 구현
20  train_step = tf.train.GradientDescentOptimizer(0.5).minimize(loss)
21
22  # 세션을 열고 변수들에 초기값을 할당합니다.
23  sess = tf.Session()
24  sess.run(tf.global_variables_initializer())
25  # 1000번 반복을 수행하면서 최적화를 수행합니다.
26  for i in range(1000):
27    batch_xs, batch_ys = mnist.train.next_batch(100)
28    sess.run(train_step, feed_dict={x: batch_xs, y: batch_ys})
29
30  # 학습이 끝나면 학습된 모델의 정확도를 출력합니다.
31  correct_prediction = tf.equal(tf.argmax(y_pred,1), tf.argmax(y, 1))
```

```
32    accuracy = tf.reduce_mean(tf.cast(correct_prediction, tf.float32))
33    print("정확도(Accuracy): %f" % sess.run(accuracy, feed_dict={x: mnist.test.
      images, y: mnist.test.labels})) # 정확도 : 약 91%
34
35    sess.close()
```

01 | 먼저 텐서플로 라이브러리를 임포트합니다.

```
1     import tensorflow as tf
```

02 | 다음으로 텐서플로 라이브러리의 input_data 모듈을 임포트합니다. input_data. read_data_sets API의 1번째 인자로 지정한 경로에 MNIST 데이터를 다운받고 mnist 변수에 MNIST 데이터를 리턴받습니다.

```
3     # MNIST 데이터를 다운로드 합니다.
4     from tensorflow.examples.tutorials.mnist import input_data
5     mnist = input_data.read_data_sets("/tmp/data/", one_hot=True)
```

03 | 입력값과 출력값을 받기 위한 플레이스홀더를 정의합니다. 인풋 데이터 x의 shape 의 1번째 차원은 임의의 인풋 데이터 개수를 받을 수 있는 None이고 2번째 차원은 MNIST 이미지를 flattening한 28*28=784차원입니다. 타겟 데이터 y의 shape의 1번째 차원은 임의의 타겟 데이터 개수를 받을 수 있는 None이고, 2번째 차원은 One-hot Encoding 표현을 사용하기 때문에 MNIST 레이블 개수 10(0~9)입니다.

```
7     # 입력값과 출력값을 받기 위한 플레이스홀더를 정의합니다.
8     x = tf.placeholder(tf.float32, shape=[None, 784])
9     y = tf.placeholder(tf.float32, shape=[None, 10])
```

04 | 이제 소프트맥스 회귀를 위한 파라미터 W와 b를 정의하고, Wx+b를 통해 모델의 출력값 logits를 계산합니다. 마지막으로 logits에 softmax 함수를 적용해서 예측값을 0~1 사이의 확률로 normalization합니다.

```
11    # 변수들을 설정하고 소프트맥스 회귀 모델을 정의합니다.
12    W = tf.Variable(tf.zeros(shape=[784, 10]))
13    b = tf.Variable(tf.zeros(shape=[10]))
14    logits = tf.matmul(x, W) + b
15    y_pred = tf.nn.softmax(logits)
```

05 | 크로스 엔트로피 손실 함수와 그라디언트 디센트 옵티마이저를 정의합니다. 그라디언트 디센트 옵티마이저의 러닝레이트로 0.5를 지정합니다. 이번 장에서는 크로스 엔트로피 손실 함수를 수식을 이용하여 직접 정의하였지만, 텐서플로의 tf.nn.softmax_cross_entropy_with_logits API를 이용하면 손쉽게 크로스 엔트로피 손실 함수를 정의할 수 있습니다.

```
17    # cross-entropy 손실 함수와 옵티마이저를 정의합니다.
18    loss = tf.reduce_mean(-tf.reduce_sum(y * tf.log(y_pred), reduction_indices=[1]))
19    #loss = tf.reduce_mean(tf.nn.softmax_cross_entropy_with_logits(logits=logits,
      labels=y)) # tf.nn.softmax_cross_entropy_with_logits API를 이용한 구현
20    train_step = tf.train.GradientDescentOptimizer(0.5).minimize(loss)
```

TensorFlow API 알아보기*

```
tf.nn.softmax_cross_entropy_with_logits(
    labels = None,
    logits = None,
    name = None
)
```

tf.nn.softmax_cross_entropy_with_logits API는 softamx 함수와 크로스 엔트로피 손실 함수를 구현한 API입니다. tf.nn.softmax_cross_entropy_with_logits API를 사용할 때 유의할 점은 API가 softmax 함수 계산까지 함께 해주기 때문에 소프트맥스 함수(tf.nn.softmax)를 씌운 normalize된 출력값이 아닌 softmax 함수를 씌우기 전의 출력값인 logits를 인자로 넣어주어야 합니다. API의 인자들은 다음과 같습니다.

---

* 이 책을 쓰고 있던 도중에 업데이트 된 최신 TensorFlow 버전에서는 tf.nn.softmax_cross_entropy_with_logits API가 tf.nn.softmax_cross_entropy_with_logits_v2 API로 변경되었습니다. 인자값 구성은 똑같기 때문에 API 코드를 작성할 때 뒤에 _v2만 추가해주면 됩니다. 현재는 tf.nn.softmax_cross_entropy_with_logits API를 사용해도 큰 문제가 없지만 텐서플로측에서 추후 버전에서 tf.nn.softmax_cross_entropy_with_logits API는 더 이상 사용되지 않게 만들 계획이라고 하니, 최신 코드를 작성할 때는 tf.nn.softmax_cross_entropy_with_logits_v2 API를 사용합시다.

06 이제 머신러닝의 기본 프로세스인 모델 정의, 손실 함수 정의, 옵티마이저 정의가 모두 끝났습니다.

이제 세션을 열어서 그래프를 실행합시다. 이전 장에서 살펴본 것처럼 세션을 열고 가장 먼저 수행해야하는 일은 tf.global_variables_initializer()를 실행해서 선언한 변수들 (=tf.Variables)에 초기값을 할당하는 것입니다.

```
22    # 세션을 열고 변수들에 초기값을 할당합니다.
23    sess = tf.Session()
24    sess.run(tf.global_variables_initializer())
```

07 MNIST 데이터를 100개씩 불러와서 Mini-Batch로 만들고 1000번 최적화를 수행합니다.

```
25    # 1000번 반복을 수행하면서 최적화를 수행합니다.
26    for i in range(1000):
27        batch_xs, batch_ys = mnist.train.next_batch(100)
28        sess.run(train_step, feed_dict={x: batch_xs, y: batch_ys})
```

08 마지막으로 학습이 끝나면 학습된 모델의 정확도를 출력해봅시다.

```
30    # 학습이 끝나면 학습된 모델의 정확도를 출력합니다.
31    correct_prediction = tf.equal(tf.argmax(y_pred,1), tf.argmax(y, 1))
32    accuracy = tf.reduce_mean(tf.cast(correct_prediction, tf.float32))
33    print("정확도(Accuracy): %f" % sess.run(accuracy, feed_dict={x: mnist.test.
      images, y: mnist.test.labels})) # 정확도 : 약 91%
```

코드를 실행하면 우리의 소프트맥스 회귀 모델이 약 91%의 정확도 MNIST 숫자 분류를 수행한 모습을 볼 수 있습니다. 이번 장에서는 가장 간단한 소프트맥스 회귀 모델을 구현했지만 앞으로 점차 더 복잡한 모델들을 이용해서 MNIST 분류기를 구현했을 때 분류정확도가 점점 높아지는 모습을 지켜볼 수 있을 것입니다.

4.4.2 tf_nn_sparse_softmax_cross_entropy_with_logits_example.py

앞선 예제에서는 MNIST 데이터를 One-hot Encoding으로 변환된 형태로 불러왔지만, 머신러닝 데이터 중에서는 One-hot Encoding으로 변환되지 않은 형태로 정답 레이블 데이터가 저장되어 있는 경우도 많습니다. 따라서 텐서플로에서는 One-hot Encoding으로 변환되지 않은 채로 표현된 데이터에 One-hot Encoding 변환을 자동으로 수행하고 손실 함수를 계산해주는 tf.nn.sparse_softmax_cross_entropy_with_logits API를 제공하고 있습니다.

TensorFlow API 알아보기

```
tf.nn.sparse_softmax_cross_entropy_with_logits(
    labels = None,
    logits = None,
    name = None
)
```

tf.nn.sparse_softmax_cross_entropy_with_logits API는 softamx 함수와 크로스 엔트로피 손실 함수를 구현한 API입니다. tf.nn.softmax_cross_entropy_with_logits API와 다른 점은 labels로 받는 데이터에 One-hot Encoding 변환을 자동으로 수행하고 손실 함수를 계산해줍니다. 따라서 labels 부분에 One-hot Encoding 데이터가 아닌 범주형 값(예를 들어, 0, 3, 1, 5, …)을 넣어주어야만 합니다.

- labels : 정답 레이블이며 tf.int32나 tf.int64 형태로 표현된 One-hot Encoding 데이터가 아닌 범주형 값입니다.
- logits : softmax 함수를 적용해서 Normalize 하기 전 모델의 출력값 logits이고 logits는 One-hot Encoding으로 표현된 값이여만 합니다.
- name : 연산의 이름 (optional)

앞서 살펴본 소프트맥스 회귀를 이용한 MNIST 숫자 분류기 구현 예제를 tf.nn.sparse_softmax_cross_entropy_with_logits API를 이용해서 구현하면 다음과 같습니다.

```
1    import tensorflow as tf
2
3    # MNIST 데이터를 다운로드 합니다.
4    from tensorflow.examples.tutorials.mnist import input_data
5    mnist = input_data.read_data_sets("/tmp/data/", one_hot=False) # one_hot=False
     로 불러옵니다.
6
7    # 입력값과 출력값을 받기 위한 플레이스홀더를 정의합니다.
8    x = tf.placeholder(tf.float32, shape=[None, 784])
9    y = tf.placeholder(tf.int64, shape=[None]) # tf.int64 타입으로 선언합니다.
10
11   # 변수들을 설정하고 소프트맥스 회귀 모델을 정의합니다.
12   W = tf.Variable(tf.zeros(shape=[784, 10]))
13   b = tf.Variable(tf.zeros(shape=[10]))
14   logits = tf.matmul(x, W) + b
15   y_pred = tf.nn.softmax(logits)
16
17   # cross-entropy 손실 함수와 옵티마이저를 정의합니다.
18   #loss = tf.reduce_mean(tf.nn.softmax_cross_entropy_with_logits(logits=logits,
     labels=y))
19   # tf.nn.softmax_cross_entropy_with_logits API를 이용한 구현
20   loss = tf.reduce_mean(tf.nn.sparse_softmax_cross_entropy_with_logits(logits=
     logits, labels=y))
21   # tf.nn.sparse_softmax_cross_entropy_with_logits API를 이용한 구현
22   train_step = tf.train.GradientDescentOptimizer(0.5).minimize(loss)
23
24   # 세션을 열고 변수들에 초기값을 할당합니다.
25   sess = tf.Session()
26   sess.run(tf.global_variables_initializer())
27   # 1000번 반복을 수행하면서 최적화를 수행합니다.
28   for i in range(1000):
29       batch_xs, batch_ys = mnist.train.next_batch(100)
30       sess.run(train_step, feed_dict={x: batch_xs, y: batch_ys})
31
32   # 학습이 끝나면 학습된 모델의 정확도를 출력합니다.
33   correct_prediction = tf.equal(tf.argmax(y_pred,1), y)
34   accuracy = tf.reduce_mean(tf.cast(correct_prediction, tf.float32))
35   print("정확도(Accuracy): %f" % sess.run(accuracy, feed_dict={x: mnist.test.
     images, y: mnist.test.labels})) # 정확도 : 약 91%
36
37   sess.close()
```

4.4.1장에서 배운 소프트맥스 회귀 구현과 달라진 부분들만 살펴봅시다.

01 | mnist 데이터를 불러올 때 one_hot 인자를 False로 지정해서 정답 레이블을 One-hot Encoding 형태로 변환된 값이 아닌, Integer Encoding 형태로 표현된 스칼라값으로 불러옵니다.

```
5    mnist = input_data.read_data_sets("/tmp/data/", one_hot=False) # one_hot=False
     로 불러옵니다.
```

02 | 정답 레이블 y를 받는 플레이스홀더를 tf.int64 형태의 스칼라값으로 지정합니다.

```
9    y = tf.placeholder(tf.int64, shape=[None]) # tf.int64 타입으로 선언합니다.
```

03 | 손실 함수를 tf.nn.softmax_cross_entropy_with_logits API가 아닌 tf.nn.sparse_softmax_cross_entropy_with_logits API로 정의합니다.

```
20   loss = tf.reduce_mean(tf.nn.sparse_softmax_cross_entropy_with_logits(logits=
     logits, labels=y))
21   # tf.nn.sparse_softmax_cross_entropy_with_logits API를 이용한 구현
```

04 | 정답 레이블 y가 스칼라값 형태이기 때문에 y에 tf.argmax를 적용할 필요가 없습니다.

```
33   correct_prediction = tf.equal(tf.argmax(y_pred,1), y)
```

4.5 정리

이번 장에서 배운 내용을 정리해봅시다. 이번 장에서는 머신러닝의 기초 이론들을 좀 더 깊게 살펴보았고, 또한 소프트맥스 회귀 기법을 배웠습니다. 구체적으로

1 Batch Gradient Descent, Mini-Batch Gradient Descent, Stochastic Gradient Descent 기법을 살펴보았습니다.

2 Training Data, Validation Data, Test Data를 나누는 방법과 오버피팅 문제에 대해 살펴보았습니다.

3 소프트맥스 회귀 기법과 크로스 엔트로피 손실 함수, MNIST 데이터셋, One-hot Encoding이 무엇인지 살펴보았습니다.

4 텐서플로 라이브러리를 이용해서 소프트맥스 회귀를 이용한 MNIST 숫자분류기를 구현해보았습니다.

다음 장에서는 기본적인 머신러닝 기법이 아닌 실제 딥러닝 기법에 사용되는 인공신경망 Artificial Neural Networks(ANN) 기법을 살펴봅시다.

CHAPTER
5

인공신경망
(ANN)

인공신경망(ANN)

5.1 인공신경망^{ANN}의 등장 배경

지금까지는 기본적인 머신러닝 알고리즘인 선형 회귀와 소프트맥스 회귀 기법을 살펴보았습니다. 이제 실제 딥러닝 알고리즘에서 사용하는 **인공신경망**^{Artificial Neural Networks(ANN)} 기법에 대해 알아봅시다.

인공신경망에 대한 연구는 우리가 일반적으로 예상하는 것보다 훨씬 긴 역사를 가지고 있습니다. 인공신경망 아이디어의 시초는 컴퓨터가 발명되던 시기인 1940년대까지 거슬러 올라갑니다. 인공신경망에 대한 개념은 McCulloch, Warren S, and Walter Pitts가 1943년에 발표한 "A logical calculus of the ideas immanent in nervous activity"라는 제목의 논문에서 최초로 제안되었습니다.

인공신경망은 이름에서 알 수 있듯이 생물학적 신경망^{Biological Neural Networks}에서 아이디어를 얻었습니다. 인간의 뇌에 대한 연구가 발전하면서 인간의 뇌는 여러 개의 신경세포(뉴런^{Neuron})가 서로 연결되어 있고, 이들이 병렬적으로 연산을 진행하면서 정보를 처리한다는 사실이 발견되었습니다. 좀 더 정확히 사람의 뇌 속에는 약 10^{11}개의 뉴런이 있고, 1개의 뉴런은 약 10^3개의 다른 뉴런들과 연결되어 있다고 알려져 있습니다. 즉, 인간의 뇌 속에는 약 10^{14}개의 뉴런과 뉴런 사이의 연결이 존재하고, 각각의 뉴런들은 서로 전기 신호를 주고 받으면서 연산을 수행합니다.

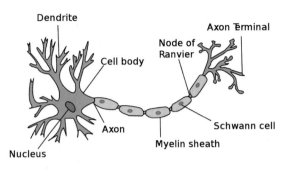

그림 5-1 | 생물학적 뉴런의 구조

그림 5-1은 생물학적 뉴런의 구조를 보여줍니다. 수상돌기[Dendrite]는 다른 뉴런으로 주어지는 전기 신호를 입력받습니다. 축삭돌기[Axon]는 수상돌기로부터 주어진 전기 신호를 축삭돌기 말단[Axon Terminal]에서 다른 뉴런들(즉, 다른 뉴런의 수상돌기)로 전달합니다. 이때, 수상돌기로부터 입력받은 전기 신호는 역치를 넘지 못하면 중간에 사라지기도 합니다. 인간의 뇌 속에 이런 수많은 뉴런이 전기 신호를 주고받는 연산을 수행함으로써 인간은 눈으로 물체를 인식하거나 귀로 어떤 사람의 목소리를 분간해내거나, 몸을 움직이는 등 다양한 고차원 행동을 수행할 수 있습니다. 따라서 인간의 뇌는 엄청난 양의 병렬 처리 연산기라고 할 수 있습니다.

이에 반해 컴퓨터는 메모리에서 값을 불러와서 CPU에서 순차적으로 연산을 처리합니다. 즉, 컴퓨터는 순차 처리 연산기라고 할 수 있습니다. 컴퓨터는 인간의 뇌에 비해 하나의 연산을 처리하는 속도가 훨씬 빠르다는 장점이 있습니다. 따라서 단순한 덧셈 계산 등 기초 연산은 컴퓨터가 인간보다 월등히 뛰어난 능력으로 수행할 수 있습니다. 하지만 **컴퓨터는 인간이 간단히 수행해내는 물체 인식이나 음성 인식 등 기초적인 인지활동을 잘해내지 못하는 문제점**이 있습니다. 이에 기반해서 초기 인공신경망 연구자들은 **"컴퓨터도 인간의 뇌처럼 대량의 병렬 처리 연산을 수행하도록 만들면 컴퓨터도 인간이 쉽게 할 수 있는 인지행동을 할 수 있지 않을까?"**라는 아이디어로부터 초기 인공신경망 구조를 디자인하였습니다.

1943년에 McCulloch, Warren과 Walter Pitts가 인공신경망의 개념을 제안하였지만 이는 개념적인 시도로써 구체적인 공학적 구현을 최초로 제안한 것은 1958년에 Frank Rosenblatt이 발표한 "The perceptron: A probabilistic model for information storage and organization in the brain." 논문입니다.

퍼셉트론Perceptron은 그림 5-1의 생물학적 뉴런을 공학적인 구조로 변형한 그림입니다. 그림 5-2는 퍼셉트론의 구조를 보여줍니다.

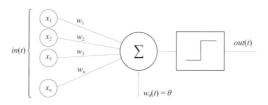

그림 5-2 | 퍼셉트론의 구조

그림에서 볼 수 있듯이 퍼셉트론은 입력층Input Layer in(t)과 출력층Output Layer out(t)을 가지고 있습니다. 퍼셉트론은 입력층에서 인풋 데이터 x를 받고, 이를 가중치 W와 곱한 후, 이 값에 바이어스Bias b를 더합니다. 이 값을 활성 함수 σ의 입력값으로 대입해서 출력층은 최종적으로 0 또는 1의 값을 출력합니다. 즉 퍼셉트론은 입력값을 받으면 2개의 출력값 중 하나를 출력해내는 선형 이진분류기Linear Binary Classifier입니다.

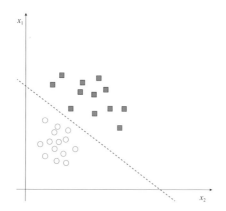

그림 5-3 | 선형 이진분류기의 역할을 하는 퍼셉트론

퍼셉트론의 동작 과정을 수학적으로 표현하면 다음과 같습니다.

$$y = \sigma(Wx + b)$$

여기서 σ는 활성 함수를 나타냅니다. 퍼셉트론을 활성 함수로 그림 5-4와 같은 계단 함수 Step Function를 사용해서 값이 0보다 크면 1, 0보다 작으면 0을 출력합니다.

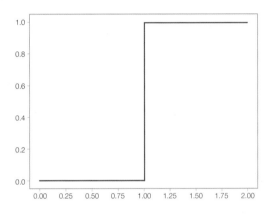

그림 5-4 | 퍼셉트론의 활성 함수(계단 함수)

퍼셉트론은 지금의 딥러닝처럼 매스컴으로부터 당장이라도 실제 인간과 같은 인공지능을 만들 수 있을 것이라는 과도한 기대를 받았습니다. 하지만 1969년 Marvin Minsky와 Seymour Papert가 집필한 "Perceptrons: an introduction to computational geometry"라는 책에서 퍼셉트론은 단순한 선형분류기에 불과하며, 따라서 간단한 XOR 문제(선형 분리가 불가능한 문제)도 해결할 수 없다는 사실을 수학적으로 증명하면서 인기가 급속히 사그러들었습니다. 하지만, 퍼셉트론은 최초로 인공신경망 개념을 공학적인 구조로 구현했다는 점에서 큰 의미가 있는 모델입니다.

⬡5.3 다층 퍼셉트론 MLP^{Multi-Layer Perceptron}

퍼셉트론의 인기가 사그라들면서 인공지능 연구 트렌드는 인공신경망 대신에 논리적인 추론을 이용하는 방법으로 돌아섰습니다. 하지만 몇몇 연구자들은 인공신경망의 가능성을 믿고 연구를 지속하였고 퍼셉트론을 여러층 쌓아 올린 **다층 퍼셉트론**^{Multi-Layer Perceptron(MLP)} 구조를 제안하였습니다. 다층 퍼셉트론을 이용하면 선형 분리가 불가능한 문제도 해결할 수 있다는 사실이 밝혀지면서 다시 인공신경망 연구의 돌파구를 마련하게 됩니다.

우리가 인공신경망(ANN)이라는 용어를 사용할 때 일반적으로 이는 다층 퍼셉트론을 의미합니다. 그림 5-5는 다층 퍼셉트론의 구조를 보여줍니다. 다층 퍼셉트론 **입력층**^{Input Layer}과 **은닉층**^{Hidden Layer}, **출력층**^{Output Layer}으로 구성되어 있습니다. 은닉층은 데이터의 입출력 과정에서 직접적으로 보이진 않지만 숨겨진 특징을 학습하는 역할을 합니다.

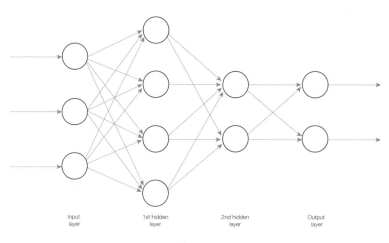

그림 5-5 | 다층 퍼셉트론의 구조

다층 퍼셉트론 1개의 층은 여러 개의 노드로 구성됩니다. 그림 5-6은 다층 퍼셉트론 1개의 노드에서 일어나는 연산을 보여줍니다. 1개의 노드에서 수행하는 연산은 퍼셉트론 구조와 똑같다는 사실을 알 수 있습니다.

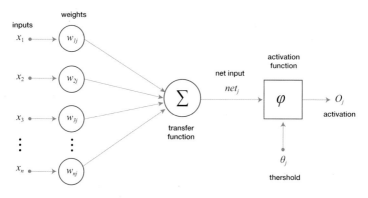

그림 5-6 | 다층 퍼셉트론 1개의 노드에서 일어나는 연산

각각의 노드들에서 일어나는 연산을 수학적으로 표현하면 아래와 같습니다.

$$y = \sigma(Wx + b)$$

이때 σ는 활성 함수로써 퍼셉트론에서는 계단 함수를 사용하여 출력값을 0 또는 1로 이진 분류 형태로 만드는 것이 목적이었지만, MLP 구조에서는 분류기가 비선형적인^{Non-Linear} 특징을 학습할 수 있도록 만드는 것이 목적입니다. 따라서 활성 함수로 계단 함수가 아닌 비선형 함수*인 시그모이드^{Sigmoid}와 쌍곡 탄젠트^{Tangent Hyperbolic(Tanh)} 혹은 ReLU를 사용합니다. 활성 함수의 출력 결과인 y를 **활성값**^{Activation}이라고 부릅니다. 그림 5-7은 MLP의 대표적인 활성 함수들을 보여줍니다. 과거에는 sigmoid 함수를 많이 사용했지만, 최근에는 ReLU가 딥러닝 학습에 더 적합하다고 알려져서 ReLU를 많이 사용하는 추세입니다.

> **MEMO**
>
> 구체적으로 sigmoid와 tanh 함수는 입력값 x가 너무 커지거나, 너무 작아지면(그림 5-7을 참조하면 sigmoid의 경우 -6 이하 혹은 6 이상, tanh은 -2 이하 혹은 2 이상) 해당 구간에서 그래프의 미분값(기울기)이 0이 되는 문제가 발생합니다. 하지만 ReLU는 입력값 x가 0보다 작으면 미분값이 0이지만, 0보다 클 경우 입력값이 아무리 커져도 미분값이 1인 상태가 유지되기 때문에 Vanishing Gradient Problem이 발생할 확률이 더 적습니다.

---

* 비선형 함수란 선형 함수(y=ax+b) 형태로 표현할 수 없는 함수를 의미합니다.

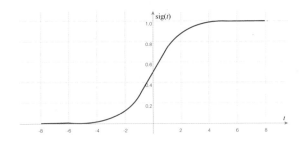

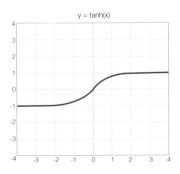

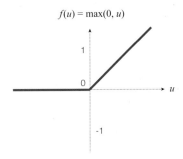

그림 5-7 | 다층 퍼셉트론의 활성함수(위 : sigmoid, 중간 : tanh, 아래 : ReLU)

다층 퍼셉트론에서 은닉층^{Hidden Layer}을 깊게 여러 번 쌓아 올린 형태를 **깊은 인공신경망**^{Deep}

^{Neural Networks(DNN)}이라고 부르고 이 구조가 우리가 일반적으로 딥러닝이라고 부르는 기법입

니다. 이제 우리는 딥러닝 기법이 무엇인지 알게 되었습니다.

5.4 오류역전파 알고리즘^{Backpropagation Algorithm}

오류역전파 알고리즘^{Backpropagation Algorithm}은 1986년에 제안된 다층 퍼셉트론을 효율적으로
학습 시킬 수 있는 알고리즘입니다. 인공신경망 역시 다른 머신러닝 알고리즘과 마찬가지
로 경사하강법을 이용해서 파라미터를 업데이트하면서 학습을 진행합니다. 이때, 경사하
강법을 수행하려면 손실 함수의 미분값을 계산해야하는데 여러 개의 층과 노드로 구성된
인공신경망 구조에서 각각의 노드의 가중치와 바이어스의 미분값을 계산하는 것은 쉬운
일이 아니었습니다. 즉, 인공신경망 각각의 노드에서 아래와 같이 경사하강법으로 파라미
터를 업데이트해야 합니다.

$$\theta_i = \theta_i - \alpha \frac{\partial}{\partial \theta_i} J(\theta)$$

하지만 이때 각각의 노드에서 손실 함수의 미분값 $\frac{\partial}{\partial \theta_i} J(\theta)$를 구하는 것이 문제였습니다.
각각의 노드에서 미분값을 구하기 위해 오류역전파 알고리즘은 미분학^{Calculus}에서 사용하
는 **체인 룰**^{Chain Rule}에서 아이디어를 가져와서 이 문제를 해결했습니다. 체인 룰은 번역하면
연쇄 법칙이란 뜻으로 합성 함수의 미분값을 구할 때 합성 함수를 구성하는 각각의 함수의
미분값의 곱으로 합성 함수의 미분값을 구하는 기법입니다. 예를 들어 x에 대한 합성 함수
z의 미분값($\frac{dz}{dx}$)은 y에 대한 z의 미분값($\frac{dz}{dy}$)과 x에 대한 y의 미분값($\frac{dy}{dx}$)의 곱으로 표현될 수
있습니다. 이를 수식으로 나타내면 아래와 같습니다.

$$\frac{dz}{dx} = \frac{dz}{dy}\frac{dy}{dx}$$

예를 들면 합성 함수 $z = (3x + 1)^2$는 아래와 같이 2개의 함수로 표현할 수 있습니다.

$$z = y^2$$
$$y = 3x + 1$$

이때 x에 대한 합성 함수 z의 미분값($\frac{dz}{dx}$)를 체인 룰을 이용해서 구하면 다음과 같습니다.

$$\frac{dz}{dy} = 2y$$
$$\frac{dy}{dx} = 3$$
$$\frac{dz}{dx} = \frac{dz}{dy}\frac{dy}{dx} = 2y \cdot 3 = 6(3x + 1) = 18x + 6$$

오류역전파 알고리즘은 체인 룰에서 아이디어를 가져와서 오류역전파라는 이름 그대로 오류를 뒤에서부터 앞으로(출력층에서 입력층으로) 전달하면서 파라미터를 업데이트하는 알고리즘입니다. 그림 5-8은 오류역전파 알고리즘의 동작 과정을 보여줍니다.

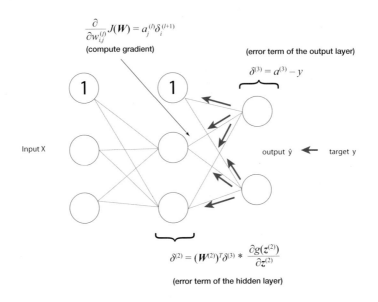

$$\frac{\partial}{\partial w_{i,j}^{(l)}} J(\boldsymbol{W}) = a_j^{(l)} \delta_i^{(l+1)}$$
(compute gradient)

(error term of the output layer)

$$\delta^{(3)} = a^{(3)} - y$$

Input X

output ŷ ← target y

$$\delta^{(2)} = (\boldsymbol{W}^{(2)})^T \delta^{(3)} * \frac{\partial g(\boldsymbol{z}^{(2)})}{\partial \boldsymbol{z}^{(2)}}$$

(error term of the hidden layer)

그림 5-8 | 오류역전파 알고리즘의 동작 과정

이때 오류를 뒤에서부터 앞으로 전달하는 것은 결국 신경망 전체 구조를 합성 함수로 간주하고, 각각의 노드들을 합성 함수를 구성하는 각각의 함수로 간주하여 체인 룰을 푸는 것으로 해석할 수 있습니다. 이제 오류역전파 알고리즘의 구체적인 동작 과정을 살펴봅시다. 오류역전파 알고리즘은 다음의 과정을 순차적으로 수행합니다.

❶ 트레이닝 데이터를 입력층에 넣어서 전방향 연산Forward-propagate을 수행합니다. 이 결과로 나온 MLP의 예측값과 실제 참값과 차이인 에러를 계산합니다.

❷ 에러를 MLP의 각각의 노드들에 역전파Back-propagate합니다.

좀 더 구체적으로 여러 개의 은닉층(은닉층 L₂, 은닉층 L₃, ⋯, Lₒᵤₜ₋₁)을 갖고 손실 함수로 평균제곱오차MSE를 사용하는 MLP 구조에서 오류역전파 알고리즘을 수행하는 상황을 가정해보면 다음의 과정을 단계별로 수행을 합니다.

❶ 인풋 데이터를 받고 전방향 연산^{Forward-propagate}을 수행해서 은닉층 L₂, 은닉층 L₃, 계속해서 최종적으로 출력층 L_{out}까지 노드들의 활성값^{activation}을 계산합니다.

❷ 출력층 L_{out}의 각각의 노드 i에 대해서 아래와 같이 에러값 δ_i^{out}을 계산합니다.

$$\delta_i^{out} = \frac{\partial}{\partial z_i^{out}} \frac{1}{2} (\hat{y}_i - a_i^{out})^2 = -(\hat{y}_i - a_i^{out}) \cdot f'(z_i^{out})$$

❸ 출력층를 제외한 다른 층의 각각의 노드 i에 대해서 다음과 같이 에러값 δ_i^l(l=out-1, out-2,...,2)을 계산합니다.

$$\delta_i^l = (\sum_{j=1}^{n_{l+1}} W_{ij}^l \delta_j^{l+1}) \cdot f'(z_i^l)$$

❹ MLP의 파라미터들($\theta_0 = W, \theta_1 = b$)에 대한 미분값^{Derivative}을 다음과 같이 계산합니다.

$$\frac{\partial}{\partial W_{ij}^l} J(W, b) = a_j^l \cdot \delta_i^{l+1}$$

$$\frac{\partial}{\partial b_{ij}^l} J(W, b) = \delta_i^{l+1}$$

여기서 $f'(z_i^l)$는 활성값의 미분값 ($f(z) = a$)으로 활성 함수가 sigmoid 함수의 경우 $f'(z_i^l) = f(z_i^l) \cdot (1 - f(z_i^l))$입니다.

이제 오류역전파 알고리즘으로 파라미터들($\theta_0 = W, \theta_1 = b$)의 미분값 $\frac{\partial}{\partial W_{ij}^l} J(W, b) \frac{\partial}{\partial b_{ij}^l} J(W, b)$을 구했습니다.

최종적으로 경사하강법를 이용해서 MLP의 각각의 노드들의 가중치 W와 바이어스 b를 다음과 같이 적절한 값으로 한 스텝 업데이트할 수 있습니다.

$$W_{ij}^{(l)} = W_{ij}^{(l)} - \alpha \cdot \frac{\partial}{\partial w_{ij}^{(l)}} J(W, b; x, y) = W_{ij}^{(l)} - \alpha \cdot a_j^{(l)} \delta_i^{(l+1)}$$

$$b_{ij}^{(l)} = b_{ij}^{(l)} - \alpha \frac{\partial}{\partial b_{ij}^{(l)}} J(W, b; x, y) = b_{ij}^{(l)} - \alpha \cdot \delta_i^{(l+1)}$$

즉, 이제 우리는 여러 개의 층과 여러 개의 노드들을 가진 복잡한 MLP 구조에서 각각의 노드들의 가중치 W와 바이어스 b를 어떻게 업데이트해야 하는지 알아냈습니다.

이번 장은 다소 수학적인 내용을 다뤘습니다. 실제 상황에서는 텐서플로 라이브러리가 자동으로 미분 계산을 수행해주기 때문에 오류역전파 알고리즘을 직접 구현할 일은 거의 없다고 보시면 됩니다. 하지만 오류역전파 알고리즘을 이해한다면 딥러닝의 동작 원리를 더욱 깊게 이해하고 딥러닝에 대한 시야를 한 단계 확장시킬 수 있는 좋은 기회가 될 것입니다. 혹시 지금 당장 이해가 안된다면, 무리하지 말고 딥러닝에 어느정도 익숙해졌을 때 이번 장으로 돌아와서 천천히 다시 한번 읽어보세요.

5.5 ANN을 이용한 MNIST 숫자 분류기 구현

이제 ANN의 개념과 구조를 이해했으니 텐서플로 라이브러리를 이용해서 ANN을 이용한 MNIST 숫자 분류기를 구현해봅시다. 먼저 전체 코드를 한눈에 살펴봅시다.

```
1    import tensorflow as tf
2
3    # MNIST 데이터를 다운로드 합니다.
4    from tensorflow.examples.tutorials.mnist import input_data
5    mnist = input_data.read_data_sets("/tmp/data/", one_hot=True)
6
7    # 학습을 위한 설정값들을 정의합니다.
8    learning_rate = 0.001
9    num_epochs = 30      # 학습 횟수
10   batch_size = 256    # 배치 개수
11   display_step = 1    # 손실 함수 출력 주기
12   input_size = 784    # 28 * 28
13   hidden1_size = 256
14   hidden2_size = 256
15   output_size = 10
16
17   # 입력값과 출력값을 받기 위한 플레이스홀더를 정의합니다.
18   x = tf.placeholder(tf.float32, shape=[None, input_size])
19   y = tf.placeholder(tf.float32, shape=[None, output_size])
20
21   # ANN 모델을 정의합니다.
22   def build_ANN(x):
23       W1 = tf.Variable(tf.random_normal(shape=[input_size, hidden1_size]))
24       b1 = tf.Variable(tf.random_normal(shape=[hidden1_size]))
25       H1_output = tf.nn.relu(tf.matmul(x,W1) + b1)
26       W2 = tf.Variable(tf.random_normal(shape=[hidden1_size, hidden2_size]))
27       b2 = tf.Variable(tf.random_normal(shape=[hidden2_size]))
28       H2_output = tf.nn.relu(tf.matmul(H1_output,W2) + b2)
29       W_output = tf.Variable(tf.random_normal(shape=[hidden2_size, output_size]))
30       b_output = tf.Variable(tf.random_normal(shape=[output_size]))
31       logits = tf.matmul(H2_output,W_output) + b_output
32
33       return logits
34
```

```python
35    # ANN 모델을 선언합니다.
36    predicted_value = build_ANN(x)
37
38    # 손실 함수와 옵티마이저를 정의합니다.
39    # tf.nn.softmax_cross_entropy_with_logits 함수를 이용하여 활성 함수를 적용하지
      않은 출력층의 결과값(logits)에 softmax 함수를 적용합니다.
40    loss = tf.reduce_mean(tf.nn.softmax_cross_entropy_with_
      logits(logits=predicted_value, labels=y))
41    train_step = tf.train.AdamOptimizer(learning_rate=learning_rate).minimize(loss)
42
43    # 세션을 열고 그래프를 실행합니다.
44    with tf.Session() as sess:
45      # 변수들에 초기값을 할당합니다.
46      sess.run(tf.global_variables_initializer())
47
48      # 지정된 횟수만큼 최적화를 수행합니다.
49      for epoch in range(num_epochs):
50        average_loss = 0.
51        # 전체 배치를 불러옵니다.
52        total_batch = int(mnist.train.num_examples/batch_size)
53        # 모든 배치들에 대해서 최적화를 수행합니다.
54        for i in range(total_batch):
55          batch_x, batch_y = mnist.train.next_batch(batch_size)
56          # 옵티마이저를 실행해서 파라미터들을 업데이트합니다.
57          _, current_loss = sess.run([train_step, loss], feed_dict={x: batch_x,
      y: batch_y})
58          # 평균 손실을 측정합니다.
59          average_loss += current_loss / total_batch
60        # 지정된 epoch마다 학습결과를 출력합니다.
61        if epoch % display_step == 0:
62          print("반복(Epoch): %d, 손실 함수(Loss): %f" % ((epoch+1), average_loss))
63
64      # 테스트 데이터를 이용해서 학습된 모델이 얼마나 정확한지 정확도를 출력합니다.
65      correct_prediction = tf.equal(tf.argmax(predicted_value, 1), tf.argmax(y, 1))
66      accuracy = tf.reduce_mean(tf.cast(correct_prediction, "float"))
67      print("정확도(Accuracy): %f" % (accuracy.eval(feed_dict={x: mnist.test.
      images, y: mnist.test.labels}))) # 정확도: 약 94%
```

01 | 먼저 텐서플로 라이브러리를 임포트합니다.

```
1    import tensorflow as tf
```

02 | 텐서플로의 input_data 모듈을 임포트합니다. 이를 이용해서 "/tmp/data" 경로에 MNIST 데이터를 다운받고, MNIST 데이터를 불러와서 mnist 변수에 설정합니다.

```
3    # MNIST 데이터를 다운로드 합니다.
4    from tensorflow.examples.tutorials.mnist import input_data
5    mnist = input_data.read_data_sets("/tmp/data/", one_hot=True)
```

03 | 학습을 위한 설정값들을 정의합니다. 인풋 데이터는 28×28 크기의 MNIST 데이터를 펼친^{flatten} 784차원입니다. 2개의 은닉층에 각각의 노드 개수는 256개로 지정하고, 아웃풋 노드는 MNIST 노드의 레이블 개수인 10(0~9)개로 지정합니다.

```
7    # 학습을 위한 설정값들을 정의합니다.
8    learning_rate = 0.001
9    num_epochs = 30 # 학습횟수
10   batch_size = 256   # 배치개수
11   display_step = 1   # 손실 함수 출력 주기
12   input_size = 784   # 28 * 28
13   hidden1_size = 256
14   hidden2_size = 256
15   output_size = 10
```

04 | 입력값과 출력값을 받기 위한 플레이스홀더를 정의합니다. 플레이스홀더의 1번째 차원으로 지정된 None은 이전 장에서 살펴본 것처럼 임의의 값을 받을 수 있도록 합니다. 예를 들어 입력값이 50개라면 50개, 30개라면 30개를 받을 수 있습니다.

```
17   # 입력값과 출력값을 받기 위한 플레이스홀더를 정의합니다.
18   x = tf.placeholder(tf.float32, shape=[None, input_size])
19   y = tf.placeholder(tf.float32, shape=[None, output_size])
```

05 | ANN을 모델을 만들기 위한 build_ANN 함수를 정의합니다. 우리는 softmax 함수를 씌우고 크로스 엔트로피를 계산하는 tf.nn.softmax_cross_entropy_with_logits API를 사용해서 손실 함수를 계산할 것이기 때문에 출력층의 결과값 logits에는 활성 함수를 적용하지 않습니다.

```python
21    # ANN 모델을 정의합니다.
22    def build_ANN(x):
23      W1 = tf.Variable(tf.random_normal(shape=[input_size, hidden1_size]))
24      b1 = tf.Variable(tf.random_normal(shape=[hidden1_size]))
25      H1_output = tf.nn.relu(tf.matmul(x,W1) + b1)
26      W2 = tf.Variable(tf.random_normal(shape=[hidden1_size, hidden2_size]))
27      b2 = tf.Variable(tf.random_normal(shape=[hidden2_size]))
28      H2_output = tf.nn.relu(tf.matmul(H1_output,W2) + b2)
29      W_output = tf.Variable(tf.random_normal(shape=[hidden2_size, output_size]))
30      b_output = tf.Variable(tf.random_normal(shape=[output_size]))
31      logits = tf.matmul(H2_output,W_output) + b_output
32
33      return logits
```

06 | build_ANN 함수를 호출해서 실제 ANN 모델을 선언합니다.

```python
35    # ANN 모델을 선언합니다.
36    predicted_value = build_ANN(x)
```

07 | 손실 함수와 옵티마이저를 정의합니다. tf.nn.softmax_cross_entropy_with_logits API는 입력받는 결과값에 소프트맥스 함수를 적용해서 크로스 엔트로피 손실 함수를 계산해줍니다. 옵티마이저로는 단순 그라디언트 디센트 옵티마이저보다 발전된 형태인 AdamOptimizer를 사용합니다.

```python
38    # 손실 함수와 옵티마이저를 정의합니다.
39    # tf.nn.softmax_cross_entropy_with_logits 함수를 이용하여 활성 함수를 적용하지
      않은 출력층의 결과값(logits)에 softmax 함수를 적용합니다.
40    loss = tf.reduce_mean(tf.nn.softmax_cross_entropy_with_
      logits(logits=predicted_value, labels=y))
41    train_step = tf.train.AdamOptimizer(learning_rate=learning_rate).minimize(loss)
```

08 | 이제 그래프 정의가 모두 끝났습니다. 따라서 세션을 열고 그래프를 실행해서 트레이닝 데이터를 이용해 학습을 진행하고 학습이 끝나면 테스트 데이터를 이용해서 모델의 성능을 측정합니다.

```
43    # 세션을 열고 그래프를 실행합니다.
44    with tf.Session() as sess:
45      # 변수들에 초기값을 할당합니다.
46      sess.run(tf.global_variables_initializer())
47
48      # 지정된 횟수만큼 최적화를 수행합니다.
49      for epoch in range(num_epochs):
50        average_loss = 0.
51        # 전체 배치를 불러옵니다.
52        total_batch = int(mnist.train.num_examples/batch_size)
53        # 모든 배치들에 대해서 최적화를 수행합니다.
54        for i in range(total_batch):
55          batch_x, batch_y = mnist.train.next_batch(batch_size)
56          # 옵티마이저를 실행해서 파라미터들을 업데이트합니다.
57          _, current_loss = sess.run([train_step, loss], feed_dict={x: batch_x,
y: batch_y})
58          # 평균 손실을 측정합니다.
59          average_loss += current_loss / total_batch
60        # 지정된 epoch마다 학습결과를 출력합니다.
61        if epoch % display_step == 0:
62          print("반복(Epoch): %d, 손실 함수(Loss): %f" % ((epoch+1), average_loss))
63
64      # 테스트 데이터를 이용해서 학습된 모델이 얼마나 정확한지 정확도를 출력합니다.
65      correct_prediction = tf.equal(tf.argmax(predicted_value, 1), tf.argmax(y, 1))
66      accuracy = tf.reduce_mean(tf.cast(correct_prediction, "float"))
67      print("정확도(Accuracy): %f" % (accuracy.eval(feed_dict={x: mnist.test.
images, y: mnist.test.labels}))) # 정확도: 약 94%
```

코드를 실행하면 우리의 ANN 모델이 약 94%의 정확도로 MNIST 데이터를 분류하는 모습을 볼 수 있습니다. 이는 앞 장에서 배운 소프트맥스 회귀 모델의 분류 결과인 91%보다 3%정도 정확도가 개선된 결과입니다. 따라서 ANN 모델이 소프트맥스 회귀 모델보다 더욱 강력한 분류 성능을 가진 구조임을 알 수 있습니다.

5.6 정리

이번 장에서 배운 내용을 정리해봅시다. 실제 딥러닝 알고리즘인 ANN 기법을 살펴보았습니다. 구체적으로 다음의 내용들을 살펴보았습니다.

❶ ANN 기법이 등장하게 된 배경과 가장 기초적인 ANN 구조인 퍼셉트론을 살펴보았습니다.

❷ 퍼셉트론을 확장해서 입력층, 은닉층, 출력층 구조를 가진 MLP와 대표적인 활성함수인 Sigmoid, Tanh, ReLU를 살펴보았습니다.

❸ MLP 구조를 경사하강법으로 학습시키기 위한 오류역전파 알고리즘을 살펴보았습니다.

❹ 텐서플로 라이브러리를 이용해서 ANN을 이용한 MNIST 숫자분류기를 구현해보았습니다.

다음 장에서는 ANN을 비지도 학습Unsupervised Learning 분야에 응용한 오토인코더Autoencoder 구조에 대해 살펴봅시다.

CHAPTER

6

오토인코더
(AutoEncoder)

오토인코더
(AutoEncoder)

6.1 오토인코더^{Autoencoder}의 개념

오토인코더^{Autoencoder}는 대표적인 **비지도 학습**^{Unsupervised Learning}을 위한 인공신경망 구조 중 하나입니다. 비지도 학습은 Chapter 1에서 살펴본 것처럼 어떤 값을 예측하거나 분류하는 것이 목적인 지도 학습^{Supervised Learning}과는 다르게 **데이터의 숨겨진 구조를 발견하는 것**이 목표인 학습 방법입니다.

구체적으로 오토인코더는 출력층^{Output Layer}의 노드 개수와 입력층^{Input Layer}의 노드 개수가 동일한 구조의 인공신경망입니다. 그림 6-1은 1개의 은닉층^{Hidden Layer}을 가진 오토인코더 구조를 나타냅니다.

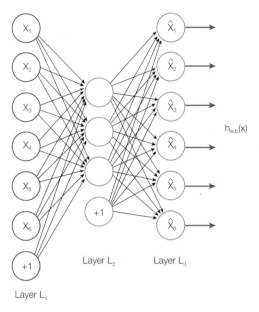

Layer L_2

Layer L_3

Layer L_1

$h_{w,b}(x)$

그림 6-1 | 오토인코더의 구조

따라서, 오토인코더의 출력은 원본 데이터$^{Raw\ Data}$를 **재구축**^{Reconstruction}한 결과가 됩니다. 그림 6-2는 오토인코더를 이용해서 MNIST 데이터를 재구축한 결과를 보여줍니다. 재구축 결과가 완벽하지 않아서 약간의 노이즈가 포함된 모습을 볼 수 있습니다.

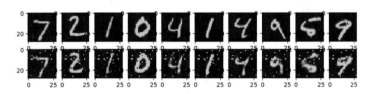

그림 6-2 | 오토인코더를 이용한 MNIST 데이터 재구축 (위 : 원본 데이터, 아래 : 오토인코더를 이용한 재구축 결과)

그렇다면 이런 데이터 재구축을 어떤 용도로 활용할 수 있을까요? 사실 오토인코더의 핵심은 재구축된 출력층의 출력값이 아니라, 은닉층의 출력값입니다. 그림 6-1을 자세히 보시면 은닉층의 노드 개수가 입력층과 출력층의 노드 개수보다 적다는 사실을 관찰할 수 있습니다. 따라서, 은닉층은 더 작은 표현력으로 원본 데이터의 모든 특징들^{Features}을 학습해야 합니다. 결과적으로 은닉층의 출력값은 원본 데이터에서 불필요한 특징들을 제거한 **압축된 특징**$^{Compressed\ Features}$들을 학습하게 됩니다.

예를 들어, 우리가 어떤 데이터로부터 이 데이터가 나타내는 동물이 개인지 고양이인지를 예측해야만 하는 상황을 가정해봅시다. 이때 데이터로부터 주어진 동물의 특징은 다음과 같이 4가지라고 가정해봅시다.

데이터의 구성 : '동물의 길이, 동물의 몸무게, 동물 주인의 나이, 동물 주인의 몸무게'

이 데이터로부터 이 동물이 개인지 고양인지를 분류하고자 하는 경우를 생각해보면, '동물 주인의 나이, 동물 주인의 몸무게'의 2개의 특징은 이 동물이 개인지 고양이인지를 분류하는데 도움이 되지 않는 **잉여 특징**^{Redundant Feature}임을 알 수 있습니다. 따라서 '동물의 길이, 동물의 몸무게'의 2개의 특징만을 이용해서 분류를 수행하는 것이 합리적 일 것입니다.

다소 거칠게 표현하면, 오토인코더 은닉층의 출력값은 학습을 통해서 이 과정을 자동적으로 수행하고 남은 특징들입니다. 즉, 오토인코더 은닉층의 출력값은 위의 가정에서 '동물 주인의 나이, 동물 주인의 몸무게'라는 불필요한 특징들을 자동적으로 제거하고 남은 '동물의 길이, 동물의 몸무게' 2개의 특징만을 가지고 있을 것입니다.

이렇게 압축된 특징을 나타내는 은닉층의 출력값을 원본 데이터 대신에 분류기^{Classifier}의 입력으로 사용한다면 더욱 좋은 분류 성능을 기대할 수 있을 것입니다. 그림 6-3은 원본 데이터 대신에 오토인코더의 2번째 은닉층의 출력값을 분류기의 입력으로 사용하는 예시를 나타냅니다.

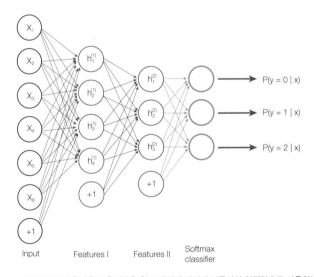

그림 6-3 ┃ 오토인코더의 은닉층의 출력값을 원본 데이터 대신에 분류기의 입력값으로 사용하는 예시

이제 오토인코더의 개념을 배웠으니 텐서플로를 이용해서 오토인코더를 구현한 2가지 예제를 살펴봅시다.

1번째 예제는 오토인코더를 이용해서 MNIST 데이터 재구축을 수행합니다.

2번째 예제는 MNIST 숫자 데이터 분류 문제에 그림 6-3과 같이 오토인코더를 결합한 Softmax 분류기를 사용하여 원본 MNIST 이미지를 입력으로 받는 Softmax 분류기보다 분류 성능을 한 단계 더 높이는 예제입니다.

6.2 오토인코더를 이용한 MNIST 데이터 재구축

오토인코더를 이용해서 MNIST 데이터를 재구축하는 예제를 살펴봅시다. 먼저 전체 코드를 한눈에 살펴봅시다.

```
1    import tensorflow as tf
2    import numpy as np
3    import matplotlib.pyplot as plt
4
5    # MNIST 데이터를 다운로드 합니다.
6    from tensorflow.examples.tutorials.mnist import input_data
7    mnist = input_data.read_data_sets("/tmp/data/", one_hot=True)
8
9    # 학습에 필요한 설정값들을 정의합니다.
10   learning_rate = 0.02
11   training_epochs = 50      # 반복 횟수
12   batch_size = 256          # 배치 개수
13   display_step = 1          # 손실 함수 출력 주기
14   examples_to_show = 10     # 보여줄 MNIST Reconstruction 이미지 개수
15   input_size = 784          # 28*28
16   hidden1_size = 256
17   hidden2_size = 128
18
19   # 입력을 받기 위한 플레이스홀더를 정의합니다.
20   # Autoencoder는 Unsupervised Learning이므로 타겟 레이블(label) y가 필요하지
     않습니다.
21   x = tf.placeholder(tf.float32, shape=[None, input_size])
22
```

```
23    # Autoencoder 구조를 정의합니다.
24    def build_autoencoder(x):
25      # 인코딩(Encoding) - 784 -> 256 -> 128
26      W1 = tf.Variable(tf.random_normal(shape=[input_size, hidden1_size]))
27      b1 = tf.Variable(tf.random_normal(shape=[hidden1_size]))
28      H1_output = tf.nn.sigmoid(tf.matmul(x,W1) + b1)
29      W2 = tf.Variable(tf.random_normal(shape=[hidden1_size, hidden2_size]))
30      b2 = tf.Variable(tf.random_normal(shape=[hidden2_size]))
31      H2_output = tf.nn.sigmoid(tf.matmul(H1_output,W2) + b2)
32      # 디코딩(Decoding) 128 -> 256 -> 784
33      W3 = tf.Variable(tf.random_normal(shape=[hidden2_size, hidden1_size]))
34      b3 = tf.Variable(tf.random_normal(shape=[hidden1_size]))
35      H3_output = tf.nn.sigmoid(tf.matmul(H2_output,W3) + b3)
36      W4 = tf.Variable(tf.random_normal(shape=[hidden1_size, input_size]))
37      b4 = tf.Variable(tf.random_normal(shape=[input_size]))
38      reconstructed_x = tf.nn.sigmoid(tf.matmul(H3_output,W4) + b4)
39
40      return reconstructed_x
41
42    # Autoencoder를 선언합니다.
43    y_pred = build_autoencoder(x)
44    # 타겟 데이터는 인풋 데이터와 같습니다.
45    y_true = x
46
47    # 손실 함수와 옵티마이저를 정의합니다.
48    loss = tf.reduce_mean(tf.pow(y_true - y_pred, 2))  # MSE(Mean of Squared
      Error) 손실 함수
49    train_step = tf.train.RMSPropOptimizer(learning_rate).minimize(loss)
50
51    # 세션을 열고 그래프를 실행합니다.
52    with tf.Session() as sess:
53      # 변수들의 초기값을 할당합니다.
54      sess.run(tf.global_variables_initializer())
55
56      # 지정된 횟수만큼 최적화를 수행합니다.
57      for epoch in range(training_epochs):
58        # 전체 배치를 불러옵니다.
59        total_batch = int(mnist.train.num_examples/batch_size)
60        # 모든 배치들에 대해서 최적화를 수행합니다.
```

```
61        for i in range(total_batch):
62            batch_xs, batch_ys = mnist.train.next_batch(batch_size)
63            _, current_loss = sess.run([train_step, loss], feed_dict={x: batch_xs})
64        # 지정된 epoch마다 학습결과를 출력합니다.
65        if epoch % display_step = 0:
66            print("반복(Epoch): %d, 손실 함수(Loss): %f" % ((epoch+1), current_loss))
67
68    # 테스트 데이터로 Reconstruction을 수행합니다.
69    reconstructed_result = sess.run(y_pred, feed_dict={x: mnist.test.images
[:examples_to_show]})
70    # 원본 MNIST 데이터와 Reconstruction 결과를 비교합니다.
71    f, a = plt.subplots(2, 10, figsize=(10, 2))
72    for i in range(examples_to_show):
73        a[0][i].imshow(np.reshape(mnist.test.images[i], (28, 28)))
74        a[1][i].imshow(np.reshape(reconstructed_result[i], (28, 28)))
75    f.savefig('reconstructed_mnist_image.png') # reconstruction 결과를 png로
저장합니다.
76    f.show()
77    plt.draw()
78    plt.waitforbuttonpress()
```

01 ┃ 텐서플로 및 학습 및 시각화에 필요한 numpy, matplotlib 라이브러리를 임포트합니다.

```
1    import tensorflow as tf
2    import numpy as np
3    import matplotlib.pyplot as plt
```

02 ┃ 학습에 사용할 MNIST 데이터를 다운받고 불러옵니다.

```
5    # MNIST 데이터를 다운로드 합니다.
6    from tensorflow.examples.tutorials.mnist import input_data
7    mnist = input_data.read_data_sets("/tmp/data/", one_hot=True)
```

03 ┃ 학습에 필요한 설정값들을 정의합니다. 경사하강법의 반복 횟수, 1번 업데이트 할 때 사용할 배치 개수, learning rate 등을 정의하고, 오토인코더의 입력층과 은닉층의 노드 개수를 정의합니다.

```
9    # 학습에 필요한 설정값들을 정의합니다.
10   learning_rate = 0.02
11   training_epochs = 50        # 반복 횟수
12   batch_size = 256            # 배치 개수
13   display_step = 1            # 손실 함수 출력 주기
14   examples_to_show = 10       # 보여줄 MNIST Reconstruction 이미지 개수
15   input_size = 784            # 28*28
16   hidden1_size = 256
17   hidden2_size = 128
```

04 ┃ 입력값을 받기 위한 플레이스홀더를 정의합니다. 오토인코더는 비지도 학습이므로 타겟 레이블 y는 필요하지 않습니다.

```
19   # 입력을 받기 위한 플레이스홀더를 정의합니다.
20   # Autoencoder는 Unsupervised Learning이므로 타겟 레이블(label) y가 필요하지
     않습니다.
21   x = tf.placeholder(tf.float32, shape=[None, input_size])
```

05 ┃ 오토인코더를 생성하는 build_autoencoder 함수를 정의합니다. 이번 시간에 정의할 오토인코더는 784개의 노드로 구성된 입력층, 각각 256, 128, 256개의 노드를 가진 3개의 은닉층과 784개의 노드를 가진 출력층으로 구성되어 있습니다.

```
23   # Autoencoder 구조를 정의합니다.
24   def build_autoencoder(x):
25     # 인코딩(Encoding) - 784 -> 256 -> 128
26     W1 = tf.Variable(tf.random_normal(shape=[input_size, hidden1_size]))
27     b1 = tf.Variable(tf.random_normal(shape=[hidden1_size]))
28     H1_output = tf.nn.sigmoid(tf.matmul(x,W1) + b1)
29     W2 = tf.Variable(tf.random_normal(shape=[hidden1_size, hidden2_size]))
30     b2 = tf.Variable(tf.random_normal(shape=[hidden2_size]))
31     H2_output = tf.nn.sigmoid(tf.matmul(H1_output,W2) + b2)
32     # 디코딩(Decoding) 128 -> 256 -> 784
```

```
33      W3 = tf.Variable(tf.random_normal(shape=[hidden2_size, hidden1_size]))
34      b3 = tf.Variable(tf.random_normal(shape=[hidden1_size]))
35      H3_output = tf.nn.sigmoid(tf.matmul(H2_output,W3) + b3)
36      W4 = tf.Variable(tf.random_normal(shape=[hidden1_size, input_size]))
37      b4 = tf.Variable(tf.random_normal(shape=[input_size]))
38      reconstructed_x = tf.nn.sigmoid(tf.matmul(H3_output,W4) + b4)
39
40      return reconstructed_x
```

06 | build_autoencoder 함수를 이용해서 오토인코더 그래프 구조를 생성하고, 타겟 데이터를 선언합니다. 오토인코더의 타겟 데이터는 인풋 데이터와 같습니다.

```
42      # Autoencoder를 선언합니다.
43      y_pred = build_autoencoder(x)
44      # 타겟 데이터는 인풋 데이터와 같습니다.
45      y_true = x
```

07 | 손실 함수와 옵티마이저를 정의합니다. 손실 함수로 3.3장에서 배운 MSE를 사용합니다. 옵티마이저로는 단순 그라디언트 디센트 옵티마이저의 발전된 형태인 RMSPropOptimizer를 사용합니다.

```
47      # 손실 함수와 옵티마이저를 정의합니다.
48      loss = tf.reduce_mean(tf.pow(y_true - y_pred, 2))   # MSE(Mean of Squared
        Error) 손실 함수
49      train_step = tf.train.RMSPropOptimizer(learning_rate).minimize(loss)
```

08 | 그래프 정의, 손실 함수 정의, 옵티마이저 정의가 모두 끝났습니다. 이제 세션을 열고 그래프를 실행합니다.

학습이 끝나면 MNIST 데이터와 재구축된 MNIST 이미지를 볼 수 있습니다. 또한 재구축된 이미지를 reconstructed_mnist_image.png 파일로 저장합니다.

```python
51    # 세션을 열고 그래프를 실행합니다.
52    with tf.Session() as sess:
53        # 변수들의 초기값을 할당합니다.
54        sess.run(tf.global_variables_initializer())
55
56        # 지정된 횟수만큼 최적화를 수행합니다.
57        for epoch in range(training_epochs):
58            # 전체 배치를 불러옵니다.
59            total_batch = int(mnist.train.num_examples/batch_size)
60            # 모든 배치들에 대해서 최적화를 수행합니다.
61            for i in range(total_batch):
62                batch_xs, batch_ys = mnist.train.next_batch(batch_size)
63                _, current_loss = sess.run([train_step, loss], feed_dict={x: batch_xs})
64            # 지정된 epoch마다 학습결과를 출력합니다.
65            if epoch % display_step == 0:
66                print("반복(Epoch): %d, 손실 함수(Loss): %f" % ((epoch+1), current_loss))
67
68        # 테스트 데이터로 Reconstruction을 수행합니다.
69        reconstructed_result = sess.run(y_pred, feed_dict={x: mnist.test.images
       [:examples_to_show]})
70        # 원본 MNIST 데이터와 Reconstruction 결과를 비교합니다.
71        f, a = plt.subplots(2, 10, figsize=(10, 2))
72        for i in range(examples_to_show):
73            a[0][i].imshow(np.reshape(mnist.test.images[i], (28, 28)))
74            a[1][i].imshow(np.reshape(reconstructed_result[i], (28, 28)))
75        f.savefig('reconstructed_mnist_image.png') # reconstruction 결과를 png로
       저장합니다.
```

코드를 실행하면 그림 6-4와 같이 원본 MNIST 데이터와 재구축된 MNIST 이미지를 볼 수 있습니다. 오토인코더가 100% 완벽히 원본 데이터를 재현해내지 못했기 때문에 재구축된 MNIST 이미지에 약간의 노이즈가 포함된 모습을 볼 수 있습니다.

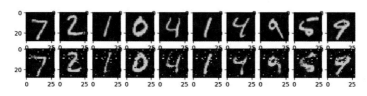

그림 6-4 | 재구축된 MNIST 데이터

6.3 오토인코더와 소프트맥스 분류기를 이용한 MNIST 분류기 구현

6.3.1 파인 튜닝Fine-Tuning과 전이 학습Transfer learning

이번 장에서는 오토인코더로 추출한 특징값들을 소프트맥스 분류기의 입력값으로 사용해서 MNIST 이미지Raw Data를 그대로 소프트맥스 분류기의 입력값으로 사용할 때에 비해 얼마나 성능이 개선되는지 살펴봅시다.

또한 **파인 튜닝**Fine-Tuning 기법에 대해 알아봅시다. 파인 튜닝 기법은 A라는 목적을 위해서 학습된 파라미터가 있고, B라는 또 다른 목적의 문제를 풀고 싶은 경우 B 문제를 풀 때 임의의 값으로 초기화한 파라미터로부터 학습을 진행하는 것이 아니라 A 문제에서 구한 파라미터를 토대로 이 값들을 수정해서 B 문제를 푸는데 사용하는 기법을 말합니다. 예를 들어서, "고양이 종류"를 잘 분류하도록 학습된 모델의 파라미터가 있다면, "호랑이 종류"를 잘 분류하는 모델을 학습시키고자 할 때 바닥부터 파라미터를 최적화하는 것이 아니라 "고양이 종류"를 잘 분류하도록 학습된 파라미터를 가져와서 그로부터 다시 "호랑이 종류"를 잘 분류하도록 파인 튜닝할 수 있습니다.

파인 튜닝 기법은 다른 말로 **전이 학습**Transfer Learning이라고도 부릅니다. 파인 튜닝 기법을 사용할 경우 임의의 값으로 초기화한 파라미터로 처음부터 다시 학습하는 것보다 훨씬 빠른 시간 안에 문제를 해결할 수 있습니다.

그림 6-5는 전이 학습의 예를 보여줍니다. (a)는 일반적인 머신러닝 학습 과정이고, 다른 목적의 문제를 해결할 때마다 새로운 매번 새로 트레이닝을 진행합니다. (b)는 전이 학습

을 이용한 학습 과정을 보여줍니다. 새로운 문제를 해결할 때 다른 목적을 해결하기 위해 학습한 파라미터를 일종의 지식Knowledge으로 간주하고, 이로부터 새로운 문제를 해결하기 위해서 트레이닝을 진행합니다.

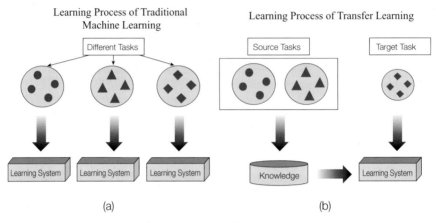

그림 6-5 | 전이 학습의 예

이번 시간에 사용할 구조는 그림 6-6과 같습니다. 오토인코더의 디코딩 부분을 삭제하고 인코딩된 특징값을 소프트맥스 분류기의 입력값으로 MNIST 분류기를 학습시킵니다. 이때 학습은 아래의 순서대로 진행합니다.

❶ 오토인코더를 MNIST 데이터 재구축을 목적으로 학습시킵니다. 이 과정을 **사전 학습**Pre-Training이라고 부릅니다. 이때 오토인코더의 파라미터들은 MNIST 숫자 분류에 대한 목적은 고려하지 않고 오직 MNIST 데이터를 재구축하는데 최적화되어 있습니다.

❷ 오토인코더의 인코딩을 거쳐서 차원이 축소된 압축된 특징들을 입력값으로 소프트맥스 분류기와 오토인코더를 학습시킵니다. 이 과정에서 오토인코더는 임의의 값으로 지정된 파라미터로부터 학습을 시작하는 것이 아니라 재구축 과정에서 학습된 파라미터를 토대로 파라미터를 **파인 튜닝**Fine-Tuning합니다. 이때 오토인코더의 파라미터들은 MNIST 데이터 재구축이 아니라 MNIST 숫자 분류를 목적으로 다시 한번 최적화됩니다.

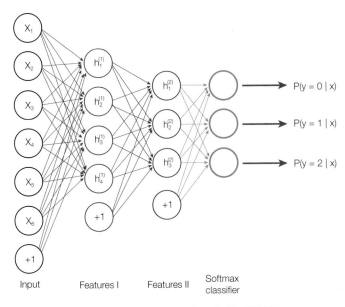

| Input | Features I | Features II | Softmax classifier |

그림 6-6 | 오토인코더와 소프트맥스 분류기를 이용한 분류

6.3.2 오토인코더와 소프트맥스 분류기를 이용한 MNIST 숫자 분류기 구현

먼저 앞의 2단계 과정을 텐서플로로 구현한 전체 코드를 한눈에 살펴봅시다.

```
1    import tensorflow as tf
2    import numpy as np
3    import matplotlib.pyplot as plt
4
5    # MNIST 데이터를 다운로드 합니다.
6    from tensorflow.examples.tutorials.mnist import input_data
7    mnist = input_data.read_data_sets("/tmp/data/", one_hot=True)
8
9    # 학습에 필요한 설정값들을 정의합니다
10   learning_rate_RMSProp = 0.02
11   learning_rate_GradientDescent = 0.5
12   num_epochs = 100        # 반복 횟수
13   batch_size = 256
14   display_step = 1        # 몇 Step마다 log를 출력할지 결정합니다.
15   input_size = 784        # MNIST 데이터 input (이미지 크기: 28*28)
16   hidden1_size = 128      # 첫번째 은닉층의 노드 개수
17   hidden2_size = 64       # 두번째 은닉층의 노드 개수
18
19   # 입력을 받기 위한 플레이스홀더를 정의합니다.
20   x = tf.placeholder(tf.float32, shape=[None, input_size]) # 인풋을 위한 플레이스
     홀더를 정의합니다.
21   y = tf.placeholder(tf.float32, shape=[None, 10])        # True MNIST 숫자값
22
23   # Autoencoder 구조를 정의합니다.
24   def build_autoencoder(x):
25       # 인코딩(Encoding) - 784 -> 128 -> 64
26       Wh_1 = tf.Variable(tf.random_normal([input_size, hidden1_size]))
27       bh_1 = tf.Variable(tf.random_normal([hidden1_size]))
28       H1_output = tf.nn.sigmoid(tf.matmul(x, Wh_1) +bh_1)
29       Wh_2 = tf.Variable(tf.random_normal([hidden1_size, hidden2_size]))
30       bh_2 = tf.Variable(tf.random_normal([hidden2_size]))
31       H2_output = tf.nn.sigmoid(tf.matmul(H1_output, Wh_2) +bh_2)
32       # 디코딩(Decoding) 64 -> 128 -> 784
33       Wh_3 = tf.Variable(tf.random_normal([hidden2_size, hidden1_size]))
34       bh_3 = tf.Variable(tf.random_normal([hidden1_size]))
35       H3_output = tf.nn.sigmoid(tf.matmul(H2_output, Wh_3) +bh_3)
```

```
36      Wo = tf.Variable(tf.random_normal([hidden1_size, input_size]))
37      bo = tf.Variable(tf.random_normal([input_size]))
38      X_reconstructed = tf.nn.sigmoid(tf.matmul(H3_output,Wo) + bo)
39
40      return X_reconstructed, H2_output
41
42  # Softmax 분류기를 정의합니다.
43  def build_softmax_classifier(x):
44      W_softmax = tf.Variable(tf.zeros([hidden2_size, 10]))     # 원본 MNIST 이미
    지(784) 대신 오토인코더의 압축된 특징(64)을 입력값으로 받습니다.
45      b_softmax = tf.Variable(tf.zeros([10]))
46      y_pred = tf.nn.softmax(tf.matmul(x, W_softmax) + b_softmax)
47
48      return y_pred
49
50  # Autoencoder를 선언합니다.
51  y_pred, extracted_features = build_autoencoder(x) # Autoencoder의
    Reconstruction 결과(784), 압축된 Features(64)
52  # 타겟 데이터는 인풋 데이터와 같습니다.
53  y_true = x
54  # Softmax 분류기를 선언합니다.(입력으로 Autoencoder의 압축된 특징을 넣습니다.)
55  y_pred_softmax = build_softmax_classifier(extracted_features)
56
57  # 1. Pre-Training : MNIST 데이터 재구축을 목적으로하는 손실 함수와 옵티마이저를 정의합니다.
58  pretraining_loss = tf.reduce_mean(tf.pow(y_true - y_pred, 2))    # MSE 손실 함수
59  pretraining_train_step = tf.train.RMSPropOptimizer(learning_rate_RMSProp).
    minimize(pretraining_loss)
60  # 2. Fine-Tuning : MNIST 데이터 분류를 목적으로하는 손실 함수와 옵티마이저를 정의합니다.
61  finetuning_loss = tf.reduce_mean(-tf.reduce_sum(y * tf.log(y_pred_softmax),
    reduction_indices=[1]))  # cross-entropy loss 함수
62  finetuning_train_step = tf.train.GradientDescentOptimizer(learning_rate_
    GradientDescent).minimize(finetuning_loss)
63
64  # 세션을 열고 그래프를 실행합니다.
65  with tf.Session() as sess:
66      # 변수들의 초기값을 할당합니다.
67      sess.run(tf.global_variables_initializer())
68
69      # 전체 배치 개수를 불러옵니다.
```

```
70     total_batch = int(mnist.train.num_examples/batch_size)
71
72     # Step 1: MNIST 데이터 재구축을 위한 오토인코더 최적화(Pre-Training)
73     for epoch in range(num_epochs):
74         # 모든 배치들에 대해서 최적화를 수행합니다.
75         for i in range(total_batch):
76             batch_xs, batch_ys = mnist.train.next_batch(batch_size)
77             _, pretraining_loss_print = sess.run([pretraining_train_step,
       pretraining_loss], feed_dict={x: batch_xs})
78         # 지정된 epoch마다 학습결과를 출력합니다.
79         if epoch % display_step == 0:
80             print("반복(Epoch): %d, Pre-Training 손실 함수(pretraining_loss): %f" %
       ((epoch+1), pretraining_loss_print))
81     print("Step 1 : MNIST 데이터 재구축을 위한 오토인코더 최적화 완료(Pre-Training)")
82
83     # Step 2: MNIST 데이터 분류를 위한 오토인코더+Softmax 분류기 최적화(Fine-tuning)
84     for epoch in range(num_epochs+100):
85         # 모든 배치들에 대해서 최적화를 수행합니다.
86         for i in range(total_batch):
87             batch_xs, batch_ys = mnist.train.next_batch(batch_size)
88             _, finetuning_loss_print = sess.run([finetuning_train_step,
       finetuning_loss], feed_dict={x: batch_xs, y: batch_ys})
89         # 지정된 epoch마다 학습결과를 출력합니다.
90         if epoch % display_step == 0:
91             print("반복(Epoch): %d, Fine-tuning 손실 함수(finetuning_loss): %f" %
       ((epoch+1), finetuning_loss_print))
92     print("Step 2 : MNIST 데이터 분류를 위한 오토인코더+Softmax 분류기 최적화 완료
       (Fine-Tuning)")
93
94     # 오토인코더+Softmax 분류기 모델의 정확도를 출력합니다.
95     correct_prediction = tf.equal(tf.argmax(y,1), tf.argmax(y_pred_softmax,1))
96     accuracy = tf.reduce_mean(tf.cast(correct_prediction, tf.float32))
97     print("정확도(오토인코더+Softmax 분류기): %f" % sess.run(accuracy, feed_
       dict={x: mnist.test.images, y: mnist.test.labels})) # 정확도 : 약 96%
```

01 ┃ 먼저 텐서플로 및 필요한 라이브러리를 임포트한 후, MNIST 데이터를 다운받고 불러옵니다.

```
1    import tensorflow as tf
2    import numpy as np
3    import matplotlib.pyplot as plt
4
5    # MNIST 데이터를 다운로드 합니다.
6    from tensorflow.examples.tutorials.mnist import input_data
7    mnist = input_data.read_data_sets("/tmp/data/", one_hot=True)
```

02 ┃ 학습에 필요한 설정값들을 정의합니다. 이번 장에서 사전 학습으로 MNIST 재구축을 위한 오토인코더를 학습시키고, 파인 튜닝을 이용해서 오토인코더의 파라미터를 업데이트합니다.

사전 학습 과정에서는 0.02 러닝레이트를 가진 RMSProp 옵티마이저를 사용하고, 파인 튜닝 과정에서는 0.5의 러닝레이트를 가진 그라디언트 디센트를 옵티마이저를 사용합니다. 오토인코더는 3개의 은닉층을 가지고 있고, 각각의 은닉층의 노드 개수는 128, 64, 128로 설정합니다.

```
9    # 학습에 필요한 설정값들을 정의합니다
10   learning_rate_RMSProp = 0.02
11   learning_rate_GradientDescent = 0.5
12   num_epochs = 100      # 반복 횟수
13   batch_size = 256
14   display_step = 1      # 몇 Step마다 log를 출력할지 결정합니다.
15   input_size = 784      # MNIST 데이터 input (이미지 크기: 28*28)
16   hidden1_size = 128    # 첫번째 은닉층의 노드 개수
17   hidden2_size = 64     # 두번째 은닉층의 노드 개수
```

03 ┃ 다음으로 인풋 데이터와 타겟 데이터를 받을 플레이스홀더를 정의합니다.

```
19   # 입력을 받기 위한 플레이스홀더를 정의합니다.
20   x = tf.placeholder(tf.float32, shape=[None, input_size]) # 인풋을 위한 플레이스
     홀더를 정의합니다.
21   y = tf.placeholder(tf.float32, shape=[None, 10])         # True MNIST 숫자값
```

04 | 오토인코더와 소프트맥스 분류기를 정의하는 함수를 선언합니다. 이때 소프트맥스 분류기는 원본 MNIST 이미지(=784 차원) 대신 오토인코더의 압축된 특징(=64 차원)을 입력값으로 받습니다.

```python
23    # Autoencoder 구조를 정의합니다.
24    def build_autoencoder(x):
25        # 인코딩(Encoding) - 784 -> 128 -> 64
26        Wh_1 = tf.Variable(tf.random_normal([input_size, hidden1_size]))
27        bh_1 = tf.Variable(tf.random_normal([hidden1_size]))
28        H1_output = tf.nn.sigmoid(tf.matmul(x, Wh_1) +bh_1)
29        Wh_2 = tf.Variable(tf.random_normal([hidden1_size, hidden2_size]))
30        bh_2 = tf.Variable(tf.random_normal([hidden2_size]))
31        H2_output = tf.nn.sigmoid(tf.matmul(H1_output, Wh_2) +bh_2)
32        # 디코딩(Decoding) 64 -> 128 -> 784
33        Wh_3 = tf.Variable(tf.random_normal([hidden2_size, hidden1_size]))
34        bh_3 = tf.Variable(tf.random_normal([hidden1_size]))
35        H3_output = tf.nn.sigmoid(tf.matmul(H2_output, Wh_3) +bh_3)
36        Wo = tf.Variable(tf.random_normal([hidden1_size, input_size]))
37        bo = tf.Variable(tf.random_normal([input_size]))
38        X_reconstructed = tf.nn.sigmoid(tf.matmul(H3_output,Wo) + bo)
39
40        return X_reconstructed, H2_output
41
42    # Softmax 분류기를 정의합니다.
43    def build_softmax_classifier(x):
44        W_softmax = tf.Variable(tf.zeros([hidden2_size, 10]))    # 원본 MNIST 이미지(784) 대신 오토인코더의 압축된 특징(64)을 입력값으로 받습니다.
45        b_softmax = tf.Variable(tf.zeros([10]))
46        y_pred = tf.nn.softmax(tf.matmul(x, W_softmax) + b_softmax)
47
48        return y_pred
```

05 | build_autoencoder 함수와 build_softmax_classifier 함수를 이용해서 오토인코더와 소프트맥스 분류기를 선언합니다.

```
50    # Autoencoder를 선언합니다.
51    y_pred, extracted_features = build_autoencoder(x) # Autoencoder의
      Reconstruction 결과(784), 압축된 Features(64)
52    # 타겟 데이터는 인풋 데이터와 같습니다.
53    y_true = x
54    # Softmax 분류기를 선언합니다.(입력으로 Autoencoder의 압축된 특징을 넣습니다.)
55    y_pred_softmax = build_softmax_classifier(extracted_features)
```

06 | 사전 학습과 파인 튜닝을 위한 손실 함수와 옵티마이저를 정의합니다. 사전 학습 과정에서는 MSE 손실 함수와 RMSProp 옵티마이저를 사용하고, 파인 튜닝 과정에서는 크로스 엔트로피 손실 함수와 그라디언트 디센트 옵티마이저를 사용합니다.

```
57    # 1. Pre-Training : MNIST 데이터 재구축을 목적으로하는 손실 함수와 옵티마이저를 정의합니다.
58    pretraining_loss = tf.reduce_mean(tf.pow(y_true - y_pred, 2))    # MSE 손실 함수
59    pretraining_train_step = tf.train.RMSPropOptimizer(learning_rate_RMSProp).
      minimize(pretraining_loss)
60    # 2. Fine-Tuning : MNIST 데이터 분류를 목적으로하는 손실 함수와 옵티마이저를 정의합니다.
61    finetuning_loss = tf.reduce_mean(-tf.reduce_sum(y * tf.log(y_pred_softmax),
      reduction_indices=[1])) # cross-entropy loss 함수
62    finetuning_train_step = tf.train.GradientDescentOptimizer(learning_rate_
      GradientDescent).minimize(finetuning_loss)
```

07 | 이제 가설 정의, 손실 함수 정의, 옵티마이저 정의가 모두 끝났으니 세션을 열어서 그래프를 실행해서 학습을 진행하고 학습된 모델의 정확도를 출력합니다. num_epochs(=100) 횟수만큼 사전 학습을 진행하고, num_peochs+100(=200) 횟수만큼 파인 튜닝을 진행합니다.

```
64    # 세션을 열고 그래프를 실행합니다.
65    with tf.Session() as sess:
66      # 변수들의 초기값을 할당합니다.
67      sess.run(tf.global_variables_initializer())
68
69      # 전체 배치 개수를 불러옵니다.
70      total_batch = int(mnist.train.num_examples/batch_size)
71
72      # Step 1: MNIST 데이터 재구축을 위한 오토인코더 최적화(Pre-Training)
73      for epoch in range(num_epochs):
74        # 모든 배치들에 대해서 최적화를 수행합니다.
75        for i in range(total_batch):
76          batch_xs, batch_ys = mnist.train.next_batch(batch_size)
77          _, pretraining_loss_print = sess.run([pretraining_train_step,
      pretraining_loss], feed_dict={x: batch_xs})
78        # 지정된 epoch마다 학습결과를 출력합니다.
79        if epoch % display_step == 0:
80          print("반복(Epoch): %d, Pre-Training 손실 함수(pretraining_loss): %f" %
      ((epoch+1), pretraining_loss_print))
81      print("Step 1 : MNIST 데이터 재구축을 위한 오토인코더 최적화 완료(Pre-Training)")
82
83      # Step 2: MNIST 데이터 분류를 위한 오토인코더+Softmax 분류기 최적화(Fine-tuning)
84      for epoch in range(num_epochs+100):
85        # 모든 배치들에 대해서 최적화를 수행합니다.
86        for i in range(total_batch):
87          batch_xs, batch_ys = mnist.train.next_batch(batch_size)
88          _, finetuning_loss_print = sess.run([finetuning_train_step,
      finetuning_loss], feed_dict={x: batch_xs, y: batch_ys})
89        # 지정된 epoch마다 학습결과를 출력합니다.
90        if epoch % display_step == 0:
91          print("반복(Epoch): %d, Fine-tuning 손실 함수(finetuning_loss): %f" %
      ((epoch+1), finetuning_loss_print))
92      print("Step 2 : MNIST 데이터 분류를 위한 오토인코더+Softmax 분류기 최적화 완료
      (Fine-Tuning)")
93
94      # 오토인코더+Softmax 분류기 모델의 정확도를 출력합니다.
95      correct_prediction = tf.equal(tf.argmax(y,1), tf.argmax(y_pred_softmax,1))
96      accuracy = tf.reduce_mean(tf.cast(correct_prediction, tf.float32))
97      print("정확도(오토인코더+Softmax 분류기): %f" % sess.run(accuracy, feed_
      dict={x: mnist.test.images, y: mnist.test.labels})) # 정확도 : 약 96%
```

학습이 끝나면 약 96%의 정확도로 MNIST 데이터를 분류하는 모습을 볼 수 있습니다. 이는 소프트맥스 분류기만을 사용했을 때 얻은 91% 정확도, ANN을 이용했을 때 얻은 94% 정확도보다 향상된 성능입니다. 따라서 오토인코더가 효율적으로 원본 데이터의 압축된 특징을 학습했음을 알 수 있습니다.

🄰 정리

이번 장에서 배운 내용을 정리해봅시다. 이번 장에서는 비지도 학습을 위한 인공신경망 구조인 오토인코더와 구체적으로 다음의 내용들을 살펴보았습니다.

❶ 오토인코더의 개념과 동작원리를 살펴보았습니다. 오토인코더를 이용해 압축된 특징을 추출하는 방법을 배웠습니다.

❷ 텐서플로 라이브러리를 이용해서 MNIST 데이터 재구축을 위한 오토인코더와 오토인코더와 소프트맥스 분류기를 결합해서 MNIST 분류 성능을 높이는 방법을 살펴보았습니다.

❸ 파인 튜닝Fine-Tuning, 전이 학습Transfer Learning, 사전 학습Pre-Training의 개념을 살펴보았습니다.

다음 장에서는 이미지 분야를 다루기에 최적화된 CNNConvolutional Neural Networks 구조를 살펴봅시다.

컨볼루션 신경망
(CNN)

컨볼루션 신경망(CNN)

7.1 컨볼루션 신경망 개념 – 컨볼루션^{Convolution}, 풀링^{Pooling}

컨볼루션 신경망^{Convolutional Neural Networks(CNN)}은 이미지 분야를 다루기에 최적화된 인공신경망 구조입니다. 컨볼루션 신경망은 크게 **컨볼루션층**^{Convolution Layer}과 **풀링층**^{Pooling(Subsampling) Layer}으로 구성되어 있습니다. 풀링^{Pooling}은 서브샘플링^{Subsampling}이라고도 불립니다.

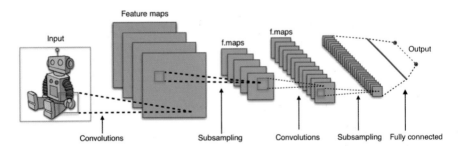

그림 7-1 | 컨볼루션 신경망의 구조

먼저 **컨볼루션층**^{Convolution Layer}에 대해 알아봅시다. 컨볼루션층은 컨볼루션 연산을 통해서 이미지의 특징을 추출해내는 역할을 합니다. 먼저 **컨볼루션**^{Convolutoin}이라는 수학 연산자의 동작 과정을 이해해봅시다.* 컨볼루션은 우리말로 합성곱이라고도 불리는데 커널^{Kernel} 또는 필터^{Filter}라고 불리는 윈도우 크기^{Window Size}만큼의 X×X 크기의 행렬을 Y×Y 크기의 이미지 행렬의 X×X 크기 부분과 곱해서 모두 더하는 수학 연산자입니다. 행렬곱의 결과로 이미지 행렬의 X×X 크기 부분의 값들은 모두 더해져 하나의 값으로 모아질 것입니다. 이런 X×X 크기의 행렬 곱셈을 Y×Y 크기의 이미지 행렬의 가장 왼쪽 위부터 가장 오른쪽 아래까지 순차적으로 수행하는 연산이 컨볼루션층에서 이루어지는 동작입니다.

이제 그림을 통해서 컨볼루션층에서 이루어지는 동작을 직관적으로 이해해봅시다. 그림 7-2는 3×3 크기의 커널을 이용해서 5×5 크기의 이미지 행렬에 컨볼루션 연산을 수행하는 과정을 단계별로 보여줍니다.

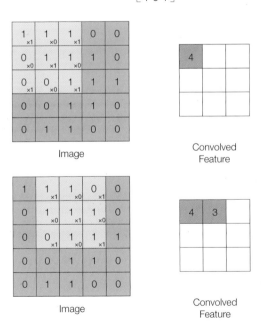

$$Kernel = \begin{bmatrix} 1 & 0 & 1 \\ 0 & 1 & 0 \\ 1 & 0 & 1 \end{bmatrix}$$

그림 7-2 | 컨볼루션 연산

---

* 사실 컨볼루션 연산에 대한 더 엄밀한 정의는 "나의 함수와 또 다른 함수를 반전 이동한 값을 곱한 다음, 구간에 대해 적분하여 새로운 함수를 구하는 수학 연산자"이지만, 여기서는 CNN의 컨볼루션층에서 이루어지는 동작을 설명하기 위해서 컨볼루션의 개념을 간략하게 설명하였습니다. 컨볼루션 연산에 대해 더 자세한 내용을 알고 싶은 분은 Wikipedia 등을 참조하세요.

원본 이미지에 커널을 이용해서 컨볼루션을 수행하면 커널의 종류에 따라 **원본 이미지의 특징들**Features이 **활성화 맵**Activation Map으로 추출되게 됩니다. 이때 어떤 커널을 사용하느냐에 따라 원본 이미지에서 다양한 특징을 추출할 수 있습니다. 그림 7-3은 원본 이미지에서 커널의 종류에 따라 다양한 특징이 추출되는 결과를 보여줍니다.

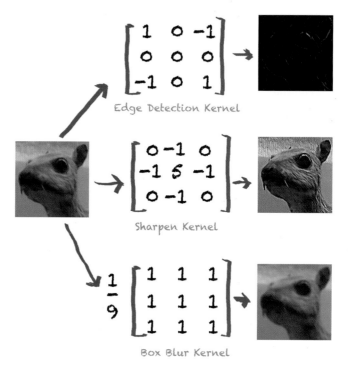

그림 7-3 | 다양한 커널을 이용한 컨볼루션 연산

그림 7-3에서 볼 수 있듯이, 커널의 종류에 따라 원본 이미지의 모서리Edge를 추출하거나 원본 이미지를 좀 더 명확한 이미지Sharpen로 바꾸거나 원본 이미지를 흐리게Blur 만들 수 있습니다. 이렇게 추출한 활성화 맵은 원본 이미지에서 명확히 드러나지 않던 특징들을 보여줍니다. 예를 들어, 우리가 어떤 사진이 자동차인지 사람인지를 분류하고자 한다면, 원본 이미지 자체를 사용하는 것보다 모서리만 추출된 특징 이미지를 사용하는 것이 더 효율적일 것입니다. 좀 더 구체적으로 말하면, 모서리가 추출된 이미지를 통해 분류기를 학습하면 컴퓨터는 모서리가 각진 형태면 자동차, 모서리가 둥근 형태면 사람이라고 손쉽게 구분할 수 있을 것입니다.

이제 CNN을 구성하는 2번째 요소인 **풀링**^{Pooling}에 대해 알아봅시다. 풀링층은 차원을 축소하는 연산을 수행합니다. 풀링의 종류에는 **최대값 풀링**^{Max Pooling}, **평균값 풀링**^{Average Pooling}, **최소값 풀링**^{Min Pooling}이 있습니다. 최대값 풀링은 이미지의 X×X 크기 부분에서 가장 큰 값 ^{Max Value} 하나를 추출해서 원본 이미지의 X×X 개의 값을 1개의 값으로 축소합니다. 동일한 원리로 평균값 풀링, 최소값 풀링은 평균값, 최소값으로 축소합니다. 풀링층 역시 이미지의 좌측 상단에서 우측하단으로 순차적으로 전체 이미지에 대해 풀링을 수행합니다. 그림 7-4는 2×2 크기의 윈도우를 이용한 풀링 수행 과정 예시를 보여줍니다.

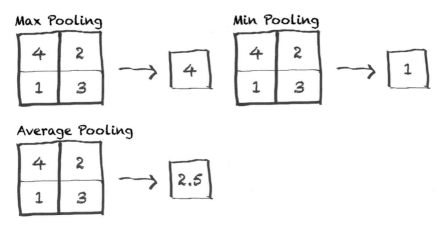

그림 7-4 | 최대값 풀링, 평균값 풀링, 최소값 풀링

풀링층은 크게 2가지 장점이 있습니다. 이미지의 차원을 축소함으로써 필요한 **연산량을 감소**시킬 수 있고, 이미지의 가장 강한 특징만을 추출하는 **특징 선별 효과**가 있습니다. 예를 들어, 모서리가 추출된 활성화 맵에서 최대값 풀링을 수행하면, 차원은 축소되고 흐릿하던 모서리 부분이 더욱 뚜렷해질 것입니다.

컨볼루션층을 거치면 인풋 이미지의 가로, 세로 차원이 축소되게 됩니다. 구체적으로 인풋 이미지의 가로 길이가 W_{in}이라면 컨볼루션층을 거친 출력 이미지의 가로 길이 W_{out}은 다음과 같이 계산됩니다.

$$W_{out} = \frac{W_{in} - F + 2P}{S} + 1$$

여기서 F는 필터의 크기, S는 스트라이드를 의미합니다. 스트라이드는 컨볼루션 연산시 건너뛰는 정도를 나타냅니다. 만약 스트라이드를 크게 잡아서 이미지를 성큼성큼 건너뛰어서 컨볼루션을 수행하면 차원이 많이 축소되고, 스트라이드를 작게 잡아서 이미지를 촘촘히 건너뛰면 차원이 조금 축소됩니다. 또한 $\frac{W_{in}-F}{S}$의 차원이 정수로 나누어떨어지지 않을 수도 있기 때문에 인풋 이미지의 상하좌우 모서리에 P만큼 0을 채워 주는 **제로패딩**Zero-Padding을 P만큼 적용해줍니다. 원본 이미지의 가로 길이에서 좌, 우에 P만큼 0을 채워주기 때문에 2P만큼 가로 길이가 커지게 됩니다. 그림 7-5는 제로패딩의 예시를 보여줍니다.

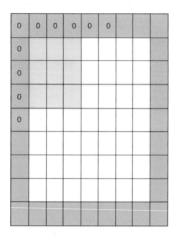

그림 7-5 | 제로패딩의 예시

마찬가지로, 인풋 이미지의 세로 길이가 H_{in}이라면 컨볼루션층을 거친 출력 이미지의 세로 길이 H_{out}은 아래와 같이 계산됩니다.

$$H_{out} = \frac{H_{in} - F + 2P}{S} + 1$$

마지막으로, 컨볼루션층의 출력결과의 3번째 차원은 컨볼루션 필터 개수 K가 됩니다. 따라서 컨볼루션층의 결과로 출력되는 차원은 $[W_{out}, H_{out}, K]$ 입니다.

예를 들어, [28×28×1] MNIST이미지에 4×4 크기의 필터(F=4)에 스트라이드가 2(S=2)이고, 제로 패딩을 1만큼 적용한(P=1), 64개의 필터개수(K=64)를 가진 컨볼루션층을 적용하면

$$W_{out} = \frac{28 - 4 + 2 * 1}{2} + 1 = 14$$

$$H_{out} = \frac{28 - 4 + 2 * 1}{2} + 1 = 14$$

$$K = 64$$

출력 결과로 [14,14,64]. 즉 14×14 크기의 64개의 활성화맵이 추출될 것 입니다.

분류 문제를 위한 CNN의 경우, 컨볼루션층과 풀링층을 거쳐서 추출된 활성화 맵들은 마지막에 Flattening으로 펼친 다음 우리가 배운 ANN 구조인 **완전 연결층**Fully Connected Layer의 인풋으로 들어가서 Softmax 분류를 수행하게 됩니다.

7.2 MNIST 숫자 분류를 위한 CNN 분류기 구현

이제 CNN의 개념을 이해했으니, 텐서플로 라이브러리를 이용해서 CNN 모델을 이용한 MNIST 숫자 분류기를 만들어봅시다.

텐서플로 라이브러리에서는 컨볼루션과 맥스 풀링 연산을 다음 API 통해서 구현할 수 있습니다.

TensorFlow API 알아보기

```
tf.nn.conv2d(
    input,
    filter,
    strides,
    padding,
    dilations = [1, 1, 1, 1],
    name = None
)
```

tf.nn.conv2d는 컨볼루션 연산을 구현한 API입니다. API의 인자들은 아래와 같습니다.

- Input : 컨볼루션 연산을 적용할 인풋 데이터이며, [batch, in_height, in_width, in_channels] 형태의 4-D tensor여야만 합니다. 예를 들어, 64개의 배치로 묶은 28×28 크기의 흑백 이미지를 input으로 넣을 경우 input은 [64, 28, 28, 1]입니다.
- filter : 컨볼루션 연산에 적용할 필터이며, [filter_height, filter_width, in_channels, out_channels] 형태의 4-D tensor여야만 합니다. filter_width, filter_height는 적용할 필터의 가로, 세로 길이이고, in_channels은 인풋 데이터의 차원에 의해 결정됩니다. out_channels는 현재 컨볼루션 연산에서 사용할 필터 개수를 의미합니다.

- strides : input 차원 각각을 Sliding Window로 이동할 때 strides의 크기이고 길이 4의 list로 지정합니다. 예를 들어서, input 데이터의 배치, 채널은 1씩 건너 뛰고, 가로, 세로 길이를 각각 2픽셀씩 건너 뛰고 싶을 경우 strides를 [1, 2, 2, 1]로 지정해주면 됩니다.
- padding : "SAME" 혹은 "VALID"로 지정할 수 있습니다, VALID일 경우 컨볼루션 연산 공식에 의해 계산된 가로, 세로 차원이 리턴되고, SAME일 경우 input의 가로, 세로 차원과 똑같은 크기의 가로, 세로 차원이 리턴되도록 작아진 차원 부분에 0을 채운 제로패딩을 적용합니다.
- dilation : Dilated Convolution을 적용하고 싶을 경우, Dilation Factor를 길이 4의 list로 지정합니다. 배치, 채널에는 Dilation Factor를 적용할 수 없습니다.
- name : 연산의 이름(optional)

TensorFlow API 알아보기

```
tf.nn.max_pool(
    value,
    ksize,
    strides,
    name = None
)
```

tf.nn.max_pool은 max pooling을 구현한 API이며, API의 인자들은 아래와 같습니다.

- value : max pooling 연산을 적용할 인풋 데이터이며 [batch, in_height, in_width, in_channels] 형태의 4-D tensor여야만 합니다.
- ksize : max pooling연산에 적용할 pooling filter 크기이며 [batch_filter, height_filter, width_filter, channel_filter] 형태의 4-D tensor여야만 합니다. 일반적으로 배치, 채널에는 풀링을 적용하지 않습니다. 즉, batch_filter, channel_filter 부분은 1로 지정합니다. 따라서 일반적으로 [1, 2, 2, 1], [1, 3, 3, 1]과 같이 가로, 세로 부분에만 풀링을 적용합니다.
- strides : input 차원 각각을 Sliding Window로 이동할 때 strides의 크기이며 길이 4의 list로 지정합니다. 일반적으로 배치, 채널에는 strides을 적용하지 않습니다. 따라서 일반적으로 [1, 2, 2, 1], [1, 3, 3, 1]과 같이 가로, 세로 부분에만 건너 뛰는 strides를 적용합니다. 예를 들어서, input 데이터의 배치, 채널은 1씩 건너 뛰고, 가로, 세로 길이를 각각 2픽셀씩 건너 뛰고 싶을 경우 strides를 [1, 2, 2, 1]로 지정해주면 됩니다.
- name : 연산의 이름(optional)

TensorFlow API 알아보기

```
tf.nn.avg_pool(
    value,
    ksize,
    strides,
    name = None
)
```

tf.nn.avg_pool은 average pooling을 구현한 API이며, API의 인자들은 아래와 같습니다.

- value : average pooling 연산을 적용할 인풋 데이터이며 [batch, in_height, in_width, in_channels] 형태의 4-D tensor여야만 합니다.
- ksize : average pooling 연산에 적용할 pooling filter이며, 크기이며, [batch_filter, height_filter, width_filter, channel_filter] 형태의 4-D tensor여야만 합니다. 일반적으로 배치, 채널에는 풀링을 적용하지 않습니다. 즉, batch_filter, channel_filter 부분은 1로 지정합니다. 따라서 일반적으로 [1, 2, 2, 1], [1, 3, 3, 1]과 같이 가로, 세로 부분에만 풀링을 적용합니다.
- strides : input 차원 각각을 Sliding Window로 이동할 때 strides의 크기이며, 길이 4의 list로 지정합니다. 일반적으로 배치, 채널에는 strides을 적용하지 않습니다. 따라서 일반적으로 [1, 2, 2, 1], [1, 3, 3, 1]과 같이 가로, 세로 부분에만 건너 뛰는 strides를 적용합니다. 예를 들어서, input 데이터의 배치, 채널은 1씩 건너뛰고, 가로, 세로 길이를 각각 2픽셀씩 건너 뛰고 싶을 경우 strides를 [1, 2, 2, 1]로 지정해주면 됩니다.
- name : 연산의 이름(optional)

이제 텐서플로에서 컨볼루션과 풀링을 수행하는 방법을 알았으니 구체적인 코드를 살펴봅시다. 먼저 전체 코드를 한눈에 살펴봅시다.

```
1    import tensorflow as tf
2
3    # MNIST 데이터를 다운로드 합니다.
4    from tensorflow.examples.tutorials.mnist import input_data
5    mnist = input_data.read_data_sets("/tmp/data/", one_hot=True)
6
7    # CNN 모델을 정의합니다.
8    def build_CNN_classifier(x):
9        # MNIST 데이터를 3차원 형태로 reshape합니다. MNIST 데이터는 grayscale 이미지
         기 때문에 3번째 차원(컬러채널)의 값은 1입니다.
10       x_image = tf.reshape(x, [-1, 28, 28, 1])
11
12       # 1번째 컨볼루션층
13       # 5x5 Kernel Size를 가진 32개의 Filter를 적용합니다.
14       # 28x28x1 -> 28x28x32
15       W_conv1 = tf.Variable(tf.truncated_normal(shape=[5, 5, 1, 32], stddev=5e-2))
16       b_conv1 = tf.Variable(tf.constant(0.1, shape=[32]))
17       h_conv1 = tf.nn.relu(tf.nn.conv2d(x_image, W_conv1, strides=[1, 1, 1, 1],
         padding='SAME') + b_conv1)
18
19       # 1번째 풀링층
20       # Max Pooling을 이용해서 이미지의 크기를 1/2로 downsample합니다.
21       # 28x28x32 -> 14x14x32
22       h_pool1 = tf.nn.max_pool(h_conv1, ksize=[1, 2, 2, 1], strides=[1, 2, 2, 1], padding='SAME')
23
24       # 2번째 컨볼루션층
25       # 5x5 Kernel Size를 가진 64개의 Filter를 적용합니다.
26       # 14x14x32 -> 14x14x64
27       W_conv2 = tf.Variable(tf.truncated_normal(shape=[5, 5, 32, 64], stddev=5e-2))
28       b_conv2 = tf.Variable(tf.constant(0.1, shape=[64]))
29       h_conv2 = tf.nn.relu(tf.nn.conv2d(h_pool1, W_conv2, strides=[1, 1, 1, 1],
         padding='SAME') + b_conv2)
30
31       # 2번째 풀링층
32       # Max Pooling을 이용해서 이미지의 크기를 1/2로 downsample합니다.
33       # 14x14x64 -> 7x7x64
```

```
34    h_pool2 = tf.nn.max_pool(h_conv2, ksize=[1, 2, 2, 1], strides=[1, 2, 2, 1], padding='SAME')
35
36    # 완전 연결층
37    # 7x7 크기를 가진 64개의 activation map을 1024개의 특징들로 변환합니다.
38    # 7x7x64(3136) -> 1024
39    W_fc1 = tf.Variable(tf.truncated_normal(shape=[7*7*64, 1024], stddev=5e-2))
40    b_fc1 = tf.Variable(tf.constant(0.1, shape=[1024]))
41    h_pool2_flat = tf.reshape(h_pool2, [-1, 7*7*64])
42    h_fc1 = tf.nn.relu(tf.matmul(h_pool2_flat, W_fc1) + b_fc1)
43
44    # 출력층
45    # 1024개의 특징들(feature)을 10개의 클래스(One-hot Encoding으로 표현된 숫자
      0~9)로 변환합니다.
46    # 1024 -> 10
47    W_output = tf.Variable(tf.truncated_normal(shape=[1024, 10], stddev=5e-2))
48    b_output = tf.Variable(tf.constant(0.1, shape=[10]))
49    logits = tf.matmul(h_fc1, W_output) + b_output
50    y_pred = tf.nn.softmax(logits)
51
52    return y_pred, logits
53
54  # 인풋, 아웃풋 데이터를 받기위한 플레이스홀더를 정의합니다.
55  x = tf.placeholder(tf.float32, shape=[None, 784])
56  y = tf.placeholder(tf.float32, shape=[None, 10])
57
58  # Convolutional Neural Networks(CNN)을 선언합니다.
59  y_pred, logits = build_CNN_classifier(x)
60
61  # Cross Entropy를 손실 함수(loss function)으로 정의하고 옵티마이저를 정의합니다.
62  loss = tf.reduce_mean(tf.nn.softmax_cross_entropy_with_logits(labels=y, logits=logits))
63  train_step = tf.train.AdamOptimizer(1e-4).minimize(loss)
64
65  # 정확도를 계산하는 연산을 추가합니다.
66  correct_prediction = tf.equal(tf.argmax(y_pred, 1), tf.argmax(y, 1))
67  accuracy = tf.reduce_mean(tf.cast(correct_prediction, tf.float32))
68
69  # 세션을 열어 실제 학습을 진행합니다.
70  with tf.Session() as sess:
71    # 모든 변수들을 초기화합니다.
```

```
72       sess.run(tf.global_variables_initializer())
73
74       # 10000 Step만큼 최적화를 수행합니다.
75       for i in range(10000):
76           # 50개씩 MNIST 데이터를 불러옵니다.
77           batch = mnist.train.next_batch(50)
78           # 100 Step마다 training 데이터셋에 대한 정확도를 출력합니다.
79           if i % 100 == 0:
80               train_accuracy = accuracy.eval(feed_dict={x: batch[0], y: batch[1]})
81               print("반복(Epoch): %d, 트레이닝 데이터 정확도: %f" % (i, train_accuracy))
82           # 옵티마이저를 실행해 파라미터를 한 스텝 업데이트합니다.
83           sess.run([train_step], feed_dict={x: batch[0], y: batch[1]})
84
85       # 학습이 끝나면 테스트 데이터에 대한 정확도를 출력합니다.
86       print("테스트 데이터 정확도: %f" % accuracy.eval(feed_dict={x: mnist.test.
     images, y: mnist.test.labels}))
```

01 | 먼저 텐서플로 라이브러리를 임포트합니다.

```
1       import tensorflow as tf
```

02 | MNIST 데이터를 다운받고 불러옵니다.

```
3       # MNIST 데이터를 다운로드 합니다.
4       from tensorflow.examples.tutorials.mnist import input_data
5       mnist = input_data.read_data_sets("/tmp/data/", one_hot=True)
```

03 | 다음으로 CNN 모델을 생성하는 함수를 정의합니다. 이번 시간에 만들 CNN은 2개의 컨볼루션층, 2개의 풀링층과 2개의 완전 연결층으로 구성되어 있습니다. 텐서플로에서 컨볼루션 연산은 tf.nn.conv2d API, 맥스 풀링은 tf.nn.max_pool API를 이용해서 구현합니다.

```
7    # CNN 모델을 정의합니다.
8    def build_CNN_classifier(x):
9      # MNIST 데이터를 3차원 형태로 reshape합니다. MNIST 데이터는 grayscale 이미지
       기 때문에 3번째 차원(컬러채널)의 값은 1입니다.
10     x_image = tf.reshape(x, [-1, 28, 28, 1])
11
12     # 1번째 컨볼루션층
13     # 5x5 Kernel Size를 가진 32개의 Filter를 적용합니다.
14     # 28x28x1 -> 28x28x32
15     W_conv1 = tf.Variable(tf.truncated_normal(shape=[5, 5, 1, 32], stddev=5e-2))
16     b_conv1 = tf.Variable(tf.constant(0.1, shape=[32]))
17     h_conv1 = tf.nn.relu(tf.nn.conv2d(x_image, W_conv1, strides=[1, 1, 1, 1],
       padding='SAME') + b_conv1)
18
19     # 1번째 풀링층
20     # Max Pooling을 이용해서 이미지의 크기를 1/2로 downsample합니다.
21     # 28x28x32 -> 14x14x32
22     h_pool1 = tf.nn.max_pool(h_conv1, ksize=[1, 2, 2, 1], strides=[1, 2, 2, 1], padding='SAME')
23
24     # 2번째 컨볼루션층
25     # 5x5 Kernel Size를 가진 64개의 Filter를 적용합니다.
26     # 14x14x32 -> 14x14x64
27     W_conv2 = tf.Variable(tf.truncated_normal(shape=[5, 5, 32, 64], stddev=5e-2))
28     b_conv2 = tf.Variable(tf.constant(0.1, shape=[64]))
29     h_conv2 = tf.nn.relu(tf.nn.conv2d(h_pool1, W_conv2, strides=[1, 1, 1, 1],
       padding='SAME') + b_conv2)
30
31     # 2번째 풀링층
32     # Max Pooling을 이용해서 이미지의 크기를 1/2로 downsample합니다.
33     # 14x14x64 -> 7x7x64
34     h_pool2 = tf.nn.max_pool(h_conv2, ksize=[1, 2, 2, 1], strides=[1, 2, 2, 1], padding='SAME')
35
36     # 완전 연결층
37     # 7x7 크기를 가진 64개의 activation map을 1024개의 특징들로 변환합니다.
38     # 7x7x64(3136) -> 1024
39     W_fc1 = tf.Variable(tf.truncated_normal(shape=[7*7*64, 1024], stddev=5e-2))
40     b_fc1 = tf.Variable(tf.constant(0.1, shape=[1024]))
41     h_pool2_flat = tf.reshape(h_pool2, [-1, 7*7*64])
42     h_fc1 = tf.nn.relu(tf.matmul(h_pool2_flat, W_fc1) + b_fc1)
```

```
43
44      # 출력층
45      # 1024개의 특징들(feature)을 10개의 클래스(One-hot Encoding으로 표현된 숫자
        0~9)로 변환합니다.
46      # 1024 -> 10
47      W_output = tf.Variable(tf.truncated_normal(shape=[1024, 10], stddev=5e-2))
48      b_output = tf.Variable(tf.constant(0.1, shape=[10]))
49      logits = tf.matmul(h_fc1, W_output) + b_output
50      y_pred = tf.nn.softmax(logits)
51
52      return y_pred, logits
```

04 | 인풋과 아웃풋 데이터를 받을 플레이스홀더를 정의합니다.

```
54      # 인풋, 아웃풋 데이터를 받기위한 플레이스홀더를 정의합니다.
55      x = tf.placeholder(tf.float32, shape=[None, 784])
56      y = tf.placeholder(tf.float32, shape=[None, 10])
```

05 | build_CNN_classifier 함수를 이용해서 CNN 분류기를 정의합니다. build_CNN_
classifier 함수는 CNN의 예측값 y_pred와 softmax 함수를 씌우기 전의 출력값 logits을
리턴으로 받습니다.

```
58      # Convolutional Neural Networks(CNN)을 선언합니다.
59      y_pred, logits = build_CNN_classifier(x)
```

06 | 손실 함수와 옵티마이저를 정의합니다. 앞장에서 살펴 본 것처럼 tf.nn.softmax_
cross_entropy_with_logits API가 softmax 계산과 크로스 엔트로피 손실 함수 계산을
동시에 수행해주기 때문에 출력층에 softmax 함수를 씌우기 전인 logits을 분류기의 예
측값으로 타겟 데이터와 함께 넣어줍니다. 1e-4(=0.0001)의 러닝레이트를 가진 AdamO-
ptimizer를 옵티마이저로 선언합니다.

```
61      # Cross Entropy를 손실 함수(loss function)으로 정의하고 옵티마이저를 정의합니다.
62      loss = tf.reduce_mean(tf.nn.softmax_cross_entropy_with_logits(labels=y, logits=logits))
63      train_step = tf.train.AdamOptimizer(1e-4).minimize(loss)
```

07 | 중간중간 학습한 모델의 정확도를 출력하기 위한 연산들을 정의합니다.

```
65    # 정확도를 계산하는 연산을 추가합니다.
66    correct_prediction = tf.equal(tf.argmax(y_pred, 1), tf.argmax(y, 1))
67    accuracy = tf.reduce_mean(tf.cast(correct_prediction, tf.float32))
```

08 | 학습에 필요한 그래프 정의, 손실 함수 정의, 옵티마이저 정의가 모두 끝났으니, 이제 세션을 열고 그래프를 실행해서 학습을 진행합니다.

```
69    # 세션을 열어 실제 학습을 진행합니다.
70    with tf.Session() as sess:
71      # 모든 변수들을 초기화합니다.
72      sess.run(tf.global_variables_initializer())
73
74      # 10000 Step만큼 최적화를 수행합니다.
75      for i in range(10000):
76        # 50개씩 MNIST 데이터를 불러옵니다.
77        batch = mnist.train.next_batch(50)
78        # 100 Step마다 training 데이터셋에 대한 정확도를 출력합니다.
79        if i % 100 == 0:
80          train_accuracy = accuracy.eval(feed_dict={x: batch[0], y: batch[1]})
81          print("반복(Epoch): %d, 트레이닝 데이터 정확도: %f" % (i, train_accuracy))
82        # 옵티마이저를 실행해 파라미터를 한 스텝 업데이트합니다.
83        sess.run([train_step], feed_dict={x: batch[0], y: batch[1]})
84
85      # 학습이 끝나면 테스트 데이터에 대한 정확도를 출력합니다.
86      print("테스트 데이터 정확도: %f" % accuracy.eval(feed_dict={x: mnist.test.
      images, y: mnist.test.labels}))
```

코드를 실행해보면 트레이닝 끝난 후에 분류기가 약 99% 정확도로 MNIST 숫자 분류를 수행해내는 것을 관찰할 수 있습니다. 이는 기존의 소프트맥스 회귀(91%), ANN(94%), 오 코인코더+소프트맥스 회귀(96%) 구조를 이용했을 때의 정확도보다 월등히 개선된 성능 입니다. 따라서 CNN 구조가 더욱 효율적으로 이미지 데이터로부터 특징을 추출해낸 것을 알 수 있습니다.

7.3 CNN을 이용한 CIFAR-10 이미지 분류기 구현

7.3.1 CIFAR-10 데이터셋

지금까지 MNIST 분류기를 많이 만들어봤으니, 이제 좀 더 어려운 문제를 해결해봅시다. CIFAR-10은 머신러닝을 학습하는 많은 사람들이 MNIST 다음으로 접하는 데이터셋입니다.

그림 7-6 | CIFAR-10 데이터셋

CIFAR-10 데이터셋은 그림 7-6과 같이 총 10개의 레이블로 구성된 이미지 분류를 위한 데이터셋입니다. 10개의 레이블은 다음과 같습니다.

> airplane, automobile, bird, cat, deer, dog, frog, horse, ship, and truck

CIFAR-10 데이터셋은 32×32 크기 이미지인 50,000개의 학습용 데이터, 10,000개의 테스트용 데이터, 총 60,000개의 32×32 크기의 이미지로 구성되어 있습니다. 지금까지 MNIST 이미지는 흑백이었지만 CIFAR-10은 컬러 이미지입니다. 따라서 이미지의 복잡도가 크게 증가하였습니다.*

---

* 이미지 하나를 표현하는데 필요한 파라미터 수가 MNIST 이미지는 28×28×1=784, CIFAR-10 이미지는 32×32×3=3072 입니다.

7.3.2 드롭아웃^{Dropout}

이번 장에서는 오버피팅을 방지하기 위한 Regularization 기법의 일종인 드롭아웃^{Dropout} 기법에 대해 알아봅시다. 드롭아웃은 학습 과정에서 일정한 확률로 노드들을 사용하지 않게 만들어 주는 기법입니다. 그림 7-7은 드롭아웃 기법을 적용하기 전후 과정을 보여줍니다. 텐서플로에서 드롭아웃 기법을 적용하기 위해서는 아래와 같이 tf.nn.dropout API를 사용합니다.

TensorFlow API 알아보기

```
tf.nn.dropout(
    x,
    keep_prob,
    name = None
)
```

tf.nn.dropout은 드롭아웃을 구현한 API입니다. API의 인자들은 아래와 같습니다.

- x : 드롭아웃을 적용할 인풋 데이터
- keep_prob : 드롭하지 않고 유지할 노드의 비율을 나타내는 scalar 텐서입니다. 예를 들어, keep_prob를 0.8로 설정하면 랜덤하게 20% 노드를 드롭합니다.
- name : 연산의 이름(optional)

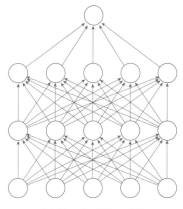
(a) Standard Neural Net

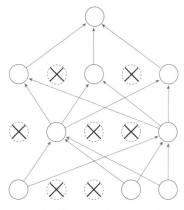
(b) After applying dropout

그림 7-7 | 드롭아웃 기법

7.3.3 CNN을 이용한 CIFAR-10 이미지 분류기 구현

이제 CNN을 이용해서 CIFAR-10 이미지 분류 문제를 해결하기 위한 텐서플로 코드를 작성해봅시다. 먼저 전체 코드를 한눈에 살펴봅시다.

```python
import tensorflow as tf
import numpy as np

# CIFAR-10 데이터를 다운로드 받기 위한 keras의 helper 함수인 load_data 함수를
임포트합니다.
from tensorflow.keras.datasets.cifar10 import load_data

# 다음 배치를 읽어오기 위한 next_batch 유틸리티 함수를 정의합니다.
def next_batch(num, data, labels):
  '''
  'num' 개수 만큼의 랜덤한 샘플들과 레이블들을 리턴합니다.
  '''
  idx = np.arange(0 , len(data))
  np.random.shuffle(idx)
  idx = idx[:num]
  data_shuffle = [data[i] for i in idx]
  labels_shuffle = [labels[i] for i in idx]

  return np.asarray(data_shuffle), np.asarray(labels_shuffle)

# CNN 모델을 정의합니다.
def build_CNN_classifier(x):
  # 입력 이미지
  x_image = x

  # 1번째 컨볼루션층 - 하나의 RGB 이미지를 64개의 특징들(feature)으로 맵핑(maping)
합니다.
  W_conv1 = tf.Variable(tf.truncated_normal(shape=[5, 5, 3, 64], stddev=5e-2))
  b_conv1 = tf.Variable(tf.constant(0.1, shape=[64]))
  h_conv1 = tf.nn.relu(tf.nn.conv2d(x_image, W_conv1, strides=[1, 1, 1, 1],
padding='SAME') + b_conv1)

  # 1번째 풀링층
  h_pool1 = tf.nn.max_pool(h_conv1, ksize=[1, 3, 3, 1], strides=[1, 2, 2, 1],
padding='SAME')
```

```
32
33    # 2번째 컨볼루션층 - 64개의 특징들(feature)을 64개의 특징들(feature)로 맵핑
      (maping)합니다.
34    W_conv2 = tf.Variable(tf.truncated_normal(shape=[5, 5, 64, 64], stddev=5e-2))
35    b_conv2 = tf.Variable(tf.constant(0.1, shape=[64]))
36    h_conv2 = tf.nn.relu(tf.nn.conv2d(h_pool1, W_conv2, strides=[1, 1, 1, 1],
      padding='SAME') + b_conv2)
37
38    # 2번째 풀링층
39    h_pool2 = tf.nn.max_pool(h_conv2, ksize=[1, 3, 3, 1], strides=[1, 2, 2, 1],
      padding='SAME')
40
41    # 3번째 컨볼루션층
42    W_conv3 = tf.Variable(tf.truncated_normal(shape=[3, 3, 64, 128], stddev=5e-2))
43    b_conv3 = tf.Variable(tf.constant(0.1, shape=[128]))
44    h_conv3 = tf.nn.relu(tf.nn.conv2d(h_pool2, W_conv3, strides=[1, 1, 1, 1],
      padding='SAME') + b_conv3)
45
46    # 4번째 컨볼루션층
47    W_conv4 = tf.Variable(tf.truncated_normal(shape=[3, 3, 128, 128], stddev=5e-2))
48    b_conv4 = tf.Variable(tf.constant(0.1, shape=[128]))
49    h_conv4 = tf.nn.relu(tf.nn.conv2d(h_conv3, W_conv4, strides=[1, 1, 1, 1],
      padding='SAME') + b_conv4)
50
51    # 5번째 컨볼루션층
52    W_conv5 = tf.Variable(tf.truncated_normal(shape=[3, 3, 128, 128], stddev=5e-2))
53    b_conv5 = tf.Variable(tf.constant(0.1, shape=[128]))
54    h_conv5 = tf.nn.relu(tf.nn.conv2d(h_conv4, W_conv5, strides=[1, 1, 1, 1],
      padding='SAME') + b_conv5)
55
56    # 완전 연결층1 - 2번의 downsampling 이후에, 우리의 32x32 이미지는 8x8x128 특
      징맵(feature map)이 됩니다.
57    # 이를 384개의 특징들로 맵핑(maping)합니다.
58    W_fc1 = tf.Variable(tf.truncated_normal(shape=[8 * 8 * 128, 384], stddev=5e-2))
59    b_fc1 = tf.Variable(tf.constant(0.1, shape=[384]))
60
61    h_conv5_flat = tf.reshape(h_conv5, [-1, 8*8*128])
62    h_fc1 = tf.nn.relu(tf.matmul(h_conv5_flat, W_fc1) + b_fc1)
63
```

```
64    # 드롭아웃 - 모델의 복잡도를 컨트롤합니다. 특징들의 co-adaptation을 방지합니다.
65    h_fc1_drop = tf.nn.dropout(h_fc1, keep_prob)
66
67    # 완전 연결층2 - 384개의 특징들(feature)을 10개의 클래스(airplane, automobile,
      bird...)로 맵핑(maping)합니다.
68    W_fc2 = tf.Variable(tf.truncated_normal(shape=[384, 10], stddev=5e-2))
69    b_fc2 = tf.Variable(tf.constant(0.1, shape=[10]))
70    logits = tf.matmul(h_fc1_drop,W_fc2) + b_fc2
71    y_pred = tf.nn.softmax(logits)
72
73    return y_pred, logits
74
75  # 인풋, 아웃풋 데이터, 드롭아웃 확률을 입력 받기위한 플레이스홀더를 정의합니다.
76  x = tf.placeholder(tf.float32, shape=[None, 32, 32, 3])
77  y = tf.placeholder(tf.float32, shape=[None, 10])
78  keep_prob = tf.placeholder(tf.float32)
79
80  # CIFAR-10 데이터를 다운로드하고 데이터를 불러옵니다.
81  (x_train, y_train), (x_test, y_test) = load_data()
82  # scalar 형태의 레이블(0~9)을 One-hot Encoding 형태로 변환합니다.
83  y_train_one_hot = tf.squeeze(tf.one_hot(y_train, 10),axis=1)
84  y_test_one_hot = tf.squeeze(tf.one_hot(y_test, 10),axis=1)
85
86  # Convolutional Neural Networks(CNN) 그래프를 생성합니다.
87  y_pred, logits = build_CNN_classifier(x)
88
89  # Cross Entropy를 비용 함수(loss function)으로 정의하고, RMSPropOptimizer를
      이용해서 비용 함수를 최소화합니다.
90  loss = tf.reduce_mean(tf.nn.softmax_cross_entropy_with_logits(labels=y,
      logits=logits))
91  train_step = tf.train.RMSPropOptimizer(1e-3).minimize(loss)
92
93  # 정확도를 계산하는 연산을 추가합니다.
94  correct_prediction = tf.equal(tf.argmax(y_pred, 1), tf.argmax(y, 1))
95  accuracy = tf.reduce_mean(tf.cast(correct_prediction, tf.float32))
96
97  # 세션을 열어 실제 학습을 진행합니다.
98  with tf.Session() as sess:
99      # 모든 변수들을 초기화한다.
```

```
100     sess.run(tf.global_variables_initializer())
101
102     # 10000 Step만큼 최적화를 수행합니다.
103     for i in range(10000):
104         batch = next_batch(128, x_train, y_train_one_hot.eval())
105
106         # 100 Step마다 training 데이터셋에 대한 정확도와 loss를 출력합니다.
107         if i % 100 == 0:
108             train_accuracy = accuracy.eval(feed_dict={x: batch[0], y: batch[1], keep_prob: 1.0})
109             loss_print = loss.eval(feed_dict={x: batch[0], y: batch[1], keep_prob: 1.0})
110
111             print("반복(Epoch): %d, 트레이닝 데이터 정확도: %f, 손실 함수(loss): %f" %
        (i, train_accuracy, loss_print))
112         # 20% 확률의 드롭아웃을 이용해서 학습을 진행합니다.
113         sess.run(train_step, feed_dict={x: batch[0], y: batch[1], keep_prob: 0.8})
114
115     # 학습이 끝나면 테스트 데이터(10000개)에 대한 정확도를 출력합니다.
116     test_accuracy = 0.0
117     for i in range(10):
118         test_batch = next_batch(1000, x_test, y_test_one_hot.eval())
119         test_accuracy = test_accuracy + accuracy.eval(feed_dict={x: test_
        batch[0], y: test_batch[1], keep_prob: 1.0})
120     test_accuracy = test_accuracy / 10;
121     print("테스트 데이터 정확도: %f" % test_accuracy)
```

01 | 텐서플로 및 numpy 라이브러리를 임포트합니다. CIFAR-10 데이터셋을 다운받고,
불러오는 과정을 지원하는 helper 함수를 keras 모듈에서 load_data라는 모듈 함수로
제공하므로 load_data도 함께 임포트합니다.

```
1    import tensorflow as tf
2    import numpy as np
3
4    # CIFAR-10 데이터를 다운로드 받기 위한 keras의 helper 함수인 load_data 함수를
     임포트합니다.
5    from tensorflow.keras.datasets.cifar10 import load_data
```

02 | 데이터를 배치 개수만큼 끊어서 읽어올 수 있는 유틸리티 함수인 next_batch 함수를 정의합니다.

```
7    # 다음 배치를 읽어오기 위한 next_batch 유틸리티 함수를 정의합니다.
8    def next_batch(num, data, labels):
9        '''
10       'num' 개수 만큼의 랜덤한 샘플들과 레이블들을 리턴합니다.
11       '''
12       idx = np.arange(0 , len(data))
13       np.random.shuffle(idx)
14       idx = idx[:num]
15       data_shuffle = [data[ i] for i in idx]
16       labels_shuffle = [labels[i] for i in idx]
17
18       return np.asarray(data_shuffle), np.asarray(labels_shuffle)
```

03 | CNN 모델을 정의합니다. 이번에 만들 CNN은 5개의 컨볼루션층과 2개의 풀링층, 2개의 완전 연결층으로 구성됩니다.

```
20   # CNN 모델을 정의합니다.
21   def build_CNN_classifier(x):
22       # 입력 이미지
23       x_image = x
24
25       # 1번째 컨볼루션층 - 하나의 RGB 이미지를 64개의 특징들(feature)으로 맵핑(maping)
합니다.
26       W_conv1 = tf.Variable(tf.truncated_normal(shape=[5, 5, 3, 64], stddev=5e-2))
27       b_conv1 = tf.Variable(tf.constant(0.1, shape=[64]))
28       h_conv1 = tf.nn.relu(tf.nn.conv2d(x_image, W_conv1, strides=[1, 1, 1, 1],
padding='SAME') + b_conv1)
29
30       # 1번째 풀링층
31       h_pool1 = tf.nn.max_pool(h_conv1, ksize=[1, 3, 3, 1], strides=[1, 2, 2, 1],
padding='SAME')
32
33       # 2번째 컨볼루션층 - 64개의 특징들(feature)을 64개의 특징들(feature)로 맵핑
(maping)합니다.
34       W_conv2 = tf.Variable(tf.truncated_normal(shape=[5, 5, 64, 64], stddev=5e-2))
```

```
35    b_conv2 = tf.Variable(tf.constant(0.1, shape=[64]))
36    h_conv2 = tf.nn.relu(tf.nn.conv2d(h_pool1, W_conv2, strides=[1, 1, 1, 1],
      padding='SAME') + b_conv2)
37
38    # 2번째 풀링층
39    h_pool2 = tf.nn.max_pool(h_conv2, ksize=[1, 3, 3, 1], strides=[1, 2, 2, 1],
      padding='SAME')
40
41    # 3번째 컨볼루션층
42    W_conv3 = tf.Variable(tf.truncated_normal(shape=[3, 3, 64, 128], stddev=5e-2))
43    b_conv3 = tf.Variable(tf.constant(0.1, shape=[128]))
44    h_conv3 = tf.nn.relu(tf.nn.conv2d(h_pool2, W_conv3, strides=[1, 1, 1, 1],
      padding='SAME') + b_conv3)
45
46    # 4번째 컨볼루션층
47    W_conv4 = tf.Variable(tf.truncated_normal(shape=[3, 3, 128, 128], stddev=5e-2))
48    b_conv4 = tf.Variable(tf.constant(0.1, shape=[128]))
49    h_conv4 = tf.nn.relu(tf.nn.conv2d(h_conv3, W_conv4, strides=[1, 1, 1, 1],
      padding='SAME') + b_conv4)
50
51    # 5번째 컨볼루션층
52    W_conv5 = tf.Variable(tf.truncated_normal(shape=[3, 3, 128, 128], stddev=5e-2))
53    b_conv5 = tf.Variable(tf.constant(0.1, shape=[128]))
54    h_conv5 = tf.nn.relu(tf.nn.conv2d(h_conv4, W_conv5, strides=[1, 1, 1, 1],
      padding='SAME') + b_conv5)
55
56    # 완전 연결층1 - 2번의 downsampling 이후에, 우리의 32x32 이미지는 8x8x128 특
      징맵(feature map)이 됩니다.
57    # 이를 384개의 특징들로 맵핑(maping)합니다.
58    W_fc1 = tf.Variable(tf.truncated_normal(shape=[8 * 8 * 128, 384], stddev=5e-2))
59    b_fc1 = tf.Variable(tf.constant(0.1, shape=[384]))
60
61    h_conv5_flat = tf.reshape(h_conv5, [-1, 8*8*128])
62    h_fc1 = tf.nn.relu(tf.matmul(h_conv5_flat, W_fc1) + b_fc1)
63
64    # 드롭아웃 - 모델의 복잡도를 컨트롤합니다. 특징들의 co-adaptation을 방지합니다.
65    h_fc1_drop = tf.nn.dropout(h_fc1, keep_prob)
66
67    # 완전 연결층2 - 384개의 특징들(feature)을 10개의 클래스(airplane, automobile,
      bird...)로 맵핑(maping)합니다.
```

```
68    W_fc2 = tf.Variable(tf.truncated_normal(shape=[384, 10], stddev=5e-2))
69    b_fc2 = tf.Variable(tf.constant(0.1, shape=[10]))
70    logits = tf.matmul(h_fc1_drop,W_fc2) + b_fc2
71    y_pred = tf.nn.softmax(logits)
```

04 | 인풋 데이터, 아웃풋 데이터와 드롭아웃에서 드롭하지 않고 유지할 노드 비율인 keep_prob 플레이스홀더를 정의합니다.

```
75    # 인풋, 아웃풋 데이터, 드롭아웃 확률을 입력 받기위한 플레이스홀더를 정의합니다.
76    x = tf.placeholder(tf.float32, shape=[None, 32, 32, 3])
77    y = tf.placeholder(tf.float32, shape=[None, 10])
78    keep_prob = tf.placeholder(tf.float32)
```

05 | load_data() 함수를 이용해서 CIFAR-10 데이터를 다운로드하고 tf.one_hot API를 이용해서 스칼라값 형태의 레이블(0~9)을 One-hot Encoding 형태로 변환합니다.

```
80    # CIFAR-10 데이터를 다운로드하고 데이터를 불러옵니다.
81    (x_train, y_train), (x_test, y_test) = load_data()
82    # scalar 형태의 레이블(0~9)을 One-hot Encoding 형태로 변환합니다.
83    y_train_one_hot = tf.squeeze(tf.one_hot(y_train, 10),axis=1)
84    y_test_one_hot = tf.squeeze(tf.one_hot(y_test, 10),axis=1)
```

06 | build_CNN_classifier 함수를 이용해서 CNN 그래프를 선언하고, 크로스 엔트로피 손실 함수와 0.001의 러닝레이트를 가진 RMSPropr 옵티마이저를 선언합니다.

```
86    # Convolutional Neural Networks(CNN) 그래프를 생성합니다.
87    y_pred, logits = build_CNN_classifier(x)
88
89    # Cross Entropy를 비용 함수(loss function)으로 정의하고, RMSPropOptimizer를
      이용해서 비용 함수를 최소화합니다.
90    loss = tf.reduce_mean(tf.nn.softmax_cross_entropy_with_logits(labels=y,
      logits=logits))
91    train_step = tf.train.RMSPropOptimizer(1e-3).minimize(loss)
```

07 | 정확도를 계산하는 연산을 추가합니다.

```
93    # 정확도를 계산하는 연산을 추가합니다.
94    correct_prediction = tf.equal(tf.argmax(y_pred, 1), tf.argmax(y, 1))
95    accuracy = tf.reduce_mean(tf.cast(correct_prediction, tf.float32))
```

08 | 이제 가설, 손실 함수, 옵티마이저를 정의했으니 세션을 열어 그래프를 실행해서 학습을 진행합니다.

```
97     # 세션을 열어 실제 학습을 진행합니다.
98     with tf.Session() as sess:
99         # 모든 변수들을 초기화한다.
100        sess.run(tf.global_variables_initializer())
101
102        # 10000 Step만큼 최적화를 수행합니다.
103        for i in range(10000):
104            batch = next_batch(128, x_train, y_train_one_hot.eval())
105
106            # 100 Step마다 training 데이터셋에 대한 정확도와 loss를 출력합니다.
107            if i % 100 == 0:
108                train_accuracy = accuracy.eval(feed_dict={x: batch[0], y: batch[1], keep_prob: 1.0})
109                loss_print = loss.eval(feed_dict={x: batch[0], y: batch[1], keep_prob: 1.0})
110
111                print("반복(Epoch): %d, 트레이닝 데이터 정확도: %f, 손실 함수(loss): %f" %
       (i, train_accuracy, loss_print))
112            # 20% 확률의 드롭아웃을 이용해서 학습을 진행합니다.
113            sess.run(train_step, feed_dict={x: batch[0], y: batch[1], keep_prob: 0.8})
114
115        # 학습이 끝나면 테스트 데이터(10000개)에 대한 정확도를 출력합니다.
116        test_accuracy = 0.0
117        for i in range(10):
118            test_batch = next_batch(1000, x_test, y_test_one_hot.eval())
119            test_accuracy = test_accuracy + accuracy.eval(feed_dict={x: test_
       batch[0], y: test_batch[1], keep_prob: 1.0})
120        test_accuracy = test_accuracy / 10;
121        print("테스트 데이터 정확도: %f" % test_accuracy)
```

코드를 실행해보면 분류기가 학습 결과 약 68%(0.68) 정확도로 CIFAR-10 이미지 분류를 수행해내는 것을 관찰할 수 있습니다. 모델과 파라미터를 튜닝하면서 정확도를 높이는 방법을 연구해보세요.

🔷 7.4 대표적인 CNN 모델들 - AlexNet, VGGNet, GoogLenet, ResNet

풀고자 하는 문제가 있을 때, 해당 문제를 풀기에 가장 적절한 CNN 구조를 디자인하는 것은 많은 시행착오가 필요한 일입니다. 예를 들어서, CNN의 층(레이어)을 몇 개로 할 것인지, 각 층의 노드 개수는 몇 개로 할 것인지, 컨볼루션의 필터 사이즈를 어느 크기로 할 것인지 등 수많은 변수들을 모두 고려해야만 합니다.

하지만 다행히도 연구자들이 많은 시행착오 끝에 특정 문제에 적절한 CNN 구조를 발견하고 논문으로 발표하였습니다. 이는 일종의 참고서로써 많은 사람이 CNN 구조를 디자인할 때 이 구조들을 차용하고 있습니다.

그렇다면 어떤 문제에 어떤 CNN 구조가 적절한지 어떻게 알 수 있을까요? 가장 직관적인 답변은 테스트 데이터셋에 대한 정확도가 가장 높은 CNN 구조가 가장 좋은 구조일 것입니다. 또한 해당 정확도가 다양한 상황에서 잘 동작한 것임을 증명하기 위해서 다양한 환경으로 구성된 대량의 테스트 데이터셋이 필요합니다.

이런 목적을 위해서 머신러닝 연구자들은 ILSVRC라는 대회를 매년 개최하고 있습니다. **ILSVRC**는 ImageNet Large Scale Visual Recognition Challenge의 약자로 이미지 분류 경진 대회입니다. 구체적으로 1000개의 레이블을 가진 대량의 이미지를 분류해서 가장 높은 정확도를 내는 팀이 우승하는 형태입니다. 앞으로 알아볼 모델들은 매년 열리는 ILSVRC 대회에서 1등이나 2등을 차지하며 유명해진 CNN 구조들입니다. 이제 각각의 모델들의 구조와 특징을 자세히 살펴봅시다.

7.4.1 Alexnet

Alexnet은 2012년 ILSVRC 대회에서 우승을 하며 유명해진 CNN 모델입니다. Alexnet이란 이름은 Alexnet 구조를 제안한 연구자인 Alex Krizhevsky의 이름에서 따왔습니다. 특히, Alexnet은 딥러닝 붐을 일으키는 시발점이 된 모델이라는 점에서 큰 의미가 있습니다. 앞서 설명했듯이 매년 많은 연구자들이 ILSVRC 대회에 참가해서 이미지 분류 문제에 대해서 자신의 모델의 얼마나 좋은지를 경쟁합니다. 최초의 ILSVRC 대회는 2010년에 열렸습니다. 2010년도 우승 모델의 에러율은 28.2%였고, 이어진 2011년 대회의 우승 모델의 에러율은 25.8%였습니다. 2010, 2011년 우승 모델은 딥러닝을 사용하지 않은 모델이었습니다. 하지만 2012년도에 우승을 차지한 Alexnet은 16.4%의 에러율로 기존 우승 모델과 큰 격차를 보여주며 우승을 차지하게 됩니다. 딥러닝을 사용한 Alexnet이 압도적인 격차를 보이며 우승을 차지하자, 많은 연구자들이 딥러닝 모델의 성능을 인정하고 2013년도부터는 대부분의 대회 참가자들이 딥러닝 모델을 사용하게 됩니다.

이제 구체적인 Alexnet의 구조를 살펴봅시다. 그림 7-8은 Alexnet의 구조를 보여줍니다. Alexnet은 2개의 GPU를 이용해서 학습을 진행했습니다. 따라서 그림 7-8의 위쪽 부분은 1번째 GPU에서 수행하는 연산, 아래쪽 부분은 2번째 GPU에서 수행하는 연산을 의미합니다. Alexnet은 5개의 컨볼루션층과 3개의 완전 연결층을 합쳐서 총 8개의 층으로 구성됩니다.

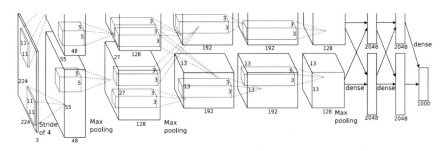

그림 7-8 | Alexnet 구조

각각의 층(레이어) 이름과 파라미터, 출력 결과를 표 형태로 나타내면 표 7-9와 같습니다.

층(레이어) 이름	파라미터	출력 결과
Input Layer	없음	227×227×3
CONV1	커널 크기 : 11×11 스트라이드 : 4 제로패딩 : 0 커널 개수 : 96	55×55×96
MAX POOL1	커널 크기 : 3×3 스트라이드 : 2	27×27×96
CONV2	커널 크기 : 3×3 스트라이드 : 2 제로패딩 : 2 커널 개수 : 256	27×27×256
MAX POOL2	커널 크기 : 3x3 스트라이드 : 2	13×13×256
CONV3	커널 크기 : 3×3 스트라이드 : 1 제로패딩 : 1 커널 개수 : 384	13×13×384
CONV4	커널 크기 : 3×3 스트라이드 : 1 제로패딩 : 1 커널 개수 : 384	13×13×384
CONV5	커널 크기 : 3×3 스트라이드 : 1 제로패딩 : 1 커널 개수 : 256	13×13×256
MAX POOL3	커널 크기 : 3×3 스트라이드 : 2	6×6×256
FC6	노드 개수 : 4096	4096
FC7	노드 개수 : 4096	4096
FC8	노드 개수 : 1000	4096

표 7-9 | AlexNet의 층(레이어)별 연산 과정

7.4.2 VGGNet

VGGNet은 2014년 ILSVRC 대회에서 준우승을 차지한 모델입니다. VGGNet이란 이름은 모델을 창안한 연구자들이 속한 Oxford 대학의 **V**isual **G**eometry **G**roup에서 따왔습니다. VGGNet 연구자들은 그림 7-10과 같이 6개의 CNN 구조로 실험을 진행해서 각각의 모델들의 성능을 비교했습니다. 그림 7-10의 행들을 해석하면 conv3-64는 64개의 3×3 컨볼루션 필터를 적용한다는 것을 의미합니다. 마찬가지로 conv1-512는 512개의 1×1 컨볼루션 필터를 적용한다는 것을 의미합니다.

ConvNet Configuration					
A	A-LRN	B	C	D	E
11 weight layers	11 weight layers	13 weight layers	16 weight layers	16 weight layers	19 weight layers
input (224 × 224 RGB image)					
conv3-64	conv3-64 **LRN**	conv3-64 **conv3-64**	conv3-64 conv3-64	conv3-64 conv3-64	conv3-64 conv3-64
maxpool					
conv3-128	conv3-128	conv3-128 **conv3-128**	conv3-128 conv3-128	conv3-128 conv3-128	conv3-128 conv3-128
maxpool					
conv3-256 conv3-256	conv3-256 conv3-256	conv3-256 conv3-256	conv3-256 conv3-256 **conv1-256**	conv3-256 conv3-256 **conv3-256**	conv3-256 conv3-256 conv3-256 **conv3-256**
maxpool					
conv3-512 conv3-512	conv3-512 conv3-512	conv3-512 conv3-512	conv3-512 conv3-512 **conv1-512**	conv3-512 conv3-512 **conv3-512**	conv3-512 conv3-512 conv3-512 **conv3-512**
maxpool					
conv3-512 conv3-512	conv3-512 conv3-512	conv3-512 conv3-512	conv3-512 conv3-512 **conv1-512**	conv3-512 conv3-512 **conv3-512**	conv3-512 conv3-512 conv3-512 **conv3-512**
maxpool					
FC-4096					
FC-4096					
FC-1000					
soft-max					

그림 7-10 | VGGNet의 6가지 구조

VGGNet 구조를 보면 Alexnet 구조와 몇 가지 다른 점을 찾을 수 있습니다.

① AlexNet의 11×11 컨볼루션 필터를 제거하고, 상대적으로 작은 크기의 3x3 컨볼루션 필터와 1×1 컨볼루션 필터만을 사용하고 있습니다.

② 층의 깊이가 8에서 11, 13, 16, 19까지 늘어났습니다.

③ 1×1 컨볼루션을 사용하고 있습니다. 1×1 컨볼루션은 리셉티브 필드^{Receptive Field*}의 크기가 개별 픽셀 하나이므로 특징 추출효과는 거의 없다고 볼 수 있습니다. 1×1 컨볼루션 이후에 ReLU 활성 함수를 적용하므로 Non-Linearity가 추가되어 모델의 표현력이 더욱 강해질 수 있습니다.

VGGNet은 2014년도 ILSVRC 대회에서 다음에 살펴볼 GoogLeNet에 밀려 2등을 차지했지만 GoogLeNet보다 훨씬 간결한 구조를 가지고 있기 때문에 GoogLeNet보다 널리 사용되고 있습니다.

7.4.3 GoogLeNet(Inception v1)

GoogLeNet은 2014년 ILSVRC 대회에서 1등을 차지한 모델입니다. GoogLeNet은 CNN의 한 층을 기존의 컨볼루션층 대신에 구글에서 자체적으로 개발한 **인셉션 모듈**^{Inception Module}이라는 조금은 복잡한 구조로 대체합니다. 인셉션 모듈을 사용하는 목적은 파라미터 수는 감소시키면서 성능은 향상시키기 위해서입니다. 그림 7-11은 GoogLeNet의 구조를 보여줍니다.

---

* 리셉티브 필드는 원본 이미지에서 컨볼루션 필터와 대응되는 부분을 말합니다. 예를 들어, 컨볼루션 필터의 크기가 3×3이라면 리셉티브 필드는 3×3입니다.

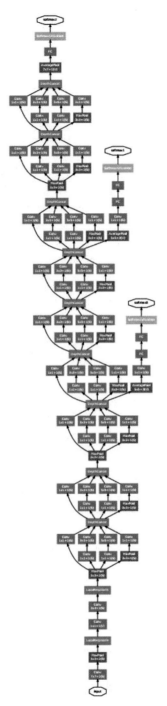

그림 7-11 | GoogLeNet 구조

그림 7-12는 인셉션 모듈의 구조로 일반적인 버전과 차원 축소 버전을 보여줍니다. 구체적으로 인셉션 모듈의 한 층은 인풋으로 들어오는 이미지에 대해 1×1, 3×3, 5×5 컨볼루션, 3×3 풀링 4개의 연산을 병렬적으로 수행하고 이들 연산의 출력 결과를 concatenation으로 하나로 모아서 다음 층의 인풋으로 전달합니다. concatenation은 활성화 맵 Activation map을 이어 붙이는 기법입니다. 예를 들어 1×1 컨볼루션의 결과로 28×28 크기의 32개의 활성화 맵이 출력되고, 3×3 컨볼루션의 결과로 28×28 크기의 64개의 활성화 맵이 출력된다면 이들 활성화 맵을 이어 붙여서 28×28 크기의 96개의 concatenation 결과를 만듭니다. 만약 활성화 맵의 크기가 다르다면 작은 크기의 활성화 맵을 큰 크기의 활성화 맵 크기에 맞추기 위해서 제로패딩을 사용합니다.

인셉션 모듈 차원 축소 버전은 3×3, 5×5 컨볼루션 앞과 3×3 풀링 연산 뒤에 1×1 컨볼루션 연산을 추가해서 필요한 연산량을 더욱 축소한 구조입니다. VGGNet에서 살펴 보았듯이 1×1 컨볼루션은 특징 추출 효과는 없습니다. 하지만 VGGNet에서는 ReLU를 추가해서 모델의 Non-Linearity 표현력을 증가시키기 위해서 1×1 컨볼루션층을 추가했습니다. 이에 반해 GoogLeNet은 1×1 컨볼루션을 차원을 축소해서 연산량을 감소시키기 위해서 사용합니다. 예를 들어, 32×32×64 형태의 입력값에 3×3 컨볼루션을 바로 적용하는 것보다 32×32×64 형태의 입력값에 24개의 필터를 가진 1×1 컨볼루션을 적용해서 32×32×24 크기로 입력값의 차원을 축소시킨 후, 3×3 컨볼루션을 적용하면 계산해야하는 연산량을 대폭 줄일 수 있습니다.

앞서 설명했듯이 이런 인셉션 모듈을 이용할 경우 파라미터의 수는 감소시키면서 성능은 향상시킬 수 있습니다.

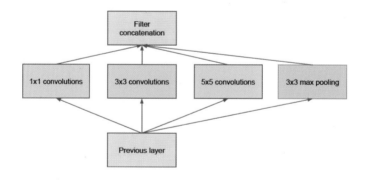

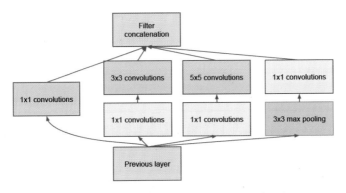

그림 7-12 | 인셉션 모듈(일반 버전과 차원 축소 버전)

GoogLeNet의 각 층에서 수행하는 연산의 파라미터와 출력값을 표 형태로 나타내면 그림 7-13과 같습니다.

type	patch size/ stride	output size	depth	#1×1	#3×3 reduce	#3×3	#5×5 reduce	#5×5	pool proj	params	ops
convolution	7×7/2	112×112×64	1							2.7K	34M
max pool	3×3/2	56×56×64	0								
convolution	3×3/1	56×56×192	2		64	192				112K	360M
max pool	3×3/2	28×28×192	0								
inception (3a)		28×28×256	2	64	96	128	16	32	32	159K	128M
inception (3b)		28×28×480	2	128	128	192	32	96	64	380K	304M
max pool	3×3/2	14×14×480	0								
inception (4a)		14×14×512	2	192	96	208	16	48	64	364K	73M
inception (4b)		14×14×512	2	160	112	224	24	64	64	437K	88M
inception (4c)		14×14×512	2	128	128	256	24	64	64	463K	100M
inception (4d)		14×14×528	2	112	144	288	32	64	64	580K	119M
inception (4e)		14×14×832	2	256	160	320	32	128	128	840K	170M
max pool	3×3/2	7×7×832	0								
inception (5a)		7×7×832	2	256	160	320	32	128	128	1072K	54M
inception (5b)		7×7×1024	2	384	192	384	48	128	128	1388K	71M
avg pool	7×7/1	1×1×1024	0								
dropout (40%)		1×1×1024	0								
linear		1×1×1000	1							1000K	1M
softmax		1×1×1000	0								

그림 7-13 | GoogLeNet의 전체 구조

구글은 2014년도 ILSVRC의 우승 모델인 GoogLeNet을 Inception v1로 명명하고, 구조를 계속 개선해서 Inception v2, Inception v3, Inception v4라는 이름으로 state-of-art* CNN 모델을 계속해서 발표하고 있습니다.

---

* state-of-art는 "최고 수준의 기술"을 의미하며, 특정 문제에 대해서 현재 전세계에서 가장 좋은 성능을 보여주는 모델을 칭할 때 사용합니다.

7.4.4 ResNet

ResNet은 2015년도 ILSVRC 대회에서 우승을 차지한 모델입니다. ResNet은 Residual Networks의 약자로 CNN의 깊이를 152층으로 획기적으로 늘린 모델입니다. 그림 7-14는 ILSVRC 대회에서 연도별 우승을 차지한 모델들의 층 깊이를 나타냅니다. 2012년도 AlexNet의 등장 이후 해가 갈수록 점진적으로 깊이가 깊어졌지만 ResNet은 획기적으로 큰 폭으로 깊이를 증가시켰습니다.

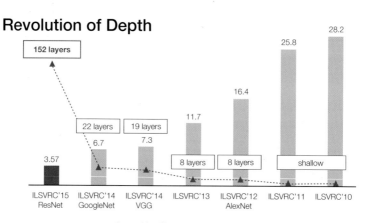

그림 7-14 | ILSVRC 연도별 우승 모델의 CNN 깊이

ResNet이 층의 깊이를 이렇게 획기적으로 늘릴 수 있었던 원동력은 Residual Block이라는 모듈에 있습니다. 그림 7-15는 Residual Block을 나타냅니다. Residual Block은 Skip Connection이라는 컨볼루션 연산을 수행하지 않고 이전 층에서 넘어온 인풋 x를 그대로 넘겨주는 별도의 연결을 추가해줍니다. Skip Connection을 추가한 연산 과정을 수식으로 나타내면 다음과 같습니다.

$$H(x) = F(x) + x$$

Skip Connection의 역할은 옵티마이저가 좀 더 손쉽게 파라미터를 최적화 할 수 있도록 도와줍니다. 다소 거칠게 설명하면 Skip Connection은 옵티마이저가 10만큼 학습을 진행해야 했던 상황에서 7만큼을 Skip Connection으로 미리 넘겨주어서 3만큼만 학습해도 되도록 만들어줍니다. 따라서 층의 깊이가 깊어져 학습해야 하는 파라미터의 수가 늘어나더라도 옵티마이저가 최적의 파라미터를 찾아내 CNN의 성능을 더욱 향상시킬 수 있습니다.

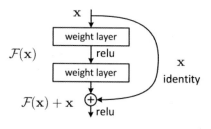

그림 7-15 | Residual Block

ResNet이 2015년도 ILSVRC에 우승을 차지하자 이후부터 최근까지 등장한 CNN 모델들은 Skip Connection을 추가한 Residual Block을 광범위하게 사용하고 있습니다.

7.5 tf.train.Saver API를 이용해서 모델과 파라미터를 저장하고 불러오기

딥러닝 기법을 이용해서 복잡한 문제를 해결할 때는 수많은 횟수를 반복해서 파라미터를 업데이트해야 합니다. 따라서 매번 바닥부터 파라미터를 새로 업데이트하는 것은 비효율적입니다. 이번 장에서는 **tf.train.Saver API**를 이용해서 학습한 모델의 파라미터를 저장하고 불러오는 방법을 살펴봅시다.

① tf.train.Saver() 클래스를 선언합니다.

② 선언한 tf.train.Saver() 클래스의 save(sess, save_path, global_step=None) 함수를 호출해서 모델과 파라미터를 저장합니다. save_path에는 "모델과 파라미터를 저장할 폴더경로 + 저장할 이름"을 나타내는 String을 지정하고 global_step은 현재 반복 횟수를 지정합니다.

③ 만약 저장된 모델과 파라미터가 있다면 선언한 tf.train.Saver() 클래스의 restore (sess, save_path) 함수를 호출해서 save_path에 저장된 모델과 파라미터를 불러옵니다.

7.2장에서 살펴본 CNN 모델을 이용한 MNIST 숫자 분류기 코드에 tf.train.Saver API를 이용해서 학습한 모델의 파라미터를 저장하고 불러오는 코드를 추가해서 tf.train.Saver API를 어떻게 사용는지 구체적으로 살펴봅시다.

```
1    import tensorflow as tf
2    import os
3
4    # MNIST 데이터를 다운로드 합니다.
5    from tensorflow.examples.tutorials.mnist import input_data
6    mnist = input_data.read_data_sets("/tmp/data/", one_hot=True)
7
8    # CNN 모델을 정의합니다.
9    def build_CNN_classifier(x):
10   # MNIST 데이터를 3차원 형태로 reshape합니다.
     MNIST 데이터는 grayscale 이미지이기 때문에 3번째 차원(컬러채널)의 값은 1입니다.
11     x_image = tf.reshape(x, [-1, 28, 28, 1])
12
13     # 첫번째 컨볼루션층
14     # 5x5 Kernel Size를 가진 32개의 Filter를 적용합니다.
15     # 28x28x1 -> 28x28x32
16     W_conv1 = tf.Variable(tf.truncated_normal(shape=[5, 5, 1, 32], stddev=5e-2))
17     b_conv1 = tf.Variable(tf.constant(0.1, shape=[32]))
18     h_conv1 = tf.nn.relu(tf.nn.conv2d(x_image, W_conv1, strides=[1, 1, 1, 1],
     padding='SAME') + b_conv1)
19
20     # 1번째 풀링층
21     # Max Pooling을 이용해서 이미지의 크기를 1/2로 downsample합니다.
22     # 28x28x32 -> 14x14x32
23     h_pool1 = tf.nn.max_pool(h_conv1, ksize=[1, 2, 2, 1], strides=[1, 2, 2, 1],
     padding='SAME')
24
25     # 2번째 컨볼루션층
26     # 5x5 Kernel Size를 가진 64개의 Filter를 적용합니다.
27     # 14x14x32 -> 14x14x64
28     W_conv2 = tf.Variable(tf.truncated_normal(shape=[5, 5, 32, 64], stddev=5e-2))
29     b_conv2 = tf.Variable(tf.constant(0.1, shape=[64]))
30     h_conv2 = tf.nn.relu(tf.nn.conv2d(h_pool1, W_conv2, strides=[1, 1, 1, 1],
     padding='SAME') + b_conv2)
31
32     # 2번째 풀링층
33     # Max Pooling을 이용해서 이미지의 크기를 1/2로 downsample합니다.
34     # 14x14x64 -> 7x7x64
35     h_pool2 = tf.nn.max_pool(h_conv2, ksize=[1, 2, 2, 1], strides=[1, 2, 2, 1],
     padding='SAME')
```

```
36
37      # 완전 연결층
38      # 7x7 크기를 가진 64개의 activation map을 1024개의 특징들로 변환합니다.
39      # 7x7x64(3136) -> 1024
40      W_fc1 = tf.Variable(tf.truncated_normal(shape=[7 * 7 * 64, 1024], stddev=5e-2))
41      b_fc1 = tf.Variable(tf.constant(0.1, shape=[1024]))
42      h_pool2_flat = tf.reshape(h_pool2, [-1, 7*7*64])
43      h_fc1 = tf.nn.relu(tf.matmul(h_pool2_flat, W_fc1) + b_fc1)
44
45      # 출력층
46      # 1024개의 특징들(feature)을 10개의 클래스(One-hot Encoding으로 표현된 숫자
        0~9)로 변환합니다.
47      # 1024 -> 10
48      W_output = tf.Variable(tf.truncated_normal(shape=[1024, 10], stddev=5e-2))
49      b_output = tf.Variable(tf.constant(0.1, shape=[10]))
50      logits = tf.matmul(h_fc1, W_output) + b_output
51      y_pred = tf.nn.softmax(logits)
52
53      return y_pred, logits
54
55  # 인풋, 아웃풋 데이터를 받기위한 플레이스홀더를 정의합니다.
56  x = tf.placeholder(tf.float32, shape=[None, 784])
57  y = tf.placeholder(tf.float32, shape=[None, 10])
58
59  # Convolutional Neural Networks(CNN)을 선언합니다.
60  y_pred, logits = build_CNN_classifier(x)
61
62  # Cross Entropy를 손실 함수(loss function)으로 정의하고 옵티마이저를 정의합니다.
63  loss = tf.reduce_mean(tf.nn.softmax_cross_entropy_with_logits(labels=y,
64  logits=logits))
65  train_step = tf.train.AdamOptimizer(1e-4).minimize(loss)
66
67  # 정확도를 계산하는 연산을 추가합니다.
68  correct_prediction = tf.equal(tf.argmax(y_pred, 1), tf.argmax(y, 1))
69  accuracy = tf.reduce_mean(tf.cast(correct_prediction, tf.float32))
70
71  # tf.train.Saver를 이용해서 모델과 파라미터를 저장합니다.
72  SAVER_DIR = "model"
73  saver = tf.train.Saver()
```

```
74    checkpoint_path = os.path.join(SAVER_DIR, "model")
75    ckpt = tf.train.get_checkpoint_state(SAVER_DIR)
76
77    # 세션을 열어 실제 학습을 진행합니다.
78    with tf.Session() as sess:
79        # 모든 변수들을 초기화합니다.
80        sess.run(tf.global_variables_initializer())
81
82        # 만약 저장된 모델과 파라미터가 있으면 이를 불러오고(Restore)
83        # Restored 모델을 이용해서 테스트 데이터에 대한 정확도를 출력하고 프로그램을 종
          료합니다.
84        if ckpt and ckpt.model_checkpoint_path:
85            saver.restore(sess, ckpt.model_checkpoint_path)
86            print("테스트 데이터 정확도 (Restored) : %f" % accuracy.eval(feed_dict={x:
      mnist.test.images, y: mnist.test.labels}))
87            sess.close()
88            exit()
89
90        # 10000 Step만큼 최적화를 수행합니다.
91        for step in range(10000):
92            # 50개씩 MNIST 데이터를 불러옵니다.
93            batch = mnist.train.next_batch(50)
94            # 100 Step마다 training 데이터셋에 대한 정확도를 출력하고 tf.train.Saver를
          이용해서 모델과 파라미터를 저장합니다.
95            if step % 100 == 0:
96                saver.save(sess, checkpoint_path, global_step=step)
97                train_accuracy = accuracy.eval(feed_dict={x: batch[0], y: batch[1]})
98                print("반복(Epoch): %d, 트레이닝 데이터 정확도: %f" % (step, train_accuracy))
99            # 옵티마이저를 실행해 파라미터를 한 스텝 업데이트합니다.
100           sess.run([train_step], feed_dict={x: batch[0], y: batch[1]})
101
102       # 학습이 끝나면 테스트 데이터에 대한 정확도를 출력합니다.
103       print("테스트 데이터 정확도: %f" % accuracy.eval(feed_dict={x: mnist.test.
      images, y: mnist.test.labels}))
```

전체 코드는 7.2장에서 자세히 살펴보았으니 이번 장에서는 tf.train.Saver API와 관련된 추가 부분만 살펴봅시다.

01 ㅣ tf.train.Saver() 클래스를 saver라는 이름으로 선언합니다. 또한 모델과 파라미터를 저장할 경로인 checkpoint_path를 선언합니다. 스크립트가 실행되는 디렉토리 아래에 있는 model이라는 폴더 아래에 model이라는 이름으로 모델과 파라미터들을 저장하도록 checkpoint_path를 지정합니다. tf.train.get_checkpoint_state(SAVER_DIR) 함수는 모델과 파라미터가 지정된 폴더 경로에 있는 checkpoint 파일의 정보를 읽어옵니다. checkpoint 파일에는 저장한 모든 체크포인트들이 all_model_checkpoint_paths라는 이름으로, 가장 최근에 저장된 체크포인트가 model_checkpoint_path라는 이름으로 기록되어 있습니다.

```
71   # tf.train.Saver를 이용해서 모델과 파라미터를 저장합니다.
72   SAVER_DIR = "model"
73   saver = tf.train.Saver()
74   checkpoint_path = os.path.join(SAVER_DIR, "model")
75   ckpt = tf.train.get_checkpoint_state(SAVER_DIR)
```

02 ㅣ 다음으로 100회 반복마다 saver.save 함수를 호출해서 모델과 파라미터들을 저장합니다. 코드를 실행하면 그림 7-16과 같이 model 폴더에 "model(우리가 지정한 파일 이름)-global_step(반복 횟수)"라는 이름으로 모델과 파라미터들이 파일 형태로 저장된 모습을 볼 수 있습니다.

```
94       # 100 Step마다 training 데이터셋에 대한 정확도를 출력하고 tf.train.Saver를
         이용해서 모델과 파라미터를 저장합니다.
95       if step % 100 == 0:
96           saver.save(sess, checkpoint_path, global_step=step)
97           train_accuracy = accuracy.eval(feed_dict={x: batch[0], y: batch[1]})
98           print("반복(Epoch): %d, 트레이닝 데이터 정확도: %f" % (step, train_accuracy))
99       # 옵티마이저를 실행해 파라미터를 한 스텝 업데이트합니다.
100      sess.run([train_step], feed_dict={x: batch[0], y: batch[1]})
```

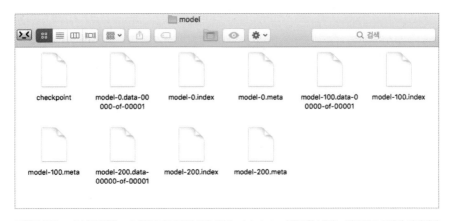

그림 7-16 ㅣ model 폴더에 "model(우리가 지정한 파일 이름)-global_step(반복 횟수)"라는 이름으로 모델과 파라미터
가 저장된 모습

생성되는 파일들을 하나씩 분석해보면 다음과 같습니다. 먼저 checkpoint 파일은 아래
와 같이 all_model_checkpoint_paths라는 이름으로 저장한 모든 체크포인트들을 기록
하고, 가장 최근에 저장된 체크포인트를 model_checkpoint_path라는 이름으로 기록합
니다.

```
model_checkpoint_path: "model-200"
all_model_checkpoint_paths: "model-0"
all_model_checkpoint_paths: "model-100"
all_model_checkpoint_paths: "model-200"
```

또한 .meta 파일은 모델의 그래프 구조를 저장합니다. .data, .index 파일은 binary 형태
로 학습된 파라미터를 저장합니다.

03 ㅣ 코드를 실행하면 model 폴더에 모델과 학습된 파라미터 정보들이 파일 형태로 저
장됩니다. 학습이 모두 끝난 후 코드를 다시 실행하면 학습을 다시 진행하지 않고, saver.
restore 함수를 호출해서 가장 최근에 저장된 모델과 파라미터(ckpt.model_checkpoint_
path)를 읽어오고, 추가적인 파라미터 업데이트 없이 바로 추론[Inference]을 진행한 후 프로그
램을 종료합니다.

```
82      # 만약 저장된 모델과 파라미터가 있으면 이를 불러오고(Restore)
83      # Restored 모델을 이용해서 테스트 데이터에 대한 정확도를 출력하고 프로그램을 종
        료합니다.
84      if ckpt and ckpt.model_checkpoint_path:
85        saver.restore(sess, ckpt.model_checkpoint_path)
86        print("테스트 데이터 정확도 (Restored) : %f" % accuracy.eval(feed_dict={x:
      mnist.test.images, y: mnist.test.labels}))
87        sess.close()
88        exit()
```

이제 우리는 tf.train.Saver() API를 이용해서 모델과 파라미터를 저장하고 불러오는 방법을 배웠습니다. 많은 반복이 필요한 학습을 진행할 때 tf.train.Saver API를 사용하도록 합시다.

7.6 정리

이번 장에서 배운 내용을 정리해봅시다. 이번 장에서는 이미지 분야에 많이 사용되는 CNN을 살펴보았습니다. 구체적으로,

❶ CNN의 기본 구성 요소인 이미지의 특징을 추출하는 컨볼루션과 차원을 축소하는 풀링을 살펴보았습니다.

❷ 컨볼루션 연산에서 사용하는 스트라이드와 제로패딩에 대해 배웠습니다.

❸ 텐서플로우 라이브러리와 CNN을 이용해서 MNIST과 CIFAR-10 분류기를 구현해보았습니다.

❹ 대표적인 CNN 구조인 AlexNet, VGGNet, GoogLeNet(Inception v1), ResNet을 살펴보았습니다.

❺ tf.train.Saver() API를 이용해서 학습된 모델과 파라미터를 저장하고 불러오는 방법을 살펴보았습니다.

순환신경망
(RNN)

순환신경망 (RNN)

8.1 순환신경망^{RNN}

CNN이 컴퓨터 비전^{Computer Vision} 문제에 주로 사용되는 인공신경망 구조라면 이번 장에서 배울 **순환신경망**^{Recurrent Neural Networks(RNN)}은 자연어 처리^{Natural Language Processing(NLP)} 문제에 주로 사용되는 인공신경망 구조입니다. 좀 더 정확히 말하면, RNN은 시계열 데이터를 다루기에 최적화된 인공신경망입니다. 시계열 데이터란 시간축을 중심으로 현재 시간의 데이터가 앞, 뒤 시간의 데이터와 연관 관계를 가지고 있는 데이터를 의미합니다. 예를 들어, 오늘의 주식 가격은 어제의 주식 가격과 연관이 있고, 내일의 주식 가격은 오늘의 주식 가격과 연관이 있습니다. 따라서 주식 가격은 시계열 데이터로 볼 수 있습니다. 주식 가격 이외에도 파형으로 표현되는 음성 데이터, 앞뒤 문맥을 가진 단어들의 집합으로 표현되는 자연어 데이터 등이 대표적인 시계열 데이터입니다.

이제 RNN 구조를 구체적으로 살펴봅시다. 그림 8-1은 RNN의 구조를 나타냅니다. RNN은 기본적인 ANN 구조에서 이전 시간(t-1)의 은닉층의 출력값을 다음 시간(t)에 은닉층의 입력값으로 다시 집어넣는 경로가 추가된 형태입니다. 이 구조는 "recurrent(순환되는)"라는 단어에서 알 수 있듯이, 현재 시간 t의 결과가 다음 시간 t+1에 영향을 미치고, 이는 다시 다음 시간 t+2에 영향을 미치는 과정이 끊임없이 반복되는 인공신경망 구조입니다.

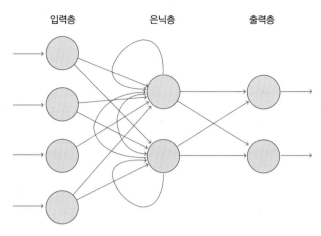

그림 8-1 | RNN 구조

구체적으로 길이 T를 가진 입력 시퀀스 x를 I개의 인풋 노드, H개의 히든 노드, K개의 아웃 풋 노드를 가진 RNN에 입력하는 상황을 가정해봅시다. 이때 x_i^t는 시간 t일 때 i번째 입력 데이터이고, a_h^t는 각각 시간 t일때 은닉층의 출력값을 나타냅니다. $w_{h'h}b_{h'}^{t-1}$는 이전 시간 (t-1)의 히든 유닛의 활성값과 히든 유닛에서 히든 유닛으로 되돌아오는 가중치의 곱을 나타냅니다.

$$a_h^t = \sum_{i=1}^{I} w_{ih}x_i^t + \sum_{h'=1}^{H} w_{h'h}b_{h'}^{t-1}$$

최종적으로 a_h^t에 Sigmoid나 ReLU 같은 활성 함수 σ_h를 씌워 히든 유닛의 활성값 b_h^t를 계산합니다.

$$b_h^t = \sigma_h(a_h^t)$$

전체 시퀀스의 히든 유닛 활성값은 시간 t를 1부터 끝까지 증가시키면서 위의 수식을 계산함으로써 얻을 수 있습니다. 시퀀스의 처음 시작(t=0)일 때는 이전 시간의 히든 유닛의 활성값이 없기 때문에 임의로 지정해주어야 합니다. 보통은 **초기 활성값인 b_h^0을 0으로 초기화합니다.**

출력층에서는 일반적인 ANN과 같은 방식으로 은닉층으로터 주어지는 입력값과 가중치를 곱하고 합해서 구한 출력값과 a_{out}^t에 활성 함수를 적용해서 출력 유닛의 최종 출력값 b_{out}^t 을 계산합니다.

$$a_k^t = \sum_{h=1}^{H} w_{hk} x_h^t$$
$$b_{out}^t = \sigma_{out}(a_{out}^t)$$

이런 구조를 통해 얻을 수 있는 장점은 **이전 상태에 대한 정보를 일종의 메모리**^{Memory} **형태로 저장**할 수 있다는 점입니다. 이는 앞에서 얻은 정보가 다음에 얻은 데이터와 연관 관계를 가지는 시계열 데이터를 다룰 때 매우 강력한 효과를 발휘합니다. 구체적인 예로 인간의 언어^{Natural Language}는 앞뒤 문맥^{Context}을 가지고 있기 때문에 RNN을 적용하기에 매우 적합합니다. 예를 들어 "푸른 하늘에 OO이 떠있다."라는 문장에서 OO에 들어갈 단어를 예측하고자 한다면, 우리는 앞뒤 정보인 "푸른", "하늘", "떠있다."라는 단어를 통해 OO에 들어갈 단어가 "구름"이라는 것을 쉽게 예측할 수 있습니다.*

RNN을 다른 관점으로 바라보면, 시간축에 따라 인공신경망을 펼친^{Unfold} 형태로 생각할 수 도 있습니다. 예를 들어, 5개의 단어로 이루어진 문장을 RNN의 인풋으로 사용한다면, 순환 연결이 없는 인공신경망을 5층으로 쌓은 것으로 바라볼 수 있습니다. 그림 8-2는 unfold 형태의 RNN을 나타냅니다.

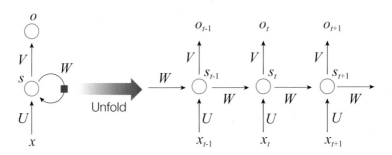

그림 8-2 | 펼친 관점에서 본 RNN

---

* 더 엄밀히 말하면 기본 RNN 구조는 이전 시간의 정보만을 저장하고 있으므로 "푸른", "하늘"이라는 정보만을 저장하고 있을 것입니다. 이후 시간에 대한 정보("떠있다.")까지 고려하려면 Bidirectional RNN 구조를 사용해야만 합니다.

8.2 LSTM(장단기 기억 네트워크)와 경사도 사라짐 문제

RNN은 시계열 데이터를 다루기에 적합하지만, **경사도 사라짐 문제**^{Vanishing Gradient Problem}가 있습니다. 그림 8-3은 경사도 사라짐 문제의 예를 보여줍니다.

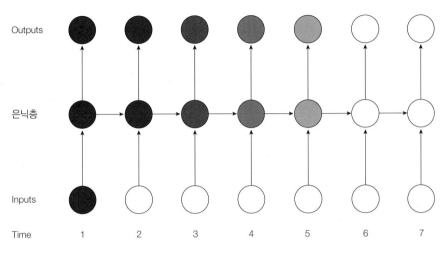

그림 8-3 | RNN에서 경사도 사라짐 문제

시간 1에서 입력받은 데이터는 시간 1에서 RNN의 파라미터를 업데이트하거나 예측을 진행하는데 강한 영향력(=큰 경사도^{Gradient})을 끼칩니다. 하지만 시간 2, 3, … 계속해서 새로운 데이터가 들어옴으로써 새로 들어온 데이터의 영향력에 덮어 쓰여서, 시간 1에서 입력 받은 데이터의 영향력(=작은 경사도)은 조금씩 사라지다가 시간 7 쯤에서 영향력이 완전히 사라지는 현상을 관찰할 수 있습니다. 이런 현상을 **경사도 사라짐 문제**^{Vanishing Gradient Problem*}라고 부릅니다.

이로 인한 문제점은 RNN이 장기기억력을 가지지 못한다는 점입니다. 다시 말하면 RNN은 경사도 사라짐 문제로 인해서 현재 시간에서 가까운 시간의 데이터만 고려해서 예측을 진행하게 되고, 이는 현재 시간보다 오래 전의 데이터를 고려해서 예측해야하는 상황에서 RNN의 성능이 감소하는 결과를 낳습니다.

LSTM(장/단기 기억 네트워크)^{Long-Short Term Memory Networks}는 이런 경사도 사라짐 문제를 해결하

---

* 사실 경사도 사라짐 문제는 RNN에서만 발생하는 것이 아니라 인공신경망 구조를 이용할 경우 항상 발생 가능성이 있습니다. 특히, 은닉층을 깊게 쌓는 딥러닝 형태로 네트워크를 구성할 경우, 오류역전파 과정에서 출력층에서는 충분히 컸던 오류가 입력층으로 도달하는 중간에 사라져버리는 경사도 사라짐 문제가 발생할 가능성이 높습니다. 이를 방지하기 위해 드롭아웃과 같은 기법을 사용합니다.

기 위해서 제안된 발전된 RNN 구조입니다. LSTM은 은닉층의 각각의 노드를 **인풋 게이트**
Input Gate, **포겟 게이트**Forget Gate, **아웃풋 게이트**Output Gate로 구성된 **메모리 블럭**Memory Block이라는
조금은 복잡한 구조로 대체합니다. 인풋 게이트, 포겟 게이트, 아웃풋 게이트를 이용해서 경
사도 사라짐 문제를 완화할 수 있습니다. 그림 8-4는 LSTM의 전체 구조를 보여줍니다.

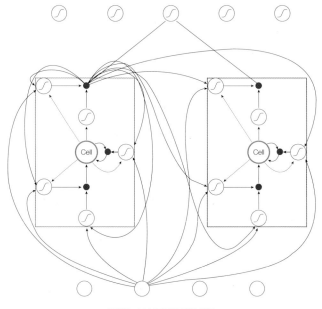

그림 8-4 | LSTM의 전체 구조

그림 8-5는 LSTM이 메모리 블럭을 이용해서 어떻게 경사도 사라짐 문제를 해결하는지 보
여줍니다. LSTM은 인풋 게이트, 포겟 게이트, 아웃풋 게이트를 열고 닫으면서 시간 1의 영
향력을 오랫동안 가져갈 수 있습니다. 그림 8-5의 은닉층의 아래쪽은 인풋 게이트, 은닉층
의 왼쪽은 포겟 게이트, 은닉층의 위쪽은 아웃풋 게이트를 나타냅니다. 또한 **O**는 게이트가
열린 상태, **─**은 게이트가 닫힌 상태를 나타냅니다. 그림 8-5에서 나타내는 예제의 경우,
시간 1에서 인풋 게이트를 열어서 시간 1의 인풋 데이터의 영향력을 가져가고, 시간 6까지
포겟 게이트를 열어서 시간 1의 영향력을 계속해서 다음 시간으로 가져갑니다. 하지만 시
간 2에서부터 6까지는 인풋 게이트를 닫아서 시간 2에서부터 6까지의 인풋 데이터 영향력
을 없애버립니다. 이를 통해서 시간 1의 인풋 데이터 영향력이 새로운 인풋 데이터에 의해
서 덮어씌워지는 문제를 해결할 수 있습니다. 또한 시간 1, 2, 3, 5에서는 아웃풋 게이트를

닫고 시간 4, 6에서만 아웃풋 게이트를 열어서 RNN의 출력 결과를 시간 4, 6에서만 방출할 수 있습니다.

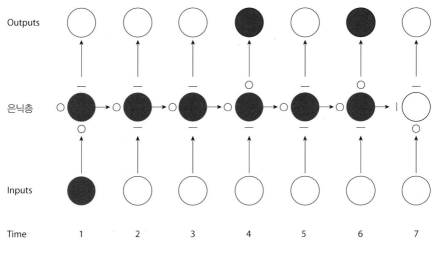

그림 8-5 | LSTM의 경사도 사라짐 문제 해결

이제 인풋 게이트, 포겟 게이트, 아웃풋 게이트에서 일어나는 연산들을 더 구체적으로 살펴봅시다. 그림 8-6은 하나의 메모리 블럭을 나타냅니다.

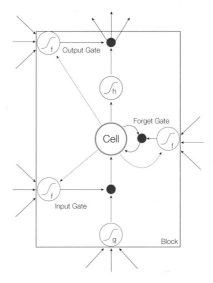

그림 8-6 | LSTM의 메모리 블럭

먼저 **인풋 게이트**Input Gate에서 일어나는 연산을 살펴봅시다. 인풋 게이트에서는 현재 시간 t의 입력 데이터 x_i^t에 인풋 게이트로 이어지는 가중치 w_{iI}를 곱해서 더한 값과 이전 시간 t-1의 메모리 블록 출력값 b_h^{t-1}과 셀출력값 s_c^{t-1}에 인풋 게이트로 이어지는 가중치 w_{hI}, w_{cI}를 곱한 값을 더해서 인풋 게이트의 출력값 a_I^t를 구하게 됩니다. 이 값에 최종적으로 활성 함수 f를 적용해서 인풋 게이트의 출력값 b_I^t를 계산하게 됩니다.

$$a_I^t = \sum_{i=1}^{I} w_{iI}x_i^t + \sum_{h=1}^{H} w_{hI}b_h^{t-1} + \sum_{c=1}^{C} w_{cI}s_c^{t-1}$$
$$b_I^t = f(a_I^t)$$

다음으로 **포겟 게이트**Forget Gate에서 일어나는 연산을 살펴봅시다. 포겟 게이트는 인풋 게이트와 똑같은 형태로 단지 곱해지는 가중치가 포겟 게이트로 이어지는 가중치로 바뀐 것뿐입니다. 좀 더 자세하게 설명하면, 포겟 게이트에서는 현재 시간 t의 입력 데이터 x_i^t에 포겟 게이트로 이어지는 가중치 w_{iF}를 곱해서 더한 값과 이전 시간 t-1의 메모리 블록 출력값 b_h^{t-1}과 셀출력값 s_c^{t-1}에 포겟 게이트로 이어지는 가중치 w_{hF}, w_{cF}를 곱한 값을 더해서 포겟 게이트의 출력값 a_F^t를 구하게 됩니다. 이 값에 최종적으로 활성 함수 f를 적용해서 포겟 게이트의 출력값 b_F^t를 계산하게 됩니다.

$$a_F^t = \sum_{i=1}^{I} w_{iF}x_i^t + \sum_{h=1}^{H} w_{hF}b_h^{t-1} + \sum_{c=1}^{C} w_{cF}s_c^{t-1}$$
$$b_F^t = f(a_F^t)$$

다음은 **블럭 인풋 게이트**Block Input Gate에서 일어나는 연산을 살펴봅시다. 블럭 인풋 게이트는 그림 8-6의 메모리 블록의 아래쪽 중앙에 있는 게이트로 정식 명칭*은 없지만 메모리 블록의 입력값에 활성 함수를 씌워주는 게이트입니다. 이 책에서는 편의상 블럭 인풋 게이트라고 명명하겠습니다. 블럭 인풋 게이트에서는 현재 시간 t의 입력 데이터 x_i^t에 블럭 인풋 게이트로 이어지는 가중치 w_{ic}를 곱해서 더한 값과 이전 시간 t-1의 메모리 블록 출력값 b_h^{t-1}과 블럭 인풋 게이트로 이어지는 가중치 w_{hc}를 곱한 값을 더해서 블럭 인풋 게이트의 출력값 a_c^t를 구하게 됩니다. 이 값에 최종적으로 활성 함수 g를 적용해서 블럭 인풋 게이트의 출력값 $g(a_c^t)$를 계산하게 됩니다.

---

* 웹 상의 자료를 찾아보면 블럭 인풋(Block Input), 게이트 게이트(Gate gate) 등으로 명명한 자료들을 찾을 수 있습니다.

$$a_c^t = \sum_{i=1}^{I} w_{ic} x_i^t + \sum_{h=1}^{H} w_{hc} b_h^{t-1}$$
$$g(a_c^t) = g(a_c^t)$$

이제 메모리 블록 중간에 있는 셀에서 일어나는 연산을 살펴봅시다. 현재 시간의 셀 출력값 s_c^t는 이전 시간 t-1의 셀출력값 s_c^{t-1}과 현재 시간 t의 포겟 게이트의 출력값 b_F^t을 곱한 값에 현재 시간 t의 블럭 인풋 게이트의 출력값 $g(a_c^t)$에 인풋 게이트의 출력값 b_I^t을 곱한 값을 더해서 계산합니다.

$$s_c^t = b_F^t s_c^{t-1} + b_I^t \, g(a_c^t)$$

이렇게 셀에서 일어나는 연산이 그림 8-5의 인풋 게이트와 포겟 게이트를 열고 닫아서 현재 시간과 이전 시간의 데이터의 영향력을 가져갈지 혹은 잊어버릴지^{Forget}를 결정하게 됩니다. 셀에서 일어나는 연산을 좀 더 직관적으로 생각해보기 위해서 포겟 게이트의 출력값 b_F^t와 인풋 게이트의 출력값 b_I^t를 α, β로 생각해봅시다. 그러면 셀에서 일어나는 연산은 다음과 같이 표현할 수 있습니다.

$$s_c^t = \alpha s_c^{t-1} + \beta g(a_c^t)$$

이때, α가 0이면 이전 시간 t-1의 셀 출력값 s_c^{t-1}의 영향력이 0이 되어서 현재 시간 t의 셀 출력값은 아래와 같이 오직 블럭 인풋 게이트의 영향력만을 고려하는 상태가 됩니다.

$$s_c^t = \beta g(a_c^t)$$

이는 그림 8-5에서 인풋 게이트를 열고 포겟 게이트는 닫는 상태로 생각할 수 있습니다. 이에 반해 β가 0이라면 현재 시간 t의 셀 출력값이 아래와 같이 오직 이전 시간의 셀 출력값만을 고려하는 상태가 됩니다.

$$s_c^t = \alpha s_c^{t-1}$$

이는 그림 8-5의 인풋 게이트를 닫고 포겟 게이트를 연 상태로 볼 수 있습니다. 즉, 게이트의 출력값이 0이라면 게이트를 닫고 출력값이 1이면 게이트를 여는 행위로 볼 수 있습니다. **따라서 인풋 게이트의 출력값은 현재 시간 t에서 받은 인풋 데이터의 영향력을 반영**

할지 혹은 반영하지 않을지를 결정하고, 포켓 게이트의 출력값은 이전 시간에 있던 인풋 데이터의 영향력을 반영할지 혹은 반영하지 않을지를 결정합니다. 실제 상황에서는 그림 8-7과 같이 0 혹은 1의 값으로 정확히 게이트를 열고 닫지 않고 0~1 사이의 적절한 값을 갖게 됩니다. 이 모든 과정은 오류역전파를 이용한 최적화를 이용해서 데이터를 표현하기에 가장 적합한 형태로 자동으로 최적화됩니다.

마지막으로 아웃풋 게이트에서 일어나는 연산을 살펴봅시다. 아웃풋 게이트에서는 현재 시간 t의 입력 데이터 x_i^t에 아웃풋 게이트로 이어지는 가중치 w_{io}를 곱해서 더한 값과 이전 시간 t-1의 메모리 블럭 출력값 b_h^{t-1}과 현재 시간 t의 셀 출력값 s_c^t에 아웃풋 게이트로 이어지는 가중치 w_{ho}, w_{co}를 곱한 값을 더해서 아웃풋 게이트의 출력값 a_o^t를 구하게 됩니다. 이 값에 최종적으로 활성화 함수 f를 적용해서 아웃풋 게이트의 출력값 b_o^t를 계산하게 됩니다.

$$a_o^t = \sum_{i=1}^{I} w_{io} x_i^t + \sum_{h=1}^{H} w_{ho} b_h^{t-1} + \sum_{c=1}^{C} w_{co} s_c^t$$
$$b_o^t = f(a_o^t)$$

최종적으로 아웃풋 게이트의 출력값 b_o^t에 현재 시간 t의 셀 상태값에 활성 함수를 씌운 값 $h(s_c^t)$을 곱해서 현재 시간 t의 메모리 블럭에서 방출하는 값 b_c^t를 계산할 수 있습니다.

$$b_c^t = b_o^t h(s_c^t)$$

여기서도 마찬가지로 아웃풋 게이트의 출력값이 0이라면 메모리 블럭이 방출하는 값이 0이 되는 아웃풋 게이트가 닫힌 상태, 아웃풋 게이트의 값이 1이라면 상태값을 전부 외부로 방출하는 아웃풋 게이트가 열린 상태로 간주할 수 있습니다.

지금까지 LSTM이 구체적으로 어떻게 경사도 사라짐 문제를 해결하는지 살펴보았습니다. 시계열 데이터에 RNN을 사용하는 경우, 장기 기억이 필요한 경우가 대부분이므로 일반적으로 RNN을 사용한 경우보다 LSTM을 사용하는 경우가 더욱 좋은 성능을 보여줍니다. 하지만 LSTM은 RNN보다 더 많은 연산이 필요하므로 더 많은 학습시간과 컴퓨팅 파워가 필요합니다.

8.3 GRU^{Gate Recurrent Unit}

GRU^{Gate Recurrent Unit}은 LSTM의 간략화된 버전으로 LSTM의 게이트 3개를 2개로 축소하였습니다. 구체적으로 GRU는 **리셋 게이트**^{Reset Gate} r과 **업데이트 게이트**^{Update Gate} z를 가지고 있습니다. 그림 8-7은 GRU의 메모리 블럭을 나타냅니다.

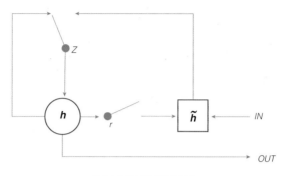

림 8-7 | GRU의 메모리 블럭

각각의 게이트에서 일어나는 연산을 구체적으로 살펴봅시다. 리셋 게이트의 출력값 z는 현재 시간 t의 인풋 데이터를 x_t에 리셋 게이트로 이어지는 가중치 U^z를 곱한 값과 이전 시간 t-1의 메모리 블럭의 출력값 s_{t-1}에 리셋 게이트로 이어지는 가중치 W^z를 곱해서 더한 값에 활성 함수 σ를 씌워서 계산합니다.

$$z = \sigma(x_t U^z + s_{t-1} W^z)$$

업데이트 게이트는 r은 현재 시간 t의 인풋 데이터를 x_t에 업데이트 게이트로 이어지는 가중치 U^r를 곱한 값과 이전 시간 t-1의 메모리 블럭의 출력값 s_{t-1}에 리셋 게이트로 이어지는 가중치 W^r를 곱해서 더한 값에 활성 함수 σ를 씌워서 계산합니다.

$$r = \sigma(x_t U^r + s_{t-1} W^r)$$

메모리 블럭의 내부 셀 출력값 h는 현재 시간 t의 인풋 데이터를 x_t에 내부 셀로 이어지는 가중치 U^h를 곱한 값과 이전 시간 t-1의 메모리 블럭의 출력값 s_{t-1}에 리셋 게이트의 출력값 r을 곱하고 내부 셀로 이어지는 가중치 W^h를 곱해서 더한 값에 활성 함수 $tanh$를 씌워서 계산합니다.

$$h = tanh(x_t U^h + (s_{t-1} * r)W^h)$$

현재 시간 t의 메모리 블록의 출력값 s_t는 메모리 블록의 내부 셀 출력값 h에 (1-z)를 곱한 값에 리셋 게이트의 출력값 z와 이전 시간 t-1의 메모리 블록의 출력값 s_{t-1}을 곱해서 계산합니다.

$$s_t = (1 - z) * h + z * s_{t-1}$$

정리하면 **GRU는 LSTM에서 출력 게이트를 제거하고, 인풋 게이트와 포겟 게이트의 역할을 업데이트 게이트와 리셋 게이트가 나눠 가져간 형태로 볼 수 있습니다.** 보통 LSTM이 조금 더 강력한 성능을 보여주는 것으로 알려져 있지만 GRU도 LSTM과 비슷한 성능을 보여주면서 연산량이 감소되었기 때문에 컴퓨팅 환경이 좋지 못한 경우 LSTM 대신 GRU를 사용하는 것도 좋은 선택이 될 수 있습니다.

8.4 임베딩Embedding

8.4.1 임베딩Embedding의 개념

이제 텐서플로 라이브러리를 이용한 RNN 코드 구현을 살펴보기 전에 몇 가지 새로운 개념들을 살펴봅시다. **임베딩**Embedding은 머신러닝 알고리즘을 사용할 때, 그 중에서도 특히 자연어 처리 문제를 다룰 때 널리 사용되는 기법입니다. 머신러닝 알고리즘을 사용할 때 데이터를 표현하는 일반적인 방법은 One-hot Encoding입니다. 하지만 그림 8-8에서 볼 수 있듯이 One-hot Encoding은 데이터의 표현 형태가 Sparse하다는 문제점이 있습니다. 예를 들어 10,000개의 단어사전에 있는 단어 하나를 One-hot Encoding으로 표현하면 10,000×1의 행렬에서 1개의 행에만 1이라는 값이 있고, 나머지 9999개의 행에는 0이라는 의미없는 값이 들어가 있을 것입니다. 결과적으로 표현에서 잉여 부분이 많아집니다. 또한 One-hot Encoding은 유사한 의미를 단어를 가진 단어간의 연관성도 표현할 수 없습니다.

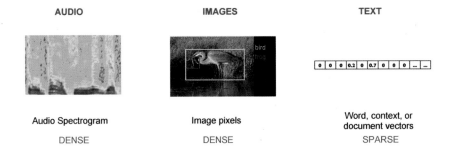

AUDIO
IMAGES
TEXT
bird
frog
0 0 0 0.2 0 0.7 0 0 0 ... ...
Audio Spectrogram
DENSE
Image pixels
DENSE
Word, context, or document vectors
SPARSE

그림 8-8 | 자연어 데이터를 One-hot Encoding으로 처리 했을 때의 문제점

임베딩Embedding은 이러한 문제점을 해결하기 위해서 Sparse한 One-hot Encoding의 데이터 표현을 Dense한 표현 형태로 변환하는 기법입니다. 이를 위해서 원본 데이터에 Dense한 **임베딩 행렬**Embedding Matrix을 곱해서 데이터의 표현 형태를 아래 수식처럼 변환합니다.

$$x_{embedding} = W_{embedding} x_{one-hot}$$

"blue"
"blues"
"orange"
"oranges"
Embedding
10000x1
250x1

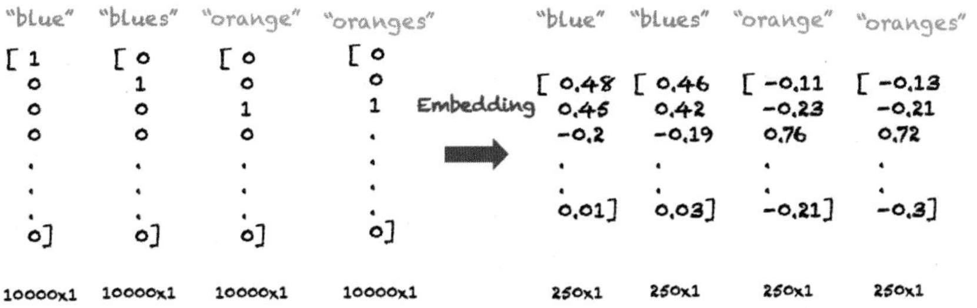

그림 8-9 | 임베딩 결과

그림 8-9는 10,000개의 단어사전을 One-hot Encoding으로 표현한 데이터에 10,000×250 크기의 임베딩 행렬을 곱해서 임베딩을 수행한 예시를 보여줍니다. 임베딩은 One-hot Encoding을 사용할 때보다 크게 3가지의 장점이 있습니다.

1. 데이터의 표현 형태를 Sparse한 형태에서 Dense한 형태로 바꿔서 더욱 효율적인 학습이 가능하게 만들어 줍니다.

❷ 데이터의 차원을 축소해서 연산량을 감소시킵니다. 그림 8-9를 보면 임베딩 결과로 데이터의 차원이 10,000×1에서 250×1로 감소한 현상을 관찰할 수 있습니다.

❸ 의미가 비슷한 단어들을 비슷한 값으로 표현할 수 있습니다. 예를 들어, "blue"와 "blues"와 "orange"와 "oranges"는 서로 비슷한 의미를 가지고 있지만 One-hot Encoding으로 표현할 경우 데이터를 표현하는 벡터간의 연관성이 없습니다. 하지만 임베딩을 적용할 경우, 그림 8-9와 같이 "blue"는 의미가 유사한 "blues"와 비슷한 벡터값을 갖지만, 의미가 다른 "orange"와 "oranges"와는 다른 값을 가진 벡터로 표현됩니다.

텐서플로 라이브러리에서는 손쉽게 임베딩을 구현할 수 있는 tf.nn.embedding_lookup API를 제공합니다.

8.4.2 tf.nn.embedding_lookup을 이용한 임베딩 구현

텐서플로 라이브러리를 이용할 경우 임베딩 행렬Embedding Matrix를 선언한 다음 tf.nn.em-bedding_lookup API를 이용해서 손쉽게 임베딩을 수행할 수 있습니다.

TensorFlow API 알아보기

```
tf.nn.embedding_lookup(
    params,
    ids,
    name = None
)
```

tf.nn.embedding_lookup은 손쉽게 임베딩을 구현하기 위한 API입니다. API의 인자들은 아래와 같습니다.

- params : 임베딩을 적용할 임베딩 행렬 텐서
- ids : 스칼라 형태의 One-hot Encoding으로 표현된 임베딩을 적용할 인풋 데이터이며 int32 혹은 int64 타입이여야만 합니다.
  예를 들어, [0 0 0 1 0] 형태의 One-hot Encoding으로 표현된 데이터의 ids는 3, [0 0 0 0 1] 형태의 One-hot Encoding으로 표현된 데이터의 ids는 4입니다.
- name : 연산의 이름(optional)

이제 간단한 예제를 통해 tf.nn.embedding_lookup API의 사용법을 이해해봅시다. 먼저 전체 코드를 한눈에 살펴봅시다.

```python
1   import tensorflow as tf
2   import numpy as np
3
4   vocab_size = 100      # One-hot Encoding된 vocab 크기
5   embedding_size = 25  # 임베딩된 vocab 크기
6
7   # 인풋 데이터를 받기 위한 플레이스홀더를 선언합니다.
8   inputs = tf.placeholder(tf.int32, shape=[None])
9
10  # 인풋 데이터를 변환하기 위한 Embedding Matrix(100x25)를 선언합니다.
11  embedding = tf.Variable(tf.random_normal([vocab_size, embedding_size]),
    dtype=tf.float32)
12  # tf.nn.embedding_lookup :
13  # int32나 int64 형태의 스칼라 형태의 인풋 데이터를 vocab 사이즈만큼의 임베딩된
    vector로 변환합니다.
14  embedded_inputs = tf.nn.embedding_lookup(embedding, inputs)
15
16  # 세션을 열고 모든 변수에 초기값을 할당합니다.
17  sess = tf.Session()
18  sess.run(tf.global_variables_initializer())
19
20  # tf.nn.embedding_lookup 테스트 케이스 1
21  input_data = np.array([7])
22  print("Embedding 전 인풋 데이터 : ")
23  # shape : [1, 100]
24  print(sess.run(tf.one_hot(input_data, vocab_size)))
25  print(tf.one_hot(input_data, vocab_size).shape)
26  print("Embedding 결과 : ")
27  # shape : [1, 25]
28  print(sess.run([embedded_inputs], feed_dict={inputs : input_data}))
29  print(sess.run([embedded_inputs], feed_dict={inputs : input_data})[0].shape)
    # 임베딩된 차원을 출력합니다.
30
31
32  # tf.nn.embedding_lookup 테스트 케이스 2
33  input_data = np.array([7, 11, 67, 42, 21])
34  print("Embedding 전 인풋 데이터 : ")
```

```
35    # shape : [5, 100]
36    print(sess.run(tf.one_hot(input_data, vocab_size)))
37    print(tf.one_hot(input_data, vocab_size).shape)
38    print("Embedding 결과 : ")
39    # shape : [5, 25]
40    print(sess.run([embedded_inputs], feed_dict={inputs : input_data}))
41    print(sess.run([embedded_inputs], feed_dict={inputs : input_data})[0].shape)
      # 임베딩된 차원을 출력합니다.
```

01 | 텐서플로와 numpy 라이브러리를 임포트합니다.

```
1    import tensorflow as tf
2    import numpy as np
```

02 | 원본 데이터의 전체 단어 개수(One-hot Encoding 표현의 차원)와 축소 할 임베딩 차원을 정의합니다.

```
4    vocab_size = 100      # One-hot Encoding된 vocab 크기
5    embedding_size = 25   # 임베딩된 vocab 크기
```

03 | 스칼라 형태의 One-hot Encoding 인풋 데이터를 받기 위한 플레이스홀더를 정의합니다.

```
7    # 인풋 데이터를 받기 위한 플레이스홀더를 선언합니다.
8    inputs = tf.placeholder(tf.int32, shape=[None])
```

04 | 이제 임베딩 행렬은 선언하고 tf.nn.embedding_lookup API를 이용해서 임베딩을 수행합니다.

```
10   # 인풋 데이터를 변환하기 위한 Embedding Matrix(100x25)를 선언합니다.
11   embedding = tf.Variable(tf.random_normal([vocab_size, embedding_size]),
     dtype=tf.float32)
12   # tf.nn.embedding_lookup :
13   # int32나 int64 형태의 스칼라 형태의 인풋 데이터를 vocab 사이즈만큼의 임베딩된
     vector로 변환합니다.
14   embedded_inputs = tf.nn.embedding_lookup(embedding, inputs)
```

05 | 세션을 열고 변수들을 초기화합니다.

```
16   # 세션을 열고 모든 변수에 초기값을 할당합니다.
17   sess = tf.Session()
18   sess.run(tf.global_variables_initializer())
```

06 | 샘플 인풋 데이터를 정의하고, 임베딩을 수행해서 변형 결과를 확인합니다.

```
20   # tf.nn.embedding_lookup 테스트 케이스 1
21   input_data = np.array([7])
22   print("Embedding 전 인풋 데이터 : ")
23   # shape : [1, 100]
24   print(sess.run(tf.one_hot(input_data, vocab_size)))
25   print(tf.one_hot(input_data, vocab_size).shape)
26   print("Embedding 결과 : ")
27   # shape : [1, 25]
28   print(sess.run([embedded_inputs], feed_dict={inputs : input_data}))
29   print(sess.run([embedded_inputs], feed_dict={inputs : input_data})[0].shape)
     # 임베딩된 차원을 출력합니다.
30
31
32   # tf.nn.embedding_lookup 테스트 케이스 2
33   input_data = np.array([7, 11, 67, 42, 21])
34   print("Embedding 전 인풋 데이터 : ")
35   # shape : [5, 100]
36   print(sess.run(tf.one_hot(input_data, vocab_size)))
37   print(tf.one_hot(input_data, vocab_size).shape)
38   print("Embedding 결과 : ")
39   # shape : [5, 25]
40   print(sess.run([embedded_inputs], feed_dict={inputs : input_data}))
41   print(sess.run([embedded_inputs], feed_dict={inputs : input_data})[0].shape)
     # 임베딩된 차원을 출력합니다.
```

코드를 실행하면 아래와 같이 100차원의 One-hot Encoding 형태의 데이터가 25차원의 임베딩된 벡터로 바뀐 결과를 확인할 수 있습니다.

```
Embedding 전 인풋 데이터 :
[[0. 0. 0. 0. 0. 0. 0. 1. 0. 0. 0. 0. 0. 0. 0. 0. 0. 0. 0. 0. 0. 0. 0. 0. 0.
  0. 0. 0. 0. 0. 0. 0. 0. 0. 0. 0. 0. 0. 0. 0. 0. 0. 0. 0. 0. 0. 0. 0. 0. 0.
  0. 0. 0. 0. 0. 0. 0. 0. 0. 0. 0. 0. 0. 0. 0. 0. 0. 0. 0. 0. 0. 0. 0. 0. 0.
  0. 0. 0. 0. 0. 0. 0. 0. 0. 0. 0. 0. 0. 0. 0. 0. 0. 0. 0. 0. 0. 0. 0. 0. 0.
  0. 0. 0. 0.]]
(1, 100)
Embedding 결과 :
[array([[ 0.16332135, -0.9584472 , -0.05569829, -1.69286  , -1.3634261 ,
  -0.63885903,  0.02971081,  2.0219162 ,  0.26515865,  1.2886883 ,
  -0.5551853 , -2.788441  ,  0.617713  , -0.68459225, -0.38482037,
   0.2767258 , -0.09135072, -0.97623247, -1.0065149 , -0.7507557 ,
  -0.05742155, -0.2955349 , -0.6538933 ,  0.97718674,  1.219731  ]],
  dtype=float32)]
(1, 25)
```

tf.nn.embedding_lookup API는 RNN과 자연어 처리 문제를 다룰 때 광범위하게 사용되므로 제대로 숙지하고 넘어가도록 합시다.

🔷8.5 경사도 증가 문제와 경사도 자르기

8.2장에서 손실 함수의 경사도가 사라져버리는 경사도 사라짐 문제를 살펴보았습니다. 이와 반대로 손실 함수의 경사도를 앞쪽 층으로 전달하던 과정 중에 손실 함수의 경사도가 너무 큰 값으로 발산해버리는 **경사도 증가 문제**Exploding Gradient Problem도 존재합니다.

하지만 경사도 증가 문제는 경사도 사라짐 문제보다 큰 주목을 받지 못했는데 그 이유는 경사도 증가 문제를 해결할 수 있는 간단한 방법이 있기 때문입니다. 경사도 증가 문제는 경사도의 값을 체크하고 있다가 경사도가 미리 지정한 임계값 이상으로 커지면 임계값으로 값을 잘라버리는 **경사도 자르기**Gradient Clipping 기법을 이용하면 경사도가 발산하는 문제를 해결할 수 있습니다. 경사도 자르기 기법을 의사 코드Pseudo-Code로 나타내면 아래와 같습니다.

$$if \ ||\hat{g}|| \geq threshold$$
$$\hat{g} \leftarrow \frac{threshold}{||\hat{g}||}\hat{g}$$
$$end \ if$$

경사도 자르기 기법은 텐서플로 라이브러리에서 다음의 코드 패턴을 통해서 적용할 수 있습니다.

01 | 먼저 tf.trainable_variables() API를 이용해서 선언한 모든 변수들을 리스트 형태로 가져옵니다. 예를 들어 3.3장에서 배운 선형 회귀 함수에 tf.trainable_variables() API를 적용하면 다음과 같은 리스트를 리턴합니다.

```
[<tf.Variable 'W:0' shape=(1,) dtype=float32_ref>, <tf.Variable 'b:0' shape=(1,)
dtype=float32_ref>]
```

02 | 다음으로 tf.gradients API를 이용해서 변수들의 손실 함수에 대한 경사도(=미분값)를 구하고 tf.clip_by_global_norm API를 이용해서 임계값으로 지정한 grad_clip보다 경사도 값이 크다면 grad_clip 값으로 자른 경사도를 grads 변수에 할당합니다.

03 ⎸ 마지막으로 옵티마이저를 선언하고 optimizer.apply_gradients API의 인자에 잘린 경사도와 변수를 zip으로 묶어서 할당합니다. optimizer.apply_gradients API에 tf.gradients API로 계산한 손실 함수의 경사도를 할당하는 것은 optimizer. minimize(loss) 연산을 수행하는 것과 동일합니다.

이제 3.3장에서 배운 간단한 선형 회귀 함수 최적화 문제에 경사도 자르기 코드를 적용해 봅시다. 경사도 자르기가 적용된 전체 코드를 한눈에 살펴보면 다음과 같습니다.

```
1   import tensorflow as tf
2
3   # 선형 회귀 모델(Wx + b)을 정의합니다.
4   W = tf.Variable(tf.random_normal(shape=[1]), name='W')
5   b = tf.Variable(tf.random_normal(shape=[1]), name='b')
6   x = tf.placeholder(tf.float32, name="x")
7   linear_model = W*x + b
8
9   # True Value를 입력받기 위한 플레이스홀더를 정의합니다.
10  y = tf.placeholder(tf.float32, name="y")
11
12  # 손실 함수를 정의합니다.
13  loss = tf.reduce_mean(tf.square(linear_model - y)) # MSE 손실 함수 \mean{(y' - y)^2}
14
15  # 최적화를 위한 그라디언트 디센트 옵티마이저를 정의합니다.
16  """
17  # 원본 코드
18  optimizer = tf.train.GradientDescentOptimizer(0.01)
19  train_step = optimizer.minimize(loss)
20  """
21  # Gradient Clipping을 적용한 코드
22  grad_clip = 5
23  tvars = tf.trainable_variables()
24  grads, _ = tf.clip_by_global_norm(tf.gradients(loss, tvars), grad_clip)
25  optimizer = tf.train.GradientDescentOptimizer(0.01)
26  train_step = optimizer.apply_gradients(zip(grads, tvars))
27
28  # 트레이닝을 위한 입력값과 출력값을 준비합니다.
29  x_train = [1, 2, 3, 4]
30  y_train = [2, 4, 6, 8]
31
```

```
32    # 세션을 실행하고 파라미터(W,b)를 noraml distirubtion에서 추출한 임의의 값으로
      초기화합니다.
33    sess = tf.Session()
34    sess.run(tf.global_variables_initializer())
35
36    # 경사하강법을 1000번 수행합니다.
37    for i in range(1000):
38        sess.run(train_step, feed_dict={x: x_train, y: y_train})
39
40    # 테스트를 위한 입력값을 준비합니다.
41    x_test = [3.5, 5, 5.5, 6]
42    # 테스트 데이터를 이용해 학습된 선형 회귀 모델이 데이터의 경향성(y=2x)을 잘 학습했
      는지 측정합니다.
43    # 예상되는 참값 : [7, 10, 11, 12]
44    print(sess.run(linear_model, feed_dict={x: x_test}))
45
46    sess.close()
```

01 | 다음 부분에 경사도 임계값 5로 자르는 경사도 자르기 기법이 적용된 모습을 볼 수
있습니다. 경사도 자르기 기법은 RNN 코드를 작성할 때 빈번하게 사용됩니다. 따라서 옵
티마이저에 경사도 자르기를 적용하는 코드 패턴을 기억해둡시다.

```
21    # Gradient Clipping을 적용한 코드
22    grad_clip = 5
23    tvars = tf.trainable_variables()
24    grads, _ = tf.clip_by_global_norm(tf.gradients(loss, tvars), grad_clip)
25    optimizer = tf.train.GradientDescentOptimizer(0.01)
26    train_step = optimizer.apply_gradients(zip(grads, tvars))
```

8.6 Char-RNN

8.6.1 Char-RNN의 개념

Char-RNN은 RNN을 처음 배울 때 가장 많이 사용되는 예제 중 하나로서 하나의 글자[Char-acter]를 RNN의 입력값으로 받고, RNN은 다음에 올 글자를 예측하는 문제입니다. 이를 위해서 RNN의 타겟 데이터를 인풋 문장에서 한 글자씩 뒤로 민 형태로 구성하면 됩니다. 예를 들어서 "HELLO"라는 문장을 학습시키고 싶을 경우, RNN의 (인풋 데이터, 타겟 데이터) 쌍을 (H, E), (E,L), (L, L), (L,O)로 구성합니다. 그림 8-10은 Char-RNN을 이용해서 HELLO 라는 문장을 학습시키는 예제를 보여줍니다.

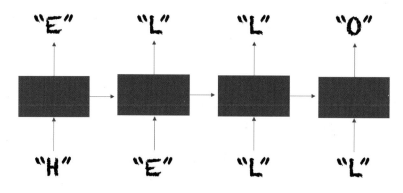

그림 8-10 | Char-RNN의 구조

이때 Char-RNN의 출력값 형태는 학습에 사용하는 전체 문자(단어[Vocabulary]) 집합에 대한 소프트맥스 출력값이 됩니다. 따라서 영어 문자로만 구성된 데이터셋일 경우, 전체 문자 집합은 알파벳 글자 개수인 26이 될 것입니다. 즉, Char-RNN의 출력값은 다음에 올 26개 의 알파벳 문자에 대한 확신의 정도를 나타내는 26×1 크기의 행렬이 될 것입니다. 그 중 에서 argmax로 가장 확률이 높은 글자를 다음에 올 글자로 확정하고 그 글자를 이용해서 또 다음에 올 글자를 예측하는 과정을 반복합니다.

8.6.2 텐서플로를 이용한 Char-RNN 구현

이제 텐서플로를 이용해서 Char-RNN을 구현해봅시다. 이번 장에서 살펴보는 Char-RNN 코드는 Sherjil Ozair가 작성한 GitHub 저장소 코드를 리팩토링한 이 책에서 사용하는 소스 코드 저장소인 아래 URL을 기준으로 설명합니다.

https://github.com/solaris33/deep-learning-tensorflow-book-code/tree/master/Ch08-RNN/Char-RNN

Char-RNN 코드는 아래와 같이 2가지 파일로 이루어져 있습니다.

1. train_and_sampling.py : Char-RNN 모델 학습 및 샘플링
2. utils.py : 학습데이터(input.txt)를 읽고 전처리하기 위한 유틸리티 함수들이 정의된 python 스크립트

8.6.2.1. train_and_sampling.py

Char-RNN 모델을 학습하고 샘플링하는 train_and_sampling.py 파일을 살펴봅시다. 먼저 전체 코드를 한눈에 살펴봅시다.

```
1   import tensorflow as tf
2   import numpy as np
3
4   from utils import TextLoader
5
6   # 학습에 필요한 설정값들을 지정합니다.
7   data_dir = 'data/tinyshakespeare'
8   #data_dir = 'data/linux'
9   batch_size = 50    # Training : 50, Sampling : 1
10  seq_length = 50    # Training : 50, Sampling : 1
11  hidden_size = 128 # 은닉층의 노드 개수
12  learning_rate = 0.002
13  num_epochs = 2
14  num_hidden_layers = 2
15  grad_clip = 5 # Gradient Clipping에 사용할 임계값
16
17  # TextLoader를 이용해서 데이터를 불러옵니다.
```

```
18   data_loader = TextLoader(data_dir, batch_size, seq_length)
19   # 학습 데이터에 포함된 모든 단어들을 나타내는 변수인 chars와 chars에 id를 부여해
     dict 형태로 만든 vocab을 선언합니다.
20   chars = data_loader.chars
21   vocab = data_loader.vocab
22   vocab_size = data_loader.vocab_size # 전체 단어 개수
23
24   # 인풋 데이터와 타겟 데이터, 배치 사이즈를 입력받기 위한 플레이스홀더를 설정합니다.
25   input_data = tf.placeholder(tf.int32, shape=[None, None]) # input_data :
     [batch_size, seq_length])
26   target_data = tf.placeholder(tf.int32, shape=[None, None]) # target_data :
     [batch_size, seq_length])
27   state_batch_size = tf.placeholder(tf.int32, shape=[]) # Training : 50,
     Sampling : 1
28
29   # RNN의 마지막 은닉층의 출력을 소프트맥스 출력값으로 변환해주기 위한 변수들을 선언
     합니다.
30   # hidden_size -> vocab_size
31   softmax_w = tf.Variable(tf.random_normal(shape=[hidden_size, vocab_size]),
     dtype=tf.float32)
32   softmax_b = tf.Variable(tf.random_normal(shape=[vocab_size]), dtype=tf.float32)
33
34   # num_hidden_layers만큼 LSTM cell(은닉층)를 선언합니다.
35   cells = []
36   for _ in range(0, num_hidden_layers):
37     cell = tf.nn.rnn_cell.BasicLSTMCell(hidden_size)
38     cells.append(cell)
39
40   # cell을 종합해서 RNN을 정의합니다.
41   cell = tf.contrib.rnn.MultiRNNCell(cells, state_is_tuple=True)
42
43   # 인풋 데이터를 변환하기 위한 Embedding Matrix를 선언합니다.
44   # vocab_size(one-Hot Encoding 차원) -> hidden_size
45   embedding = tf.Variable(tf.random_normal(shape=[vocab_size, hidden_size]),
     dtype=tf.float32)
46   inputs = tf.nn.embedding_lookup(embedding, input_data)
47
48   # 초기 state 값을 0으로 초기화합니다.
49   initial_state = cell.zero_state(state_batch_size, tf.float32)
```

```
50
51    # 학습을 위한 tf.nn.dynamic_rnn을 선언합니다.
52    # outputs : [batch_size, seq_length, hidden_size]
53    outputs, final_state = tf.nn.dynamic_rnn(cell, inputs, initial_
      state=initial_state, dtype=tf.float32)
54    # ouputs을 [batch_size * seq_length, hidden_size] 형태로 변환합니다.
55    output = tf.reshape(outputs, [-1, hidden_size])
56
57    # 최종 출력값을 설정합니다.
58    # logits : [batch_size * seq_length, vocab_size]
59    logits = tf.matmul(output, softmax_w) + softmax_b
60    probs = tf.nn.softmax(logits)
61
62    # Cross Entropy 손실 함수를 정의합니다.
63    loss = tf.reduce_mean(tf.nn.softmax_cross_entropy_with_logits(logits=logits,
      labels=target_data))
64
65    # 옵티마이저를 선언하고 옵티마이저에 Gradient Clipping을 적용합니다.
66    # grad_clip(=5)보다 큰 Gradient를 5로 Clipping합니다.
67    tvars = tf.trainable_variables()
68    grads, _ = tf.clip_by_global_norm(tf.gradients(loss, tvars), grad_clip)
69    optimizer = tf.train.AdamOptimizer(learning_rate)
70    train_step = optimizer.apply_gradients(zip(grads, tvars))
71
72    # 세션을 열고 학습을 진행합니다.
73    with tf.Session() as sess:
74        # 변수들에 초기값을 할당합니다.
75        sess.run(tf.global_variables_initializer())
76
77        for e in range(num_epochs):
78            data_loader.reset_batch_pointer()
79            # 초기 상태값을 초기화합니다.
80            state = sess.run(initial_state, feed_dict={state_batch_size : batch_size})
81
82            for b in range(data_loader.num_batches):
83                # x, y 데이터를 불러옵니다.
84                x, y = data_loader.next_batch()
85                # y에 one_hot 인코딩을 적용합니다.
86                y = tf.one_hot(y, vocab_size)       # y : [batch_size, seq_length, vocab_size]
87                y = tf.reshape(y, [-1, vocab_size]) # y : [batch_size * seq_length, vocab_size]
```

```
88        y = y.eval()
89
90        # feed-dict에 사용할 값들과 LSTM 초기 cell state(feed_dict[c])값과 은닉
   층 출력값(feed_dict[h])을 지정합니다.
91        feed_dict = {input_data : x, target_data: y, state_batch_size : batch_size}
92        for i, (c, h) in enumerate(initial_state):
93            feed_dict[c] = state[i].c
94            feed_dict[h] = state[i].h
95
96        # 파라미터를 한 스텝 업데이트합니다.
97        _, loss_print, state = sess.run([train_step, loss, final_state],
   feed_dict=feed_dict)
98
99        print("{}(학습한 배치개수)/{}(학습할 배치개수), 반복(epoch): {}, 손실 함수
   (loss): {:.3f}".format(
100           e * data_loader.num_batches + b,
101           num_epochs * data_loader.num_batches,
102           (e+1),
103           loss_print))
104
105   print("트레이닝이 끝났습니다!")
106
107 # 샘플링을 시작합니다.
108 print("샘플링을 시작합니다!")
109 num_sampling = 4000 # 생성할 글자(Character)의 개수를 지정합니다.
110 prime = u' '         # 시작 글자를 ' '(공백)으로 지정합니다.
111 sampling_type = 1    # 샘플링 타입을 설정합니다.
112 state = sess.run(cell.zero_state(1, tf.float32))  # RNN의 최초 state값을 0
   으로 초기화합니다.
113
114 # Random Sampling을 위한 weighted_pick 함수를 정의합니다.
115 def weighted_pick(weights):
116     t = np.cumsum(weights)
117     s = np.sum(weights)
118     return(int(np.searchsorted(t, np.random.rand(1)*s)))
119
120 ret = prime  # 샘플링 결과를 리턴받을 ret 변수에 1번째 글자를 할당합니다.
121 char = prime # Char-RNN의 첫번째 인풋을 지정합니다.
122 for n in range(num_sampling):
```

```
123        x = np.zeros((1, 1))
124        x[0, 0] = vocab[char]
125
126        # RNN을 한 스텝 실행하고 모델이 예측한 Softmax 행렬을 리턴으로 받습니다.
127        feed_dict = {input_data: x, state_batch_size : 1, initial_state: state}
128        [probs_result, state] = sess.run([probs, final_state], feed_dict=feed_
      dict)
129
130        # 불필요한 차원을 제거합니다.
131        # probs_result : (1,65) -> p : (65)
132        p = np.squeeze(probs_result)
133
134        # 샘플링 타입에 따라 3가지 종류 중 하나로 샘플링 합니다.
135        # sampling_type : 0 -> 다음 글자를 예측할때 항상 argmax를 사용
136        # sampling_type : 1(defualt) -> 다음 글자를 예측할때 항상 random sampling
      을 사용
137        # sampling_type : 2 -> 다음 글자를 예측할때 이전 글자가 ' '(공백)이면 random
      sampling, 그렇지 않을 경우 argmax를 사용
138        if sampling_type == 0:
139          sample = np.argmax(p)
140        elif sampling_type == 2:
141          if char == ' ':
142            sample = weighted_pick(p)
143          else:
144            sample = np.argmax(p)
145        else:
146          sample = weighted_pick(p)
147
148        pred = chars[sample]
149        ret += pred # 샘플링 결과에 현재 스텝에서 예측한 글자를 추가합니다.
      (예를들어 pred=ㄴ일 경우, ret = HEL -> HELL)
150        char = pred # 예측한 글자를 다음 RNN의 인풋으로 사용합니다.
151
152        print("샘플링 결과:")
153        print(ret)
```

01 | 텐서플로와 numpy 라이브러리를 임포트하고, 유틸리티 함수를 모아놓은 utils 모듈에서 학습 데이터를 읽고 전처리 하기 위한 TextLoader 클래스를 임포트합니다.

```
1    import tensorflow as tf
2    import numpy as np
3
4    from utils import TextLoader
```

02 | 학습에 필요한 설정값들을 지정합니다. RNN의 경우 시계열 데이터를 다루기 때문에 시계열 길이를 나타내는 차원인 seq_length가 추가되었습니다. 또한 Gradient Clipping을 적용하기 위한 Gradient Clipping 임계값인 grad_clip을 지정합니다. 또한 이번 시간에 만들 RNN은 2개의 은닉층와 각각의 은닉층는 128개의 노드를 가지고 있습니다.

```
6    # 학습에 필요한 설정값들을 지정합니다.
7    data_dir = 'data/tinyshakespeare'
8    #data_dir = 'data/linux'
9    batch_size = 50    # Training : 50, Sampling : 1
10   seq_length = 50    # Training : 50, Sampling : 1
11   hidden_size = 128 # 은닉층의 노드 개수
12   learning_rate = 0.002
13   num_epochs = 2
14   num_hidden_layers = 2
15   grad_clip = 5 # Gradient Clipping에 사용할 임계값
```

03 | TextLoader 클래스를 이용해서 학습 데이터를 불러옵니다. 학습 데이터에 포함된 모든 단어들을 포함한 List인 chars와 chars에 id를 부여해 Dictionary 형태로 만든 vocab을 선언합니다. 또한 전체 단어 개수를 vocab_size로 지정합니다. vocab_size는 RNN의 소프트맥스 출력값의 차원을 결정하기 때문에 RNN 관련 코드에서 중요한 변수입니다.

```
17   # TextLoader를 이용해서 데이터를 불러옵니다.
18   data_loader = TextLoader(data_dir, batch_size, seq_length)
19   # 학습 데이터에 포함된 모든 단어들을 나타내는 변수인 chars와 chars에 id를 부여해
     dict 형태로 만든 vocab을 선언합니다.
20   chars = data_loader.chars
21   vocab = data_loader.vocab
22   vocab_size = data_loader.vocab_size # 전체 단어 개수
```

04 | 인풋 데이터와 타겟 데이터, 초기 상태값를 입력 받기 위한 플레이스홀더를 설정합니다. 인풋 데이터와 타겟 데이터는 seq_length만큼의 길이를 가진 시계열 데이터로 타겟 데이터는 인풋 데이터를 한 글자씩 뒤로 민 형태입니다. 또한 초기 상태값을 받기 위한 state_batch_size 플레이스홀더를 정의합니다. state_batch_size는 학습 과정에서는 50, 샘플링 과정에서는 1로 설정합니다.

```
24    # 인풋 데이터와 타겟 데이터, 배치 사이즈를 입력받기 위한 플레이스홀더를 설정합니다.
25    input_data = tf.placeholder(tf.int32, shape=[None, None]) # input_data :
      [batch_size, seq_length])
26    target_data = tf.placeholder(tf.int32, shape=[None, None]) # target_data :
      [batch_size, seq_length])
27    state_batch_size = tf.placeholder(tf.int32, shape=[]) # Training : 50, Sam-
      pling : 1
```

05 | hidden_size 크기의 RNN 마지막 은닉층 출력값을 vocab_size만큼의 소프트맥스 행렬로 변환하기 위한 변수들을 설정합니다.

```
29    # RNN의 마지막 은닉층의 출력을 소프트맥스 출력값으로 변환해주기 위한 변수들을 선언
      합니다.
30    # hidden_size -> vocab_size
31    softmax_w = tf.Variable(tf.random_normal(shape=[hidden_size, vocab_size]),
      dtype=tf.float32)
32    softmax_b = tf.Variable(tf.random_normal(shape=[vocab_size]), dtype=tf.float32)
```

06 | hidden_size(=128)만큼의 노드 개수를 가진 num_hidden_layers(=2)만큼의 LSTM 은닉층들을 cells로 정의합니다. 정의한 cells를 tf.contrib.rnn.MultiRNNCell API의 1번째 인자로 넘겨주어서 RNN 모델 정의를 완료하고 RNN 모델을 cell이라는 이름의 변수로 지정합니다.

```
34    # num_hidden_layers만큼 LSTM cell(은닉층)를 선언합니다.
35    cells = []
36    for _ in range(0, num_hidden_layers):
37        cell = tf.nn.rnn_cell.BasicLSTMCell(hidden_size)
38        cells.append(cell)
39
40    # cell을 종합해서 RNN을 정의합니다.
41    cell = tf.contrib.rnn.MultiRNNCell(cells, state_is_tuple=True)
```

07 ㅣ tf.nn.embedding_lookup API를 이용해서 vocab_size 크기의 인풋 데이터를 hidden_size 크기로 임베딩을 수행합니다. 인풋 데이터의 임베딩된 형태인 inputs 변수를 RNN의 입력값으로 사용합니다.

```
43    # 인풋 데이터를 변환하기 위한 Embedding Matrix를 선언합니다.
44    # vocab_size(one-Hot Encoding 차원) -> hidden_size
45    embedding = tf.Variable(tf.random_normal(shape=[vocab_size, hidden_size]),
      dtype=tf.float32)
46    inputs = tf.nn.embedding_lookup(embedding, input_data)
```

08 ㅣ RNN의 초기 상태값을 0으로 초기화합니다. tf.nn.dynamic_rnn API로 RNN을 실행하고 [batch_size, seq_length, hidden_size] 형태의 RNN 출력값 outputs과 마지막 step의 셀상태값 final_state를 리턴으로 받습니다. 이때 우리는 하나의 샘플당 크로스 엔트로피 손실 함수를 계산해야 하므로 [batch_size, seq_length] 형태의 아웃풋 데이터를 펼쳐서 [batch_size * seq_length, hidden_size] 형태의 output으로 변환합니다. 여기에 최종적으로 소프트맥스 행렬을 곱해 [batch_size * seq_length, vocab_size] 형태의 출력값 logits을 얻습니다. 이런 형태로 데이터를 펼치면 기존에 이용하던 tf.nn.softmax_cross_entropy_with_logits API를 이용해서 시계열 데이터의 손실값을 계산할 수 있습니다. 소프트맥스 함수를 씌워서 확률 형태로 변환한 출력값도 probs 변수로 지정합니다.

```
48    # 초기 state 값을 0으로 초기화합니다.
49    initial_state = cell.zero_state(state_batch_size, tf.float32)
50
51    # 학습을 위한 tf.nn.dynamic_rnn을 선언합니다.
52    # outputs : [batch_size, seq_length, hidden_size]
```

```
53    outputs, final_state = tf.nn.dynamic_rnn(cell, inputs, initial_
      state=initial_state, dtype=tf.float32)
54    # ouputs을 [batch_size * seq_length, hidden_size] 형태로 변환합니다.
55    output = tf.reshape(outputs, [-1, hidden_size])
56
57    # 최종 출력값을 설정합니다.
58    # logits : [batch_size * seq_length, vocab_size]
59    logits = tf.matmul(output, softmax_w) + softmax_b
60    probs = tf.nn.softmax(logits)
```

09 | 크로스 엔트로피 손실 함수와 AdamOptimizer를 정의하고 옵티마이저에 grad_clip(=5)만큼 Gradient Clipping을 적용합니다. optimizer.apply_gradients API를 호출해서 파라미터를 한 스텝 업데이트하는 train_step 연산을 정의합니다.

```
62    # Cross Entropy 손실 함수를 정의합니다.
63    loss = tf.reduce_mean(tf.nn.softmax_cross_entropy_with_logits(logits=logits,
      labels=target_data))
64
65    # 옵티마이저를 선언하고 옵티마이저에 Gradient Clipping을 적용합니다.
66    # grad_clip(=5)보다 큰 Gradient를 5로 Clipping합니다.
67    tvars = tf.trainable_variables()
68    grads, _ = tf.clip_by_global_norm(tf.gradients(loss, tvars), grad_clip)
69    optimizer = tf.train.AdamOptimizer(learning_rate)
70    train_step = optimizer.apply_gradients(zip(grads, tvars))
```

10 | 지금까지 가설, 손실 함수, 옵티마이저를 모두 정의했습니다. 이제 세션을 열어 그래프를 실행합시다. 이때 불러오는 타겟 y는 스칼라 형태의 값 tf.one_hot을 이용해서 One-hot Encoding 형태로 바꿔줍니다. 또한 손실 함수를 계산하기 위해 [batch_size, seq_length, vocab_size] 형태의 타겟 데이터 y를 tf.reshape API를 이용해서 샘플별로 펼친 [batch_size * seq_length, vocab_size] 형태로 바꿉니다. 또한 LSTM의 셀 상태값 c와 메모리 블럭의 출력값 h를 feed_dict[c]과 feed_dict[h]에 지정합니다. 마지막으로, train_step 연산을 실행해서 파라미터를 업데이트합니다.

```
72    # 세션을 열고 학습을 진행합니다.
73    with tf.Session() as sess:
74        # 변수들에 초기값을 할당합니다.
75        sess.run(tf.global_variables_initializer())
76
77        for e in range(num_epochs):
78            data_loader.reset_batch_pointer()
79            # 초기 상태값을 초기화합니다.
80            state = sess.run(initial_state, feed_dict={state_batch_size : batch_size})
81
82            for b in range(data_loader.num_batches):
83                # x, y 데이터를 불러옵니다.
84                x, y = data_loader.next_batch()
85                # y에 one_hot 인코딩을 적용합니다.
86                y = tf.one_hot(y, vocab_size)      # y : [batch_size, seq_length, vocab_size]
87                y = tf.reshape(y, [-1, vocab_size])   # y : [batch_size * seq_length, vocab_size]
88                y = y.eval()
89
90                # feed-dict에 사용할 값들과 LSTM 초기 cell state(feed_dict[c])값과 은닉
       층 출력값(feed_dict[h])을 지정합니다.
91                feed_dict = {input_data : x, target_data: y, state_batch_size : batch_size}
92                for i, (c, h) in enumerate(initial_state):
93                    feed_dict[c] = state[i].c
94                    feed_dict[h] = state[i].h
95
96                # 파라미터를 한 스텝 업데이트합니다.
97                _, loss_print, state = sess.run([train_step, loss, final_state], feed_
       dict=feed_dict)
98
99                print("{}(학습한 배치개수)/{}(학습할 배치개수), 반복(epoch): {}, 손실 함수
       (loss): {:.3f}".format(
100                   e * data_loader.num_batches + b,
101                   num_epochs * data_loader.num_batches,
102                   (e+1),
103                   loss_print))
104
105        print("트레이닝이 끝났습니다!")
```

11 | 학습이 끝나면, 학습된 파라미터를 이용해서 새로운 문장을 생성하기 위한 샘플링을 진행합니다. 먼저, 샘플링을 통해 생성할 글자의 개수와 시작 글자, 샘플링 타입을 설정합니다. RNN의 초기 상태값을 0으로 초기화하고 샘플링 과정에서 Char-RNN의 1번째 인풋을 공백(=prime)으로 지정합니다. 샘플링 과정에서는 sequence_length를 1로 설정합니다.

```
107    # 샘플링을 시작합니다.
108    print("샘플링을 시작합니다!")
109    num_sampling = 4000 # 생성할 글자(Character)의 개수를 지정합니다.
110    prime = u' '        # 시작 글자를 ' '(공백)으로 지정합니다.
111    sampling_type = 1   # 샘플링 타입을 설정합니다.
112    state = sess.run(cell.zero_state(1, tf.float32))  # RNN의 최초 state값을 0
       으로 초기화합니다.
```

12 | Random Sampling을 위한 weighted_pick 함수를 정의합니다. weighted_pick 함수는 학습한 분포 내에서 임의의 값을 리턴합니다.

```
114    # Random Sampling을 위한 weighted_pick 함수를 정의합니다.
115    def weighted_pick(weights):
116        t = np.cumsum(weights)
117        s = np.sum(weights)
118        return(int(np.searchsorted(t, np.random.rand(1)*s)))
```

13 | Char-RNN 샘플링 과정을 수행합니다. num_sampling으로 지정한 글자 개수만큼 새로운 글자를 생성합니다. 이때 샘플링 타입에 따라 3가지 형태로 다음 글자를 예측할 수 있습니다.

❶ sampling_type : 0 → 다음 글자를 예측할 때 항상 argmax를 사용합니다.

❷ sampling_type : 1(defualt) → 다음 글자를 예측할때 항상 학습된 분포 내에서 random sampling을 사용합니다.

❸ sampling_type : 2 → 다음 글자를 예측할때 이전 글자가 ' '(공백)이면 random sampling, 그렇지 않을 경우 argmax를 사용합니다.

각각의 샘플링 타입의 특징을 살펴보면 다음과 같습니다. 항상 argmax를 취하면 가장 정확히 다음에 올 글자를 예측할 수 있지만, 특정 알파벳 이후에는 항상 똑같은 특정 알파벳이 뽑혀서 생성되는 문장의 자유도가 떨어집니다. 항상 학습된 분포 내에서 random sampling을 사용할 경우, 문장의 자유도가 증가하지만 학습이 잘못된 경우 트레이닝 데이터와 상관없는 엉뚱한 문장이 생성될 확률이 높습니다. 다음 글자를 예측할 때 이전 글자가 ' '(공백)이면 random sampling, 그렇지 않을 경우 argmax를 사용하면 argmax와 random sampling의 장단점을 반반씩 포함하게 됩니다. 그림 8-11, 그림 8-12, 그림 8-13은 셰익스피어 희곡 <리처드 3세>를 학습한 후에 각각 sampling_type 0, 1, 2로 1000글자씩을 생성한 예제를 보여줍니다.

```
hand,
That shall be the seem the seem the seement thee
The seadent the seem the seem the seement thee,
The shall be the seem the seem the seement thee
The seadent the seem the seem the seement thee,
The shall be the seem the seem the seement thee
The seadent the seem the seem the seement thee,
The shall be the seem the seem the seement thee
The seadent the seem the seem the seement thee,
The shall be the seem the seem the seement thee
The seadent the seem the seem the seement thee,
The shall be the seem the seem the seement thee
The seadent the seem the seem the seement thee,
The shall be the seem the seem the seement thee
The seadent the seem the seem the seement thee,
The shall be the seem the seem the seement thee
The seadent the seem the seem the seement thee,
The shall be the seem the seem the seement thee
The seadent the seem the seem the seement thee,
The shall be the seem the seem the seement thee
The seadent the seem the seem the seement thee,
The shall be the seem the seem th
```

그림 8-11 | sampling_type 0을 이용한 샘플링

lay upon as

Ay! what away your inventle ir is to desPips

True these assle to, which the iserate, come tell.

CORIOLANUS:

He she mouth fool–desideden to good since

For this absed upon, and kiss inst my bloode?

The way! And heffess of way; and them the jest:

If our seuzen bick the sir. Then with put him her.

Wone, the masters to his places is, neess against the bears any.

Lord, whence parden to masters show of moversalings,

And fixtings; I suvrace me, he sword duty with your daughter her this.

FLORIZEL:

So fall, and the mayhors, prinhest bettion.

BIRANDA:

The commass!

O, misician sulpt his babise hearthers,

That Rome you unmerlameous him dot himself,

For their loveness, conses, is and this good forth,

His officed denament, my lord.

Thank his have Lancys.

Second Sicinlier 'form thee place: but himbhire,

I rachence I will gravents Romeo the more sile

That strethe home?

First LCozizen::

She scond to sight Paging seema: him, as the forcenence

That live speak the brother hoarn you,

Monday

그림 8-12 I sampling_type 1을 이용한 샘플링

shall Play with news

That know my come you have shall be content for me

That should under a prince is the under sounder be sounder,

That is make king me villain in the bears your son.

POLIXENES:

Why, down in the death prove good for come and the king,

The death the will the bear of come grace for him.

POLIXENES:

Why, you the own death me King the man Barcharder,

That will of your death with a straight him I shall deades

That will the king good so with good and ready for your man

The hands of my son prove Angelo for our reasons his your death.

POLIXENES:

Why, good for show the will I may death Lancaster,

That I will should dear in life me and comes with with blood,

That he have not should like a blood since the will good

That a dream under me and God him upon him,

That is his heart of my Jack How be him.

POLIXENES:

Why, sir, Romeo he will death and be a prince,

That is prince enemies of the heart of grace,

That for me shall be the ready the heart him the under death.

POLIXENES:

Why

그림 8-13 I sampling_type 2를 이용한 샘플링

```
120    ret = prime    # 샘플링 결과를 리턴받을 ret 변수에 1번째 글자를 할당합니다.
121    char = prime    # Char-RNN의 첫번째 인풋을 지정합니다.
122    for n in range(num_sampling):
123        x = np.zeros((1, 1))
124        x[0, 0] = vocab[char]
125
126        # RNN을 한 스텝 실행하고 모델이 예측한 Softmax 행렬을 리턴으로 받습니다.
127        feed_dict = {input_data: x, state_batch_size : 1, initial_state: state}
128        [probs_result, state] = sess.run([probs, final_state], feed_dict=feed_
       dict)
129
130        # 불필요한 차원을 제거합니다.
131        # probs_result : (1,65) -> p : (65)
132        p = np.squeeze(probs_result)
133
134        # 샘플링 타입에 따라 3가지 종류 중 하나로 샘플링 합니다.
135        # sampling_type : 0 -> 다음 글자를 예측할때 항상 argmax를 사용
136        # sampling_type : 1(defualt) -> 다음 글자를 예측할때 항상 random sampling
       을 사용
137        # sampling_type : 2 -> 다음 글자를 예측할때 이전 글자가 ' '(공백)이면 random
       sampling, 그렇지 않을 경우 argmax를 사용
138        if sampling_type == 0:
139            sample = np.argmax(p)
140        elif sampling_type == 2:
141            if char == ' ':
142                sample = weighted_pick(p)
143            else:
144                sample = np.argmax(p)
145        else:
146            sample = weighted_pick(p)
147
148        pred = chars[sample]
149        ret += pred # 샘플링 결과에 현재 스텝에서 예측한 글자를 추가합니다.
       (예를들어 pred=ㄴ일 경우, ret = HEL -> HELL)
150        char = pred # 예측한 글자를 다음 RNN의 인풋으로 사용합니다.
```

14 | 이제 학습과 샘플링이 모두 끝났습니다. 샘플링 결과를 저장하고있는 ret 변수를 출력해서 샘플링 결과를 확인합시다.

```
152        print("샘플링 결과:")
153        print(ret)
```

8.6.2.2 utils.py

다음으로 데이터 전처리를 위한 유틸리티 함수들의 정의된 utils.py 파일을 살펴봅시다. utils.py 파일은 TextLoader 클래스를 정의하고, 해당 클래스의 함수들을 구현하는 형태로 구성되어 있습니다. 먼저 전체 코드를 한눈에 살펴봅시다.

```python
1    import codecs
2    import os
3    import collections
4    from six.moves import cPickle
5    import numpy as np
6
7    class TextLoader():
8      def __init__(self, data_dir, batch_size, seq_length, encoding='utf-8'):
9        self.data_dir = data_dir
10       self.batch_size = batch_size
11       self.seq_length = seq_length
12       self.encoding = encoding
13
14       input_file = os.path.join(data_dir, "input.txt")
15       vocab_file = os.path.join(data_dir, "vocab.pkl")
16       tensor_file = os.path.join(data_dir, "data.npy")
17
18       # 전처리된 파일들("vocab.pkl", "data.npy")이 이미 존재하면 이를 불러오고, 없으면 데이터 전처리를 진행합니다.
19       if not (os.path.exists(vocab_file) and os.path.exists(tensor_file)):
20         print("reading text file")
21         self.preprocess(input_file, vocab_file, tensor_file)
22       else:
23         print("loading preprocessed files")
24         self.load_preprocessed(vocab_file, tensor_file)
```

```
25          # 배치를 생성하고 배치 포인터를 배치의 시작지점으로 리셋합니다.
26          self.create_batches()
27          self.reset_batch_pointer()
28
29      # 데이터 전처리를 진행합니다.
30      def preprocess(self, input_file, vocab_file, tensor_file):
31          with codecs.open(input_file, "r", encoding=self.encoding) as f:
32              data = f.read()
33          # 데이터에서 문자(character)별 등장횟수를 셉니다.
34          counter = collections.Counter(data)
35          count_pairs = sorted(counter.items(), key=lambda x: -x[1])
36          self.chars, _ = zip(*count_pairs) # 전체 문자들(Chracters)
37          self.vocab_size = len(self.chars) # 전체 문자(단어) 개수
38          self.vocab = dict(zip(self.chars, range(len(self.chars))))
39          # 단어들을 (charcter, id) 형태의 dictionary로 만듭니다.
40          with open(vocab_file, 'wb') as f:
41              cPickle.dump(self.chars, f)
42          # 데이터의 각각의 character들을 id로 변경합니다.
43          self.tensor = np.array(list(map(self.vocab.get, data)))
44          # id로 변경한 데이터를 "data.npy" binary numpy 파일로 저장합니다.
45          np.save(tensor_file, self.tensor)
46
47      # 전처리한 데이터가 파일로 저장되어 있다면 파일로부터 전처리된 정보들을 읽어옵니다.
48      def load_preprocessed(self, vocab_file, tensor_file):
49          with open(vocab_file, 'rb') as f:
50              self.chars = cPickle.load(f)
51          self.vocab_size = len(self.chars)
52          self.vocab = dict(zip(self.chars, range(len(self.chars))))
53          self.tensor = np.load(tensor_file)
54          self.num_batches = int(self.tensor.size / (self.batch_size *
    self.seq_length))
55
56      # 전체 데이터를 배치 단위로 묶습니다.
57      def create_batches(self):
58          self.num_batches = int(self.tensor.size / (self.batch_size * self.seq_
    length))
59
60      # 데이터 양이 너무 적어서 1개의 배치도 만들수없을 경우, 에러 메세지를 출력합니다.
61          if self.num_batches == 0:
```

```
62          assert False, "Not enough data. Make seq_length and batch_size small."
63
64      # 배치에 필요한 정수만큼의 데이터만을 불러옵니다. e.g. 1115394 -> 1115000
65      self.tensor = self.tensor[:self.num_batches * self.batch_size * selfseq_length]
66      xdata = self.tensor
67      ydata = np.copy(self.tensor)
68      # 타겟 데이터는 인풋 데이터를 한칸 뒤로 민 형태로 구성합니다.
69      ydata[:-1] = xdata[1:]
70      ydata[-1] = xdata[0]
71      # batch_size 크기의 배치를 num_batches 개수 만큼 생성합니다.
72      self.x_batches = np.split(xdata.reshape(self.batch_size, -1),
73        self.num_batches, 1)
74      self.y_batches = np.split(ydata.reshape(self.batch_size, -1),
75        self. num_batches, 1)
76
77    # 다음 배치를 불러오고 배치 포인터를 1만큼 증가시킵니다.
78    def next_batch(self):
79      x, y = self.x_batches[self.pointer], self.y_batches[self.pointer]
80      self.pointer += 1
81      return x, y
82
83    # 배치의 시작점을 데이터의 시작 지점으로 리셋합니다.
84    def reset_batch_pointer(self):
85      self.pointer = 0
```

01 | 필요한 라이브러리를 임포트합니다.

```
1    import codecs
2    import os
3    import collections
4    from six.moves import cPickle
5    import numpy as np
```

02 | TextLoader 클래스를 선언하고, 클래스가 생성될 때 최초로 호출되는 _init_ 함수를 정의합니다. 인풋으로 읽는 텍스트 데이터 input.txt를 전처리^{Preprocess}해서 저장한 vocab. pkl, data.npy 파일이 input.txt 파일이 놓여있는 폴더에 이미 존재하면 해당 파일들을 읽어오고(=load_preprocessed), 만약 전처리를 진행한 파일이 존재하지 않는다면, 전처리를 진행하고 전처리를 진행한 데이터를 vocab.pkl, data.npy 파일로 저장합니다. 전처리된 데이터가 준비되면, 해당 데이터를 배치 단위로 만들고, 배치 포인터를 가장 앞쪽의 배치 묶음으로 리셋합니다.

```
7    class TextLoader():
8      def _init_(self, data_dir, batch_size, seq_length, encoding='utf-8'):
9        self.data_dir = data_dir
10       self.batch_size = batch_size
11       self.seq_length = seq_length
12       self.encoding = encoding
13
14       input_file = os.path.join(data_dir, "input.txt")
15       vocab_file = os.path.join(data_dir, "vocab.pkl")
16       tensor_file = os.path.join(data_dir, "data.npy")
17
18     # 전처리된 파일들("vocab.pkl", "data.npy")이 이미 존재하면 이를 불러오고, 없으면
       데이터 전처리를 진행합니다.
19       if not (os.path.exists(vocab_file) and os.path.exists(tensor_file)):
20         print("reading text file")
21         self.preprocess(input_file, vocab_file, tensor_file)
22       else:
23         print("loading preprocessed files")
24         self.load_preprocessed(vocab_file, tensor_file)
25         # 배치를 생성하고 배치 포인터를 배치의 시작지점으로 리셋합니다.
26         self.create_batches()
27         self.reset_batch_pointer()
```

03 | 데이터 전처리를 진행하는 preprocess 함수를 정의합니다. input.txt 파일로부터 텍스트를 읽고, 전체 문자[character]들에 id를 할당해서 vocab Dictionary를 만들고, 텍스트 데이터를 id형태로 바꿔서 data.npy 파일로 저장합니다. 또한, 전체 문자들의 집합을 vocab.pkl 파일로 저장합니다.

```
29    # 데이터 전처리를 진행합니다.
30    def preprocess(self, input_file, vocab_file, tensor_file):
31      with codecs.open(input_file, "r", encoding=self.encoding) as f:
32        data = f.read()
33        # 데이터에서 문자(character)별 등장횟수를 셉니다.
34        counter = collections.Counter(data)
35        count_pairs = sorted(counter.items(), key=lambda x: -x[1])
36        self.chars, _ = zip(*count_pairs) # 전체 문자들(Chracters)
37        self.vocab_size = len(self.chars) # 전체 문자(단어) 개수
38        self.vocab = dict(zip(self.chars, range(len(self.chars))))
39        # 단어들을 (charcter, id) 형태의 dictionary로 만듭니다.
40        with open(vocab_file, 'wb') as f:
41          cPickle.dump(self.chars, f)
42        # 데이터의 각각의 character들을 id로 변경합니다.
43        self.tensor = np.array(list(map(self.vocab.get, data)))
44        # id로 변경한 데이터를 "data.npy" binary numpy 파일로 저장합니다.
45        np.save(tensor_file, self.tensor)
```

04 | 미리 전처리된 vocab.pkl 파일이 존재하면 해당 파일들을 읽어서 변수에 할당합니다.

```
47    # 전처리한 데이터가 파일로 저장되어 있다면 파일로부터 전처리된 정보들을 읽어옵니다.
48    def load_preprocessed(self, vocab_file, tensor_file):
49      with open(vocab_file, 'rb') as f:
50        self.chars = cPickle.load(f)
51        self.vocab_size = len(self.chars)
52        self.vocab = dict(zip(self.chars, range(len(self.chars))))
53        self.tensor = np.load(tensor_file)
54        self.num_batches = int(self.tensor.size / (self.batch_size *
      self.seq_length))
```

218

05 | 데이터를 배치 단위로 묶고, 인풋 데이터를 한 글자씩 뒤로 민 형태로 타겟 데이터를 구성합니다.

```
56    # 전체 데이터를 배치 단위로 묶습니다.
57    def create_batches(self):
58        self.num_batches = int(self.tensor.size / (self.batch_size * self.seq_
length))
59
60        # 데이터 양이 너무 적어서 1개의 배치도 만들수없을 경우, 에러 메세지를 출력합니다.
61        if self.num_batches == 0:
62            assert False, "Not enough data. Make seq_length and batch_size small."
63
64        # 배치에 필요한 정수만큼의 데이터만을 불러옵니다. e.g. 1115394 -> 1115000
65        self.tensor = self.tensor[:self.num_batches * self.batch_size * selfseq_length]
66        xdata = self.tensor
67        ydata = np.copy(self.tensor)
68        # 타겟 데이터는 인풋 데이터를 한칸 뒤로 민 형태로 구성합니다.
69        ydata[:-1] = xdata[1:]
70        ydata[-1] = xdata[0]
71        # batch_size 크기의 배치를 num_batches 개수 만큼 생성합니다.
72        self.x_batches = np.split(xdata.reshape(self.batch_size, -1),
73            self.num_batches, 1)
74        self.y_batches = np.split(ydata.reshape(self.batch_size, -1),
75            self. num_batches, 1)
```

06 | 다음 배치를 불러오는 next_batch 함수와 배치의 인덱스를 1번째 배치로 리셋하는 reset_batch_pointer 함수를 정의합니다.

```
77    # 다음 배치를 불러오고 배치 포인터를 1만큼 증가시킵니다.
78    def next_batch(self):
79        x, y = self.x_batches[self.pointer], self.y_batches[self.pointer]
80        self.pointer += 1
81        return x, y
82
83    # 배치의 시작점을 데이터의 시작 지점으로 리셋합니다.
84    def reset_batch_pointer(self):
85        self.pointer = 0
```

기본 학습 데이터로 들어가 있는 셰익스피어의 희곡 <리처드 3세>로 Char-RNN을 학습하고 샘플링한 결과 중 일부 발췌하면 그림 8-14와 같습니다.

First Lord:
Or Ray Cluicians? you appeace, advain.

Shepherd:
Then? Who do valiantage, the trail swoed's Englong
Offords in you, why this paliancac's.

KING RICHARD III:
O, and his in plawful your joyters.

First MuntaSTsa:
All
If I sir? I'll none may to see Zhose than saught;
Beven play'st scalk in Rich,
I dolicides are when I mays good friend;
Hath no sunbs her side to lip him; for you,
And she offendeed: I dear, alome no;
Have their leave his briefer's proceasing in these
his sain whice captas wind supposent.
And such I showners of ever my lease be sing
A fall before the base grown for Edward these comprace.

BENVOLIO:
Have action, Ant confeigh'd.

ANGELO:
That you say go may truon a have lender mother suffe:
How shord, as mengef, King side Lancast, may.

First Duky you, my raz?

그림 8-14 | Char-RNN으로 셰익스피어 희곡 <리처드 3세>를 학습하고 샘플링으로 새로운 데이터를 생성한 결과

한눈에 봐도 그럴듯한 텍스트를 생성해낸 모습을 볼 수 있습니다. 희곡은 Char-RNN의 학습 데이터로 널리 사용되는데 RNN이 학습하는 것은 글자 배열의 패턴이기 때문입니다.

희곡 같은 경우 문장의 첫 부분에 "등장인물:" 형태의 고정된 패턴이 반복해서 등장하기 때문에 Char-RNN의 학습에 적합합니다. 그림 8-14의 <리처드 3세> 샘플링 결과를 보면 <리처드 3세>의 실제 등장인물인 First Lord, Shepherd, KING RICHARD III, BEN-VOLIO, ANGELO 등의 이름을 정확히 생성해낸 모습을 볼 수 있습니다. 하지만 First MuntaSTsa와 같은 이상한 이름을 생성한 경우도 있습니다. 또한 생성한 영어 대사의 경우, 의미론적으로는 말이 안되지만 구조적으로는 그럴듯한 모습을 띄는 것을 알 수 있습니다.

이제 다른 학습 데이터로 재밌는 실험을 하나 더 해봅시다. 프로그래밍 언어 또한 언어의 문법에 따라 일정한 패턴으로 코드가 작성되기 때문에 Char-RNN의 학습에 적합합니다. 그림 8-15는 C언어로 작성된 리눅스 소스 코드*를 이용해서 Char-RNN을 학습시킨 후 샘플링한 결과입니다.

---

* 짧은 시간 안에 학습을 끝내기 위해서 time 관련 함수만 모아서 문제의 난이도를 낮추어 학습하였습니다.

```
void graph_index(struct hrtime_hardetr, bolaction, struct hectx *tsk)
{
  struct plog_batch;
  get_rrgbum_shifock_remove_elaper(L)) {
  dr.name_graph(return, tsk);
    if (index = &bay->count - (smap, hardid_usigned && tr->sched_name && ~SUPTION_
BT(032))
  return 1;

  raw_spin_unlock(dstat_val)))
  return -EINVAL;
  i+++)
      return -EINVA;
}

static inline bufferpoid(tp, char *timer, struct rq *rq)
{ }
#else
  return rq->ret_module_aps(p, i) gore, &path) &" factive it rcu\bled tsk0.
  *
    * Arce a dis:
  return error = 1;
  retuct task_next;

  if (hadd_piocup.ext, sizeof(queued);
    result = &context->trace_hung_twueued entry->graph_find_rmatf("Tode, infags
or */
  return prink;

  timekeeping_write(, p2))
    return;
  }
```

그림 8-15 | Char-RNN으로 <Linux 소스 코드>를 학습하고 샘플링으로 새로운 데이터를 생성한 결과

희곡의 경우와 마찬가지로 의미로는 말이 안되지만 구조적으로는 그럴 듯한 모습을 하는 것을 알 수 있습니다. Char-RNN은 간단한 구조이지만, RNN을 자연어 처리 문제에 응용할 때 가장 기본이 되는 구조이므로 잘 기억해둡시다.

8.7 정리

이번 장에서 배운 내용을 정리해봅시다. 이번 장에서는 시계열 데이터와 자연어 처리 문제에 많이 사용되는 RNN을 살펴보았습니다. 구체적으로,

❶ RNN, LSTM, GRU 구조와 특징을 살펴보았습니다. RNN은 이전 시간의 은닉층의 출력값을 현재 시간의 은닉층으로 다시 입력받는 경로가 추가되면서 이전 시간에 대한 정보를 일종의 메모리 형태로 저장하고 있을 수 있습니다.

❷ 임베딩 기법과 tf.nn.embedding_lookup API를 이용해서 임베딩을 구현하는 방법을 살펴보았습니다.

❸ 경사도 사라짐 문제와 경사도 발산 문제를 살펴보았습니다. 경사도 자르기 기법을 통해서 경사도 발산 문제를 어떻게 해결하는지 살펴보고, 텐서플로 라이브러리에서 경사도 자르기 기법을 어떻게 구현하는지 알아보았습니다.

❹ Char-RNN의 개념과 텐서플로 라이브러리를 이용해서 Char-RNN을 구현해보았습니다.

이제 현대적인 딥러닝 기법의 핵심인 CNN과 RNN을 모두 살펴보았습니다. 이제 지금까지 배운 기법들을 이용해서 다양한 문제들을 해결해봅시다.

9

이미지 캡셔닝
(Image Captioning)

이미지 캡셔닝

9.1 이미지 캡셔닝 문제 소개

이번 장에서는 지금까지 배운 CNN과 RNN 모델을 결합해서 더 복잡한 문제를 해결해봅시다. 이번에 다룰 문제는 **이미지 캡셔닝**(Image Captioning)입니다. 이미지 캡셔닝은 인풋 데이터로 이미지가 주어지면 이미지를 적절하게 설명하는 문장을 생성해내는 문제입니다. 그림 9-1은 이미지 캡셔닝의 예시를 보여줍니다.

A person on a beach flying a kite.

A black and white photo of a train on a train track.

**A person skiing down a
snow covered slope.**

**A group of giraffe standing
next to each other.**

그림 9-1 | 이미지 캡셔닝의 예시

9.2 이미지 캡셔닝 데이터셋 - MS COCO

이미지 캡셔닝 모델을 훈련시키기 위해서는 이미지에 대한 설명이 적힌 대량의 이미지 캡셔닝 데이터셋이 필요합니다. 대표적인 이미지 캡셔닝 데이터셋으로 MS COCO 데이터셋이 있습니다. MS COCO는 "**MicroS**oft **C**ommon **O**bjects in **CO**ntext"의 약자로 Microsoft Research에서 공개한 이미지 캡셔닝 데이터셋입니다. 총 123,000장의 Training 이미지, 5,000장의 Validation 이미지, 5,000장의 Test 이미지로 구성되어 있고, 각 이미지마다 사람이 작성한 Ground Truth 문장이 5개씩 주어집니다. 이번 장에서 배울 Show and Tell 모델도 MS COCO 데이터셋을 이용해서 학습을 진행합니다. 그림 9-2는 MS COCO 데이터셋의 예시를 보여줍니다.

The man at bat readies to swing at the
pitch while the umpire looks on.

A large bus sitting next to a very tall
building.

그림 9-2 | MS COCO 데이터셋 예제

9.3 이미지 캡셔닝 구현 – im2txt

이번 장에서는 이미지 캡셔닝 문제를 해결하기 위해서 2015년에 구글에서 발표한 "Show and Tell: Lessons learned from the 2015 MSCOCO Image Captioning Challenge." 논문에서 제안된 구조를 텐서플로로 구현한 im2txt GitHub 저장소 코드를 살펴봅시다. im2txt 소스 코드는 Apache2.0 라이센스로 배포시 Apache2.0 라이센스 사본을 첨부하는 하는 제약조건 아래 누구나 자유롭게 사용하고 수정할 수 있습니다. im2txt GitHub 저장소 주소는 아래와 같습니다.

https://github.com/tensorflow/models/tree/master/research/im2txt

하지만 이번 장에서는 공식 GitHub 저장소를 사용하기 쉽게 정리한 이 책의 소스 코드를 모아 놓은 아래 URL을 기준으로 설명을 진행합니다.

https://github.com/solaris33/deep-learning-tensorflow-book-code/tree/master/Ch09-Image_Captioning/im2txt

Show and Tell 모델은 CNN과 LSTM을 결합한 구조로써 먼저 캡셔닝할 이미지를 사전학습된Pre-Trained Inception 구조의 CNN 네트워크에 입력합니다. 그 다음에 Inception 구조의 마지막 1000개의 소프트맥스 분류층 바로 전의 완전 연결층의 2048개의 활성값들을 이미지에 대한 특징값으로 추출합니다. 이후 이 2048개의 특징값을 임베딩을 통해 차원을 축소하고 LSTM의 1번째 상태값으로 지정하고, 캡셔닝 할 문장을 단어 단위로 쪼갠 다음 단어에 임베딩을 수행하고, LSTM의 입력으로 넣으면 LSTM은 다음에 올 단어를 예측하도록 학습됩니다.

LSTM이 학습하는 단위가 문자가 아니라 단어이고, LSTM의 초기 상태값을 0으로 초기화한 값이 아니라 이미지의 특징 추출값으로 지정한다는 점을 제외하면 저희가 8.6장에서 배운 Char-RNN과 똑같은 구조입니다. 그림 9-3은 Show and Tell 모델을 나타냅니다.

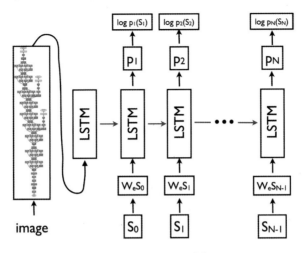

그림 9-3 I Show and Tell 모델의 구조

이제 Show and Tell 모델을 구현한 im2txt 텐서플로 코드를 살펴봅시다.

9.4 im2txt 코드 구조에 대한 설명 및 코드 실행 방법

im2txt는 지금까지 배운 예제에 비해서 상대적으로 규모가 큰 프로그램입니다. 따라서 소스 코드가 구조화/모듈화되어 있습니다. 이런 큰 프로그램의 동작 과정을 이해하기 위해서는 소스 코드의 전체 구조를 파악한 후, 하나씩 차근차근 분석해나가는 과정이 필요합니다. 큰 규모의 딥러닝 소스 코드는 일반적으로 다음과 같은 형태로 구조화되어 있습니다.

❶ 학습에 필요한 설정값들을 지정하고 학습을 진행하는 **Training 코드**
❷ 학습이 제대로 진행되고 있는지 체크할 수 있는 **Evaluation 코드**
❸ Training 코드에서 설정값들을 받아와서 실제 모델의 그래프 구조를 class 형태로 정의하는 **Model 코드**
❹ Training이 끝난 후 Prediction이나 Sampling을 수행하는 **Test 코드**
❺ 데이터를 읽고 전처리를 수행하거나 학습 결과를 출력하는 등의 Utility 함수들이 정의된 **Utility 코드**

im2txt 저장소도 이 구조를 따르고 있고 im2txt 저장소에 있는 코드들을 앞의 5가지 구조에 대응시켜 생각해보면 다음과 같습니다.

① 학습에 필요한 설정값들을 지정하고 학습을 수행하는 **Training 코드** – train.py
② 학습이 제대로 진행되고 있는지 체크할 수 있는 **Evaluation 코드** – evaluate.py
③ Training 코드에서 설정값들을 받아와서 실제 모델의 그래프 구조를 class 형태로 정의하는 **Model 코드** – show_and_tell_model.py
④ Training이 끝난 후 Prediction이나 Sampling을 진행하는 **Test 코드** – run_inference.py
⑤ 데이터를 읽고 전처리를 수행하거나 학습 결과를 출력하는 등의 Utility 함수들이 정의된 **Utility 코드** – inference_utils 폴더에 있는 모듈들

이제 전체 구조를 파악했으니 im2txt 프로그램을 실행하는 법을 단계별로 살펴봅시다. im2txt 프로그램을 실행하기 위해서는 다음의 과정을 거쳐야 합니다.*

* 코드를 실행하는 법은 Linux(Ubuntu)를 기준으로 서술되었습니다.

01 | MS COCO 데이터셋을 다운받고, 데이터들을 묶어서 TFRecord 포맷으로 변환하는 전처리 과정을 진행합니다. MS COCO 트레이닝 데이터를 준비하기 위해 터미널에서 다음의 과정을 수행합니다.

```
# 아래 명령어로 ${HOME} 경로를 확인합니다. e.g. /home/solaris
cat ${HOME}

# MS COCO 데이터셋을 다운받을 경로를 설정합니다. e.g. /home/solaris/im2txt/data/
mscoco
MSCOCO_DIR="${HOME}/im2txt/data/mscoco"

# im2txt/im2txt 폴더에서 아래 명령어를 실행해서 MSCOCO_DIR 경로에 MS COCO 데이터셋을
다운 받습니다.
sudo chmod 700 data/download_and_preprocess_mscoco.sh
./download_and_preprocess_mscoco.sh ${MSCOCO_DIR}
```

아래와 같은 메세지가 출력되면 모든 전처리 과정이 정상적으로 완료된 것입니다.

`출력 결과`

```
2016-09-01 16:47:47.296630: Finished processing all 20267 image-caption pairs in
data set 'test'.
```

02 | 사전 학습된 Inception v3 모델의 파라미터가 저장된 Inception v3 체크포인트 Checkpoint 파일을 다운받습니다.

```
# Inception v3 체크포인트 파일을 다운로드 받을 경로를 지정합니다. e.g. /home/solaris/
im2txt/data
INCEPTION_DIR="${HOME}/im2txt/data"
mkdir -p ${INCEPTION_DIR}

wget "http://download.tensorflow.org/models/inception_v3_2016_08_28.tar.gz"
tar -xvf "inception_v3_2016_08_28.tar.gz" -C ${INCEPTION_DIR}
rm "inception_v3_2016_08_28.tar.gz"
```

03 | 이제 학습을 위한 준비가 모두 끝났습니다. 아래 명령어로 Show and Tell 모델의 트레이닝을 진행할 수 있습니다.[*]

```
# MS COCO 데이터를 다운받은 경로를 지정합니다.
MSCOCO_DIR="${HOME}/im2txt/data/mscoco"

# Inception v3 체크포인트 파일을 다운로드 받은 경로를 지정합니다.
INCEPTION_CHECKPOINT="${HOME}/im2txt/data/inception_v3.ckpt"

# 모델의 학습결과(가중치)를 저장할 경로를 지정합니다.
MODEL_DIR="${HOME}/im2txt/model"

# im2txt 모듈을 사용하기 위해 환경변수를 설정합니다.
# {im2txt 폴더가 있는 경로}에 im2txt 폴더 경로를 지정합니다. e.g. /home/solaris/deep-
learning-tensorflow-book-code/Ch09-Image_Captioning/im2txt
export PYTHONPATH="$PYTHONPATH:{im2txt폴더가 있는 경로}"

# 트레이닝 코드를 실행합니다.
python train.py \
   --input_file_pattern="${MSCOCO_DIR}/train-?????-of-00256" \
   --inception_checkpoint_file="${INCEPTION_CHECKPOINT}" \
   --train_dir="${MODEL_DIR}/train" \
   --train_inception=false \
   --number_of_steps=1000000
```

---

[*] 여기서 기본값으로 지정되어 있는 반복 횟수(number_of_steps)인 1,000,000번만큼을 학습하려면 매우 오랜 시간이 걸립니다. 하지만 반복 횟수를 이렇게 크게 잡지 않아도 그럴듯한 캡션을 생성할 수 있습니다. 따라서 자신이 가지고 있는 컴퓨팅 환경을 고려해서 적절한 반복 횟수를 지정하세요.

04 | 트레이닝이 끝나면 아래 과정을 통해 이미지에 대한 캡션을 생성할 수 있습니다.

```
# 모델의 체크포인트가 저장된 경로를 지정합니다.
CHECKPOINT_PATH="${HOME}/im2txt/model/train"

# 전처리 과정의 결과로 어휘(Vocabulary)가 저장된 경로를 지정합니다.
VOCAB_FILE="${HOME}/im2txt/data/mscoco/word_counts.txt"

# 이미지 캡셔닝을 진행할 이미지의 경로를 설정합니다.
IMAGE_FILE="${HOME}/im2txt/data/mscoco/raw-data/val2014/COCO_
val2014_000000224477.jpg"

# GPU를 사용하지 않도록 설정합니다.
# (만약 트레이닝을 진행중이어서 GPU 메모리 용량이 충분치 않을 경우와 같이 필요할 때만 적
용하면 됩니다.)
export CUDA_VISIBLE_DEVICES=""

# im2txt 모듈을 사용하기 위해 환경변수를 설정합니다.
# {im2txt 폴더가 있는 경로}에 im2txt 폴더 경로를 지정합니다. e.g. /home/solaris/deep-
learning-tensorflow-book-code/Ch09-Image_Captioning/im2txt
export PYTHONPATH="$PYTHONPATH:{im2txt폴더가 있는 경로}"

# 캡션을 생성합니다.
python run_inference.py \
    --checkpoint_path=${CHECKPOINT_PATH} \
    --vocab_file=${VOCAB_FILE} \
    --input_files=${IMAGE_FILE}
```

여기까지 코드를 실행하는 방법을 살펴보았습니다. 이제 트레이닝을 진행하는 train.py 파일부터 차근차근 코드를 분석해봅시다.

9.4.1 train.py

먼저 train.py의 전체 소스 코드를 한눈에 살펴봅시다.

```
1    """Train the model."""
2
3    from __future__ import absolute_import
4    from __future__ import division
5    from __future__ import print_function
6
7    import tensorflow as tf
8
9    from im2txt import configuration
10   from im2txt import show_and_tell_model
11
12   FLAGS = tf.app.flags.FLAGS
13
14   tf.flags.DEFINE_string("input_file_pattern", "",
15                          "File pattern of sharded TFRecord input files.")
16   tf.flags.DEFINE_string("inception_checkpoint_file", "",
17                          "Path to a pretrained inception_v3 model.")
18   tf.flags.DEFINE_string("train_dir", "",
19                          "Directory for saving and loading model checkpoints.")
20   tf.flags.DEFINE_boolean("train_inception", False,
21                           "Whether to train inception submodel variables.")
22   tf.flags.DEFINE_integer("number_of_steps", 1000000, "Number of training steps.")
23   tf.flags.DEFINE_integer("log_every_n_steps", 1,
24                           "Frequency at which loss and global step are logged.")
25
26   tf.logging.set_verbosity(tf.logging.INFO)
27
28   def main(unused_argv):
29     assert FLAGS.input_file_pattern, "--input_file_pattern is required"
30     assert FLAGS.train_dir, "--train_dir is required"
31
32     model_config = configuration.ModelConfig()
33     model_config.input_file_pattern = FLAGS.input_file_pattern
34     model_config.inception_checkpoint_file = FLAGS.inception_checkpoint_file
35     training_config = configuration.TrainingConfig()
36
```

```python
37      # Create training directory.
38      train_dir = FLAGS.train_dir
39      if not tf.gfile.IsDirectory(train_dir):
40        tf.logging.info("Creating training directory: %s", train_dir)
41        tf.gfile.MakeDirs(train_dir)
42
43    # Build the TensorFlow graph.
44    g = tf.Graph()
45    with g.as_default():
46      # Build the model.
47      model = show_and_tell_model.ShowAndTellModel(
48        model_config, mode="train", train_inception=FLAGS.train_inception)
49      model.build()
50
51      # Set up the learning rate.
52      learning_rate_decay_fn = None
53      if FLAGS.train_inception:
54        learning_rate = tf.constant(training_config.train_inception_learning_rate)
55      else:
56        learning_rate = tf.constant(training_config.initial_learning_rate)
57        if training_config.learning_rate_decay_factor > 0:
58          num_batches_per_epoch = (training_config.num_examples_per_epoch /
59                                   model_config.batch_size)
60          decay_steps = int(num_batches_per_epoch *
61                            training_config.num_epochs_per_decay)
62
63        def _learning_rate_decay_fn(learning_rate, global_step):
64          return tf.train.exponential_decay(
65            learning_rate,
66            global_step,
67            decay_steps=decay_steps,
68            decay_rate=training_config.learning_rate_decay_factor,
69            staircase=True)
70
71        learning_rate_decay_fn = _learning_rate_decay_fn
72
73      # Set up the training ops.
74      train_op = tf.contrib.layers.optimize_loss(
75        loss=model.total_loss,
```

```
76          global_step=model.global_step,
77          learning_rate=learning_rate,
78          optimizer=training_config.optimizer,
79          clip_gradients=training_config.clip_gradients,
80          learning_rate_decay_fn=learning_rate_decay_fn)
81
82      # Set up the Saver for saving and restoring model checkpoints.
83      saver = tf.train.Saver(max_to_keep=training_config.max_checkpoints_to_keep)
84
85    # Run training.
86    tf.contrib.slim.learning.train(
87      train_op,
88      train_dir,
89      log_every_n_steps=FLAGS.log_every_n_steps,
90      graph=g,
91      global_step=model.global_step,
92      number_of_steps=FLAGS.number_of_steps,
93      init_fn=model.init_fn,
94      saver=saver)
95
96  if __name__ = "__main__":
97    tf.app.run()
```

01 | 먼저 필요한 라이브러리를 임포트합니다. 파이썬 3와의 호환성을 위한 future 패키지와 텐서플로 라이브러리, im2txt 폴더에 있는 설정값을 지정하기 위한 configuration 모듈, 그래프 구조를 정의하기 위한 show_and_tell_modell 모듈까지 임포트합니다.

```
3    from __future__ import absolute_import
4    from __future__ import division
5    from __future__ import print_function
6
7    import tensorflow as tf
8
9    from im2txt import configuration
10   from im2txt import show_and_tell_model
```

02 | 다음으로 tf.app.flags API를 이용해서 학습에 사용할 FLAGS들과 FLAGS의 기본 값들을 설정합니다. 그리고 텐서플로에서 로그의 출력 정도를 tf.logging.set_verbosity API를 이용해서 로그레벨을 INFO*로 정의합니다.

```
12    FLAGS = tf.app.flags.FLAGS
13
14    tf.flags.DEFINE_string("input_file_pattern", "",
15                           "File pattern of sharded TFRecord input files.")
16    tf.flags.DEFINE_string("inception_checkpoint_file", "",
17                           "Path to a pretrained inception_v3 model.")
18    tf.flags.DEFINE_string("train_dir", "",
19                           "Directory for saving and loading model checkpoints.")
20    tf.flags.DEFINE_boolean("train_inception", False,
21                           "Whether to train inception submodel variables.")
22    tf.flags.DEFINE_integer("number_of_steps", 1000000, "Number of training steps.")
23    tf.flags.DEFINE_integer("log_every_n_steps", 1,
24                           "Frequency at which loss and global step are logged.")
25
26    tf.logging.set_verbosity(tf.logging. INFO)
```

03 | 지금까지 학습에 필요한 설정값들을 정의하였습니다. 이제 실제로 학습을 진행하는 코드를 작성해야 합니다. 파이썬에서는 프로그램을 실행할 때 최초로 <if __name__ == "__main__":> 블럭에 있는 함수를 호출합니다(C언어에서 프로그램이 int main() 함수를 가장 먼저 호출하는 것을 생각하시면 됩니다).

<if __name__ == "__main__":> 블럭에서 tf.app.run() API를 호출합니다. tf.app.run() API는 특별한 지정을 하지 않는한 main이라는 이름으로 정의된 함수를 호출합니다.

```
96    if __name__ = "__main__":
97        tf.app.run()
```

---

* tf.logging API는 DEBUG, INFO, WARN, ERROR, FATAL 5가지 로그레벨을 설정 할 수 있습니다.

04 | 이제 tf.app.run()가 호출하는 main으로 정의된 함수를 살펴봅시다. 먼저 input_file_pattern과 train_dir이 지정되었는지 체크합니다. 이 두 설정값이 없다면 코드가 제대로 실행될 수 없기 때문에 assert문을 이용해서 설정이 필요하다는 메세지를 출력하고 프로그램을 종료합니다. 다음으로 모델 구성을 위한 설정값들과 학습에 필요한 설정값들을 지정합니다. 그리고 트레이닝에 사용할 디렉토리 경로인 train_dir를 FLAGS에서 읽어오고 만약 해당 경로에 디렉토리가 없다면 생성합니다.

```
28    def main(unused_argv):
29      assert FLAGS.input_file_pattern, "—input_file_pattern is required"
30      assert FLAGS.train_dir, "—train_dir is required"
31
32      model_config = configuration.ModelConfig()
33      model_config.input_file_pattern = FLAGS.input_file_pattern
34      model_config.inception_checkpoint_file = FLAGS.inception_checkpoint_file
35      training_config = configuration.TrainingConfig()
36
37      # Create training directory.
38      train_dir = FLAGS.train_dir
39      if not tf.gfile.IsDirectory(train_dir):
40        tf.logging.info("Creating training directory: %s", train_dir)
41        tf.gfile.MakeDirs(train_dir)
```

05 | 이제 Show and Tell 모델의 그래프 구조를 정의합시다. 실제 모델 구조는 show_and_tell_model.py 파일에 class 형태로 정의되어 있습니다. train.py에서는 show_and_tell_model에 정의된 클래스를 선언하면서 모델 구성에 필요한 설정값과 사전 학습된 Inception 네트워크 부분까지 파인 튜닝을 진행할 것인지 아니면 Inception 네트워크 부분은 파라미터를 업데이트하지 않는 Freeze*한 상태로 놔둘지를 결정하는 flag를 넘겨줍니다. 또한, ShowAndTellModel 클래스를 선언하고 build 함수를 호출해서 그래프를 메모리에 올립니다.

---

* 파라미터를 더 이상 업데이트 되지 않는 상태로 고정하는 것을 보통 Freeze라고 표현합니다.

```
43    # Build the TensorFlow graph.
44    g = tf.Graph()
45    with g.as_default():
46      # Build the model.
47      model = show_and_tell_model.ShowAndTellModel(
48        model_config, mode="train", train_inception=FLAGS.train_inception)
49      model.build()
```

06 | 러닝레이트를 선언하고 Learning Rate Decay*를 수행하는 tf.train.exponential_ decay API를 리턴하는 _learning_rate_decay_fn 함수를 정의해서 learning_rate_ decay_fn 변수에 선언합니다.

```
51      # Set up the learning rate.
52      learning_rate_decay_fn = None
53      if FLAGS.train_inception:
54        learning_rate = tf.constant(training_config.train_inception_learning_rate)
55      else:
56        learning_rate = tf.constant(training_config.initial_learning_rate)
57        if training_config.learning_rate_decay_factor > 0:
58          num_batches_per_epoch = (training_config.num_examples_per_epoch /
59                                   model_config.batch_size)
60          decay_steps = int(num_batches_per_epoch *
61                            training_config.num_epochs_per_decay)
62
63          def _learning_rate_decay_fn(learning_rate, global_step):
64            return tf.train.exponential_decay(
65              learning_rate,
66              global_step,
67              decay_steps=decay_steps,
68              decay_rate=training_config.learning_rate_decay_factor,
69              staircase=True)
70
71          learning_rate_decay_fn = _learning_rate_decay_fn
```

---

*   Learning Rate Decay란 학습이 진행됨에 따라 점차적으로 러닝레이트 α를 감소시켜주는 기법을 말합니다.

07 | 손실 함수와 옵티마이저를 정의하고 tf.contrib.layers.optimize_loss API를 이용해서 최적화를 수행해서 파라미터를 업데이트하는 연산인 train_op을 선언합니다. 그리고 tf.train Saver() API를 이용해서 학습된 가중치와 바이어스를 저장하고 있는 체크포인트 ckpt 파일이 있다면 불러와서 restore합니다. 마지막으로 지금까지 선언한 연산들과 설정 값들을 인자로 전달하고 tf.contrib.slim.learning.train API를 호출해서 학습을 진행합니다.

```
73      # Set up the training ops.
74      train_op = tf.contrib.layers.optimize_loss(
75        loss=model.total_loss,
76        global_step=model.global_step,
77        learning_rate=learning_rate,
78        optimizer=training_config.optimizer,
79        clip_gradients=training_config.clip_gradients,
80        learning_rate_decay_fn=learning_rate_decay_fn)
81
82      # Set up the Saver for saving and restoring model checkpoints.
83      saver = tf.train.Saver(max_to_keep=training_config.max_checkpoints_to_keep)
84
85    # Run training.
86    tf.contrib.slim.learning.train(
87      train_op,
88      train_dir,
89      log_every_n_steps=FLAGS.log_every_n_steps,
90      graph=g,
91      global_step=model.global_step,
92      number_of_steps=FLAGS.number_of_steps,
93      init_fn=model.init_fn,
94      saver=saver)
```

이제 train.py 파일의 소스 코드를 다 살펴보았습니다. 다음으로 그래프 구조를 정의하는 show_and_tell_model.py 파일을 살펴봅시다.

9.4.2 show_and_tell_model.py

show_and_tell_model.py 파일은 ShowAndTellModel 클래스를 정의해서 이미지 캡
셔닝을 위한 CNN+RNN 구조인 Show and Tell 모델 그래프를 구현합니다. 먼저 show_
and_tell_model.py 전체 코드를 한눈에 살펴봅시다.

```
1    """Image-to-text implementation based on http://arxiv.org/abs/1411.4555.
2    "Show and Tell: A Neural Image Caption Generator"
3    Oriol Vinyals, Alexander Toshev, Samy Bengio, Dumitru Erhan
4    """
5
6    from _future_ import absolute_import
7    from _future_ import division
8    from _future_ import print_function
9
10
11   import tensorflow as tf
12
13   from im2txt.ops import image_embedding
14   from im2txt.ops import image_processing
15   from im2txt.ops import inputs as input_ops
16
17
18   class ShowAndTellModel(object):
19     """Image-to-text implementation based on http://arxiv.org/abs/1411.4555.
20     "Show and Tell: A Neural Image Caption Generator"
21     Oriol Vinyals, Alexander Toshev, Samy Bengio, Dumitru Erhan
22     """
23
24     def _init_ (self, config, mode, train_inception=False):
25     """Basic setup.
26     Args:
27       config: Object containing configuration parameters.
28       mode: "train", "eval" or "inference".
29       train_inception: Whether the inception submodel variables are trainable.
30     """
31     assert mode in ["train", "eval", "inference"]
32     self.config = config
33     self.mode = mode
```

```python
34        self.train_inception = train_inception
35
36        # Reader for the input data.
37        self.reader = tf.TFRecordReader()
38
39        # To match the "Show and Tell" paper we initialize all variables with a
40        # random uniform initializer.
41        self.initializer = tf.random_uniform_initializer(
42          minval=-self.config.initializer_scale,
43          maxval=self.config.initializer_scale)
44
45        # A float32 Tensor with shape [batch_size, height, width, channels].
46        self.images = None
47
48         # An int32 Tensor with shape [batch_size, padded_length].
49        self.input_seqs = None
50
51        # An int32 Tensor with shape [batch_size, padded_length].
52        self.target_seqs = None
53
54        # An int32 0/1 Tensor with shape [batch_size, padded_length].
55        self.input_mask = None
56
57        # A float32 Tensor with shape [batch_size, embedding_size].
58        self.image_embeddings = None
59
60        # A float32 Tensor with shape [batch_size, padded_length, embedding_size].
61        self.seq_embeddings = None
62
63        # A float32 scalar Tensor; the total loss for the trainer to optimize.
64        self.total_loss = None
65
66        # A float32 Tensor with shape [batch_size * padded_length].
67        self.target_cross_entropy_losses = None
68
69        # A float32 Tensor with shape [batch_size * padded_length].
70        self.target_cross_entropy_loss_weights = None
71
72        # Collection of variables from the inception submodel.
73        self.inception_variables = [ ]
```

```
74
75      # Function to restore the inception submodel from checkpoint.
76      self.init_fn = None
77
78      # Global step Tensor.
79      self.global_step = None
80
81      def is_training(self):
82        """Returns true if the model is built for training mode."""
83        return self.mode == "train"
84
85      def process_image(self, encoded_image, thread_id=0):
86        """Decodes and processes an image string.
87        Args:
88        encoded_image: A scalar string Tensor; the encoded image.
89        thread_id: Preprocessing thread id used to select the ordering of color
90        distortions.
91
92        Returns:
93        A float32 Tensor of shape [height, width, 3]; the processed image.
94        """
95        return image_processing.process_image(encoded_image,
96                                     is_training=self.is_training(),
97                                     height=self.config.image_height,
98                                     width=self.config.image_width,
99                                     thread_id=thread_id,
100                                    image_format=self.config.image_format)
101
102     def build_inputs(self):
103       """Input prefetching, preprocessing and batching.
104       Outputs:
105       self.images
106       self.input_seqs
107       self.target_seqs (training and eval only)
108       self.input_mask (training and eval only)
109       """
110     if self.mode == "inference":
111       # In inference mode, images and inputs are fed via placeholders.
112       image_feed = tf.placeholder(dtype=tf.string, shape=[], name="image_feed")
113       input_feed = tf.placeholder(dtype=tf.int64,
```

```
114                          shape=[None], # batch_size
115                          name="input_feed")
116
117        # Process image and insert batch dimensions.
118        images = tf.expand_dims(self.process_image(image_feed), 0)
119        input_seqs = tf.expand_dims(input_feed, 1)
120
121        # No target sequences or input mask in inference mode.
122        target_seqs = None
123        input_mask = None
124      else:
125        # Prefetch serialized SequenceExample protos.
126        input_queue = input_ops.prefetch_input_data(
127          self.reader,
128          self.config.input_file_pattern,
129          is_training=self.is_training(),
130          batch_size=self.config.batch_size,
131          values_per_shard=self.config.values_per_input_shard,
132          input_queue_capacity_factor=self.config.input_queue_capacity_factor,
133          num_reader_threads=self.config.num_input_reader_threads)
134
135        # Image processing and random distortion. Split across mulmeele threads
136        # with each thread applying a slightly different distortion.
137        assert self.config.num_preprocess_threads % 2 == 0
138        images_and_captions = [ ]
139        for thread_id in range(self.config.num_preprocess_threads):
140          serialized_sequence_example = input_queue.dequeue()
141          encoded_image, caption = input_ops.parse_sequence_example(
142            serialized_sequence_example,
143            image_feature=self.config.image_feature_name,
144            caption_feature=self.config.caption_feature_name)
145        image = self.process_image(encoded_image, thread_id=thread_id)
146        images_and_captions.append([image, caption])
147
148        #Batch inputs.
149        queue_capacity = (2 * self.config.num_preprocess_threads *
150                          self.config.batch_size)
151        images, input_seqs, target_seqs, input_mask = (
152          input_ops.batch_with_dynamic_pad(images_and_captions,
153                                  batch_size=self.config.batch_size,
```

```
154                                          queue_capacity=queue_capacity))
155
156        self.images = images
157        self.input_seqs = input_seqs
158        self.target_seqs = target_seqs
159        self.input_mask = input_mask
160
161    def build_image_embeddings(self):
162        """Builds the image model subgraph and generates image embeddings.
163        Inputs:
164        self.images
165        Outputs:
166        self.image_embeddings
167        """
168        inception_output = image_embedding.inception_v3(
169            self.images,
170            trainable=self.train_inception,
171            is_training=self.is_training())
172        self.inception_variables = tf.get_collection(
173            tf.GraphKeys. GLOBAL_VARIABLES, scope="InceptionV3")
174
175        # Map inception output into embedding space.
176        with tf.variable_scope("image_embedding") as scope:
177        image_embeddings = tf.contrib.layers.fully_connected(
178            inputs=inception_output,
179            num_outputs=self.config.embedding_size,
180            activation_fn=None,
181            weights_initializer=self.initializer,
182            biases_initializer=None,
183            scope=scope)
184
185        # Save the embedding size in the graph.
186        tf.constant(self.config.embedding_size, name="embedding_size")
187
188        self.image_embeddings = image_embeddings
189
190    def build_seq_embeddings(self):
191        """Builds the input sequence embeddings.
192        Inputs:
193        self.input_seqs
```

```
194        Outputs:
195        self.seq_embeddings
196        """
197     with tf.variable_scope("seq_embedding"), tf.device("/cpu:0"):
198        embedding_map = tf.get_variable(
199        name="map",
200        shape=[self.config.vocab_size, self.config.embedding_size],
201        initializer=self.initializer)
202     seq_embeddings = tf.nn.embedding_lookup(embedding_map, self.input_seqs)
203
204     self.seq_embeddings = seq_embeddings
205
206     def build_model(self):
207        """Builds the model.
208        Inputs:
209          self.image_embeddings
210          self.seq_embeddings
211          self.target_seqs (training and eval only)
212          self.input_mask (training and eval only)
213        Outputs:
214          self.total_loss (training and eval only)
215          self.target_cross_entropy_losses (training and eval only)
216          self.target_cross_entropy_loss_weights (training and eval only)
217        """
218        # This LSTM cell has biases and outputs tanh(new_c) * sigmoid(o), but the
219        # modified LSTM in the "Show and Tell" paper has no biases and outputs
220        # new_c * sigmoid(o).
221        lstm_cell = tf.contrib.rnn.BasicLSTMCell(
222          num_units=self.config.num_lstm_units, state_is_tuple=True)
223        if self.mode == "train":
224          lstm_cell = tf.contrib.rnn.DropoutWrapper(
225            lstm_cell,
226            input_keep_prob=self.config.lstm_dropout_keep_prob,
227            output_keep_prob=self.config.lstm_dropout_keep_prob)
228
229        with tf.variable_scope("lstm", initializer=self.initializer) as lstm_scope:
230          # Feed the image embeddings to set the initial LSTM state.
231          zero_state = lstm_cell.zero_state(
232            batch_size=self.image_embeddings.get_shape()[0], dtype=tf.float32)
233          _, initial_state = lstm_cell(self.image_embeddings, zero_state)
```

```
234
235          # Allow the LSTM variables to be reused.
236          lstm_scope.reuse_variables()
237
238      if self.mode == "inference":
239          # In inference mode, use concatenated states for convenient feeding and
240          # fetching.
241          tf.concat(axis=1, values=initial_state, name="initial_state")
242
243          # Placeholder for feeding a batch of concatenated states.
244          state_feed = tf.placeholder(dtype=tf.float32,
245                                      shape=[None, sum(lstm_cell.state_size)],
246                                      name="state_feed")
247          state_tuple = tf.split(value=state_feed, num_or_size_splits=2, axis=1)
248
249          # Run a single LSTM step.
250          lstm_outputs, state_tuple = lstm_cell(
251              inputs=tf.squeeze(self.seq_embeddings, axis=[1]),
252              state=state_tuple)
253
254          # Concatentate the resulting state.
255          tf.concat(axis=1, values=state_tuple, name="state")
256      else:
257          # Run the batch of sequence embeddings through the LSTM.
258          sequence_length = tf.reduce_sum(self.input_mask, 1)
259          lstm_outputs, _ = tf.nn.dynamic_rnn(cell=lstm_cell,
260                                              inputs=self.seq_embeddings,
261                                              sequence_length=sequence_length,
262                                              initial_state=initial_state,
263                                              dtype=tf.float32,
264                                              scope=lstm_scope)
265
266      # Stack batches vertically.
267      lstm_outputs = tf.reshape(lstm_outputs, [-1, lstm_cell.output_size])
268
269      with tf.variable_scope("logits") as logits_scope:
270          logits = tf.contrib.layers.fully_connected(
271              inputs=lstm_outputs,
272              num_outputs=self.config.vocab_size,
273              activation_fn=None,
```

```
274              weights_initializer=self.initializer,
275              scope=logits_scope)
276
277      if self.mode == "inference":
278          tf.nn.softmax(logits, name="softmax")
279      else:
280          targets = tf.reshape(self.target_seqs, [-1])
281          weights = tf.to_float(tf.reshape(self.input_mask, [-1]))
282
283          # Compute losses.
284          losses = tf.nn.sparse_softmax_cross_entropy_with_logits(labels=targets,
285                                                          logits=logits)
286          batch_loss = tf.div(tf.reduce_sum(tf.multiply(losses, weights)),
287                              tf.reduce_sum(weights),
288                              name="batch_loss")
289          tf.losses.add_loss(batch_loss)
290          total_loss = tf.losses.get_total_loss()
291
292          # Add summaries.
293          tf.summary.scalar("losses/batch_loss", batch_loss)
294          tf.summary.scalar("losses/total_loss", total_loss)
295          for var in tf.trainable_variables():
296              tf.summary.histogram("parameters/" + var.op.name, var)
297
298          self.total_loss = total_loss
299          self.target_cross_entropy_losses = losses        # Used in evaluation.
300          self.target_cross_entropy_loss_weights = weights  # Used in evaluation.
301
302      def setup_inception_initializer(self):
303          """Sets up the function to restore inception variables from checkpoint."""
304          if self.mode != "inference":
305              # Restore inception variables only.
306              saver = tf.train.Saver(self.inception_variables)
307
308              def restore_fn(sess):
309                  tf.logging.info("Restoring Inception variables from checkpoint file %s",
310                                  self.config.inception_checkpoint_file)
311                  saver.restore(sess, self.config.inception_checkpoint_file)
312
313              self.init_fn = restore_fn
```

```
314
315    def setup_global_step(self):
316      """Sets up the global step Tensor."""
317      global_step = tf.Variable(
318        initial_value=0,
319        name="global_step",
320        trainable=False,
321        collections=[tf.GraphKeys.GLOBAL_STEP, tf.GraphKeys.GLOBAL_VARIABLES])
322
323      self.global_step = global_step
324
325    def build(self):
326      """Creates all ops for training and evaluation."""
327      self.build_inputs()
328      self.build_image_embeddings()
329      self.build_seq_embeddings()
330      self.build_model()
331      self.setup_inception_initializer()
332      self.setup_global_step()
```

01 | 먼저 python3와의 호환성을 위해서 future 패키지의 absolute_import, division, print_function 모듈을 임포트하고 텐서플로 라이브러리를 임포트합니다. 그리고 ops 폴더에 있는 유틸리티 모듈인 image_embedding, image_processing, inputs을 임포트합니다.

```
 6    from __future__ import absolute_import
 7    from __future__ import division
 8    from __future__ import print_function
 9
10
11    import tensorflow as tf
12
13    from im2txt.ops import image_embedding
14    from im2txt.ops import image_processing
15    from im2txt.ops import inputs as input_ops
```

02 | 이제 ShowAndTellModel 클래스를 생성하고, 클래스를 생성할 때 최초로 호출하는 생성자(__init__)를 정의합니다. 생성자에서 train.py에서 받아온 설정값들을 클래스의 멤버 변수로 지정합니다. 또한 받아온 train_inception 플래그가 True라면, Inception 네트워크까지 파라미터를 업데이트 합니다. 만약 False라면 LSTM 부분만 파라미터를 업데이트하는 학습을 진행합니다. 그리고 TFRecord 형태로 저장된 인풋 데이터를 읽어올 수 있는 tf.TFRecordReader를 선언합니다.

```python
18    class ShowAndTellModel(object):
19      """Image-to-text implementation based on http://arxiv.org/abs/1411.4555.
20      "Show and Tell: A Neural Image Caption Generator"
21      Oriol Vinyals, Alexander Toshev, Samy Bengio, Dumitru Erhan
22      """
23
24      def _init_ (self, config, mode, train_inception=False):
25      """Basic setup.
26      Args:
27        config: Object containing configuration parameters.
28        mode: "train", "eval" or "inference".
29        train_inception: Whether the inception submodel variables are trainable.
30      """
31      assert mode in ["train", "eval", "inference"]
32      self.config = config
33      self.mode = mode
34      self.train_inception = train_inception
35
36      # Reader for the input data.
37      self.reader = tf.TFRecordReader()
38
39      # To match the "Show and Tell" paper we initialize all variables with a
40      # random uniform initializer.
41      self.initializer = tf.random_uniform_initializer(
42        minval=-self.config.initializer_scale,
43        maxval=self.config.initializer_scale)
44
45      # A float32 Tensor with shape [batch_size, height, width, channels].
46      self.images = None
47
48      # An int32 Tensor with shape [batch_size, padded_length].
49      self.input_seqs = None
```

```
50
51        # An int32 Tensor with shape [batch_size, padded_length].
52        self.target_seqs = None
53
54        # An int32 0/1 Tensor with shape [batch_size, padded_length].
55        self.input_mask = None
56
57        # A float32 Tensor with shape [batch_size, embedding_size].
58        self.image_embeddings = None
59
60        # A float32 Tensor with shape [batch_size, padded_length, embedding_size].
61        self.seq_embeddings = None
62
63        # A float32 scalar Tensor; the total loss for the trainer to optimize.
64        self.total_loss = None
65
66        # A float32 Tensor with shape [batch_size * padded_length].
67        self.target_cross_entropy_losses = None
68
69        # A float32 Tensor with shape [batch_size * padded_length].
70        self.target_cross_entropy_loss_weights = None
71
72        # Collection of variables from the inception submodel.
73        self.inception_variables = [ ]
74
75        # Function to restore the inception submodel from checkpoint.
76        self.init_fn = None
77
78        # Global step Tensor.
79        self.global_step = None
```

03 다음으로 클래스에서 호출하는 함수들을 정의합니다. is_training 함수는 현재 상태가 트레이닝 과정인지 아닌지를 체크해서 Boolean 값을 리턴합니다. process_image 함수는 이미지의 id를 나타내는 스칼라값(예를 들어, 32 혹은 14 등)을 입력 받아 실제 이미지 데이터 형태인 [height, width, 3](RGB 컬러이미지)를 리턴해줍니다.

```
81      def is_training(self):
82          """Returns true if the model is built for training mode."""
83          return self.mode == "train"
84
85      def process_image(self, encoded_image, thread_id=0):
86          """Decodes and processes an image string.
87          Args:
88            encoded_image: A scalar string Tensor; the encoded image.
89            thread_id: Preprocessing thread id used to select the ordering of color
90            distortions.
91
92          Returns:
93            A float32 Tensor of shape [height, width, 3]; the processed image.
94          """
95          return image_processing.process_image(encoded_image,
96                                        is_training=self.is_training(),
97                                        height=self.config.image_height,
98                                        width=self.config.image_width,
99                                        thread_id=thread_id,
100                                       image_format=self.config.image_format)
101
```

04 이제 인풋과 관련된 변수들을 선언하는 build_inputs 함수를 살펴봅시다. build_inputs 함수는 인풋 데이터를 받아서 학습에 사용할 수 있는 형태로 만들어줍니다. 만약 Inference 모드라면 임의의 크기를 입력 받을 수 있는 플레이스홀더를 정의합니다. Inference 모드가 아니라면 인풋 데이터를 큐^{Queue} 형태로 만들고 큐에서 학습 데이터를 하나씩 꺼내서^{Dequeue} 쓰레드 번호에 따라 조금씩 다른 형태의 디스토션^{Distortion}을 적용하고 타겟 데이터를 불러와서 학습을 위한 변수 설정을 마무리합니다. 최종적으로 설정하는 변수들은 배치단위로 묶인 images, input_seqs, target_seqs, input_mask로 각각 캡셔닝에 사용할 인풋 이미지, 인풋 문장, 타겟 문장(인풋 문장을 한글자씩 뒤로 민 문장), 인풋 마스크(전체 문장 행렬에서 실제 단어가 들어있는 부분을 나타내는 Mask)입니다.

```
102     def build_inputs(self):
103         """Input prefetching, preprocessing and batching.
104         Outputs:
105         self.images
106         self.input_seqs
107         self.target_seqs (training and eval only)
108         self.input_mask (training and eval only)
109         """
110         if self.mode == "inference":
111             # In inference mode, images and inputs are fed via placeholders.
112             image_feed = tf.placeholder(dtype=tf.string, shape=[], name="image_feed")
113             input_feed = tf.placeholder(dtype=tf.int64,
114                                         shape=[None],  # batch_size
115                                         name="input_feed")
116
117             # Process image and insert batch dimensions.
118             images = tf.expand_dims(self.process_image(image_feed), 0)
119             input_seqs = tf.expand_dims(input_feed, 1)
120
121             # No target sequences or input mask in inference mode.
122             target_seqs = None
123             input_mask = None
124         else:
125             # Prefetch serialized SequenceExample protos.
126             input_queue = input_ops.prefetch_input_data(
127                 self.reader,
128                 self.config.input_file_pattern,
129                 is_training=self.is_training(),
130                 batch_size=self.config.batch_size,
131                 values_per_shard=self.config.values_per_input_shard,
132                 input_queue_capacity_factor=self.config.input_queue_capacity_factor,
133                 num_reader_threads=self.config.num_input_reader_threads)
134
135             # Image processing and random distortion. Split across mulmeele threads
136             # with each thread applying a slightly different distortion.
137             assert self.config.num_preprocess_threads % 2 == 0
138             images_and_captions = [ ]
139             for thread_id in range(self.config.num_preprocess_threads):
140                 serialized_sequence_example = input_queue.dequeue()
```

```
141        encoded_image, caption = input_ops.parse_sequence_example(
142          serialized_sequence_example,
143          image_feature=self.config.image_feature_name,
144          caption_feature=self.config.caption_feature_name)
145        image = self.process_image(encoded_image, thread_id=thread_id)
146        images_and_captions.append([image, caption])
147
148      #Batch inputs.
149      queue_capacity = (2 * self.config.num_preprocess_threads *
150                        self.config.batch_size)
151      images, input_seqs, target_seqs, input_mask = (
152        input_ops.batch_with_dynamic_pad(images_and_captions,
153                                batch_size=self.config.batch_size,
154                                queue_capacity=queue_capacity))
155
156      self.images = images
157      self.input_seqs = input_seqs
158      self.target_seqs = target_seqs
159      self.input_mask = input_mask
160
```

05 | 이미지 임베딩과 시퀀스 임베딩을 수행하는 image_embedding, build_seq_em-
beddings 함수를 정의합니다. image_embedding 함수는 2048 차원의 Inception v3
특징값 행렬을 512차원(=config.embedding_size)의 임베딩된 행렬로 변환시켜줍니다.
build_seq_embeddings 함수는 tf.nn.embedding_lookup API를 이용해서 12000차
원(=config.vocab_size)의 One-hot Encoding으로 표현된 행렬을 512차원(=config.
embedding_size)의 임베딩된 행렬로 변환시켜줍니다.

```
161    def build_image_embeddings(self):
162      """Builds the image model subgraph and generates image embeddings.
163      Inputs:
164      self.images
165      Outputs:
166      self.image_embeddings
167      """
168      inception_output = image_embedding.inception_v3(
169        self.images,
```

```
170              trainable=self.train_inception,
171              is_training=self.is_training())
172      self.inception_variables = tf.get_collection(
173          tf.GraphKeys. GLOBAL_VARIABLES, scope="InceptionV3")
174
175      # Map inception output into embedding space.
176      with tf.variable_scope("image_embedding") as scope:
177        image_embeddings = tf.contrib.layers.fully_connected(
178          inputs=inception_output,
179          num_outputs=self.config.embedding_size,
180          activation_fn=None,
181          weights_initializer=self.initializer,
182          biases_initializer=None,
183          scope=scope)
184
185      # Save the embedding size in the graph.
186      tf.constant(self.config.embedding_size, name="embedding_size")
187
188      self.image_embeddings = image_embeddings
189
190    def build_seq_embeddings(self):
191      """Builds the input sequence embeddings.
192      Inputs:
193      self.input_seqs
194      Outputs:
195      self.seq_embeddings
196      """
197    with tf.variable_scope("seq_embedding"), tf.device("/cpu:0"):
198      embedding_map = tf.get_variable(
199      name="map",
200      shape=[self.config.vocab_size, self.config.embedding_size],
201      initializer=self.initializer)
202    seq_embeddings = tf.nn.embedding_lookup(embedding_map, self.input_seqs)
203
204    self.seq_embeddings = seq_embeddings
```

06 | 이제 실제 Show and Tell 그래프 구조를 정의하는 build_model 함수를 살펴봅시다. 먼저 tf.contrib.rnn.BasicLSTMCell, tf.contrib.rnn.DropoutWrapper API를 이용해서 LSTM의 은닉층이 될 셀을 정의하고 각각의 셀에 드롭아웃을 적용합니다. 그리고 LSTM의 초기 state 값으로 Inception 모델에서 추출한 512차원으로 축소된 임베딩 값을 지정합니다. 그리고 tf.nn.dynamic_rnn API에 선언한 셀을 인자로 넘겨주고 LSTM 은닉층의 출력값을 lstm_outputs로 리턴받습니다. 리턴 받은 512차원(=lstm_cell.output_size)의 lstm_outputs을 tf.contrib.layers.fully_connected API를 이용해서 다시 12000차원(=config.vocab_size)으로 변환해서 현재 단어 다음에 올 적절한 단어에 대한 확신의 정도를 나타내는 Softmax 행렬값인 logits을 계산합니다. 마지막으로 tf.nn.sparse_softmax_cross_entropy_with_logits API를 이용해서 크로스 엔트로피 손실 함수를 정의합니다.

```
206    def build_model(self):
207        """Builds the model.
208        Inputs:
209          self.image_embeddings
210          self.seq_embeddings
211          self.target_seqs (training and eval only)
212          self.input_mask (training and eval only)
213        Outputs:
214          self.total_loss (training and eval only)
215          self.target_cross_entropy_losses (training and eval only)
216          self.target_cross_entropy_loss_weights (training and eval only)
217        """
218        # This LSTM cell has biases and outputs tanh(new_c) * sigmoid(o), but the
219        # modified LSTM in the "Show and Tell" paper has no biases and outputs
220        # new_c * sigmoid(o).
221        lstm_cell = tf.contrib.rnn.BasicLSTMCell(
222            num_units=self.config.num_lstm_units, state_is_tuple=True)
223        if self.mode == "train":
224            lstm_cell = tf.contrib.rnn.DropoutWrapper(
225              lstm_cell,
226              input_keep_prob=self.config.lstm_dropout_keep_prob,
227              output_keep_prob=self.config.lstm_dropout_keep_prob)
228
229        with tf.variable_scope("lstm", initializer=self.initializer) as lstm_scope:
```

```
230          # Feed the image embeddings to set the initial LSTM state.
231          zero_state = lstm_cell.zero_state(
232          batch_size=self.image_embeddings.get_shape()[0], dtype=tf.float32)
233          _, initial_state = lstm_cell(self.image_embeddings, zero_state)
234
235      # Allow the LSTM variables to be reused.
236      lstm_scope.reuse_variables()
237
238      if self.mode == "inference":
239          # In inference mode, use concatenated states for convenient feeding and
240          # fetching.
241          tf.concat(axis=1, values=initial_state, name="initial_state")
242
243          # Placeholder for feeding a batch of concatenated states.
244          state_feed = tf.placeholder(dtype=tf.float32,
245                                     shape=[None, sum(lstm_cell.state_size)],
246                                     name="state_feed")
247          state_tuple = tf.split(value=state_feed, num_or_size_splits=2, axis=1)
248
249          # Run a single LSTM step.
250          lstm_outputs, state_tuple = lstm_cell(
251              inputs=tf.squeeze(self.seq_embeddings, axis=[1]),
252              state=state_tuple)
253
254          # Concatentate the resulting state.
255          tf.concat(axis=1, values=state_tuple, name="state")
256      else:
257          # Run the batch of sequence embeddings through the LSTM.
258          sequence_length = tf.reduce_sum(self.input_mask, 1)
259          lstm_outputs, _ = tf.nn.dynamic_rnn(cell=lstm_cell,
260                                             inputs=self.seq_embeddings,
261                                             sequence_length=sequence_length,
262                                             initial_state=initial_state,
263                                             dtype=tf.float32,
264                                             scope=lstm_scope)
265
266      # Stack batches vertically.
267      lstm_outputs = tf.reshape(lstm_outputs, [-1, lstm_cell.output_size])
268
269      with tf.variable_scope("logits") as logits_scope:
```

```
270        logits = tf.contrib.layers.fully_connected(
271            inputs=lstm_outputs,
272            num_outputs=self.config.vocab_size,
273            activation_fn=None,
274            weights_initializer=self.initializer,
275            scope=logits_scope)
276
277        if self.mode == "inference":
278            tf.nn.softmax(logits, name="softmax")
279        else:
280            targets = tf.reshape(self.target_seqs, [-1])
281            weights = tf.to_float(tf.reshape(self.input_mask, [-1]))
282
283            # Compute losses.
284            losses = tf.nn.sparse_softmax_cross_entropy_with_logits(labels=targets,
285                                                                     logits=logits)
286            batch_loss = tf.div(tf.reduce_sum(tf.multiply(losses, weights)),
287                                tf.reduce_sum(weights),
288                                name="batch_loss")
289            tf.losses.add_loss(batch_loss)
290            total_loss = tf.losses.get_total_loss()
291
292            # Add summaries.
293            tf.summary.scalar("losses/batch_loss", batch_loss)
294            tf.summary.scalar("losses/total_loss", total_loss)
295            for var in tf.trainable_variables():
296                tf.summary.histogram("parameters/" + var.op.name, var)
297
298            self.total_loss = total_loss
299            self.target_cross_entropy_losses = losses          # Used in evaluation.
300            self.target_cross_entropy_loss_weights = weights   # Used in evaluation.
```

07 | Inception v3 체크 포인트 파일을 읽어서 파라미터를 초기화하는 setup_incep-
tion_initializer 함수를 정의합니다. 마지막으로 현재까지 학습한 횟수를 나타내는 glob-
al_step 변수를 선언하는 global_step 함수를 정의합니다.

```
302        def setup_inception_initializer(self):
303            """Sets up the function to restore inception variables from checkpoint."""
304            if self.mode != "inference":
305                # Restore inception variables only.
306                saver = tf.train.Saver(self.inception_variables)
307
308                def restore_fn(sess):
309                    tf.logging.info("Restoring Inception variables from checkpoint file %s",
310                                    self.config.inception_checkpoint_file)
311                    saver.restore(sess, self.config.inception_checkpoint_file)
312
313                self.init_fn = restore_fn
314
315        def setup_global_step(self):
316            """Sets up the global step Tensor."""
317            global_step = tf.Variable(
318                initial_value=0,
319                name="global_step",
320                trainable=False,
321                collections=[tf.GraphKeys.GLOBAL_STEP, tf.GraphKeys.GLOBAL_VARIABLES])
322
323            self.global_step = global_step
```

08 | 이제 지금까지 정의한 함수들을 순차적으로 호출해서 그래프를 구현하고 메모리에 올리는 build 함수를 정의합니다.

```
325        def build(self):
326            """Creates all ops for training and evaluation."""
327            self.build_inputs()
328            self.build_image_embeddings()
329            self.build_seq_embeddings()
330            self.build_model()
331            self.setup_inception_initializer()
332            self.setup_global_step()
```

여기까지 show_and_tell.py 파일을 살펴보았습니다. 다음으로 학습이 끝난 후 샘플링을 수행하고 이미지에 대한 캡셔닝을 수행하는 run_inference.py를 살펴봅시다.

9.4.3 run_inference.py

트레이닝이 끝나면 run_inference.py 파일을 이용해서 실제 이미지 데이터에 대한 캡셔

닝을 수행할 수 있습니다. run_inference.py 파일을 살펴봅시다.

```
1    """Generate captions for images using default beam search parameters."""
2
3    from __future__ import absolute_import
4    from __future__ import division
5    from __future__ import print_function
6
7    import math
8    import os
9
10
11   import tensorflow as tf
12
13   from im2txt import configuration
14   from im2txt import inference_wrapper
15   from im2txt.inference_utils import caption_generator
16   from im2txt.inference_utils import vocabulary
17
18   FLAGS = tf.flags.FLAGS
19
20   tf.flags.DEFINE_string("checkpoint_path", "",
21                          "Model checkpoint file or directory containing a "
22                          "model checkpoint file.")
23   tf.flags.DEFINE_string("vocab_file", "", "Text file containing the vocabulary.")
24   tf.flags.DEFINE_string("input_files", "",
25                          "File pattern or comma-separated list of file patterns "
26                          "of image files.")
27
28   tf.logging.set_verbosity(tf.logging.INFO)
29
30   def main(_):
31     # Build the inference graph.
32     g = tf.Graph()
33     with g.as_default():
34       model = inference_wrapper.InferenceWrapper()
```

```python
35      restore_fn = model.build_graph_from_config(configuration.ModelConfig(),
36                                        FLAGS.checkpoint_path)
37    g.finalize()
38
39    # Create the vocabulary.
40    vocab = vocabulary.Vocabulary(FLAGS.vocab_file)
41
42    filenames = []
43    for file_pattern in FLAGS.input_files.split(","):
44      filenames.extend(tf.gfile.Glob(file_pattern))
45    tf.logging.info("Running caption generation on %d files matching %s",
46                  len(filenames), FLAGS.input_files)
47
48    with tf.Session(graph=g) as sess:
49      # Load the model from checkpoint.
50      restore_fn(sess)
51
52      # Prepare the caption generator. Here we are implicitly using the default
53      # beam search parameters. See caption_generator.py for a description of the
54      # available beam search parameters.
55      generator = caption_generator.CaptionGenerator(model, vocab)
56
57      for filename in filenames:
58        with tf.gfile.GFile(filename, "rb") as f:
59          image = f.read()
60        captions = generator.beam_search(sess, image)
61        print("Captions for image %s:" % os.path.basename(filename))
62        for i, caption in enumerate(captions):
63          # Ignore begin and end words.
64          sentence = [vocab.id_to_word(w) for w in caption.sentence[1:-1]]
65          sentence = " ".join(sentence)
66          print("%d) %s (p=%f)" % (i, sentence, math.exp(caption.logprob)))
67
68
69  if __name__ == "__main__":
70    tf.app.run()
```

01 | 역시 처음에는 Python3와의 호환성을 위한 future 패키지와 텐서플로 라이브러리 및 필요한 모듈을 임포트합니다.

```
3    from __future__ import absolute_import
4    from __future__ import division
5    from __future__ import print_function
6
7    import math
8    import os
9
10
11   import tensorflow as tf
12
13   from im2txt import configuration
14   from im2txt import inference_wrapper
15   from im2txt.inference_utils import caption_generator
16   from im2txt.inference_utils import vocabulary
```

02 | 학습에 필요한 설정을 tf.flags.FLAGS API를 이용해서 FLAGS에 선언합니다. 트레이닝이 끝난 가중치와 바이어스를 저장하고 있는 ckpt 파일 경로를 나타내는 checkpoint_path, 학습에 사용한 어휘들을 저장하고 있는 vocab_file, 캡셔닝을 진행할 이미지 파일인 input_files를 설정하고 텐서플로 라이브러리의 로깅 레벨을 INFO로 설정합니다.

```
20   tf.flags.DEFINE_string("checkpoint_path", "",
21                          "Model checkpoint file or directory containing a "
22                          "model checkpoint file.")
23   tf.flags.DEFINE_string("vocab_file", "", "Text file containing the vocabulary.")
24   tf.flags.DEFINE_string("input_files", "",
25                          "File pattern or comma-separated list of file patterns "
26                          "of image files.")
27
28   tf.logging.set_verbosity(tf.logging. INFO)
```

03 | 다음으로 if __name__ == "__main__": 블록에서 tf.app.run() 함수를 호출합니다. 앞에서 한번 설명했듯이, tf.app.run() 함수는 특별한 설정이 없으면 main으로 정의된 함수를 호출합니다.

```
69    if __name__ == "__main__":
70      tf.app.run()
```

04 | 이제 main 함수를 살펴봅시다. model.build_graph_from_config 함수를 이용해서
그래프를 생성하고 저장된 ckpt 파일로부터 그래프의 가중치와 바이어스를 읽어옵니다.
그리고 FLAGS.vocab_file 파일로부터 Vocabulary 집합을 읽어옵니다. 그래프를 선언한
이후에 세션을 열어서 caption_generator.CaptionGenerator로 캡션 생성 그래프를
만들고, generator.beam_search를 호출해서 캡셔닝할 이미지를 그래프의 인풋으로 넣
어주면 Beam Search*를 이용해서 가장 그럴듯한 설명문을 생성해줍니다.

```
30    def main(_):
31      # Build the inference graph.
32      g = tf.Graph()
33      with g.as_default():
34        model = inference_wrapper.InferenceWrapper()
35        restore_fn = model.build_graph_from_config(configuration.ModelConfig(),
36                                                    FLAGS.checkpoint_path)
37      g.finalize()
38
39      # Create the vocabulary.
40      vocab = vocabulary.Vocabulary(FLAGS.vocab_file)
41
42      filenames = []
43      for file_pattern in FLAGS.input_files.split(","):
44        filenames.extend(tf.gfile.Glob(file_pattern))
45      tf.logging.info("Running caption generation on %d files matching %s",
46                      len(filenames), FLAGS.input_files)
47
48      with tf.Session(graph=g) as sess:
49        # Load the model from checkpoint.
50        restore_fn(sess)
51
```

....

* Beam Search는 8.6장에서 Char-RNN의 샘플링 과정에서 살펴본 argmax 샘플링 기법을 좀 더 발전 시킨 기법입니다. 구체적으로, 다
  음 단어를 예측 할 때 이전 단어를 인풋으로 넣고 출력된 Softmax 행렬에서 가장 높은 확률을 가진 1개의 단어를 argmax로 취해서 다
  음에 올 단어로 확정하는 것이 아니라, Softmax 행렬에서 확률이 높은 k개의 Beam을 다음에 올 수 있는 단어로 고려해서 탐색을 진행
  하는 기법을 의미합니다. 따라서 Beam Search를 이용할 경우 단순한 argmax 샘플링보다 더 다양한 경우의 수를 탐색할 수 있습니다.

```
52      # Prepare the caption generator. Here we are implicitly using the default
53      # beam search parameters. See caption_generator.py for a description of the
54      # available beam search parameters.
55      generator = caption_generator.CaptionGenerator(model, vocab)
56
57      for filename in filenames:
58        with tf.gfile.GFile(filename, "rb") as f:
59          image = f.read()
60        captions = generator.beam_search(sess, image)
61        print("Captions for image %s:" % os.path.basename(filename))
62        for i, caption in enumerate(captions):
63          # Ignore begin and end words.
64          sentence = [vocab.id_to_word(w) for w in caption.sentence[1:-1]]
65          sentence = " ".join(sentence)
66          print("%d) %s (p=%f)" % (i, sentence, math.exp(caption.logprob)))
```

run_inference.py 코드를 실행하면 아래와 같이 인풋 이미지에 대한 캡셔닝을 수행한 출력 결과를 터미널창에서 확인할 수 있습니다.

출력 결과

```
Captions for image COCO_val2014_000000224477.jpg:
  0) a man riding a wave on top of a surfboard . (p=0.040413)
  1) a person riding a surf board on a wave (p=0.017452)
  2) a man riding a wave on a surfboard in the ocean . (p=0.005743)
```

그림 9-4 | 캡셔닝을 진행한 예제 MS COCO 이미지(COCO_val2014_000000224477.jpg)

9.5 정리

이번 장에서 배운 내용을 정리해봅시다. 이번 장에서는 CNN과 RNN을 결합한 Show and Tell 모델을 이용해서 이미지 캡셔닝 문제를 해결해보았습니다. 구체적으로

1. 이미지 캡셔닝 문제의 정의와 이미지 캡셔닝 데이터셋인 MS-COCO 데이터셋을 살펴보았습니다.
2. CNN과 RNN을 결합한 Show and Tell 모델을 이용해서 이미지 캡셔닝 문제를 해결하는 방법을 살펴보았습니다.
3. Show and Tell 모델을 구현한 im2txt GitHub 저장소의 코드와 큰 규모의 딥러닝 소스 코드가 어떤 구조로 구성되는지를 살펴보았습니다.

다음 장에서는 딥러닝을 이용해서 Semantic Image Segmentation 문제를 해결하는 방법을 살펴봅시다.

Semantic Image Segmentation

Semantic Image Segmentation

10.1 Semantic Image Segmentation 개념

이번 장에서는 대표적인 컴퓨터 비전 문제 중 하나인 Semantic Image Segmentation에 대해 살펴봅시다. **Semantic Image Segmentation**은 원본 이미지를 의미 있는 부분끼리 묶어서 분할하는 기법입니다. 좀 더 엄밀히 말해서 픽셀 단위 분류^{Classification}를 진행합니다. 그림 10-1은 Semantic Image Segmentation 예제를 보여줍니다. 원본 이미지에서 각각의 픽셀들을 노트북, 책상, 노트북 충전선, 물컵 등의 레이블로 분류했습니다.

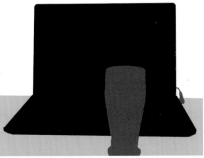

그림 10-1 | Semantic Image Segmentation

Semantic Image Segmentation은 이미지의 전체 픽셀을 올바른 레이블로 분류해야 하기 때문에 전체 이미지를 하나의 레이블로 분류하는 단순한 **이미지 분류**^{Image Classification}보다 훨씬 어려운 문제로 볼 수 있습니다. Semantic Image Segmentation은 의료 영상에서 암세포 부분을 검출해내거나 도로 주행 이미지에서 차량이나 신호등 부분을 검출해내는 등 다양한 분야에 응용될 수 있습니다.

과거부터 다양한 컴퓨터 비전 기법을 이용해서 Semantic Image Segmentation을 문제를 해결해왔지만 최근에는 역시 딥러닝 기법을 이용해서 Semantic Image Segmentation을 수행하는 기법이 가장 좋은 성능을 보여주고 있습니다. 그림 10-2는 Semantic Image Segmentation 기법을 응용해서 뇌에서 뇌종양^{Brain Tumor}인 부분을 검출해내는 **Brain Tumor Segmentation** 기법의 예시를 보여줍니다.

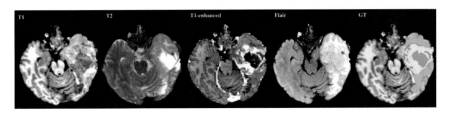

그림 10-2 | Semantic Image Segmentation을 이용한 Brain Tumor Segmentation

10.2 FCN^{Fully Convolutional Networks}

FCN^{Fully Convolutional Networks}는 Long, Jonathan, Evan Shelhamer, and Trevor Darrell이 2015년에 발표한 "Fully convolutional networks for semantic segmentation"라는 논문에서 제안된 구조로 기존의 이미지 분류를 위한 CNN 구조를 Semantic Image Segmentation 문제에 적합하게 수정한 CNN 네트워크입니다. 그림 10-3은 FCN의 구조를 보여줍니다.

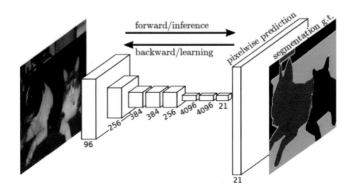

그림 10-3 | FCN의 구조

FCN 구조는 기존의 CNN 구조에서 다음 2가지 부분을 수정하였습니다.

❶ 기존 CNN의 **완전 연결층**^{Fully Connected Layer}**을 모두 1×1 컨볼루션층**^{Convolution Layer}**으로 변경**하였습니다. 따라서 네트워크 전체가 컨볼루션 형태이기 때문에 FCN^{Fully Convolutional Networks}이라고 부릅니다. 완전 연결층을 모두 1×1 컨볼루션으로 바꾸게 되면 최종 출력층은 인풋 이미지에 대한 레이블별 확신의 정도를 나타내는 Softmax 행렬이 아니라, 인풋 이미지에 대한 픽셀별 레이블링 결과^{Heatmap}를 출력하게 됩니다. 따라서 CNN 구조를 Semantic Image Segmentation에 사용할 수 있게 됩니다. 그림 10-4는 완전 연결층을 1×1 컨볼루션으로 변환한 결과를 보여줍니다.

❷ CNN의 마지막 층에 디컨볼루션^{Deconvolution(Transpose Convolution)}층을 추가해서 축소된 크기의 아웃풋^{Heatmap}을 원본 이미지 크기까지 다시 확대합니다. 이렇게 이미지의 크기를 확대하는 과정을 Upsampling이라고 부릅니다. 디컨볼루션은 컨볼루션의 반대되는 연산으로 컨볼루션이 원본 이미지에서 필터 크기에 대응되는 값을 모두

곱해서 더한 후 아웃풋 이미지의 하나의 값을 출력한다면, 디컨볼루션은 원본 이미지의 하나의 값을 필터 부분에 대응되는 값과 모두 곱해서 아웃풋 이미지의 필터 크기 값을 출력합니다. 따라서 컨볼루션의 결과로 차원이 축소된다면, 디컨볼루션의 결과로 차원이 확장됩니다.

그림 10-5는 디컨볼루션 과정을 보여줍니다.

> **MEMO**
>
> Deconvolution은 문헌에 따라서 Transpose Convolution, Backward Convolution, Fractionally Strided Convolution 등 다양한 이름으로 불립니다. 가장 많이 사용되는 용어는 Transpose Convolution입니다.

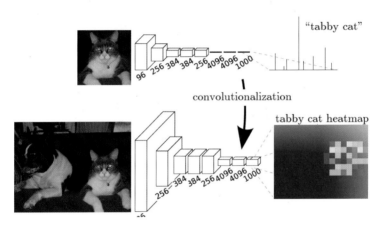

그림 10-4 | 완전 연결층을 1×1 컨볼루션으로 변경한 FCN

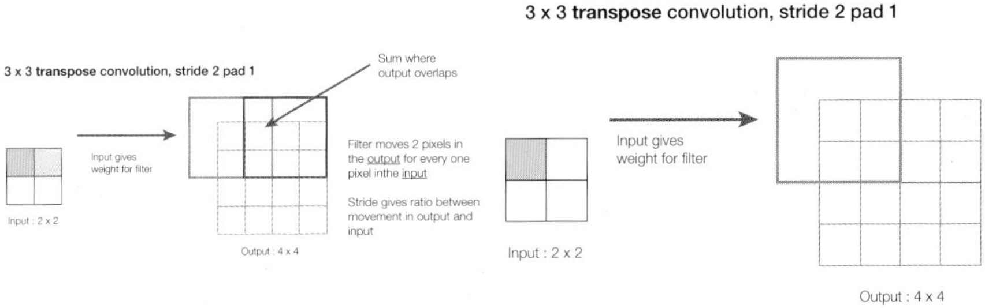

그림 10-5 | 디컨볼루션(Transpose Convolution)의 동작 과정

이에 더해서 FCN은 성능을 더욱 높이기 위해 Skip Layer Fusion 기법을 사용합니다. 그림 10-6은 Skip Layer Fusion 기법을 보여줍니다. **Skip Layer Fusion**은 3번째 풀링층(pool3)의 출력값과 4번째 풀링층(pool4)의 출력값, 그리고 7번째 컨볼루션층(conv7)의 출력값을 조합해서 최종 출력값을 만드는 기법입니다.

poo3, pool4, conv7의 출력값들의 특징을 비교하면 conv7의 출력값은 가장 정교하게 픽셀별 Labelling이 되어 있지만 출력 이미지의 크기가 원본 이미지의 1/32로 매우 작아진 상태입니다. 따라서 원본 이미지의 크기만큼 32배 확대하는 과정에서 정확도가 떨어지게 됩니다. 반대로 pool4는 conv7보다는 픽셀별 Labelling이 부정확한 상태지만 출력 이미지의 크기가 원본 이미지의 1/16인 상태입니다. 따라서 원본 이미지의 크기만큼 16배 확대하는 과정에서 conv7보다는 정확도가 조금 떨어지게됩니다. pool3도 마찬가지로 conv7, pool4보다는 픽셀별 Labelling이 부정확한 상태지만 출력 이미지의 크기가 원본 이미지의 1/8인 상태입니다. 따라서 원본 이미지의 크기만큼 8배 확대하는 과정에서 conv7, pool4보다는 정확도가 조금 떨어지게 됩니다.

Skip Layer Fusion은 pool3, pool4, conv7의 각각의 장점을 종합해서 픽셀별 Labelling 된 최종 출력 이미지를 만들게 됩니다. 이때 조합하는 형태에 따라 FCN-32s, FCN-16s, FCN-8s 3가지 형태의 출력값을 만들 수 있습니다.

FCN-32s는 conv7의 출력값을 32배 확대해서 최종 출력 이미지를 만듭니다. FCN-16s은 conv7의 출력값을 2배 확대한 이미지와 pool4 이미지의 픽셀 값을 모두 더해서 새로운 이미지를 만든 후에 이 이미지를 16배 확대해서 최종 출력 이미지를 만듭니다. FCN-8s은 conv7의 출력값을 4배 확대한 이미지와 pool4 이미지를 2배 확대한 이미지와 pool3 이미지의 픽셀 값을 모두 더해서 새로운 이미지를 만든 후 이 이미지를 8배 확대해서 최종 출력 이미지를 만듭니다.

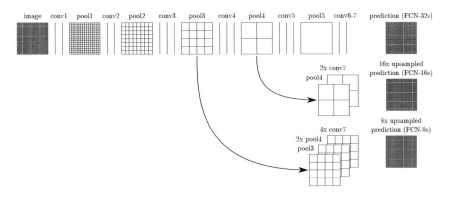

그림 10-6 | Skip Layer Fusion

그림 10-7은 FCN-32s, FCN-16s, FCN-8s 구조를 이용한 Semantic Image Segmentation 결과를 보여줍니다. conv7, pool4, pool3의 장점을 모두 종합한 FCN-8s의 구조가 가장 좋은 성능을 보여주는 모습을 확인할 수 있습니다.

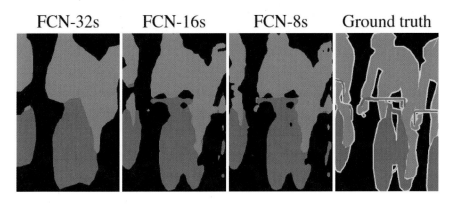

그림 10-7 | FCN-32s, FCN-16s, FCN-8s의 성능 비교

10.3 Semantic Image Segmentation을 위한 데이터셋 - MIT Scene Parsing

MIT Scene Parsing 데이터셋은 MIT에서 만든 Semantic Image Segmentation을 위한 데이터셋으로써 sky, road, grass, person, car, bed 등을 포함한 총 150개의 레이블로 픽셀을 분류합니다. 또한 데이터셋은 20,210장의 training 이미지, 2,000장의 validation 이미지로 구성됩니다. 그림 10-8은 MIT Scene Parsing 데이터셋 예시를 보여줍니다. 1번째 행은 로우raw 이미지, 2번째 행은 물체object를 annotation한 결과, 3번째 행은 물체의 부분object parts을 annotation한 결과입니다.

그림 10-8 | MIT Scene Parsing 데이터셋 예시

🔟④ FCN을 이용한 Semantic Image Segmentation 구현 – FCN.tensorflow

이제 텐서플로를 이용해서 FCN 구조를 구현해봅시다. FCN 구조를 텐서플로 라이브러리를 이용해서 구현한 GitHub 저장소 중에 가장 유명한 저장소는 Sarath Shekkizhar가 구현한 FCN.tensorflow입니다. FCN.tensorflow 소스 코드는 MIT 라이센스로 배포시 MIT 라이센스 사본을 첨부하는 제약 조건 아래 누구나 자유롭게 사용하고 수정할 수 있습니다. FCN.tensorflow GitHub 저장소 주소는 아래와 같습니다.

https://github.com/shekkizh/FCN.tensorflow

이번 장에서는 해당 저장소를 리팩토링하고 한글 주석을 추가한 이 책에서 사용하는 소스 코드들을 모아놓은 아래 저장소를 기준으로 설명을 진행합니다.

https://github.com/solaris33/deep-learning-tensorflow-book-code/tree/master/Ch10-Semantic_Image_Segmentation/FCN.tensorflow

FCN.tensorflow 저장소에 있는 코드들을 9장에서 배운 큰 규모의 딥러닝 소스 코드의 5가지 구조에 대응시키면 아래와 같습니다. FCN.tensorflow 소스 코드는 FCN.py에 Training, Evaluation, Model 정의, Test 과정이 모두 포함되어 있어서 앞서 배운 im2txt 코드보다는 간결한 구조입니다.

❶ 학습에 필요한 설정값들을 지정하고 학습을 진행하는 **Training 코드** – FCN.py
❷ 학습이 제대로 진행되고 있는지 체크할 수 있는 **Evaluation 코드** – FCN.py
❸ Training 코드에서 설정값들을 받아와서 실제 모델의 그래프 구조를 class 형태로 정의하는 **Model 코드** – FCN.py
❹ Training이 끝난 뒤 Prediction이나 Sampling을 수행하는 **Test 코드** – FCN.py
❺ 데이터를 읽고 전처리를 수행하거나 학습 결과를 출력하는 등의 Utility 함수들이 정의된 **Utility 코드** – TensorflowUtils.py, read_MITSceneParsingData.py, BatchDatsetReader.py

그럼 트레이닝을 진행하는 FCN.py 파일부터 코드를 천천히 살펴봅시다.

10.4.1 FCN.py

먼저 전체 코드를 한눈에 살펴봅시다.

```
1    from __future__ import print_function
2    import tensorflow as tf
3    import numpy as np
4    import datetime
5
6    import TensorflowUtils as utils
7    import read_MITSceneParsingData as scene_parsing
8    import BatchDatsetReader as dataset
9
10   # 학습에 필요한 설정값들을 tf.flag.FLAGS로 지정합니다.
11   FLAGS = tf.flags.FLAGS
12   tf.flags.DEFINE_integer("batch_size", "2", "batch size for training")
13   tf.flags.DEFINE_string("logs_dir", "logs/", "path to logs directory")
14   tf.flags.DEFINE_string("data_dir", "Data_zoo/MIT_SceneParsing/", "path to dataset")
15   tf.flags.DEFINE_float("learning_rate", "5e-5", "Learning rate for Adam Optimizer")
16   tf.flags.DEFINE_string("model_dir", "Model_zoo/", "Path to vgg model mat")
17   tf.flags.DEFINE_string('mode', "train", "Mode train/ visualize")
18
19   # VGG-19의 파라미터가 저장된 mat 파일(MATLAB 파일)을 받아올 경로를 지정합니다.
20   MODEL_URL = 'http://www.vlfeat.org/matconvnet/models/beta16/imagenet-vgg-verydeep-19.mat'
21
22   # 학습에 필요한 설정값들을 지정합니다.
23   MAX_ITERATION = int(100000 + 1)
24   NUM_OF_CLASSESS = 151   # 레이블 개수
25   IMAGE_SIZE = 224
26
27   # VGGNet 그래프 구조를 구축합니다.
28   def vgg_net(weights, image):
29     layers = (
30       'conv1_1', 'relu1_1', 'conv1_2', 'relu1_2', 'pool1',
31
32       'conv2_1', 'relu2_1', 'conv2_2', 'relu2_2', 'pool2',
33
34       'conv3_1', 'relu3_1', 'conv3_2', 'relu3_2', 'conv3_3',
35       'relu3_3', 'conv3_4', 'relu3_4', 'pool3',
36
```

```
37        'conv4_1', 'relu4_1', 'conv4_2', 'relu4_2', 'conv4_3',
38        'relu4_3', 'conv4_4', 'relu4_4', 'pool4',
39
40        'conv5_1', 'relu5_1', 'conv5_2', 'relu5_2', 'conv5_3',
41        'relu5_3', 'conv5_4', 'relu5_4'
42        )
43
44    net = {}
45    current = image
46    for i, name in enumerate(layers):
47        kind = name[:4]
48        # 컨볼루션층일 경우
49        if kind == 'convolution':
50            kernels, bias = weights[i][0][0][0][0]
51            # matconvnet: weights are [width, height, in_channels, out_channels]
52            # tensorflow: weights are [height, width, in_channels, out_channels]
53            # MATLAB 파일의 행렬 순서를 tensorflow 행렬의 순서로 변환합니다.
54            kernels = utils.get_variable(np.transpose(kernels, (1, 0, 2, 3)),
    name=name + "_w")
55            bias = utils.get_variable(bias.reshape(-1), name=name + "_b")
56            current = utils.conv2d_basic(current, kernels, bias)
57        # Activation층일 경우
58        elif kind == 'relu':
59            current = tf.nn.relu(current, name=name)
60        # 풀링층일 경우
61        elif kind == 'pool':
62            current = utils.avg_pool_2x2(current)
63        net[name] = current
64
65    return net
66
67 # FCN 그래프 구조를 정의합니다.
68 def inference(image, keep_prob):
69     """
70     FCN 그래프 구조 정의
71     arguments:
72     image: 인풋 이미지 0-255 사이의 값을 가지고 있어야합니다.
73     keep_prob: 드롭아웃에서 드롭하지 않을 노드의 비율
74     """
75     # 다운로드 받은 VGGNet을 불러옵니다.
```

```
76      print("setting up vgg initialized conv layers ...")
77      model_data = utils.get_model_data(FLAGS.model_dir, MODEL_URL)
78
79      mean = model_data['normalization'][0][0][0]
80      mean_pixel = np.mean(mean, axis=(0, 1))
81
82      weights = np.squeeze(model_data['layers'])
83
84      # 이미지에 Mean Normalization을 수행합니다.
85      processed_image = utils.process_image(image, mean_pixel)
86
87      with tf.variable_scope("inference"):
88          image_net = vgg_net(weights, processed_image)
89          # VGGNet의 conv5(conv5_3) 레이어를 불러옵니다.
90          conv_final_layer = image_net["conv5_3"]
91
92          # pool5를 정의합니다.
93          pool5 = utils.max_pool_2x2(conv_final_layer)
94
95          # conv6을 정의합니다.
96          W6 = utils.weight_variable([7, 7, 512, 4096], name="W6")
97          b6 = utils.bias_variable([4096], name="b6")
98          conv6 = utils.conv2d_basic(pool5, W6, b6)
99          relu6 = tf.nn.relu(conv6, name="relu6")
100         relu_dropout6 = tf.nn.dropout(relu6, keep_prob=keep_prob)
101
102         # conv7을 정의합니다. (1x1 conv)
103         W7 = utils.weight_variable([1, 1, 4096, 4096], name="W7")
104         b7 = utils.bias_variable([4096], name="b7")
105         conv7 = utils.conv2d_basic(relu_dropout6, W7, b7)
106         relu7 = tf.nn.relu(conv7, name="relu7")
107         relu_dropout7 = tf.nn.dropout(relu7, keep_prob=keep_prob)
108
109         # conv8을 정의합니다. (1x1 conv)
110         W8 = utils.weight_variable([1, 1, 4096, NUM_OF_CLASSESS], name="W8")
111         b8 = utils.bias_variable([NUM_OF_CLASSESS], name="b8")
112         conv8 = utils.conv2d_basic(relu_dropout7, W8, b8)
113
114         # FCN-8s를 위한 Skip Layers Fusion을 설정합니다.
115         # 이제 원본 이미지 크기로 Upsampling하기 위한 deconv 레이어를 정의합니다.
```

```
116        deconv_shape1 = image_net["pool4"].get_shape()
117        W_t1 = utils.weight_variable([4, 4, deconv_shape1[3].value, NUM_OF_
     CLASSESS], name="W_t1")
118        b_t1 = utils.bias_variable([deconv_shape1[3].value], name="b_t1")
119        # conv8의 이미지를 2배 확대합니다.
120        conv_t1 = utils.conv2d_transpose_strided(conv8, W_t1, b_t1, output_
     shape=tf.shape(image_net["pool4"]))
121        # 2x conv8과 pool4를 더해 fuse_1 이미지를 만듭니다.
122        fuse_1 = tf.add(conv_t1, image_net["pool4"], name="fuse_1")
123
124        deconv_shape2 = image_net["pool3"].get_shape()
125        W_t2 = utils.weight_variable([4, 4, deconv_shape2[3].value, deconv_
     shape1[3].value], name="W_t2")
126        b_t2 = utils.bias_variable([deconv_shape2[3].value], name="b_t2")
127        # fuse_1 이미지를 2배 확대합니다.
128        conv_t2 = utils.conv2d_transpose_strided(fuse_1, W_t2, b_t2, output_
     shape=tf.shape(image_net["pool3"]))
129        # 2x fuse_1과 pool3를 더해 fuse_2 이미지를 만듭니다.
130        fuse_2 = tf.add(conv_t2, image_net["pool3"], name="fuse_2")
131
132        shape = tf.shape(image)
133        deconv_shape3 = tf.stack([shape[0], shape[1], shape[2], NUM_OF_CLASSESS])
134        W_t3 = utils.weight_variable([16, 16, NUM_OF_CLASSESS, deconv_
     shape2[3].value], name="W_t3")
135        b_t3 = utils.bias_variable([NUM_OF_CLASSESS], name="b_t3")
136        # fuse_2 이미지를 8배 확대합니다.
137        conv_t3 = utils.conv2d_transpose_strided(fuse_2, W_t3, b_t3, output_
     shape=deconv_shape3, stride=8)
138
139        # 최종 prediction 결과를 결정하기 위해 마지막 activation들 중에서 argmax로
     최대값을 가진 activation을 추출합니다.
140        annotation_pred = tf.argmax(conv_t3, dimension=3, name="prediction")
141
142     return tf.expand_dims(annotation_pred, dim=3), conv_t3
143
144
145  def main(argv=None):
146     # 인풋 이미지와 타겟 이미지, 드롭아웃 확률을 받을 플레이스홀더를 정의합니다.
147     keep_probability = tf.placeholder(tf.float32, name="keep_probabilty")
148     image = tf.placeholder(tf.float32, shape=[None, IMAGE_SIZE, IMAGE_SIZE,
```

```
       3], name="input_image")
149    annotation = tf.placeholder(tf.int32, shape=[None, IMAGE_SIZE, IMAGE_
       SIZE, 1], name="annotation")
150
151    # FCN 그래프를 선언하고 TensorBoard를 위한 summary들을 지정합니다.
152    pred_annotation, logits = inference(image, keep_probability)
153    tf.summary.image("input_image", image, max_outputs=2)
154    tf.summary.image("ground_truth", tf.cast(annotation, tf.uint8), max_outputs=2)
155    tf.summary.image("pred_annotation", tf.cast(pred_annotation, tf.uint8), max_outputs=2)
156
157    # 손실 함수를 선언하고 손실 함수에 대한 summary를 지정합니다.
158    loss = tf.reduce_mean((tf.nn.sparse_softmax_cross_entropy_with_logits(logits=logits,
159    labels=tf.squeeze(annotation, squeeze_dims=[3]), name="entropy")))
160    tf.summary.scalar("entropy", loss)
161
162    # 옵티마이저를 선언하고 파라미터를 한스텝 업데이트하는 train_step 연산을 정의합니다.
163    optimizer = tf.train.AdamOptimizer(FLAGS.learning_rate)
164    train_step = optimizer.minimize(loss)
165
166    # TensorBoard를 위한 summary들을 하나로 merge합니다.
167    print("Setting up summary op...")
168    summary_op = tf.summary.merge_all()
169
170    # training 데이터와 validation 데이터의 개수를 불러옵니다.
171    print("Setting up image reader...")
172    train_records, valid_records = scene_parsing.read_dataset(FLAGS.data_dir)
173    print(len(train_records))
174    print(len(valid_records))
175
176    # training 데이터와 validation 데이터를 불러옵니다.
177    print("Setting up dataset reader")
178    image_options = {'resize': True, 'resize_size': IMAGE_SIZE}
179    if FLAGS.mode == 'train':
180       train_dataset_reader = dataset.BatchDatset(train_records, image_options)
181    validation_dataset_reader = dataset.BatchDatset(valid_records, image_options)
182
183    # 세션을 엽니다.
184    sess = tf.Session()
185
186    # 학습된 파라미터를 저장하기 위한 tf.train.Saver()와
```

```
187     # tensorboard summary들을 저장하기 위한 tf.summary.FileWriter를 선언합니다.
188     print("Setting up Saver...")
189     saver = tf.train.Saver()
190     summary_writer = tf.summary.FileWriter(FLAGS.logs_dir, sess.graph)
191
192     # 변수들을 초기화하고 저장된 ckpt 파일이 있으면 저장된 파라미터를 불러옵니다.
193     sess.run(tf.global_variables_initializer())
194     ckpt = tf.train.get_checkpoint_state(FLAGS.logs_dir)
195     if ckpt and ckpt.model_checkpoint_path:
196       saver.restore(sess, ckpt.model_checkpoint_path)
197       print("Model restored...")
198
199     if FLAGS.mode == "train":
200       for itr in range(MAX_ITERATION):
201         # 학습 데이터를 불러오고 feed_dict에 데이터를 지정합니다
202         train_images, train_annotations = train_dataset_reader.next_batch
    (FLAGS.batch_size)
203         feed_dict = {image: train_images, annotation: train_annotations,
    keep_probability: 0.85}
204
205         # train_step을 실행해서 파라미터를 한 스텝 업데이트합니다.
206         sess.run(train_step, feed_dict=feed_dict)
207
208         # 10회 반복마다 training 데이터 손실 함수를 출력합니다.
209         if itr % 10 == 0:
210           train_loss, summary_str = sess.run([loss, summary_op], feed_dict=feed_dict)
211           print("반복(Step): %d, Training 손실 함수(Train_loss):%g" % (itr, train_loss))
212           summary_writer.add_summary(summary_str, itr)
213
214         # 500회 반복마다 validation 데이터 손실 함수를 출력하고 학습된 모델의 파라미
    터를 model.ckpt 파일로 저장합니다.
215         if itr % 500 == 0:
216           valid_images, valid_annotations = validation_dataset_reader.next_
    batch(FLAGS.batch_size)
217           valid_loss = sess.run(loss, feed_dict={image: valid_images, annota-
    tion: valid_annotations, keep_probability: 1.0})
218           print("%s ---> Validation 손실 함수(Validation_loss): %g" % (datetime.
    datetime.now(), valid_loss))
219           saver.save(sess, FLAGS.logs_dir + "model.ckpt", itr)
220
```

```
221        elif FLAGS.mode == "visualize":
222            # validation data로 prediction을 진행합니다.
223            valid_images, valid_annotations = validation_dataset_reader.get_ran
       dom_batch(FLAGS.batch_size)
224            pred = sess.run(pred_annotation, feed_dict={image: valid_images, an
       notation: valid_annotations, keep_probability: 1.0})
225            valid_annotations = np.squeeze(valid_annotations, axis=3)
226            pred = np.squeeze(pred, axis=3)
227
228            # Input Data, Ground Truth, Prediction Result를 저장합니다.
229            for itr in range(FLAGS.batch_size):
230                utils.save_image(valid_images[itr].astype(np.uint8), FLAGS.logs_dir,
       name="inp_" + str(5+itr))
231                utils.save_image(valid_annotations[itr].astype(np.uint8), FLAGS.
       logs_dir, name="gt_" + str(5+itr))
232                utils.save_image(pred[itr].astype(np.uint8), FLAGS.logs_dir,
       name="pred_" + str(5+itr))
233                print("Saved image: %d" % itr)
234
235        # 세션을 닫습니다.
236        sess.close()
237
238    # main 함수를 실행합니다.
239    if __name__ == "__main__":
240        tf.app.run()
```

01 | 먼저 텐서플로와 필요한 라이브러리를 임포트합니다.

```
1    from __future__ import print_function
2    import tensorflow as tf
3    import numpy as np
4    import datetime
5
6    import TensorflowUtils as utils
7    import read_MITSceneParsingData as scene_parsing
8    import BatchDatsetReader as dataset
```

02 | 학습에 필요한 설정값들을 tf.flag.FLAGS API를 이용해서 지정합니다. 트레이닝에 사용할 배치 크기 batch_size, 텐서보드 로그를 저장할 경로 logs_dir, MIT_SceneParsing 데이터셋이 저장된 경로인 data_dir, 러닝 레이트 learning_rate, VGGNet 파라미터가 저장된 mat 파일 경로인 model_dir, 트레이닝을 진행할지 학습된 모델을 시각화할지를 결정하는 mode를 지정합니다.

```
10    # 학습에 필요한 설정값들을 tf.flag.FLAGS로 지정합니다.
11    FLAGS = tf.flags.FLAGS
12    tf.flags.DEFINE_integer("batch_size", "2", "batch size for training")
13    tf.flags.DEFINE_string("logs_dir", "logs/", "path to logs directory")
14    tf.flags.DEFINE_string("data_dir", "Data_zoo/MIT_SceneParsing/", "path to dataset")
15    tf.flags.DEFINE_float("learning_rate", "5e-5", "Learning rate for Adam Optimizer")
16    tf.flags.DEFINE_string("model_dir", "Model_zoo/", "Path to vgg model mat")
17    tf.flags.DEFINE_string('mode', "train", "Mode train/ visualize")
```

03 | 학습된 VGG-19 파라미터가 저장된 mat 파일을 다운받을 url 경로와 학습에 필요한 설정값들을 지정합니다.

```
19    # VGG-19의 파라미터가 저장된 mat 파일(MATLAB 파일)을 받아올 경로를 지정합니다.
20    MODEL_URL = 'http://www.vlfeat.org/matconvnet/models/beta16/imagenet-vgg-verydeep-19.mat'
21
22    # 학습에 필요한 설정값들을 지정합니다.
23    MAX_ITERATION = int(100000 + 1)
24    NUM_OF_CLASSESS = 151  # 레이블 개수
25    IMAGE_SIZE = 224
```

04 | 파라미터가 저장된 VGGNet의 mat 파일로부터 텐서플로 API를 이용해서 VGGNet 그래프를 구축하는 vgg_net 함수를 정의합니다.

```
27    # VGGNet 그래프 구조를 구축합니다.
28    def vgg_net(weights, image):
29      layers = (
30        'conv1_1', 'relu1_1', 'conv1_2', 'relu1_2', 'pool1',
31
32        'conv2_1', 'relu2_1', 'conv2_2', 'relu2_2', 'pool2',
```

```
33
34          'conv3_1', 'relu3_1', 'conv3_2', 'relu3_2', 'conv3_3',
35          'relu3_3', 'conv3_4', 'relu3_4', 'pool3',
36
37          'conv4_1', 'relu4_1', 'conv4_2', 'relu4_2', 'conv4_3',
38          'relu4_3', 'conv4_4', 'relu4_4', 'pool4',
39
40          'conv5_1', 'relu5_1', 'conv5_2', 'relu5_2', 'conv5_3',
41          'relu5_3', 'conv5_4', 'relu5_4'
42          )
43
44      net = {}
45      current = image
46      for i, name in enumerate(layers):
47          kind = name[:4]
48          # 컨볼루션층일 경우
49          if kind == 'convolution':
50              kernels, bias = weights[i][0][0][0][0]
51              # matconvnet: weights are [width, height, in_channels, out_channels]
52              # tensorflow: weights are [height, width, in_channels, out_channels]
53              # MATLAB 파일의 행렬 순서를 tensorflow 행렬의 순서로 변환합니다.
54              kernels = utils.get_variable(np.transpose(kernels, (1, 0, 2, 3)),
                    name=name + "_w")
55              bias = utils.get_variable(bias.reshape(-1), name=name + "_b")
56              current = utils.conv2d_basic(current, kernels, bias)
57          # Activation층일 경우
58          elif kind == 'relu':
59              current = tf.nn.relu(current, name=name)
60          # 풀링층일 경우
61          elif kind == 'pool':
62              current = utils.avg_pool_2x2(current)
63          net[name] = current
64
65      return net
```

05 │ FCN 그래프 구조를 생성하는 inference 함수를 정의합니다. VGGNet의 conv5에 conv6, conv7, conv8 층을 추가하고 deconv 층을 추가해서 Skip Layers Fusion을 구현합니다. 최종 prediction 결과를 결정하기 위해 마지막 activation들 중에서 argmax로 최대값을 가진 activation을 추출합니다.

```python
67     # FCN 그래프 구조를 정의합니다.
68     def inference(image, keep_prob):
69         """
70         FCN 그래프 구조 정의
71         arguments:
72         image: 인풋 이미지 0-255 사이의 값을 가지고 있어야합니다.
73         keep_prob: 드롭아웃에서 드롭하지 않을 노드의 비율
74         """
75         # 다운로드 받은 VGGNet을 불러옵니다.
76         print("setting up vgg initialized conv layers ...")
77         model_data = utils.get_model_data(FLAGS.model_dir, MODEL_URL)
78
79         mean = model_data['normalization'][0][0][0]
80         mean_pixel = np.mean(mean, axis=(0, 1))
81
82         weights = np.squeeze(model_data['layers'])
83
84         # 이미지에 Mean Normalization을 수행합니다.
85         processed_image = utils.process_image(image, mean_pixel)
86
87         with tf.variable_scope("inference"):
88             image_net = vgg_net(weights, processed_image)
89             # VGGNet의 conv5(conv5_3) 레이어를 불러옵니다.
90             conv_final_layer = image_net["conv5_3"]
91
92             # pool5를 정의합니다.
93             pool5 = utils.max_pool_2x2(conv_final_layer)
94
95             # conv6을 정의합니다.
96             W6 = utils.weight_variable([7, 7, 512, 4096], name="W6")
97             b6 = utils.bias_variable([4096], name="b6")
98             conv6 = utils.conv2d_basic(pool5, W6, b6)
99             relu6 = tf.nn.relu(conv6, name="relu6")
100            relu_dropout6 = tf.nn.dropout(relu6, keep_prob=keep_prob)
```

```
101
102          # conv7을 정의합니다. (1x1 conv)
103          W7 = utils.weight_variable([1, 1, 4096, 4096], name="W7")
104          b7 = utils.bias_variable([4096], name="b7")
105          conv7 = utils.conv2d_basic(relu_dropout6, W7, b7)
106          relu7 = tf.nn.relu(conv7, name="relu7")
107          relu_dropout7 = tf.nn.dropout(relu7, keep_prob=keep_prob)
108
109          # conv8을 정의합니다. (1x1 conv)
110          W8 = utils.weight_variable([1, 1, 4096, NUM_OF_CLASSESS], name="W8")
111          b8 = utils.bias_variable([NUM_OF_CLASSESS], name="b8")
112          conv8 = utils.conv2d_basic(relu_dropout7, W8, b8)
113
114          # FCN-8s를 위한 Skip Layers Fusion을 설정합니다.
115          # 이제 원본 이미지 크기로 Upsampling하기 위한 deconv 레이어를 정의합니다.
116          deconv_shape1 = image_net["pool4"].get_shape()
117          W_t1 = utils.weight_variable([4, 4, deconv_shape1[3].value, NUM_OF_
        CLASSESS], name="W_t1")
118          b_t1 = utils.bias_variable([deconv_shape1[3].value], name="b_t1")
119          # conv8의 이미지를 2배 확대합니다.
120          conv_t1 = utils.conv2d_transpose_strided(conv8, W_t1, b_t1, output_
        shape=tf.shape(image_net["pool4"]))
121          # 2x conv8과 pool4를 더해 fuse_1 이미지를 만듭니다.
122          fuse_1 = tf.add(conv_t1, image_net["pool4"], name="fuse_1")
123
124          deconv_shape2 = image_net["pool3"].get_shape()
125          W_t2 = utils.weight_variable([4, 4, deconv_shape2[3].value, deconv_
        shape1[3].value], name="W_t2")
126          b_t2 = utils.bias_variable([deconv_shape2[3].value], name="b_t2")
127          # fuse_1 이미지를 2배 확대합니다.
128          conv_t2 = utils.conv2d_transpose_strided(fuse_1, W_t2, b_t2, output_
        shape=tf.shape(image_net["pool3"]))
129          # 2x fuse_1과 pool3를 더해 fuse_2 이미지를 만듭니다.
130          fuse_2 = tf.add(conv_t2, image_net["pool3"], name="fuse_2")
131
132          shape = tf.shape(image)
133          deconv_shape3 = tf.stack([shape[0], shape[1], shape[2], NUM_OF_CLASSESS])
134          W_t3 = utils.weight_variable([16, 16, NUM_OF_CLASSESS, deconv_shape2[3].
        value], name="W_t3")
```

```
135    b_t3 = utils.bias_variable([NUM_OF_CLASSESS], name="b_t3")
136    # fuse_2 이미지를 8배 확대합니다.
137    conv_t3 = utils.conv2d_transpose_strided(fuse_2, W_t3, b_t3, output_
       shape=deconv_shape3, stride=8)
138
139    # 최종 prediction 결과를 결정하기 위해 마지막 activation들 중에서 argmax로
       최대값을 가진 activation을 추출합니다.
140    annotation_pred = tf.argmax(conv_t3, dimension=3, name="prediction")
141
142    return tf.expand_dims(annotation_pred, dim=3), conv_t3
```

06 | 이제 파이썬 스크립트를 실행하면 처음으로 호출되는 if __name__ == "__main__" 블럭을 살펴봅시다. if __name__ == "__main__" 블럭에서 tf.app.run()을 호출하고 tf.app.run() API는 특별한 지정이 없는한 main으로 정의된 함수를 호출합니다.

```
238    # main 함수를 실행합니다.
239    if __name__ = "__main__":
240        tf.app.run()
```

07 | main 함수를 정의하고, 인풋 이미지, 사람이 픽셀별로 레이블링한 타겟 데이터, 드롭아웃에서 드롭하지 않고 유지할 노드 비율을 받기 위한 플레이스홀더를 정의합니다.

```
145    def main(argv=None):
146        # 인풋 이미지와 타겟 이미지, 드롭아웃 확률을 받을 플레이스홀더를 정의합니다.
147        keep_probability = tf.placeholder(tf.float32, name="keep_probabilty")
148        image = tf.placeholder(tf.float32, shape=[None, IMAGE_SIZE, IMAGE_SIZE,
           3], name="input_image")
149        annotation = tf.placeholder(tf.int32, shape=[None, IMAGE_SIZE, IMAGE_
           SIZE, 1], name="annotation")
```

08 | inference 함수를 이용해서 FCN 그래프 구조를 생성하고, 인풋 이미지, Ground Truth 이미지, FCN이 예측한 이미지를 tf.summary.image API를 이용해서 로그로 남깁니다.

```
151    # FCN 그래프를 선언하고 TensorBoard를 위한 summary들을 지정합니다.
152    pred_annotation, logits = inference(image, keep_probability)
153    tf.summary.image("input_image", image, max_outputs=2)
154    tf.summary.image("ground_truth", tf.cast(annotation, tf.uint8), max_outputs=2)
155    tf.summary.image("pred_annotation", tf.cast(pred_annotation, tf.uint8), max_outputs=2)
```

09 | 손실 함수와 옵티마이저를 정의합니다. 또한 TensorBoard를 위해서 손실 함수값을 tf.summary.scalar API를 이용해서 로그로 기록합니다.

```
157    # 손실 함수를 선언하고 손실 함수에 대한 summary를 지정합니다.
158    loss = tf.reduce_mean((tf.nn.sparse_softmax_cross_entropy_with_logits(logits=logits,
159        labels=tf.squeeze(annotation, squeeze_dims=[3]), name="entropy")))
160    tf.summary.scalar("entropy", loss)
161
162    # 옵티마이저를 선언하고 파라미터를 한스텝 업데이트하는 train_step 연산을 정의합니다.
163    optimizer = tf.train.AdamOptimizer(FLAGS.learning_rate)
164    train_step = optimizer.minimize(loss)
```

10 | training 데이터와 validation 데이터를 불러오고 전체 데이터를 학습에 필요한 배치 개수만큼 묶습니다.

```
170    # training 데이터와 validation 데이터의 개수를 불러옵니다.
171    print("Setting up image reader...")
172    train_records, valid_records = scene_parsing.read_dataset(FLAGS.data_dir)
173    print(len(train_records))
174    print(len(valid_records))
175
176    # training 데이터와 validation 데이터를 불러옵니다.
177    print("Setting up dataset reader")
178    image_options = {'resize': True, 'resize_size': IMAGE_SIZE}
179    if FLAGS.mode == 'train':
180        train_dataset_reader = dataset.BatchDatset(train_records, image_options)
181    validation_dataset_reader = dataset.BatchDatset(valid_records, image_options)
```

11 | 그래프, 손실 함수, 옵티마이저를 모두 정의하였고, 이제 세션을 열어서 학습을 진행합니다. 학습된 파라미터를 저장하기 위한 tf.train.Saver()와 TensorBoard summary들을 저장하기 위한 tf.summary.FileWriter를 선언합니다. 변수들에 초기값을 할당하고, 학습된 파라미터가 저장된 ckpt 파일이 있으면 saver.restore로 저장된 파라미터를 불러옵니다.

```
183    # 세션을 엽니다.
184    sess = tf.Session()
185
186    # 학습된 파라미터를 저장하기 위한 tf.train.Saver()와
187    # tensorboard summary들을 저장하기 위한 tf.summary.FileWriter를 선언합니다.
188    print("Setting up Saver...")
189    saver = tf.train.Saver()
190    summary_writer = tf.summary.FileWriter(FLAGS.logs_dir, sess.graph)
191
192    # 변수들을 초기화하고 저장된 ckpt 파일이 있으면 저장된 파라미터를 불러옵니다.
193    sess.run(tf.global_variables_initializer())
194    ckpt = tf.train.get_checkpoint_state(FLAGS.logs_dir)
195    if ckpt and ckpt.model_checkpoint_path:
196      saver.restore(sess, ckpt.model_checkpoint_path)
197      print("Model restored...")
```

12 | train 모드일 경우, MAX_ITERATION(=100000)만큼 학습을 진행하고, 500회 반복마다 학습된 파라미터를 저장합니다. visualize 모드일 경우, 학습된 파라미터를 이용해서 예측을 진행하고, Input Data, Ground Truth, Prediction Result를 이미지 파일로 저장합니다. 마지막으로 학습이 종료되면 세션을 닫습니다.

```
199    if FLAGS.mode == "train":
200      for itr in range(MAX_ITERATION):
201        # 학습 데이터를 불러오고 feed_dict에 데이터를 지정합니다
202        train_images, train_annotations = train_dataset_reader.next_batch
       (FLAGS.batch_size)
203        feed_dict = {image: train_images, annotation: train_annotations,
       keep_probability: 0.85}
204
205        # train_step을 실행해서 파라미터를 한 스텝 업데이트합니다.
206        sess.run(train_step, feed_dict=feed_dict)
207
208        # 10회 반복마다 training 데이터 손실 함수를 출력합니다.
```

```
209        if itr % 10 == 0:
210            train_loss, summary_str = sess.run([loss, summary_op], feed_dict=feed_dict)
211            print("반복(Step): %d, Training 손실 함수(Train_loss):%g" % (itr, train_loss))
212            summary_writer.add_summary(summary_str, itr)
213
214        # 500회 반복마다 validation 데이터 손실 함수를 출력하고 학습된 모델의 파라미
    터를 model.ckpt 파일로 저장합니다.
215        if itr % 500 == 0:
216            valid_images, valid_annotations = validation_dataset_reader.next_
    batch(FLAGS.batch_size)
217            valid_loss = sess.run(loss, feed_dict={image: valid_images, annota-
    tion: valid_annotations, keep_probability: 1.0})
218            print("%s ---> Validation 손실 함수(Validation_loss): %g" % (datetime.
    datetime.now(), valid_loss))
219            saver.save(sess, FLAGS.logs_dir + "model.ckpt", itr)
220
221    elif FLAGS.mode == "visualize":
222        # validation data로 prediction을 진행합니다.
223        valid_images, valid_annotations = validation_dataset_reader.get_ran-
    dom_batch(FLAGS.batch_size)
224        pred = sess.run(pred_annotation, feed_dict={image: valid_images, an-
    notation: valid_annotations, keep_probability: 1.0})
225        valid_annotations = np.squeeze(valid_annotations, axis=3)
226        pred = np.squeeze(pred, axis=3)
227
228        # Input Data, Ground Truth, Prediction Result를 저장합니다.
229        for itr in range(FLAGS.batch_size):
230            utils.save_image(valid_images[itr].astype(np.uint8), FLAGS.logs_dir,
    name="inp_" + str(5+itr))
231            utils.save_image(valid_annotations[itr].astype(np.uint8), FLAGS.
    logs_dir, name="gt_" + str(5+itr))
232            utils.save_image(pred[itr].astype(np.uint8), FLAGS.logs_dir,
    name="pred_" + str(5+itr))
233            print("Saved image: %d" % itr)
234
235    # 세션을 닫습니다.
236    sess.close()
237
238 # main 함수를 실행합니다.
239 if __name__ == "__main__":
240    tf.app.run()
```

10.4.2 TensorflowUtils.py

다음으로 유틸리티 함수들이 정의된 TensorflowUtils.py 파일을 살펴봅시다.

```
1    # 모델 구현을 위한 유틸리티 함수들
2
3    import tensorflow as tf
4    import numpy as np
5    import scipy.misc as misc
6    import os, sys
7    from six.moves import urllib
8    import tarfile
9    import zipfile
10   import scipy.io
11
12   # VGGNet 파라미터가 저장된 mat 파일을 다운로드 받고 불러옵니다.
13   def get_model_data(dir_path, model_url):
14       maybe_download_and_extract(dir_path, model_url)
15       filename = model_url.split("/")[-1]
16       filepath = os.path.join(dir_path, filename)
17       if not os.path.exists(filepath):
18           raise IOError("VGG Model not found!")
19       data = scipy.io.loadmat(filepath)
20       return data
21
22   # dir_path에 url_name에서 다운받은 zip파일의 압축을 해제합니다.
23   def maybe_download_and_extract(dir_path, url_name, is_tarfile=False, is_
     zipfile=False):
24       if not os.path.exists(dir_path):
25           os.makedirs(dir_path)
26       filename = url_name.split('/')[-1]
27       filepath = os.path.join(dir_path, filename)
28       if not os.path.exists(filepath):
29           def _progress(count, block_size, total_size):
30               sys.stdout.write(
31                   '\r>> Downloading %s %.1f%%' % (filename, float(count * block_size) /
     float(total_size) * 100.0))
32               sys.stdout.flush()
33
```

```
34      filepath, _ = urllib.request.urlretrieve(url_name, filepath, report-
    hook=_progress)
35      print()
36      statinfo = os.stat(filepath)
37      print('Succesfully downloaded', filename, statinfo.st_size, 'bytes.')
38      if is_tarfile:
39        tarfile.open(filepath, 'r:gz').extractall(dir_path)
40      elif is_zipfile:
41        with zipfile.ZipFile(filepath) as zf:
42          zip_dir = zf.namelist()[0]
43          zf.extractall(dir_path)
44
45  # 이미지를 png 파일로 저장합니다.
46  def save_image(image, save_dir, name, mean=None):
47      """
48      만약 평균값을 argument로 받으면 평균값을 더한 뒤에 이미지를 저장하고, 아니면 바
    로 이미지를 저장합니다.
49      """
50      if mean:
51        image = unprocess_image(image, mean)
52      misc.imsave(os.path.join(save_dir, name + ".png"), image)
53
54  # 변수를 선언합니다.
55  def get_variable(weights, name):
56      init = tf.constant_initializer(weights, dtype=tf.float32)
57      var = tf.get_variable(name=name, initializer=init, shape=weights.shape)
58      return var
59
60  # weight를 선언합니다.
61  def weight_variable(shape, stddev=0.02, name=None):
62      initial = tf.truncated_normal(shape, stddev=stddev)
63      if name is None:
64        return tf.Variable(initial)
65      else:
66        return tf.get_variable(name, initializer=initial)
67
68  # bias를 선언합니다.
69  def bias_variable(shape, name=None):
70      initial = tf.constant(0.0, shape=shape)
```

```python
71      if name is None:
72        return tf.Variable(initial)
73      else:
74        return tf.get_variable(name, initializer=initial)
75
76    # 컨볼루션을 정의합니다.
77    def conv2d_basic(x, W, bias):
78      conv = tf.nn.conv2d(x, W, strides=[1, 1, 1, 1], padding="SAME")
79      return tf.nn.bias_add(conv, bias)
80
81    # 디컨볼루션(Transpose Convolution)을 정의합니다.
82    def conv2d_transpose_strided(x, W, b, output_shape=None, stride = 2):
83      # print x.get_shape()
84      # print W.get_shape()
85      if output_shape is None:
86        output_shape = x.get_shape().as_list()
87        output_shape[1] *= 2
88        output_shape[2] *= 2
89        output_shape[3] = W.get_shape().as_list()[2]
90      # print output_shape
91      conv = tf.nn.conv2d_transpose(x, W, output_shape, strides=[1, stride,
       stride, 1], padding="SAME")
92      return tf.nn.bias_add(conv, b)
93
94    # 2x2 max 풀링을 정의합니다.
95    def max_pool_2x2(x):
96      return tf.nn.max_pool(x, ksize=[1, 2, 2, 1], strides=[1, 2, 2, 1], padding="SAME")
97
98    # 2x2 average 풀링을 정의합니다.
99    def avg_pool_2x2(x):
100     return tf.nn.avg_pool(x, ksize=[1, 2, 2, 1], strides=[1, 2, 2, 1], padding="SAME")
101
102   # 이미지에 평균을 뺍니다.
103   def process_image(image, mean_pixel):
104     return image - mean_pixel
105
106   # 이미지에 평균을 더합니다.
107   def unprocess_image(image, mean_pixel):
108     return image + mean_pixel
```

01 │ 필요한 라이브러리를 임포트합니다.

```
3    import tensorflow as tf
4    import numpy as np
5    import scipy.misc as misc
6    import os, sys
7    from six.moves import urllib
8    import tarfile
9    import zipfile
10   import scipy.io
```

02 │ VGGNet 파라미터가 저장된 mat 파일을 다운받고, 불러오는 get_model_data 함수를 정의합니다. 그리고 dir_path에 url_name에서 다운받은 zip 파일의 압축을 해제하는 maybe_download_and_extract 함수를 정의합니다.

```
12   # VGGNet 파라미터가 저장된 mat 파일을 다운로드 받고 불러옵니다.
13   def get_model_data(dir_path, model_url):
14     maybe_download_and_extract(dir_path, model_url)
15     filename = model_url.split("/")[-1]
16     filepath = os.path.join(dir_path, filename)
17     if not os.path.exists(filepath):
18       raise IOError("VGG Model not found!")
19     data = scipy.io.loadmat(filepath)
20     return data
21
22   # dir_path에 url_name에서 다운받은 zip파일의 압축을 해제합니다.
23   def maybe_download_and_extract(dir_path, url_name, is_tarfile=False, is_
     zipfile=False):
24     if not os.path.exists(dir_path):
25       os.makedirs(dir_path)
26     filename = url_name.split('/')[-1]
27     filepath = os.path.join(dir_path, filename)
28     if not os.path.exists(filepath):
29       def _progress(count, block_size, total_size):
30         sys.stdout.write(
31           '\r>> Downloading %s %.1f%%' % (filename, float(count * block_size) /
     float(total_size) * 100.0))
32         sys.stdout.flush()
```

```
33
34      filepath, _ = urllib.request.urlretrieve(url_name, filepath, report-
        hook=_progress)
35      print()
36      statinfo = os.stat(filepath)
37      print('Succesfully downloaded', filename, statinfo.st_size, 'bytes.')
38      if is_tarfile:
39          tarfile.open(filepath, 'r:gz').extractall(dir_path)
40      elif is_zipfile:
41          with zipfile.ZipFile(filepath) as zf:
42              zip_dir = zf.namelist()[0]
43              zf.extractall(dir_path)
```

03 | 이미지를 png 파일로 저장하는 save_image 함수를 정의합니다.

```
45      # 이미지를 png 파일로 저장합니다.
46      def save_image(image, save_dir, name, mean=None):
47          """
48          만약 평균값을 argument로 받으면 평균값을 더한 뒤에 이미지를 저장하고, 아니면 바
            로 이미지를 저장합니다.
49          """
50          if mean:
51              image = unprocess_image(image, mean)
52          misc.imsave(os.path.join(save_dir, name + ".png"), image)
```

04 | mat 파일의 VGGNet 파라미터를 읽어서 변수를 선언하는 get_variable 함수와 weight를 선언하는 weight_variable, bias를 선언하는 bias_variable 함수를 정의합니다.

```
54    # 변수를 선언합니다.
55    def get_variable(weights, name):
56      init = tf.constant_initializer(weights, dtype=tf.float32)
57      var = tf.get_variable(name=name, initializer=init, shape=weights.shape)
58      return var
59
60    # weight를 선언합니다.
61    def weight_variable(shape, stddev=0.02, name=None):
62      initial = tf.truncated_normal(shape, stddev=stddev)
63      if name is None:
64        return tf.Variable(initial)
65      else:
66        return tf.get_variable(name, initializer=initial)
67
68    # bias를 선언합니다.
69    def bias_variable(shape, name=None):
70      initial = tf.constant(0.0, shape=shape)
71      if name is None:
72        return tf.Variable(initial)
73      else:
74        return tf.get_variable(name, initializer=initial)
```

05 | 컨볼루션, 디컨볼루션(Transpose Convolution), 2×2 max 풀링, 2×2 average 풀링을 수행하는 함수를 정의합니다.

```
76    # 컨볼루션을 정의합니다.
77    def conv2d_basic(x, W, bias):
78      conv = tf.nn.conv2d(x, W, strides=[1, 1, 1, 1], padding="SAME")
79      return tf.nn.bias_add(conv, bias)
80
81    # 디컨볼루션(Transpose Convolution)을 정의합니다.
82    def conv2d_transpose_strided(x, W, b, output_shape=None, stride = 2):
83      # print x.get_shape()
84      # print W.get_shape()
```

```
85      if output_shape is None:
86          output_shape = x.get_shape().as_list()
87          output_shape[1] *= 2
88          output_shape[2] *= 2
89          output_shape[3] = W.get_shape().as_list()[2]
90      # print output_shape
91      conv = tf.nn.conv2d_transpose(x, W, output_shape, strides=[1, stride,
        stride, 1], padding="SAME")
92      return tf.nn.bias_add(conv, b)
93
94  # 2x2 max 풀링을 정의합니다.
95  def max_pool_2x2(x):
96      return tf.nn.max_pool(x, ksize=[1, 2, 2, 1], strides=[1, 2, 2, 1], padding="SAME")
97
98  # 2x2 average 풀링을 정의합니다.
99  def avg_pool_2x2(x):
100     return tf.nn.avg_pool(x, ksize=[1, 2, 2, 1], strides=[1, 2, 2, 1], padding="SAME")
```

06 | 이미지에 평균을 빼는 process_image, 이미지에 평균을 더하는 unprocess_image 함수를 정의합니다.

```
102  # 이미지에 평균을 뺍니다.
103  def process_image(image, mean_pixel):
104      return image - mean_pixel
105
106  # 이미지에 평균을 더합니다.
107  def unprocess_image(image, mean_pixel):
108      return image + mean_pixel
```

다음으로 MIT Scene Parsing 데이터를 다운받고 읽어들이는 함수들이 정의된 read_
MITSceneParsingData.py 파일을 살펴봅시다.

10.4.3 read_MITSceneParsingData.py

먼저 전체 코드를 한눈에 살펴봅시다.

```python
1   import numpy as np
2   import os
3   import random
4   from six.moves import cPickle as pickle
5   from tensorflow.python.platform import gfile
6   import glob
7
8   import TensorflowUtils as utils
9
10  # MIT Scene Parsing 데이터를 다운로드 받을 경로
11  DATA_URL = 'http://data.csail.mit.edu/places/ADEchallenge/
    ADEChallengeData2016.zip'
12
13  # 다운받은 MIT Scene Parsing 데이터를 읽습니다.
14  def read_dataset(data_dir):
15      pickle_filename = "MITSceneParsing.pickle"
16      pickle_filepath = os.path.join(data_dir, pickle_filename)
17      # MITSceneParsing.pickle 파일이 없으면 다운 받은 MITSceneParsing 데이터를
    pickle 파일로 저장합니다.
18      if not os.path.exists(pickle_filepath):
19          utils.maybe_download_and_extract(data_dir, DATA_URL, is_zipfile=True)
20          SceneParsing_folder = os.path.splitext(DATA_URL.split("/")[-1])[0]
21          result = create_image_lists(os.path.join(data_dir, SceneParsing_folder))
22          print("Pickling ...")
23          with open (pickle_filepath, 'wb') as f:
24              pickle.dump(result, f, pickle.HIGHEST_PROTOCOL)
25      else:
26          print("Found pickle file!")
27
28      # 데이터가 저장된 pickle 파일을 읽고 데이터를 training 데이터와 validation 데
    이터로 분리합니다.
29      with open(pickle_filepath, 'rb') as f:
30          result = pickle.load(f)
31          training_records = result['training']
32          validation_records = result['validation']
33          del result
```

```
34
35          return training_records, validation_records
36
37      # training 폴더와 validation 폴더에서
38      # raw 인풋 이미지(.jpg)와 annotaion된 타겟 이미지(.png)를 읽어서 리스트 형태로 만
        들어 리턴합니다.
39      def create_image_lists(image_dir):
40          if not gfile.Exists(image_dir):
41              print("Image directory '" + image_dir + "' not found." )
42              return None
43          directories = ['training', 'validation']
44          image_list = {}
45
46          for directory in directories:
47              file_list = []
48              image_list[directory] = []
49              file_glob = os.path.join(image_dir, "images", directory, '*.' + 'jpg')
50              file_list.extend(glob.glob(file_glob))
51
52              if not file_list:
53                  print('No files found')
54              else:
55                  for f in file_list:
56                      filename = os.path.splitext(f.split("/")[-1])[ 0]
57                      annotation_file = os.path.join(image_dir, "annotations", direc-
        tory, filename + '.png')
58                      if os.path.exists(annotation_file):
59                          record = {'image': f, 'annotation': annotation_file, 'filename':
        filename}
60                          image_list[directory].append(record)
61                      else:
62                      print("Annotation file not found for %s - Skipping" % filename)
63
64              random.shuffle(image_list[directory])
65              no_of_images = len(image_list[directory])
66              print('No. of %s files: %d' % (directory, no_of_images))
67
68          return image_list
```

01 | 필요한 라이브러리를 임포트하고 MIT Scene Parsing 데이터를 다운받을 URL을 지정합니다.

```
1    import numpy as np
2    import os
3    import random
4    from six.moves import cPickle as pickle
5    from tensorflow.python.platform import gfile
6    import glob
7
8    import TensorflowUtils as utils
9
10   # MIT Scene Parsing 데이터를 다운로드 받을 경로
11   DATA_URL = 'http://data.csail.mit.edu/places/ADEchallenge/ADEChallenge-
     Data2016.zip'
```

02 | MIT Scene Parsing 데이터를 다운받고 읽어들이는 read_dataset 함수를 정의합니다.

```
13    # 다운받은 MIT Scene Parsing 데이터를 읽습니다.
14    def read_dataset(data_dir):
15      pickle_filename = "MITSceneParsing.pickle"
16      pickle_filepath = os.path.join(data_dir, pickle_filename)
17      # MITSceneParsing.pickle 파일이 없으면 다운 받은 MITSceneParsing 데이터를
      pickle 파일로 저장합니다.
18      if not os.path.exists(pickle_filepath):
19        utils.maybe_download_and_extract(data_dir, DATA_URL, is_zipfile=True)
20        SceneParsing_folder = os.path.splitext(DATA_URL.split("/")[-1])[ 0]
21        result = create_image_lists(os.path.join(data_dir, SceneParsing_folder))
22        print("Pickling ...")
23        with open (pickle_filepath, 'wb') as f:
24          pickle.dump(result, f, pickle. HIGHEST_PROTOCOL)
25      else:
26        print("Found pickle file!")
27
28      # 데이터가 저장된 pickle 파일을 읽고 데이터를 training 데이터와 validation 데
      이터로 분리합니다.
29      with open(pickle_filepath, 'rb') as f:
30        result = pickle.load(f)
31        training_records = result['training']
32        validation_records = result['validation']
33        del result
34
35      return training_records, validation_records
```

03 | training 폴더와 validation 폴더에서 raw 인풋이미지(.jpg)와 annotaion된 타겟 이미지(.png)를 읽어서 리스트 형태로 만들어 리턴하는 create_image_lists 함수를 정의 합니다.

```python
37    # training 폴더와 validation 폴더에서
38    # raw 인풋 이미지(.jpg)와 annotaion된 타겟 이미지(.png)를 읽어서 리스트 형태로 만
      들어 리턴합니다.
39    def create_image_lists(image_dir):
40      if not gfile.Exists(image_dir):
41        print("Image directory '" + image_dir + "' not found." )
42        return None
43      directories = ['training', 'validation']
44      image_list = {}
45
46      for directory in directories:
47        file_list = []
48        image_list[directory] = []
49        file_glob = os.path.join(image_dir, "images", directory, '*.' + 'jpg')
50        file_list.extend(glob.glob(file_glob))
51
52        if not file_list:
53          print('No files found')
54        else:
55          for f in file_list:
56              filename = os.path.splitext(f.split("/")[-1])[ 0]
57              annotation_file = os.path.join(image_dir, "annotations", direc-
      tory, filename + '.png')
58              if os.path.exists(annotation_file):
59                record = {'image': f, 'annotation': annotation_file, 'filename':
      filename}
60                image_list[directory].append(record)
61              else:
62                print("Annotation file not found for %s - Skipping" % filename)
63
64        random.shuffle(image_list[directory])
65        no_of_images = len(image_list[directory])
66        print('No. of %s files: %d' % (directory, no_of_images))
67
68      return image_list
```

마지막으로 데이터를 배치 단위로 묶어주는 BatchDataset 클래스가 정의된 BatchDat-setReader.py 파일을 살펴봅시다.

10.4.4 BatchDatsetReader.py

먼저 전체 코드를 한눈에 살펴봅시다.

```
1    import numpy as np
2    import scipy.misc as misc
3
4    # 데이터를 배치 단위로 묶는 BatchDatset 클래스를 정의합니다.
5    class BatchDatset:
6        files = []
7        images = []
8        annotations = []
9        image_options = {}
10       batch_offset = 0
11       epochs_completed = 0
12
13       def __init__(self, records_list, image_options={}):
14           """
15           arguments:
16           records_list: 읽어 들일 file records의 list
17           (record 예제: {'image': f, 'annotation': annotation_file, 'filename': filename})
18           image_options: 출력 이미지를 조정할 수 있는 옵션(dictionary 형태)
19           가능한 옵션들:
20           resize = True/ False (resize를 적용할지 말지를 결정한다.)
21           resize_size = size of output image (resize된 출력이미지의 크기 - bilin-
    ear resize를 적용합니다.)
22           """
23           print("Initializing Batch Dataset Reader...")
24           print(image_options)
25           self.files = records_list
26           self.image_options = image_options
27           self._read_images()
28
29       # raw 인풋 이미지와 annoation된 타겟 이미지를 읽습니다.
30       def _read_images(self):
```

```
31        self._channels = True
32        self. images = np.array([self._transform(filename['image']) for file-
     name in self.files])
33        self._channels = False
34        self.annotations = np.array(
35          [np.expand_dims(self._transform(filename['annotation']), axis=3) for
     filename in self.files])
36        print(self.images.shape)
37        print(self.annotations.shape)
38
39     # 이미지에 변형을 가합니다.
40     def _transform(self, filename):
41        image = misc.imread(filename)
42        if self._channels and len(image.shape) < 3:
43           image = np.array([image for i in range(3)])
44
45        # resize 옵션이 있으면 이미지 resizing을 진행합니다.
46        if self.image_options.get("resize", False) and self.image_options["resize"]:
47           resize_size = int(self.image_options["resize_size"])
48           resize_image = misc.imresize(image,
49                                    [resize_size, resize_size], interp='nearest')
50        else:
51           resize_image = image
52
53        return np.array(resize_image)
54
55     # 인풋 이미지와 타겟 이미지를 리턴합니다.
56     def get_records(self):
57        return self.images, self.annotations
58
59     # batch_offset을 리셋합니다.
60     def reset_batch_offset (self, offset=0):
61        self.batch_offset = offset
62
63     # batch_size만큼의 다음 배치를 가져옵니다.
64     def next_batch(self, batch_size):
65        start = self.batch_offset
66        self.batch_offset += batch_size
67        # 한 epoch의 배치가 끝난 경우 batch index를 처음으로 다시 설정합니다.
```

```
68        if self.batch_offset > self.images.shape[0]:
69            # 한 epoch이 끝났습니다.
70            self.epochs_completed += 1
71            print ("****************** Epochs completed: " + str(self.epochs_com-
pleted) + "******************")
72            # 데이터를 섞습니다.(Shuffle)
73            perm = np.arange(self.images.shape[0])
74            np.random.shuffle(perm)
75            self.images = self.images[perm]
76            self.annotations = self.annotations[perm]
77            # 다음 epoch을 시작합니다.
78            start = 0
79            self.batch_offset = batch_size
80
81        end = self.batch_offset
82        return self.images[start:end], self.annotations[start:end]
83
84    # 전체 데이터 중에서 랜덤하게 batch_size만큼의 배치 데이터를 가져옵니다.
85    def get_random_batch(self, batch_size):
86        indexes = np.random.randint(0, self.images.shape[0], size=[batch_
size]).tolist()
87        return self.images[indexes], self.annotations[indexes]
```

01 | 필요한 라이브러리를 임포트하고 데이터를 배치 단위로 묶는 BatchDatset 클래스를 정의합니다.

```
1    import numpy as np
2    import scipy.misc as misc
3
4    # 데이터를 배치 단위로 묶는 BatchDatset 클래스를 정의합니다.
5    class BatchDatset:
6        files = []
7        images = []
8        annotations = []
9        image_options = {}
10       batch_offset = 0
11       epochs_completed = 0
```

02 | BatchDatset 클래스의 생성자(__init__)를 선언합니다. 출력 이미지를 조정할 수 있는 옵션인 image_options를 설정하고, _read_images() 함수를 호출해서 이미지를 읽어옵니다.

```
13      def _init_(self, records_list, image_options={}):
14          """
15          arguments:
16          records_list: 읽어 들일 file records의 list
17          (record 예제: {'image': f, 'annotation': annotation_file, 'filename': filename})
18          image_options: 출력 이미지를 조정할 수 있는 옵션(dictionary 형태)
19          가능한 옵션들:
20          resize = True/ False (resize를 적용할지 말지를 결정한다.)
21          resize_size = size of output image (resize된 출력이미지의 크기 - bilin-
    ear resize를 적용합니다.)
22          """
23          print("Initializing Batch Dataset Reader...")
24          print(image_options)
25          self.files = records_list
26          self.image_options = image_options
27          self._read_images()
```

03 | 이미지를 읽어 들이는 _read_images 함수와 이미지를 resizing하는 _transform 함수를 정의합니다.

```
29      # raw 인풋 이미지와 annotation된 타겟 이미지를 읽습니다.
30      def _read_images(self):
31          self.__channels = True
32          self. images = np.array([self._transform(filename['image']) for file-
    name in self.files])
33          self.__channels = False
34          self.annotations = np.array(
35              [np.expand_dims(self._transform(filename['annotation']), axis=3) for
    filename in self.files])
36          print(self.images.shape)
37          print(self.annotations.shape)
38
39      # 이미지에 변형을 가합니다.
40      def _transform(self, filename):
```

```
41        image = misc.imread(filename)
42        if self._channels and len(image.shape) < 3:
43          image = np.array([image for i in range(3)])
44
45        # resize 옵션이 있으면 이미지 resizing을 진행합니다.
46        if self.image_options.get("resize", False) and self.image_options["resize"]:
47          resize_size = int(self.image_options["resize_size"])
48          resize_image = misc.imresize(image,
49                                [resize_size, resize_size], interp='nearest')
50        else:
51          resize_image = image
52
53        return np.array(resize_image)
```

04 ㅣ 인풋 이미지와 타겟 이미지를 리턴하는 get_records 함수와 batch_offset을 리셋하는 reset_batch_offset 함수를 정의합니다.

```
55        # 인풋 이미지와 타겟 이미지를 리턴합니다.
56        def get_records(self):
57          return self.images, self.annotations
58
59        # batch_offset을 리셋합니다.
60        def reset_batch_offset (self, offset=0):
61          self.batch_offset = offset
```

05 | batch_size만큼의 다음 배치를 가져오는 next_batch 함수와 전체 데이터 중에서 랜덤하게 batch_size만큼의 배치 데이터를 가져오는 get_random_batch 함수를 정의 합니다.

```
63    # batch_size만큼의 다음 배치를 가져옵니다.
64    def next_batch(self, batch_size):
65      start = self.batch_offset
66      self.batch_offset += batch_size
67      # 한 epoch의 배치가 끝난 경우 batch index를 처음으로 다시 설정합니다.
68      if self.batch_offset > self.images.shape[0]:
69        # 한 epoch이 끝났습니다.
70        self.epochs_completed += 1
71        print ("***************** Epochs completed: " + str(self.epochs_com-
pleted) + "*****************")
72        # 데이터를 섞습니다.(Shuffle)
73        perm = np.arange(self.images.shape[0])
74        np.random.shuffle(perm)
75        self.images = self.images[perm]
76        self.annotations = self.annotations[perm]
77        # 다음 epoch을 시작합니다.
78        start = 0
79        self.batch_offset = batch_size
```

터미널에서 아래 명령어로 트레이닝을 진행하고

```
python FCN.py
```

트레이닝이 끝나고 아래 명령어로 visualize 모드로 FCN.py를 실행하면

```
python FCN.py --mode=visualize
```

logs 폴더에 Input Data, Ground Truth, Prediction Result를 png 이미지 파일로 저장 한 결과를 볼 수 있습니다.

10.5 정리

이번 장에서 배운 내용을 정리해봅시다. 이번 장에서는 Semantic Image Segmentation을 위한 FCN 구조를 살펴보았습니다. 구체적으로

1. Semantic Image Segmentation 문제의 정의를 살펴보았습니다.
2. Semantic Image Segmentation 문제 해결을 위한 FCN 구조를 살펴보았습니다.
3. 텐서플로 라이브러리를 이용해서 FCN 구조를 구현한 코드를 살펴보았습니다.

다음 장에서는 생성 모델의 개념과 GAN에 대해서 살펴봅시다.

생성 모델 - GAN

생성 모델 - GAN

11.1 생성 모델^{Generative Model}의 개념

지금까지 주로 살펴본 모델들은 지도 학습 방법론으로 어떤 값을 분류하거나 예측하는데

지금까지 주로 살펴본 모델들은 지도 학습 방법론으로 어떤 값을 분류하거나 예측하는데 초점이 맞추어져 있었습니다. 이런 모델을 **구분 모델**^{Discriminative Model}이라고 합니다. 이번 시간에 배울 **생성 모델**^{Generative Model}은 조금 다른 목적을 가지고 있습니다. 생성 모델은 주어진 트레이닝 데이터의 특징을 학습하여 트레이닝 데이터와 유사한 새로운 데이터를 생성^{Generate}하는데 그 목적이 있습니다.

이런 과정을 좀 더 수학적인 용어로 표현하면 생성 모델의 목적은 트레이닝 데이터의 분포를 학습하여 트레이닝 데이터의 분포와 유사한 데이터를 샘플링을 통해 새로 생성하는 것입니다. 그림 11-1은 생성 모델의 학습 과정을 보여줍니다. 생성 모델은 트레이닝 데이터의 분포인 $P_{data}(x)$를 통해 유사한 분포인 $P_{model}(x)$를 학습합니다.

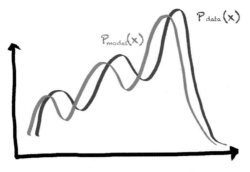

그림 11-1 | 생성 모델의 개념

생성 모델의 개념을 자세히 이해하기 위해서는 몇 가지 확률 통계학의 개념들을 이해해야만 합니다. 먼저 **잠재 변수**Latent Variable라는 개념을 살펴봅시다. 잠재 변수는 이름에서 알 수 있듯이 숨겨진 변수로써 데이터에 직접적으로 나타나지 않지만 현재 데이터 분포를 만드는데 영향을 끼치는 변수입니다. 따라서 어떤 데이터의 잠재 변수를 알아내면 잠재 변수를 이용해서 해당 데이터와 유사한 데이터를 생성해낼 수 있습니다. 즉, 잠재 변수는 데이터의 형태를 결정하는 특징으로 생각할 수 있습니다. 잠재 변수는 보통 잠재 변수로부터 생성하는 데이터보다 적은 차원을 갖습니다. 그림 11-2는 우리가 가지고 있는 데이터 x와 잠재 변수 z*로부터 생성된 다양한 데이터 x를 보여줍니다.

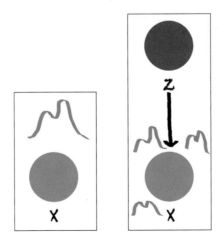

그림 11-2 | 잠재 변수의 개념

....

* 잠재 변수는 보통 z로 표기합니다.

예를 들어서, 우리가 학습하고 생성하고자 하는 데이터가 사람 얼굴 이미지라면 적절한 잠재 변수는 사람의 성별이 될 수 있습니다. 잠재 변수를 사람의 성별로 간주할 경우, 이 사람이 남자인지 여자인지를 나타내는 1차원 Boolean 특징값만을 가지고도 생성하고자 하는 데이터의 형태(예를 들어, 남자라면 짧은 머리의 얼굴, 여자라면 긴머리의 얼굴)를 어느 정도 결정할 수 있습니다. 이에 더해서 사람의 표정, 촬영한 카메라의 각도 등이 적절한 잠재 변수가 될 수 있을 것입니다.

다른 예로 우리가 학습하고 생성하고자하는 데이터가 MNIST 필기체 데이터라면 필기획의 기울기, 이미지를 나타내는 레이블(1,2,3,...) 등이 적절한 잠재 변수가 될 수 있습니다. 다음 장에서 배우는 GAN은 임의의(노이즈의) 잠재 변수 z_{noise}로부터 적절한 데이터 x_{data}를 생성해내는 함수를 학습합니다. 즉, GAN의 동작 과정을 수식으로 나타내면 아래와 같습니다.

$$x_{data} = f_{GAN}(z_{noise})$$

11.2 GAN^{Generative Adversarial Networks}의 개념

GANGenerative Adversarial Networks은 게임 이론Game Theory의 minimax two-player 게임의 구조를 이용해서 생성 모델을 구현한 구조입니다. GAN 모델은 Goodfellow, Ian, et al의 "Generative adversarial nets."라는 제목의 2014년도 논문에서 최초로 제안 되었습니다. 구체적으로 GAN은 **생성자**Generator와 **구분자**Discriminator라는 2가지 부분으로 구성되어 있습니다.

GAN의 개념을 직관적으로 이해하기 위해서 많이 사용하는 예시는 경찰(구분자)과 위조지폐 생성범(생성자)입니다. 위조지폐 생성범은 경찰을 속이기 위해서 최대한 진짜 지폐와 구분이 되지않는 위조지폐를 생성하려고 노력할 것입니다. 이에 반해 경찰은 위조지폐 생성범이 생성한 위조지폐와 진짜 지폐를 최대한 정확하게 구분할 수 있도록 노력할 것입니다. 경찰과 위조지폐 생성범이 서로 노력해서 계속 학습을 진행하면 경찰이 위조지폐 생성범이 생성한 위조지폐와 진짜 지폐를 50% 확률로 구분할 수 있게 되는 균형점에서 학습이 종료됩니다. 결과적으로 생성자는 원본 데이터와 유사한 데이터 분포를 학습하게됩니다.

그림 11-3은 GAN의 학습 과정을 단계별로 나타냅니다. 학습 초기에는 트레이닝 데이터의 분포(검은색 점)와 다른 형태로 생성자가 분포를 생성합니다. 또한 구분자(파란색 라인)는 임의의 확률로 트레이닝 데이터와 생성한 데이터를 구분합니다. 그리고 잠재 변수 z의 값은 임의의 데이터 값 x로 맵핑됩니다. 하지만 학습이 진행됨에 따라 생성자가 생성한 분포(초록색 라인)는 트레이닝 데이터의 분포와 점점 유사해지다가 학습이 완료되면 트레이닝 데이터의 분포와 일치하게 됩니다. 또한 구분자는 50% 확률로 트레이닝 데이터와 생성자가 생성한 가짜 데이터를 구분하게 되고, 잠재 변수 z의 값은 트레이닝 데이터의 분포값 x로 맵핑되게 됩니다.

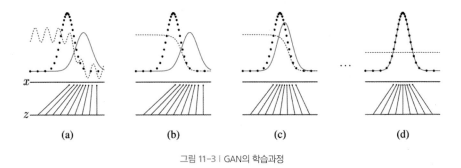

그림 11-3 | GAN의 학습과정

그림 11-4는 GAN의 구조를 보여줍니다. 사람 얼굴 이미지를 생성하는 GAN을 구성할 경우, 생성자 G는 임의의 잠재 변수(노이즈값)을 입력 받아서 가짜 이미지Fake Image를 생성합니다. 구분자 D는 진짜 사람 얼굴 이미지인 진짜 이미지와 가짜 이미지를 입력 받을 수 있고, 만약 입력 받은 이미지가 진짜 이미지이면 1, 가짜 이미지이면 0의 값을 출력하는 것을 목표로 합니다. 생성자 G와 구분자 D는 임의의 머신 러닝 모델(예를 들면, 소프트맥스 회귀, SVM 등)을 사용하여 구현할 수 있지만 일반적으로는 인공신경망을 이용해서 구현합니다.

Generative Adversarial Networks(GAN)

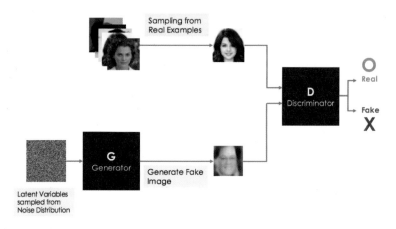

그림 11-4 | GAN의 구조

GAN의 구조를 살펴봤으니, 이제 GAN의 손실 함수를 살펴봅시다. GAN의 손실 함수는 아래와 같이 구성됩니다.

$$\min_G \max_D V(D, G) = E_{x \sim p_{data}(x)}[log D(x)] + E_{z \sim p_z(z)}[\log\left(1 - D\big(G(z)\big)\right)]$$

구분자 D는 진짜 데이터 x를 입력받았을 경우 D(x)를 1로 생성자가 잠재 변수로부터 생성한 가짜 데이터 G(z)를 입력받았을 경우 D(G(z))를 0으로 예측하고자 합니다. 이에 반해 생성자 G는 생성한 가짜 데이터 G(z)를 구분자가 입력 받는 경우(=D(G(z))) 구분자가 이를 1로 예측하도록 하는 것을 목표로 학습합니다.

위의 식을 구분자 D 부분과 생성자 G 부분으로 나눠서 생각해보면 다음과 같습니다. 먼저, 구분자 D는 아래의 식의 최대값으로 파라미터를 업데이트하는 것을 목표로 합니다.

$$max_D log(D(x)) + log(1 - D(G(z))$$

이때 만약 구분자 입장에서 최상의 경우(진짜 이미지는 1, 가짜 이미지는 0을 출력하는 경우) D(x)=1, D(G(z))=0이 될 것이고, 이는 식의 최대값이 될 것 입니다(log 함수는 그림 11-5와 같이 0~1 사이의 x값 중에서 x=1 일때 최대의 y값을 같습니다).

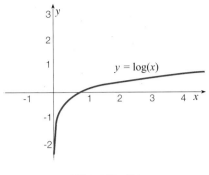

그림 11-5 | log함수

다음으로 생성자 G는 아래의 식의 최소값으로 파라미터를 업데이트하는 것을 목표로 합니다.

$$min_G log(1 - D(G(z)))$$

이때 생성자 입장에서 최상의 경우(구분자가 생성자가 생성한 가짜 이미지를 1로 출력한 경우) D(G(z))=1이 될 것이고, 이는 최소값이 될 것입니다(log 함수는 그림 11-5와 같이 0~1 사이의 x값 중에서 x=0에 가까울 때 최소의 y값을 갖습니다).

이제 GAN의 구분자와 생성자의 손실 함수가 어떤 형태로 동작하는지 알았습니다. 마지막으로 GAN을 학습시키는 방법을 살펴봅시다. GAN을 학습시키기 위해서는 구분자와 생성자의 파라미터를 번갈아가면서 업데이트 해주어야만 합니다. 또한, 구분자의 파라미터를 업데이트 할 때는 생성자의 파라미터를 고정시키고, 생성자의 파라미터를 업데이트 할 때는 구분자의 파라미터를 고정해주어야만 합니다.

이제 실제 코드를 살펴보면서 GAN의 개념을 좀 더 구체적으로 이해해봅시다.

11.3 GAN을 이용한 MNIST 데이터 생성

이제 MNIST 데이터의 분포를 학습하고 새로운 MNIST 데이터를 생성하는 GAN 모델을 구현해봅시다. 먼저 전체 코드를 한눈에 살펴봅시다.

```
1    import tensorflow as tf
2    import numpy as np
3    import matplotlib.pyplot as plt
4    import matplotlib.gridspec as gridspec
5    import os
6
7    # MNIST 데이터를 다운로드하고 불러옵니다.
8    from tensorflow.examples.tutorials.mnist import input_data
9    mnist = input_data.read_data_sets("/tmp/data/", one_hot=True)
10
11   # 생성된 MNIST 이미지를 8x8 Grid로 보여주는 plot 함수를 정의합니다.
12   def plot(samples):
13     fig = plt.figure(figsize=(8, 8))
14     gs = gridspec.GridSpec(8, 8)
15     gs.update(wspace=0.05, hspace=0.05)
16
17     for i, sample in enumerate(samples):
18       ax = plt.subplot(gs[i])
19       plt.axis('off')
20       plt.imshow(sample.reshape(28, 28))
21     return fig
22
23   # 설정값들을 선언합니다.
24   num_epoch = 100000
25   batch_size = 64
26   num_input = 28 * 28
27   num_latent_variable = 100    # 잠재 변수 z의 차원
28   num_hidden = 128
29   learning_rate = 0.001
30
31   # 플레이스홀더를 선언합니다.
32   X = tf.placeholder(tf.float32, shape=[None, num_input]) # 인풋 이미지
33   z = tf.placeholder(tf.float32, shape=[None, num_latent_variable])   # 인풋
     Latent Variable
34
35   # Generator 변수들을 설정합니다.
36   # 100 -> 128 -> 784
37   with tf.variable_scope('generator'):
38     # 은닉층 파라미터
```

```python
39    G_W1 = tf.Variable(tf.random_normal(shape=[num_latent_variable, num_
      hidden], stddev=5e-2))
40    G_b1 = tf.Variable(tf.constant(0.1, shape=[num_hidden]))
41    # 출력층 파라미터
42    G_W2 = tf.Variable(tf.random_normal(shape=[num_hidden, num_input],
      stddev=5e-2))
43    G_b2 = tf.Variable(tf.constant(0.1, shape=[num_input]))
44
45  # Discriminator 변수들을 설정합니다.
46  # 784 -> 128 -> 1
47  with tf.variable_scope('discriminator'):
48    # 은닉층 파라미터
49    D_W1 = tf.Variable(tf.random_normal(shape=[num_input, num_hidden],
      stddev=5e-2))
50    D_b1 = tf.Variable(tf.constant(0.1, shape=[num_hidden]))
51    # 출력층 파라미터
52    D_W2 = tf.Variable(tf.random_normal(shape=[num_hidden, 1], stddev=5e-2))
53    D_b2 = tf.Variable(tf.constant(0.1, shape=[1]))
54
55  # Generator를 생성하는 함수를 정의합니다.
56  # Inputs:
57  #  X : 인풋 Latent Variable
58  # Outputs:
59  #  generated_mnist_image : 생성된 MNIST 이미지
60  def build_generator(X):
61    hidden_layer = tf.nn.relu((tf.matmul(X, G_W1) + G_b1))
62    output_layer = tf.matmul(hidden_layer, G_W2) + G_b2
63    generated_mnist_image = tf.nn.sigmoid(output_layer)
64
65    return generated_mnist_image
66
67  # Discriminator를 생성하는 함수를 정의합니다.
68  # Inputs:
69  #  X : 인풋 이미지
70  # Outputs:
71  #  predicted_value : Discriminator가 판단한 True(1) or Fake(0)
72  #  logits : sigmoid를 씌우기 전의 출력값
73  def build_discriminator(X):
74    hidden_layer = tf.nn.relu((tf.matmul(X, D_W1) + D_b1))
```

```
75     logits = tf.matmul(hidden_layer, D_W2) + D_b2
76     predicted_value = tf.nn.sigmoid(logits)
77
78     return predicted_value, logits
79
80   # 생성자(Generator)를 선언합니다.
81   G = build_generator(z)
82
83   # 구분자(Discriminator)를 선언합니다.
84   D_real, D_real_logits = build_discriminator(X)  # D(x)
85   D_fake, D_fake_logits = build_discriminator(G)  # D(G(z))
86
87   # Discriminator의 손실 함수를 정의합니다.
88   d_loss_real = tf.reduce_mean(tf.nn.sigmoid_cross_entropy_with_
       logits(logits=D_real_logits, labels=tf.ones_like(D_real_logits)))  # log(D(x))
89   d_loss_fake = tf.reduce_mean(tf.nn.sigmoid_cross_entropy_with_logits(logits=D_
       fake_logits, labels=tf.zeros_like(D_fake_logits)))  # log(1-D(G(z)))
90   d_loss = d_loss_real + d_loss_fake  # log(D(x)) + log(1-D(G(z)))
91
92   # Generator의 손실 함수를 정의합니다.
93   g_loss = tf.reduce_mean(tf.nn.sigmoid_cross_entropy_with_logits(logits=D_
       fake_logits, labels=tf.ones_like(D_fake_logits)))   # log(D(G(z)))
94
95   # 전체 파라미터를 Discriminator와 관련된 파라미터와 Generator와 관련된 파라미터
       로 나눕니다.
96   tvar = tf.trainable_variables()
97   dvar = [var for var in tvar if 'discriminator' in var.name]
98   gvar = [var for var in tvar if 'generator' in var.name]
99
100  # Discriminator와 Generator의 Optimizer를 정의합니다.
101  d_train_step = tf.train.AdamOptimizer(learning_rate).minimize(d_loss, var_
       list=dvar)
102  g_train_step = tf.train.AdamOptimizer(learning_rate).minimize(g_loss, var_
       list=gvar)
103
104  # 생성된 이미지들을 저장할 generated_output 폴더를 생성합니다.
105  num_img = 0
106  if not os.path.exists('generated_output/'):
107    os.makedirs('generated_output/')
```

```
108
109    # 그래프를 실행합니다.
110    with tf.Session() as sess:
111        # 변수들에 초기값을 할당합니다.
112        sess.run(tf.global_variables_initializer())
113
114        # num_epoch 횟수만큼 최적화를 수행합니다.
115        for i in range(num_epoch):
116            # MNIST 이미지를 batch_size만큼 불러옵니다.
117            batch_X, _ = mnist.train.next_batch(batch_size)
118            # Latent Variable의 인풋으로 사용할 noise를 Uniform Distribution에서
       batch_size 개수만큼 샘플링합니다.
119            batch_noise = np.random.uniform(-1., 1., [batch_size, 100])
120
121            # 500번 반복할때마다 생성된 이미지를 저장합니다.
122            if i % 500 == 0:
123                samples = sess.run(G, feed_dict={z: np.random.uniform(-1., 1., [64, 100])})
124                fig = plot(samples)
125                plt.savefig('generated_output/%s.png' % str(num_img).zfill(3), bbox_
       inches='tight')
126                num_img += 1
127                plt.close(fig)
128
129            # Discriminator 최적화를 수행하고 Discriminator의 손실 함수를 return합니다.
130            _, d_loss_print = sess.run([d_train_step, d_loss], feed_dict={X: batch_X,
       z: batch_noise})
131
132            # Generator 최적화를 수행하고 Generator 손실 함수를 return합니다.
133            _, g_loss_print = sess.run([g_train_step, g_loss], feed_dict={z: batch_noise})
134
135            # 100번 반복할 때마다 Discriminator의 손실 함수와 Generator 손실 함수를 출력합니다.
136            if i % 100 == 0:
137                print('반복(Epoch): %d, Generator 손실 함수(g_loss): %f, Discriminator
       손실 함수(d_loss): %f' % (i, g_loss_print, d_loss_print))
```

01 | 텐서플로와 필요한 라이브러리를 임포트합니다.

```
1    import tensorflow as tf
2    import numpy as np
3    import matplotlib.pyplot as plt
4    import matplotlib.gridspec as gridspec
5    import os
```

02 | MNIST 데이터를 다운받고, 생성된 MNIST 이미지를 8×8 그리드 형태로 그려주는 plot 함수를 정의합니다.

```
7    # MNIST 데이터를 다운로드하고 불러옵니다.
8    from tensorflow.examples.tutorials.mnist import input_data
9    mnist = input_data.read_data_sets("/tmp/data/", one_hot=True)
10
11   # 생성된 MNIST 이미지를 8x8 Grid로 보여주는 plot 함수를 정의합니다.
12   def plot(samples):
13       fig = plt.figure(figsize=(8, 8))
14       gs = gridspec.GridSpec(8, 8)
15       gs.update(wspace=0.05, hspace=0.05)
16
17       for i, sample in enumerate(samples):
18           ax = plt.subplot(gs[i])
19           plt.axis('off')
20           plt.imshow(sample.reshape(28, 28))
21       return fig
```

03 | 학습에 필요한 설정값들을 선언합니다. 구체적으로 학습 반복 횟수를 지정하는 num_epoch, 경사하강법의 한 스텝에서 사용할 배치 개수를 지정하는 batch_size, 입력 층의 크기를 나타내는 num_input, 은닉층의 크기를 나타내는 num_hidden, 옵티마이저 의 러닝 레이트를 지정하는 learning_rate, 이미지를 생성하는데 사용할 잠재 변수의 차 원을 지정하는 num_latent_variable를 선언합니다.

```
23    # 설정값들을 선언합니다.
24    num_epoch = 100000
25    batch_size = 64
26    num_input = 28 * 28
27    num_latent_variable = 100    # 잠재 변수 z의 차원
28    num_hidden = 128
29    learning_rate = 0.001
```

04 | MNIST 인풋 이미지 데이터와 잠재 변수 z를 입력받을 플레이스홀더를 선언합니다.

```
31    # 플레이스홀더를 선언합니다.
32    X = tf.placeholder(tf.float32, shape=[None, num_input])  # 인풋 이미지
33    z = tf.placeholder(tf.float32, shape=[None, num_latent_variable])   # 인풋
      Latent Variable
```

05 ┃ 생성자와 구분자의 변수(가중치 W와 바이어스 b)를 설정합니다. 이번 시간에 만들 생성자는 100차원의 잠재 변수를 입력받는 100개의 노드 개수를 가진 입력층, 128개의 노드 개수를 가진 은닉층, 784(28*28) 차원의 MNIST 이미지를 생성하는 784개의 노드 개수를 가진 출력층으로 구성된 ANN 구조입니다. 구분자는 784(28*28) 차원의 MNIST 이미지를 입력받는 784개의 노드 개수를 가진 입력층, 128개의 노드 개수를 가진 은닉층, 최종적으로 입력받은 이미지가 진짜 이미지(=1) 인지 가짜 이미지(=0)인지를 구분하는 1개의 스칼라값을 출력하는 출력층로 구성된 ANN 구조입니다.

```
35    # Generator 변수들을 설정합니다.
36    # 100 -> 128 -> 784
37    with tf.variable_scope('generator'):
38      # 은닉층 파라미터
39      G_W1 = tf.Variable(tf.random_normal(shape=[num_latent_variable, num_hid-
        den], stddev=5e-2))
40      G_b1 = tf.Variable(tf.constant(0.1, shape=[num_hidden]))
41      # 출력층 파라미터
42      G_W2 = tf.Variable(tf.random_normal(shape=[num_hidden, num_input],
        stddev=5e-2))
43      G_b2 = tf.Variable(tf.constant(0.1, shape=[num_input]))
44
45    # Discriminator 변수들을 설정합니다.
46    # 784 -> 128 -> 1
47    with tf.variable_scope('discriminator'):
48      # 은닉층 파라미터
49      D_W1 = tf.Variable(tf.random_normal(shape=[num_input, num_hidden],
        stddev=5e-2))
50      D_b1 = tf.Variable(tf.constant(0.1, shape=[num_hidden]))
51      # 출력층 파라미터
52      D_W2 = tf.Variable(tf.random_normal(shape=[num_hidden, 1], stddev=5e-2))
53      D_b2 = tf.Variable(tf.constant(0.1, shape=[1]))
```

06 | 앞에서 정의한 변수들을 이용해서 생성자와 구분자를 생성하는 build_generator 함수와 build_discriminator 함수를 정의합니다.

```
55    # Generator를 생성하는 함수를 정의합니다.
56    # Inputs:
57    #  X : 인풋 Latent Variable
58    # Outputs:
59    #  generated_mnist_image : 생성된 MNIST 이미지
60    def build_generator(X):
61        hidden_layer = tf.nn.relu((tf.matmul(X, G_W1) + G_b1))
62        output_layer = tf.matmul(hidden_layer, G_W2) + G_b2
63        generated_mnist_image = tf.nn.sigmoid(output_layer)
64
65        return generated_mnist_image
66
67    # Discriminator를 생성하는 함수를 정의합니다.
68    # Inputs:
69    #  X : 인풋 이미지
70    # Outputs:
71    #  predicted_value : Discriminator가 판단한 True(1) or Fake(0)
72    #  logits : sigmoid를 씌우기 전의 출력값
73    def build_discriminator(X):
74        hidden_layer = tf.nn.relu((tf.matmul(X, D_W1) + D_b1))
75        logits = tf.matmul(hidden_layer, D_W2) + D_b2
76        predicted_value = tf.nn.sigmoid(logits)
77
78        return predicted_value, logits
79
```

07 | build_generator 함수와 build_discriminator 함수를 호출해서 생성자 G와 구분자 D를 선언합니다. 구체적으로, 구분자는 진짜 이미지 X를 입력받아 구분하는 D_real과 생성자가 생성한 가짜 이미지 G를 구분하는 D_fake를 선언합니다.

```
80    # 생성자(Generator)를 선언합니다.
81    G = build_generator(z)
82
83    # 구분자(Discriminator)를 선언합니다.
84    D_real, D_real_logits = build_discriminator(X)  # D(x)
85    D_fake, D_fake_logits = build_discriminator(G)  # D(G(z))
```

08 | 생성자와 구분자의 손실 함수를 정의합니다. log 함수를 적용하기 위해 tf.nn.sig-moid_cross_entropy_with_logits API를 이용합니다. 이때, 진짜 이미지라면 타겟 레이블을 1(=tf.ones_like)로, 가짜 이미지라면 타겟 레이블을 0(=tf.zeros_like)으로 지정해서 구분자가 진짜 이미지를 입력받으면 1, 가짜 이미지를 입력받으면 0을 출력하는 것을 목표 손실 함수를 구성합니다. 반대로 생성자는 구분자가 가짜 이미지를 입력받아서 출력하는 D_fake_logits이 1(=tf.ones_like)이 되는 것을 목표로 손실 함수를 구성합니다.

```
87    # Discriminator의 손실 함수를 정의합니다.
88    d_loss_real = tf.reduce_mean(tf.nn.sigmoid_cross_entropy_with_
      logits(logits=D_real_logits, labels=tf.ones_like(D_real_logits)))  # log(D(x))
89    d_loss_fake = tf.reduce_mean(tf.nn.sigmoid_cross_entropy_with_logits(logits=D_
      fake_logits, labels=tf.zeros_like(D_fake_logits)))  # log(1-D(G(z)))
90    d_loss = d_loss_real + d_loss_fake  # log(D(x)) + log(1-D(G(z)))
91
92    # Generator의 손실 함수를 정의합니다.
93    g_loss = tf.reduce_mean(tf.nn.sigmoid_cross_entropy_with_logits(logits=D_
      fake_logits, labels=tf.ones_like(D_fake_logits)))   # log(D(G(z)))
```

09 | 구분자와 생성자의 파라미터들을 각각 dvar, gvar에 리스트 형태로 저장합니다.

```
95    # 전체 파라미터를 Discriminator와 관련된 파라미터와 Generator와 관련된 파라미터
      로 나눕니다.
96    tvar = tf.trainable_variables()
97    dvar = [var for var in tvar if 'discriminator' in var.name]
98    gvar = [var for var in tvar if 'generator' in var.name]
```

10 | 구분자에 대한 옵티마이저와 생성자에 대한 옵티마이저를 정의합니다. 경사하강법으로 구분자를 업데이트 할 때는 구분자와 관련된 파라미터만 업데이트하고, 생성자에 대한 파라미터는 고정합니다. 생성자는 업데이트 할 때 생성자와 관련된 파라미터만 업데이트하고 구분자에 대한 파라미터는 고정해야 합니다. 이를 위해 옵티마이저가 업데이트할 변수들을 var_list에 지정해줍니다.

```
100    # Discriminator와 Generator의 Optimizer를 정의합니다.
101    d_train_step = tf.train.AdamOptimizer(learning_rate).minimize(d_loss, var_
       list=dvar)
102    g_train_step = tf.train.AdamOptimizer(learning_rate).minimize(g_loss, var_
       list=gvar)
```

11 | 학습 결과로 생성된 이미지를 저장할 폴더 경로(“./generated_output”)를 지정하고 만약 지정된 경로에 폴더가 없으면 생성합니다.

```
104    # 생성된 이미지들을 저장할 generated_output 폴더를 생성합니다.
105    num_img = 0
106    if not os.path.exists('generated_output/'):
107        os.makedirs('generated_output/')
```

12 | 여기까지 그래프, 손실 함수, 옵티마이저 정의가 모두 끝났습니다. 이제 세션을 열어서 num_epoch 만큼 학습을 진행합니다. 이때 생성자가 인풋으로 받는 임의의 잠재 변수 값은 np.random.uniform API를 이용해서 uniform distribution에서 임의의 값을 추출합니다. 또한, 1번 반복할 때 구분자와 생성자의 파라미터를 1번씩 업데이트하고, 500번 반복할 때마다 생성자가 생성한 이미지를 generated_output 폴더에 저장합니다.

```
109   # 그래프를 실행합니다.
110   with tf.Session() as sess:
111       # 변수들에 초기값을 할당합니다.
112       sess.run(tf.global_variables_initializer())
113
114       # num_epoch 횟수만큼 최적화를 수행합니다.
115       for i in range(num_epoch):
116           # MNIST 이미지를 batch_size만큼 불러옵니다.
117           batch_X, _ = mnist.train.next_batch(batch_size)
118           # Latent Variable의 인풋으로 사용할 noise를 Uniform Distribution에서
      batch_size 개수만큼 샘플링합니다.
119           batch_noise = np.random.uniform(-1., 1., [batch_size, 100])
120
121           # 500번 반복할때마다 생성된 이미지를 저장합니다.
122           if i % 500 == 0:
123               samples = sess.run(G, feed_dict={z: np.random.uniform(-1., 1., [64, 100])})
124               fig = plot(samples)
125               plt.savefig('generated_output/%s.png' % str(num_img).zfill(3), bbox_
      inches='tight')
126               num_img += 1
127               plt.close(fig)
128
129           # Discriminator 최적화를 수행하고 Discriminator의 손실 함수를 return합니다.
130           _, d_loss_print = sess.run([d_train_step, d_loss], feed_dict={X: batch_X,
      z: batch_noise})
131
132           # Generator 최적화를 수행하고 Generator 손실 함수를 return합니다.
133           _, g_loss_print = sess.run([g_train_step, g_loss], feed_dict={z: batch_noise})
134
135           # 100번 반복할 때마다 Discriminator의 손실 함수와 Generator 손실 함수를 출력합니다.
136           if i % 100 == 0:
137               print('반복(Epoch): %d, Generator 손실 함수(g_loss): %f, Discriminator
      손실 함수(d_loss): %f' % (i, g_loss_print, d_loss_print))
```

코드를 실행하고 나서 generated_output 폴더에 들어가면, 각 반복마다 GAN이 생성하는 MNIST 이미지를 볼 수 있습니다. 학습이 모두 끝나면 최종적으로 그림 11-6과 같이 그럴듯한 MNIST 이미지를 생성해내는 모습을 볼 수 있습니다.

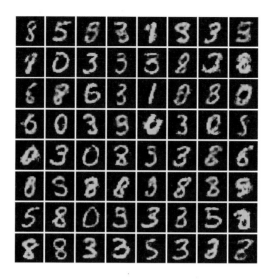

그림 11-6 | 학습 결과 GAN 모델이 생성해낸 MNIST 이미지

11.4 정리

이번 장에서 배운 내용을 정리해봅시다. 이번 장에서는 생성 모델의 개념과 대표적인 생성 모델인 GAN에 대해서 살펴보았습니다. 구체적으로

① 생성 모델과 잠재 변수의 개념을 살펴보았습니다.

② 생성 모델을 위한 대표적인 딥러닝 기법인 GAN의 개념을 살펴보았습니다.

③ 텐서플로 라이브러리를 이용해서 가짜 MNIST 데이터를 생성하는 GAN을 구현해 보았습니다.

다음 장에서는 지도 학습, 비지도 학습과 함께 머신 러닝 알고리즘을 구성하는 또다른 하나의 축인 강화 학습에 대해서 살펴봅시다.

12

강화 학습 (Reinforcement Learning)

강화 학습
(Reinforcement Learning)

12.1 강화 학습의 기본 개념과 MDP^Markov Decision Process

이번 시간에는 지도 학습, 비지도 학습과 함께 대표적인 머신러닝 방법론 중 하나인 **강화 학습**^Reinforcement Learning에 대해 알아봅시다. 지금까지 배운 학습 방법들은 데이터가 주어진 상태에서 일부 데이터는 트레이닝에 사용하고, 트레이닝이 끝나면 테스트 데이터에 대해서 예측을 수행하는 형태였습니다. 하지만 강화 학습에서는 데이터가 주어지는 것이 아니라 **에이전트**^Agent와 **환경**^Environment이 주어집니다. 데이터는 에이전트가 주어진 환경에서 어떤 행동을 하면서 직접 수집합니다. 좀 더 엄밀하게 말해서 에이전트는 현재 **상태**^State s에서 어떤 **행동**^Action a을 취하고 이에 대한 **보상**^Reward r을 얻습니다. 지금까지 설명한 요소들이 강화 학습의 기본 구성 요소입니다.

강화 학습의 기본 구성 요소를 좀 더 엄밀하게 나타내면 다음 식과 같이 정리할 수 있습니다. 이런 형태의 모델링을 좀 더 전문적인 용어로 **MDP**^Markov Decision Process라고 합니다. 그림 12-1은 강화 학습의 구성 요소들을 그림으로 나타냅니다.

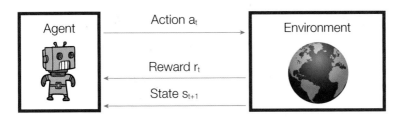

Reinforcement Learning Setup

그림 12-1 | 강화 학습의 기본 구성 요소

$$(S, A, R(s, s'), P(s, s'), \gamma)$$

S : 상태^{State}들의 집합

A : 행동^{Action}들의 집합

R : 보상^{Reward}들의 집합

R(s, s') : 행동 a에 의해서 상태 s에서 다음 상태 s'로 넘어갈때 얻는 보상^{Reward}

P(s, s') : 상태 s에서 다음 상태 s'로 넘어갈 전이 확률^{Transition Probability}

γ : 현재 보상과 미래 보상의 중요도를 조정하는 Discount Factor

> **MEMO**
>
> Markov Decision Process은 미래 상태를 예측할 때 과거에 있던 모든 일에 대한 정보를 고려하는 것이 아니라 오직 현재 상태만을 고려하는 Markov Property에서 따온 이름입니다. 수식에서 볼 수 있듯이 MDP는 t+1의(=s') 상태를 예측할 때 t(=s) 시간의 상태만을 고려하고 있습니다.

예를 들어서, 그림 12-2와 같은 Atari Breakout 게임을 생각해봅시다. 여기서 에이전트는 벽돌깨기를 플레이하는 막대로 볼 수 있습니다. 또, 현재 상태 s는 벽돌깨기 게임의 현재 픽셀 화면(예를 들면, 80×160×3 차원의 RGB 이미지)으로 생각할 수 있습니다. 현재 상태에서 에이전트가 취할 수 있는 행동 a은 [좌로 움직이기, 가만히 있기, 우로 움직이기] 3가지입니다. 에이전트는 현재 상태에서 취한 행동에 따라 만약 공을 제대로 쳐서 벽돌을 많이 깨드렸다면 큰 보상, 만약 공을 떨어뜨려서 생명을 잃었다면 작은 보상 R(s, s')을 얻게 됩니다. 에이전트의 행동에 따라 현재 상태 s(현재 화면)는 각기 다른 다음 상태 s'(다음 화면)로 넘어가게 됩니다. 이런 과정이 무수히 반복되면서 에이전트는 계속해서 $(S, A, R(s, s'), s')$ 형태의 데이터를 수집해나갑니다.

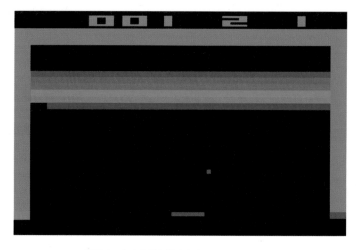

그림 12-2 | 강화 학습 환경의 예시 – Atari Breakout

이제 강화 학습의 기본적인 이론적 토대를 살펴봅시다. 강화 학습은 **보상 가정**^{Reward Hypothesis}을 기반으로 학습을 진행합니다. **보상 가정**^{Reward Hypothesis}은 모든 목표는 보상을 최대화하는 형태로 나타낼 수 있다는 가정입니다.

상식적으로 어떤 상황에서 보상이 최대화되는 행동을 계속하는 것이 의사결정 과정에서 취할 수 있는 가장 최적의 전략이 될 것입니다. 즉, 강화 학습은 보상이 최대화되는 전략을 찾는 것을 목표로 합니다. 좀더 엄밀한 용어로 강화 학습에서는 현재 상태에서 어떻게 행동할 것인지를 결정하는 전략을 **정책**^{Policy} π로 표현하고 **최적의 정책** π^*를 찾는 것을 학습의 목표로 합니다. 그렇다면 어떻게 최적의 성책 π^*을 찾을 수 있을까요? 이를 찾기 위해서 강화 학습은 **상태 가치 함수**^{State-Value Function}와 **행동 가치 함수**^{Action-Value Function}라는 개념을 사용합니다.

12.1.1 상태 가치 함수^{State-Value Function}

상태 가치 함수^{State-Value Function}는 현재 상태의 좋음과 나쁨을 표현합니다. 상태 가치 함수를 수학적으로 표현하면 아래와 같습니다.

$$V_\pi(s) = E_\pi[R_{t+1} + \gamma R_{t+2} + \gamma^2 R_{t+3} + \cdots | S_t = s]$$

위의 식이 의미하는 바를 해석해봅시다. 어떤 시간 t에서 전략 π를 따를때 기대되는 어떤 상태 s($V_\pi(s)$, $S_t = s$)의 가치는 미래의 보상들의 총합($R_{t+1} + \gamma R_{t+2} + \gamma^2 R_{t+3} + \cdots$)의 평균 E_π으로 표현됩니다. 여기서 γ^*는 Discount Factor이고 γ는 보통 0에서 1의 값을 부여합니다. 만약 γ가 0이라면 에이전트는 오직 다음시간(t+1)의 보상만을 고려합니다. 이때의 장점은 빨리 최적의 행동을 결정할 수 있다는 점이고, γ가 1이라면 미래의 보상도 바로 다음의 보상만큼 중요하게 생각합니다. 이 경우, 당장의 보상은 최대화 할 수 없지만 미래의 수까지 내다보면서 행동을 할 수 있다는 장점이 있습니다. 예를 들어서, 스타크래프트 게임을 플레이하는 상황을 가정해보면 초반에 일꾼을 이용해서 미니맵을 정찰하는 것은 당장에는 보상이 없지만 미래에 어떤 전략을 펼칠지 결정할 수 있도록 도와주는 중요한 정보를 얻을 수 있는 행위입니다. γ가 0이라면 미래 보상을 고려하지 않기 때문에 이런 행위는 수행할 수 없을 것입니다. 실제 상황에서는 문제에 따라 최적의 γ이 다르고, 실험을 통해 최적의 γ을 설정해주어야 합니다.

정리하자면, 상태 가치 함수 $V_\pi(s)$는 현재 상태 s의 가치를 정량적으로 나타내줍니다. 그림 12-3은 G(=Goal)에 도달하면 미로를 탈출해서 100의 보상^{Reward} r을 얻는 그리드 월드^{Grid World}에서 각각의 위치가 갖는 상태 가치 함수값을 보여줍니다. G 지점에 가까울수록 미로를 탈출할 확률이 높기 때문에 높은 상태 가치 함수값, G 지점에서 멀수록 미로를 탈출할 확률이 낮기 때문에 낮은 상태 가치 함수값을 가지고 있는 것을 볼 수 있습니다.

---

* '감마'라고 읽습니다.

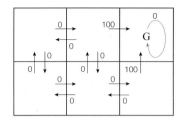
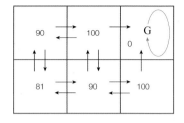

$r(s, a)$ (immediate reward)values $V^*(s)$ values

그림 12-3 | 그리드 월드에서 각각의 위치의 상태 가치 함수

12.1.2 행동 가치 함수^{Action-Value Function}

행동 가치 함수^{Action-Value Function}는 현재 행동의 좋음과 나쁨을 표현합니다. 행동 가치 함수를 수학적으로 표현하면 아래와 같습니다.

$$Q_\pi(s, a) = E_\pi[R_{t+1} + \gamma R_{t+2} + \gamma^2 R_{t+3} + \cdots | S_t = s, A_t = a]$$

위의 식이 의미하는 바를 해석해봅시다. 어떤 상태 $S_t = s$에서 전략 π를 따를 때 기대되는 어떤 행동 $a(Q_\pi(s, a), A_t = a)$의 가치는 미래의 보상들의 총합$(R_{t+1} + \gamma R_{t+2} + \gamma^2 R_{t+3} + \cdots)$의 평균 E_π으로 표현됩니다. 상태 가치 함수와 마찬가지로 γ는 현재 보상과 미래 보상의 중요도 가중치를 나타내는 Discount Factor입니다. 정리하자면, 행동 가치 함수 $Q_\pi(s, a)$는 현재 상태 s에서 한 행동 a의 가치를 정량적으로 나타내줍니다.

그림 12 4는 그림 12 3에서 살펴본 그리드 월드 상황에서 각각의 위치에서 한 행동의 행동 가치 함수 $Q_\pi(s, a)$를 나타냅니다. 미로를 탈출하는 G로 이동하는 행동은 가장 큰 행동 가치 함수값인 100, G에서 멀어지는 행동은 낮은 행동 가치 함수값을 갖는 것을 알 수 있습니다.

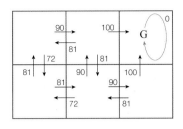

$Q(s, a)$ values

그림 12-4 | 그리드 월드에서 각각의 위치에서 한 행동의 행동 가치 함수

상태 가치 함수와 행동 가치 함수를 통해서 알아내고자 하는 우리의 최종 목표는 최적의 정책 π*를 찾는 것입니다. 어떤 환경에서 모든 상태의 상태 가치 함수값을 알아낸다면 항상 상태 가치가 최대화되는 방향으로 이동하는 것이 최적의 전략이 될 것입니다. 반대로 어떤 환경에서 모든 행동 가치 함수값을 알아낸다면 항상 행동 가치 함수가 최대화 되는 방향으로 행동하는 것이 최적의 전략이 될 것입니다.

이렇게 보상이 최대화되는 최적의 정책을 알아내는 방법은 크게 2가지가 있습니다. 상태 가치 함수를 이용해서 알아내는 방법을 **Planning**이라고 하고 행동 가치 함수를 이용해서 알아내는 방법을 **강화 학습**Reinforcement Learning이라고 합니다. Planning을 이용하기 위해서는 환경에 대한 모델Model 정보를 알고 있어야 합니다. 좀 더 엄밀히 말하면 $(S, A, R(s, s'), s')$에서 Transition Probability $P(s, s')$에 대한 정보와 이에 대한 보상값 $R(s, s')$을 알고 있어야 합니다. 행동 가치 함수를 이용한 강화 학습 방법은 모델에 대한 정보가 없더라도 에이전트가 주어진 환경에서 행동을 취하고 얻은 실제 경험Experience을 통해 학습을 진행할 수 있습니다. 이 책에서는 강화 학습 방법에 대해서만 설명합니다.*

강화 학습에서 적절한 행동 가치 함수값을 알아내기 위한 구체적인 알고리즘은 SARSA, Q-Learning, Policy Gradient 등이 있습니다. 이 책에서는 그 중에서 가장 대표적인 기법인 Q-Learning에 대해 알아봅시다.

---

* 강화 학습 전반에 대해서 심도 깊게 공부하고 싶을 경우, 강화 학습 분야의 교과서인 Richard Sutton 교수의 『Reinforcement Learning: An Introduction』 책을 참조하세요.

12.2 Q-Learning

12.2.1 Q-Table과 Q-Networks

Q-Learning은 적절한 행동 가치 함수값을 알아내기 위한 알고리즘입니다. Q-Learning 에서 $Q(s_t, a_t)$는 현재 상태 s_t에서 취한 행동 a_t에 대한 행동 가치 함수값을 나타냅니다. Q-Learning은 $Q(s_t, a_t)$를 임의의 값으로 초기화 한 후, 학습이 진행됨에 따라 아래의 수식으로 $Q(s_t, a_t)$ 값으로 반복해서 업데이트해나갑니다.

$$Q(s_t, a_t) = R_{t+1} + \gamma max_{a+1} Q(s_{t+1}, a_{t+1})$$

여기서 R_{t+1}는 현재 상태 s_t에서 다음 상태 s_{t+1}로 넘어갈 때 얻은 보상, γ은 Discount Factor, $max_{a+1} Q(s_{t+1}, a_{t+1})$은 다음 상태 s_{t+1}에서 얻을 수 있는 행동 가치 함수값들 중에서 가장 큰 값을 의미합니다.

위 수식을 통해 반복적으로 $Q(s_t, a_t)$를 업데이트 할 경우 $Q(s_t, a_t)$가 최적의 행동 가치 함수 $Q^*(s_t, a_t)$에 수렴한다는 사실이 수학적으로 증명되었습니다.

그럼 이제 우리는 최적의 Q값을 구하는 알고리즘(Q-Learning)을 알고 있습니다. 이제 각 상태에 대해서 최적의 Q값을 구하기 위해서 위 수식을 이용해서 각 상태의 값을 반복적으로 업데이트해주면 됩니다.

전통적인 Q-Learning 방법은 상태와 행동에 대한 **Q-Table**을 만들고 이 테이블을 지속적으로 업데이트하는 방법을 사용했습니다. 그림 12-5은 Q-Table을 활용하는 전통적인 Q-Learning 방법을 보여줍니다.

Training Start

	a_1 (좌로 움직이기)	a_2 (가만히 있기)	a_3 (우로 움직이기)
s_1	0	0	0
s_2	0	0	0
s_3	0	0	0
s_4	0	0	0

After 10 iterations

	a_1 (좌로 움직이기)	a_2 (가만히 있기)	a_3 (우로 움직이기)
s_1	0	1.4	0
s_2	1	0	0.4
s_3	0	1.2	0
s_4	0	0	0

Training End

	a_1 (좌로 움직이기)	a_2 (가만히 있기)	a_3 (우로 움직이기)
s_1	0	3.5	1.5
s_2	2	1	2.6
s_3	2	4.5	1
s_4	0	1.3	1

그림 12-5 | Q-Table을 사용하는 전통적인 방식의 Q-Learning

하지만 이런 방법은 가능한 상태가 늘어날수록 빠르게 무한에 가까운 경우의 수를 업데이트해야하는 문제에 직면하기 때문에 복잡한 문제를 해결하기에 적합하지 않습니다. 예를 들어 그림 12-6의 벽돌깨기 게임의 경우 막대가 어떤 위치에 있는지, 현재 점수가 몇 점인지, 벽돌이 몇 개 남았는지 등에 따라서 무한에 가까운 경우의 수의 상태가 있을 수 있습니다. 이런 경우에는 Q-Table을 이용한 문제 해결이 어렵습니다.

그림 12-6 | 무한에 가까운 상태의 경우의 수가 가능한 벽돌깨기 게임

따라서 이런 문제를 해결하기 위해 Q-Table을 업데이트하지 않고 **현재 상태값을 입력값으로 받고 현재 상태에서 취할 수 있는 행동들에 대한 Q값을 예측하는 인공신경망을 만들어서 사용하는 Q-Networks 기법**이 제안되었습니다. Q-Networks를 학습 시킬 때, 타겟 데이터는 Q-Learning 알고리즘으로 구한 최적의 행동 가치 함수값인 $Q^*(s_t, a_t) = R_{t+1} + \gamma max_{a+1}Q(s_{t+1}, a_{t+1})$으로 지정하고 상태값을 입력받아 신경망이 예측한 $Q(s_t, a_t)$와 타겟 데이터의 평균제곱오차(MSE)으로 손실 함수를 정의해서 최적화를 수행합니다.

$$MSE = \frac{1}{2n}\sum_{i=1}^{n}(Q^*(s_t, a_t) - Q(s_t, a_t))^2$$

$$MSE = \frac{1}{2n}\sum_{i=1}^{n}(R_{t+1} + \gamma max_{a+1}Q(s_{t+1}, a_{t+1}) - Q(s_t, a_t))^2$$

일반적인 ANN 구조처럼 손실 함수에 대한 옵티마이저를 선언하고 학습을 진행하면 적절한 Q값을 예측하는 Q-Networks를 학습시킬 수 있습니다.

12.2.2 ∈-Greedy

Q-Learning 및 강화 학습을 적용할 때 보통 ∈-Greedy[*]라는 기법을 함께 적용합니다. 에이전트가 항상 최대 Q값으로 행동을 하게 되면 데이터 수집 과정에서 다양성이 감소하고 이로 인해 학습 결과가 Local Optima에 빠질 확률이 높아집니다. 따라서 ∈-Greedy 기법은 에이전트가 ∈확률로 최적의 행동이 아닌 랜덤한 행동을 하게 하고, (1-∈) 확률로 최적의 행동을 하게 함으로써 에이전트가 다양한 상태를 경험하고 수집할 수 있게 만듭니다. 결과적으로 학습이 끝난 후에 더 좋은 성능을 발휘할 수 있습니다. 하지만 계속해서 랜덤한 행동을 하도록 할 순 없으므로 학습 초반에는 ∈값을 크게 설정했다가 학습이 진행될수록 점차 ∈값을 감소시켜 줍니다.[**]

---

[*] '입실론'이라고 읽습니다.
[**] 좀 더 전문적인 용어로 에이전트가 많은 경우의 수를 폭넓게 탐험하는 것과 좋은 전략을 취하는 것의 비율을 결정하는 문제를 Exploration-Exploitation Tradeoff라고 부릅니다. 이는 강화 학습의 고전적인 난제 중에 하나입니다.

12.3 DQN^{Deep-Q-Networks}

DQN^{Deep-Q-Networks}은 알파고로 유명한 딥마인드^{Deepmind}사에서 창안한 강화 학습을 위한 인공신경망 구조로써 기존에 제안된 Q-Networks와 딥러닝^{Deep Learning}을 결합한 기법입니다. DQN은 사전 지식이 없이 오직 게임 화면만을 보고 학습을 진행해서 49개의 아타리 게임 중 24개의 게임에 대해서 인간보다 뛰어난 능력을 보여주어서 많은 사람들을 놀라게 하였습니다. 이 데모에 반해서 구글의 CEO인 래리 페이지가 40명 남짓의 연구자들로 구성된 작은 회사를 4000억이라는 거액을 주고 인수하였습니다.

구체적으로 DQN은 기존의 Q-Networks에서 2가지를 개선하였습니다.

1. 기존의 Q-Networks은 얕은 층의 ANN 구조를 사용했지만 DQN은 깊은 층의 CNN 구조를 사용했습니다.
2. 인간의 해마^{Hipocampus}에서 영감을 받아 **리플레이 메모리**^{Replay Memory}라는 기법을 사용했고 이를 이용해서 효율적인 강화 학습이 가능하도록 만들었습니다.

리플레이 메모리^{Replay Memory} 기법에 대해서 자세히 설명하면, 기존의 강화 학습 기법은 에이전트가 획득하는 순차적인 경험데이터 $(S, A, R(s, s'), s')$을 이용해서 학습을 진행했습니다. 하지만 이는 에이전트가 취한 이전 행동에 따라 수집되는 데이터의 형태가 일정한 패턴으로 고정되는 문제점이 있습니다.

리플레이 메모리 기법은 이를 방지하기 위해서 리플레이 메모리라는 일종의 경험 저장소에 에이전트가 수집한 경험 데이터 $(S, A, R(s, s'), s')$를 저장합니다. 리플레이 메모리 기법은 리플레이 메모리에 저장된 경험 데이터에서 랜덤 샘플링을 통해 데이터를 추출해서 이를 학습에 사용함으로써 에이전트가 특정한 패턴에 대한 편견없이 학습할 수 있도록 도와줍니다.

12.4 DQN을 이용한 게임 에이전트 구현 – CatchGame

이제 간단한 게임을 하나 구현하고 텐서플로 라이브러리를 이용해서 이 게임을 플레이하는 DQN 에이전트를 구현해봅시다. 이번 장에서 만들 게임의 이름은 CatchGame으로 하늘에서 떨어지는 과일을 화면 하단에 있는 바구니(막대)로 받아내는 게임입니다. 이때 바구니가 취할 수 있는 행동은 [좌로 움직이기, 가만히 있기, 우로 움직이기] 3가지이고 만약 떨어지는 과일을 제대로 받아먹으면 1의 보상, 만약 제대로 받아내지 못해서 과일이 땅에 떨어지면 –1의 보상, 과일이 아직 바닥에 닿기 전인 중립적인 상태에서는 0의 보상을 얻습니다.

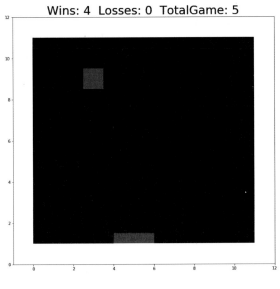

그림 12-7 | CatchGame 게임환경

12.3장에서 배운 리플레이 메모리를 사용하는 DQN 구조를 이용해서 이 게임을 플레이하는 강화 학습 에이전트를 구현해봅시다. 이번 장에서 배울 코드는 학습을 진행하고 학습된 파라미터를 저장하는 train_catch_game.py 파일과 학습된 파라미터를 불러와서 테스트하는 play_catch_game.ipynb 파일로 구성되어 있습니다. 먼저 train_catch_game.py 파일부터 살펴봅시다.

12.4.1 train_catch_game.py

먼저 전체 코드를 한눈에 살펴봅시다.

```python
1    import tensorflow as tf
2    import numpy as np
3    import random
4    import math
5    import os
6
7    # 학습에 필요한 설정값들을 선언합니다.
8    epsilon = 1                        # epsilon-Greedy 기법에 사용할 최초의 epsilon값
9    epsilonMinimumValue = 0.001  # epsilon의 최소값 (이 값 이하로 Decay하지 않습니다)
10   num_actions = 3 # 에이전트가 취할 수 있는 행동의 개수 - (좌로 움직이기, 가만히 있
     기, 우로 움직이기)
11   num_epochs = 2000                  # 학습에 사용할 반복 횟수
12   hidden_size = 100                  # 은닉층의 노드 개수
13   maxMemory = 500                    # 리플레이 메모리의 크기
14   batch_size = 50                    # 학습에 사용할 배치 개수
15   gridSize = 10                      # 에이전트가 플레이하는 게임 화면 크기 (10x10 grid)
16   state_size = gridSize * gridSize # 게임 환경의 현재상태 (10x10 grid)
17   discount = 0.9                     # Discount Factor \gamma
18   learning_rate = 0.2                # 러닝 레이트
19
20   # s와 e사이의 랜덤한 값을 리턴하는 유틸리티 함수를 정의합니다.
21   def randf(s, e):
22       return (float(random.randrange(0, (e - s) * 9999)) / 10000) + s;
23
24   # DQN 모델을 정의합니다.
25   # 100(현재 상태 - 10x10 Grid) -> 128 -> 128 -> 3(예측된 각 행동의 Q값)
26   def build_DQN(x):
27       W1 = tf.Variable(tf.truncated_normal(shape=[state_size, hidden_size],
         stddev=1.0 / math.sqrt(float(state_size))))
28       b1 = tf.Variable(tf.truncated_normal(shape=[hidden_size], stddev=0.01))
29       H1_output = tf.nn.relu(tf.matmul(x, W1) + b1)
30       W2 = tf.Variable(tf.truncated_normal(shape=[hidden_size, hidden_size],
         stddev=1.0 / math.sqrt(float(hidden_size))))
31       b2 = tf.Variable(tf.truncated_normal(shape=[hidden_size], stddev=0.01))
32       H2_output = tf.nn.relu(tf.matmul(H1_output, W2) + b2)
33       W3 = tf.Variable(tf.truncated_normal(shape=[hidden_size, num_actions],
```

```
                stddev=1.0 / math.sqrt(float(hidden_size))))
34       b3 = tf.Variable(tf.truncated_normal(shape=[num_actions], stddev=0.01))
35       output_layer = tf.matmul(H2_output, W3) + b3
36
37       return tf.squeeze(output_layer)
38
39   # 인풋 화면 이미지와 타겟 Q값을 받기 위한 플레이스홀더를 선언합니다.
40   x = tf.placeholder(tf.float32, shape=[None, state_size])
41   y = tf.placeholder(tf.float32, shape=[None, num_actions])
42
43   # DQN 모델을 선언합니다.
44   y_pred = build_DQN(x)
45
46   # MSE 손실 함수와 옵티마이저를 정의합니다.
47   loss = tf.reduce_sum(tf.square(y-y_pred)) / (2*batch_size) # MSE 손실 함수
48   optimizer = tf.train.GradientDescentOptimizer(learning_rate).minimize(loss)
49
50   # CatchGame을 수행하는 Environment를 구현합니다.
51   class CatchEnvironment():
52     # 상태를 초기값을 지정합니다.
53     def _init_ (self, gridSize):
54       self.gridSize = gridSize
55       self.state_size = self.gridSize * self.gridSize
56       self.state = np.empty(3, dtype = np.uint8)
57
58     # 관찰 결과를 리턴합니다.
59     def observe(self) :
60       canvas = self.drawState()
61       canvas = np.reshape(canvas, (-1, self.state_size))
62       return canvas
63
64     # 현재 상태(fruit, basket)를 화면에 출력합니다.
65     def drawState(self) :
66       canvas = np.zeros((self.gridSize, self.gridSize))
67       # fruit를 화면에 그립니다.
68       canvas[self.state[0] -1, self.state[1] -1] = 1
69       # basket을 화면에 그립니다.
70       canvas[self.gridSize-1, self.state[2] -1 - 1] = 1
71       canvas[self.gridSize-1, self.state[2] -1] = 1
72       canvas[self.gridSize-1, self.state[2] -1 + 1] = 1
```

```
73        return canvas
74
75    # 게임을 초기 상태로 리셋합니다.
76    def reset(self):
77        initialFruitColumn = random.randrange(1, self.gridSize + 1)
78        initialBucketPosition = random.randrange(2, self.gridSize + 1 - 1)
79        self.state = np.array([1, initialFruitColumn, initialBucketPosition])
80        return self.getState()
81
82    # 현재 상태를 불러옵니다.
83    def getState(self):
84        stateInfo = self.state
85        fruit_row = stateInfo[0]
86        fruit_col = stateInfo[1]
87        basket = stateInfo[2]
88        return fruit_row, fruit_col, basket
89
90    # 에이전트가 취한 행동에 대한 보상을 줍니다.
91    def getReward(self):
92        fruitRow, fruitColumn, basket = self.getState()
93        # 만약 fruit가 바닥에 닿았을 때
94        if (fruitRow == self.gridSize - 1):
95            # basket이 fruit을 받아내면 1의 reward를 줍니다.
96            if (abs(fruitColumn - basket) <= 1):
97                return 1
98            # fruit를 받아내지 못하면 -1의 reward를 줍니다.
99            else:
100                return -1
101        # fruit가 바닥에 닿지 않은 중립적인 상태는 0의 reward를 줍니다.
102        else:
103            return 0
104
105    # 게임이 끝났는지를 체크합니다.(fruit가 바닥에 닿으면 한게임이 종료됩니다.)
106    def isGameOver(self):
107        if (self.state[0] == self.gridSize - 1):
108            return True
109        else:
110            return False
111
112    # action(좌로 한칸 이동, 제자리, 우로 한칸 이동)에 따라 basket의 위치를 업데이트합니다.
```

```
113    def updateState(self, action):
114        move = 0
115        if (action == 0):
116            move = -1
117        elif (action == 1):
118            move = 0
119        elif (action == 2):
120            move = 1
121        fruitRow, fruitColumn, basket = self.getState()
122        newBasket = min (max (2, basket + move), self.gridSize - 1) # min/max는
basket이 grid밖으로 벗어나는것을 방지합니다.
123        fruitRow = fruitRow + 1   # fruit는 매 행동을 취할때마다 1칸씩 아래로 떨어집니다.
124        self.state = np.array([fruitRow, fruitColumn, newBasket])
125
126    # 행동을 취합니다. 0 : 왼쪽으로 이동, 1 : 가만히 있기, 2 : 오른쪽으로 이동
127    def act(self, action):
128        self.updateState(action)
129        reward = self.getReward()
130        gameOver = self.isGameOver()
131        return self.observe(), reward, gameOver, self.getState()
132
133  # Replay Memory를 class로 정의합니다.
134  class ReplayMemory:
135    def __init__(self, gridSize, maxMemory, discount):
136        self.maxMemory = maxMemory
137        self.gridSize = gridSize
138        self.state_size = self.gridSize * self.gridSize
139        self.discount = discount
140        canvas = np.zeros((self.gridSize, self.gridSize))
141        canvas = np.reshape(canvas, (-1,self.state_size))
142        self.inputState = np.empty((self.maxMemory, 100), dtype = np.float32)
143        self.actions = np.zeros(self.maxMemory, dtype= np.uint8)
144        self.nextState = np.empty((self.maxMemory, 100), dtype = np.float32)
145        self.gameOver = np.empty(self.maxMemory, dtype = np.bool)
146        self.rewards = np.empty(self.maxMemory, dtype = np.int8)
147        self.count = 0
148        self.current = 0
149
150    # 경험을 리플레이 메모리에 저장합니다.
151    def remember(self, currentState, action, reward, nextState, gameOver):
```

```
152        self.actions[self.current] = action
153        self.rewards[self.current] = reward
154        self.inputState[self.current, ...] = currentState
155        self.nextState[self.current, ...] = nextState
156        self.gameOver[self.current] = gameOver
157        self.count = max(self.count, self.current + 1)
158        self.current = (self.current + 1) % self.maxMemory
159
160    def getBatch(self, y_pred, batch_size, num_actions, state_size, sess, X):
161        # 취할 수 있는 가장 큰 배치 사이즈를 선택합니다. (학습 초기에는 batch_size만
    큼의 기억이 없습니다.)
162        memoryLength = self.count
163        chosenBatchSize = min(batch_size, memoryLength)
164
165        # 인풋 데이터와 타겟 데이터를 선언합니다.
166        inputs = np.zeros((chosenBatchSize, state_size))
167        targets = np.zeros((chosenBatchSize, num_actions))
168
169        # 배치안의 값을 설정합니다.
170        for i in range(chosenBatchSize):
171            # 배치에 포함될 기억을 랜덤으로 선택합니다.
172            randomIndex = random.randrange(0, memoryLength)
173            # 현재 상태와 Q값을 불러옵니다.
174            current_inputState = np.reshape(self.inputState[randomIndex], (1, 100))
175            target = sess.run(y_pred, feed_dict={X: current_inputState})
176
177            # 현재 상태 바로 다음 상태를 불러오고 다음 상태에서 취할수 있는 가장 큰 Q값을 계산합니다.
178            current_nextState = np.reshape(self.nextState[randomIndex], (1, 100))
179            nextStateQ = sess.run(y_pred, feed_dict={X: current_nextState})
180            nextStateMaxQ = np.amax(nextStateQ)
181            # 만약 게임오버라면 reward로 Q값을 업데이트하고
182            if (self.gameOver[randomIndex] == True):
183                target[self.actions[randomIndex]] = self.rewards[randomIndex]
184            # 게임오버가 아니라면 타겟 Q값(최적의 Q값)을 아래 수식을 이용해서 계산합니다.
185            # Q* = reward + discount(gamma) * max_a' Q(s',a')
186            else:
187                target[self.actions[randomIndex]] = self.rewards[randomIndex] +
    self.discount * nextStateMaxQ
188
189            # 인풋과 타겟 데이터에 값을 지정합니다.
```

```
190        inputs[i] = current_inputState
191        targets[i] = target
192
193        return inputs, targets
194
195  # 학습을 진행하는 main 함수를 정의합니다.
196  def main(_):
197    print("트레이닝을 시작합니다.")
198
199    # 게임 플레이 환경을 선언합니다.
200    env = CatchEnvironment(gridSize)
201
202    # Replay Memory를 선언합니다.
203    memory = ReplayMemory(gridSize, maxMemory, discount)
204
205    # 학습된 파라미터를 저장하기 위한 tf.train.Saver를 선언합니다.
206    saver = tf.train.Saver()
207
208    winCount = 0
209    with tf.Session() as sess:
210      # 변수들의 초기값을 할당합니다.
211      sess.run(tf.global_variables_initializer())
212
213      for i in range(num_epochs+1):
214        # 환경을 초기화합니다.
215        err = 0
216        env.reset()
217
218        isGameOver = False
219
220        # 최초의 상태를 불러옵니다.
221        currentState = env.observe()
222
223      while (isGameOver != True):
224        action = -9999  # Q값을 초기화합니다.
225        # epsilon-Greedy 기법에 따라 랜덤한 행동을 할지 최적의 행동을 할 지 결정합니다.
226        global epsilon
227        if (randf(0, 1) <= epsilon):
228          # epsilon 확률만큼 랜덤한 행동을 합니다.
229          action = random.randrange(0, num_actions)
```

```
230        else:
231            # (1-epsilon) 확률만큼 최적의 행동을 합니다.
232            # 현재 상태를 DQN의 인풋으로 넣어서 예측된 최적의 Q(s,a)값들을 리턴받습니다.
233            q = sess.run(y_pred, feed_dict={x: currentState})
234            # Q(s,a)가 가장 높은 행동을 선택합니다.
235            action = q.argmax()
236
237        # epsilon값을 0.9999만큼 Decay합니다.
238        if (epsilon > epsilonMinimumValue):
239            epsilon = epsilon * 0.999
240
241        # 에이전트가 행동을 하고 다음 보상과 다음 상태에 대한 정보를 리턴 받습니다.
242        nextState, reward, gameOver, stateInfo = env.act(action)
243
244        # 만약 과일을 제대로 받아냈다면 승리 횟수를 1 올립니다.
245        if (reward == 1):
246            winCount = winCount + 1
247
248        # 에이전트가 수집한 정보를 Replay Memory에 저장합니다.
249        memory.remember(currentState, action, reward, nextState, gameOver)
250
251        # 현재 상태를 다음 상태로 업데이트하고 게임오버 유무를 체크합니다.
252        currentState = nextState
253        isGameOver = gameOver
254
255        # Replay Memory로부터 학습에 사용할 Batch 데이터를 불러옵니다.
256        inputs, targets = memory.getBatch(y_pred, batch_size, num_actions,
       state_size, sess, x)
257
258        # 최적화를 수행하고 손실 함수를 리턴받습니다.
259        _, loss = sess.run([optimizer, cost], feed_dict={x: inputs, y: targets})
260        err = err + loss
261
262        print("반복(Epoch): %d, 에러(err): %.4f, 승리횟수(Win count): %d, 승리비
    율(Win ratio): %.4f" % (i, err, winCount, float(winCount)/ float(i+1)*100))
263    # 학습이 모두 끝나면 파라미터를 지정된 경로에 저장합니다.
264    print("트레이닝 완료")
265    save_path = saver.save(sess, os.getcwd()+"/model.ckpt")
266    print("%s 경로에 파라미터가 저장되었습니다" % save_path)
267
```

```
268   if __name__ == '__main__':
269       # main 함수를 호출합니다.
270       tf.app.run()
```

01 | 텐서플로 및 학습에 필요한 라이브러리를 임포트합니다.

```
1    import tensorflow as tf
2    import numpy as np
3    import random
4    import math
5    import os
```

02 | 학습에 필요한 설정값들을 선언합니다. 입실론 그리디에 사용할 초기 입실론 값 epsilon, 최소 입실론값 epsilonMinimumValue을 정의합니다. 가능한 행동의 개수 num_actions, epoch 횟수 num_epochs, 은닉층의 사이즈 hidden_size, 리플레이 메모리의 최대 메모리 크기 maxMemory, 배치 사이즈 batch_size, 게임판의 크기를 나타내는 gridSize, Discount Factor와 Learning Rate를 discount, learning_rate로 정의합니다. 또한, s(start)와 e(end)사이의 랜덤한 값을 리턴하는 유틸리티 함수 randf를 정의합니다.

```
7    # 학습에 필요한 설정값들을 선언합니다.
8    epsilon = 1                          # epsilon-Greedy 기법에 사용할 최초의 epsilon값
9    epsilonMinimumValue = 0.001  # epsilon의 최소값 (이 값 이하로 Decay하지 않습니다)
10   num_actions = 3 # 에이전트가 취할 수 있는 행동의 개수 - (좌로 움직이기, 가만히 있
     기, 우로 움직이기)
11   num_epochs = 2000                    # 학습에 사용할 반복 횟수
12   hidden_size = 100                    # 은닉층의 노드 개수
13   maxMemory = 500                      # 리플레이 메모리의 크기
14   batch_size = 50                      # 학습에 사용할 배치 개수
15   gridSize = 10                        # 에이전트가 플레이하는 게임 화면 크기 (10x10 grid)
16   state_size = gridSize * gridSize # 게임 환경의 현재상태 (10x10 grid)
17   discount = 0.9                       # Discount Factor \gamma
18   learning_rate = 0.2                  # 러닝 레이트
19
20   # s와 e사이의 랜덤한 값을 리턴하는 유틸리티 함수를 정의합니다.
21   def randf(s, e):
22       return (float(random.randrange(0, (e - s) * 9999)) / 10000) + s;
```

03 | DQN 네트워크를 정의하는 build_DQN 함수를 정의합니다. DQN 네트워크는 입력 층으로 게임의 현재 상태 s(10×10 Grid=100)를 입력 받아서, 128개의 노드를 가진 은닉 층을 2개 거쳐서 현재 상태 s에서 취할 수 있는 각각의 행동에 대한 Q(s,a)(=3) 예측값을 출력층에서 출력합니다.

```
24    # DQN 모델을 정의합니다.
25    # 100(현재 상태 - 10x10 Grid) -> 128 -> 128 -> 3(예측된 각 행동의 Q값)
26    def build_DQN(x):
27        W1 = tf.Variable(tf.truncated_normal(shape=[state_size, hidden_size],
      stddev=1.0 / math.sqrt(float(state_size))))
28        b1 = tf.Variable(tf.truncated_normal(shape=[hidden_size], stddev=0.01))
29        H1_output = tf.nn.relu(tf.matmul(x, W1) + b1)
30        W2 = tf.Variable(tf.truncated_normal(shape=[hidden_size, hidden_size],
      stddev=1.0 / math.sqrt(float(hidden_size))))
31        b2 = tf.Variable(tf.truncated_normal(shape=[hidden_size], stddev=0.01))
32        H2_output = tf.nn.relu(tf.matmul(H1_output, W2) + b2)
33        W3 = tf.Variable(tf.truncated_normal(shape=[hidden_size, num_actions],
      stddev=1.0 / math.sqrt(float(hidden_size))))
34        b3 = tf.Variable(tf.truncated_normal(shape=[num_actions], stddev=0.01))
35        output_layer = tf.matmul(H2_output, W3) + b3
36
37        return tf.squeeze(output_layer)
```

04 | 인풋인 현재 상태(=10×10 grid)와 타겟 $Q^*(s_t, a_t)$값을 입력 받을 플레이스홀더 x, y 를 선언하고, build_DQN 함수로 DQN 모델을 생성합니다.

```
39    # 인풋 화면 이미지와 타겟 Q값을 받기 위한 플레이스홀더를 선언합니다.
40    x = tf.placeholder(tf.float32, shape=[None, state_size])
41    y = tf.placeholder(tf.float32, shape=[None, num_actions])
42
43    # DQN 모델을 선언합니다.
44    y_pred = build_DQN(x)
```

05 | MSE 손실 함수와 옵티마이저를 정의합니다.

```
46    # MSE 손실 함수와 옵티마이저를 정의합니다.
47    loss = tf.reduce_sum(tf.square(y-y_pred)) / (2*batch_size) # MSE 손실 함수
48    optimizer = tf.train.GradientDescentOptimizer(learning_rate).minimize(loss)
```

06 │ CatchGame 플레이 환경을 만드는 CatchEnvironment 클래스를 정의합니다. 각각의 함수별로 수행하는 기능을 정리하면 다음과 같습니다.

❶ __init__ : 클래스 생성시 호출되는 생성자로써 게임의 상태값들을 초기화합니다.

❷ observe : drawState를 호출해서 생성된 관찰 결과를 리턴합니다.

❸ drawState : 상태값에 따라 캔버스에 과일(네모 1칸)과 바구니(네모 3칸)을 그립니다.

❹ reset : 게임을 초기상태로 리셋합니다. initialFruitColumn, initialBucketPosition을 랜덤한 값으로 초기화해서 과일을 캔버스 가로축 최상단의 랜덤한 위치, 바구니를 캔버스 가로축 최하단의 랜덤한 위치로 할당합니다.

❺ getState : 게임의 현재 상태를 불러옵니다. 과일은 몇 번째 세로축(=fruit_col)에 있고, 얼만큼 떨어져서 몇 번째 가로축(=fruit_row)에 있는지, 바구니는 몇 번째 세로축(=basket)에 있는지를 리턴합니다.

❻ getReward : 에이전트가 취한 행동에 대한 보상을 얻습니다. 만약 Fruit이 바닥에 닿았을 때, Basket이 Fruit을 받아내면 1의 보상을 줍니다. Fruit를 받아내지 못하면 –1의 보상을 줍니다. 그리고 Fruit가 바닥에 닿지 않은 중립적인 상태는 0의 보상을 줍니다.

❼ isGameOver : 게임이 끝났는지를 체크합니다(Fruit가 바닥에 닿으면 게임이 종료됩니다).

❽ updateState : 에이전트의 action에 따라 Basket의 위치를 업데이트하고, 한 스텝 시간이 흘러서 Fruit가 한 칸 떨어지는 상태의 업데이트를 진행합니다.

❾ act : 에이전트가 행동을 취해서 상태를 업데이트하고, 해당 행동에 대한 보상값과 게임 종료 유무를 체크해서 리턴합니다.

```
50    # CatchGame을 수행하는 Environment를 구현합니다.
51    class CatchEnvironment():
52      # 상태를 초기값을 지정합니다.
53      def __init__ (self, gridSize):
54        self.gridSize = gridSize
55        self.state_size = self.gridSize * self.gridSize
56        self.state = np.empty(3, dtype = np.uint8)
57
58      # 관찰 결과를 리턴합니다.
```

```
59    def observe(self) :
60      canvas = self.drawState()
61      canvas = np.reshape(canvas, (-1, self.state_size))
62      return canvas
63
64    # 현재 상태(fruit, basket)를 화면에 출력합니다.
65    def drawState(self) :
66      canvas = np.zeros((self.gridSize, self.gridSize))
67      # fruit를 화면에 그립니다.
68      canvas[self.state[0] -1, self.state[1] -1] = 1
69      # basket을 화면에 그립니다.
70      canvas[self.gridSize-1, self.state[2] -1 - 1] = 1
71      canvas[self.gridSize-1, self.state[2] -1] = 1
72      canvas[self.gridSize-1, self.state[2] -1 + 1] = 1
73      return canvas
74
75    # 게임을 초기 상태로 리셋합니다.
76    def reset(self):
77      initialFruitColumn = random.randrange(1, self.gridSize + 1)
78      initialBucketPosition = random.randrange(2, self.gridSize + 1 - 1)
79      self.state = np.array([1, initialFruitColumn, initialBucketPosition])
80      return self.getState()
81
82    # 현재 상태를 불러옵니다.
83    def getState(self):
84      stateInfo = self.state
85      fruit_row = stateInfo[0]
86      fruit_col = stateInfo[1]
87      basket = stateInfo[2]
88      return fruit_row, fruit_col, basket
89
90    # 에이전트가 취한 행동에 대한 보상을 줍니다.
91    def getReward(self):
92      fruitRow, fruitColumn, basket = self.getState()
93      # 만약 fruit가 바닥에 닿았을 때
94      if (fruitRow == self.gridSize - 1):
95        # basket이 fruit을 받아내면 1의 reward를 줍니다.
96        if (abs(fruitColumn - basket) <= 1):
97          return 1
```

```
98          # fruit를 받아내지 못하면 -1의 reward를 줍니다.
99          else:
100            return -1
101        # fruit가 바닥에 닿지 않은 중립적인 상태는 0의 reward를 줍니다.
102        else:
103          return 0
104
105      # 게임이 끝났는지를 체크합니다.(fruit가 바닥에 닿으면 한게임이 종료됩니다.)
106      def isGameOver(self):
107        if (self.state[0] == self.gridSize - 1):
108          return True
109        else:
110          return False
111
112      # action(좌로 한칸 이동, 제자리, 우로 한칸 이동)에 따라 basket의 위치를 업데이트합니다.
113      def updateState(self, action):
114        move = 0
115        if (action == 0):
116          move = -1
117        elif (action == 1):
118          move = 0
119        elif (action == 2):
120          move = 1
121        fruitRow, fruitColumn, basket = self.getState()
122        newBasket = min (max (2, basket + move), self.gridSize - 1) # min/max는
        basket이 grid밖으로 벗어나는것을 방지합니다.
123        fruitRow = fruitRow + 1  # fruit는 매 행동을 취할때마다 1칸씩 아래로 떨어집니다.
124        self.state = np.array([fruitRow, fruitColumn, newBasket])
125
126      # 행동을 취합니다. 0 : 왼쪽으로 이동, 1 : 가만히 있기, 2 : 오른쪽으로 이동
127      def act(self, action):
128        self.updateState(action)
129        reward = self.getReward()
130        gameOver = self.isGameOver()
131        return self.observe(), reward, gameOver, self.getState()
```

07 ᅵ 리플레이 메모리를 구현한 ReplayMemory 클래스를 정의합니다. 각각의 함수별로 수행하는 기능을 정리하면 다음과 같습니다.

❶ __init__ : 클래스 생성시 호출되는 생성자로써 리플레이 메모리의 상태값들을 초기화합니다.

❷ remember : 현재 경험 $(S, A, R(s, s'), s')$을 리플레이 메모리에 저장합니다.

❸ getBatch : 리플레이 메모리에서 랜덤 샘플링을 통해 임의의 기억을 가져오고, 해당 기억의 현재 상태값과 다음 상태값을 DQN에 넣고 $Q^*(s_t, a_t) = R_{t+1} + \gamma max_{a+1} Q(s_{t+1}, a_{t+1})$ 식을 계산해서 얻은 타겟 Q값을 배치 크기 batch_size(=50) 만큼 묶어서 리턴합니다.

```python
133  # Replay Memory를 class로 정의합니다.
134  class ReplayMemory:
135    def __init__(self, gridSize, maxMemory, discount):
136      self.maxMemory = maxMemory
137      self.gridSize = gridSize
138      self.state_size = self.gridSize * self.gridSize
139      self.discount = discount
140      canvas = np.zeros((self.gridSize, self.gridSize))
141      canvas = np.reshape(canvas, (-1,self.state_size))
142      self.inputState = np.empty((self.maxMemory, 100), dtype = np.float32)
143      self.actions = np.zeros(self.maxMemory, dtype= np.uint8)
144      self.nextState = np.empty((self.maxMemory, 100), dtype = np.float32)
145      self.gameOver = np.empty(self.maxMemory, dtype = np.bool)
146      self.rewards = np.empty(self.maxMemory, dtype = np.int8)
147      self.count = 0
148      self.current = 0
149
150    # 경험을 리플레이 메모리에 저장합니다.
151    def remember(self, currentState, action, reward, nextState, gameOver):
152      self.actions[self.current] = action
153      self.rewards[self.current] = reward
154      self.inputState[self.current, ...] = currentState
155      self.nextState[self.current, ...] = nextState
156      self.gameOver[self.current] = gameOver
157      self.count = max(self.count, self.current + 1)
158      self.current = (self.current + 1) % self.maxMemory
159
```

```
160    def getBatch(self, y_pred, batch_size, num_actions, state_size, sess, X):
161        # 취할 수 있는 가장 큰 배치 사이즈를 선택합니다. (학습 초기에는 batch_size만
     큼의 기억이 없습니다.)
162        memoryLength = self.count
163        chosenBatchSize = min(batch_size, memoryLength)
164
165        # 인풋 데이터와 타겟 데이터를 선언합니다.
166        inputs = np.zeros((chosenBatchSize, state_size))
167        targets = np.zeros((chosenBatchSize, num_actions))
168
169        # 배치안의 값을 설정합니다.
170        for i in range(chosenBatchSize):
171            # 배치에 포함될 기억을 랜덤으로 선택합니다.
172            randomIndex = random.randrange(0, memoryLength)
173            # 현재 상태와 Q값을 불러옵니다.
174            current_inputState = np.reshape(self.inputState[randomIndex], (1, 100))
175            target = sess.run(y_pred, feed_dict={X: current_inputState})
176
177            # 현재 상태 바로 다음 상태를 불러오고 다음 상태에서 취할수 있는 가장 큰 Q값을 계산합니다.
178            current_nextState = np.reshape(self.nextState[randomIndex], (1, 100))
179            nextStateQ = sess.run(y_pred, feed_dict={X: current_nextState})
180            nextStateMaxQ = np.amax(nextStateQ)
181            # 만약 게임오버라면 reward로 Q값을 업데이트하고
182            if (self.gameOver[randomIndex] == True):
183            target[self.actions[randomIndex]] = self.rewards[randomIndex]
184            # 게임오버가 아니라면 타겟 Q값(최적의 Q값)을 아래 수식을 이용해서 계산합니다.
185            # Q* = reward + discount(gamma) * max_a' Q(s',a')
186            else:
187                target[self.actions[randomIndex]] = self.rewards[randomIndex] +
     self.discount * nextStateMaxQ
188
189        # 인풋과 타겟 데이터에 값을 지정합니다.
190        inputs[i] = current_inputState
191        targets[i] = target
192
193    return inputs, targets
```

08 | 다음으로 python 스크립트에서 가장 먼저 호출되는 if __name__ == '__main__': 블록을 살펴봅시다. 해당 블록에서 tf.app.run() 함수를 실행하고, tf.app.run() 함수는 특별한 지정이 없는한 main이라는 이름으로 정의된 함수를 호출합니다.

```
268    if __name__ == '__main__':
269        # main 함수를 호출합니다.
270        tf.app.run()
```

09 | 이제 main 함수를 살펴봅시다. CatchEnvironment와 ReplayMemory 클래스를 선언하고, 학습된 파라미터를 저장할 saver를 선언합니다. 세션을 열어서 변수에 초기값들을 선언하고, 초기 action의 Q값을 -9999로 초기화합니다. ∈확률로 랜덤한 행동을 하고, (1-∈) 확률만큼 DQN을 이용해서 각각의 행동에 대한 Q값을 예측하고, 가장 Q값이 큰 최적의 행동을 합니다.

∈-Greedy 기법을 이용해서 ∈값을 점차 감소시켜, 에이전트가 학습 초반에는 랜덤한 행동을 많이하고, 학습이 진행될수록 최적의 행동을 하도록 유도합니다. 또한 현재 경험 $(S, A, R(s, s'), s')$을 리플레이 메모리에 저장하고, 리플레이 메모리에서 랜덤 샘플링을 통해서 임의의 배치를 불러와서 최적화를 진행합니다. 지정된 횟수만큼 반복이 끝나면 학습된 파라미터를 model.ckpt 체크포인트 파일로 저장합니다.

```
195    # 학습을 진행하는 main 함수를 정의합니다.
196    def main(_):
197        print("트레이닝을 시작합니다.")
198
199        # 게임 플레이 환경을 선언합니다.
200        env = CatchEnvironment(gridSize)
201
202        # Replay Memory를 선언합니다.
203        memory = ReplayMemory(gridSize, maxMemory, discount)
204
205        # 학습된 파라미터를 저장하기 위한 tf.train.Saver를 선언합니다.
206        saver = tf.train.Saver()
207
208        winCount = 0
209        with tf.Session() as sess:
210            # 변수들의 초기값을 할당합니다.
```

```
211        sess.run(tf.global_variables_initializer())
212
213     for i in range(num_epochs+1):
214         # 환경을 초기화합니다.
215         err = 0
216         env.reset()
217
218         isGameOver = False
219
220         # 최초의 상태를 불러옵니다.
221         currentState = env.observe()
222
223     while (isGameOver != True):
224         action = -9999  # Q값을 초기화합니다.
225         # epsilon-Greedy 기법에 따라 랜덤한 행동을 할지 최적의 행동을 할 지 결정합니다.
226         global epsilon
227         if (randf(0, 1) <= epsilon):
228             # epsilon 확률만큼 랜덤한 행동을 합니다.
229             action = random.randrange(0, num_actions)
230         else:
231             # (1-epsilon) 확률만큼 최적의 행동을 합니다.
232             # 현재 상태를 DQN의 인풋으로 넣어서 예측된 최적의 Q(s,a)값들을 리턴받습니다.
233             q = sess.run(y_pred, feed_dict={x: currentState})
234             # Q(s,a)가 가장 높은 행동을 선택합니다.
235             action = q.argmax()
236
237         # epsilon값을 0.9999만큼 Decay합니다.
238         if (epsilon > epsilonMinimumValue):
239             epsilon = epsilon * 0.999
240
241         # 에이전트가 행동을 하고 다음 보상과 다음 상태에 대한 정보를 리턴 받습니다.
242         nextState, reward, gameOver, stateInfo = env.act(action)
243
244         # 만약 과일을 제대로 받아냈다면 승리 횟수를 1 올립니다.
245         if (reward == 1):
246             winCount = winCount + 1
247
248         # 에이전트가 수집한 정보를 Replay Memory에 저장합니다.
249         memory.remember(currentState, action, reward, nextState, gameOver)
```

```
250
251         # 현재 상태를 다음 상태로 업데이트하고 게임오버 유무를 체크합니다.
252         currentState = nextState
253         isGameOver = gameOver
254
255         # Replay Memory로부터 학습에 사용할 Batch 데이터를 불러옵니다.
256         inputs, targets = memory.getBatch(y_pred, batch_size, num_actions,
        state_size, sess, x)
257
258         # 최적화를 수행하고 손실 함수를 리턴받습니다.
259         _, loss = sess.run([optimizer, cost], feed_dict={x: inputs, y: targets})
260         err = err + loss
261
262         print("반복(Epoch): %d, 에러(err): %.4f, 승리횟수(Win count): %d, 승리비
        율(Win ratio): %.4f" % (i, err, winCount, float(winCount)/ float(i+1)*100))
263     # 학습이 모두 끝나면 파라미터를 지정된 경로에 저장합니다.
264     print("트레이닝 완료")
265     save_path = saver.save(sess, os.getcwd()+"/model.ckpt")
266     print("%s 경로에 파라미터가 저장되었습니다" % save_path)
```

트레이닝이 끝나면 학습된 파라미터가 저장된 model.ckpt 파일을 불러와서 게임을 플레이하는 에이전트를 시각화하는 play_catch_game.ipynb 파일을 실행해봅시다.

12.4.2 play_catch_game.ipynb

play_catch_game.ipynb 파일은 시각화를 위해서 지금까지 살펴본 코드들과 달리 Jupyter Notebook을 사용합니다.

```
pip install jupyter
```

위 명령어로 Jupyter Notebook을 설치한뒤에 터미널에서 아래 명령어를 입력하면 웹브 라우저에서 Jupyter Notebook이 실행된 모습을 볼 수 있습니다.

```
jupyter notebook
```

Jupyter Notebook에 대한 더 자세한 내용은 Jupyter Notebook의 공식 URL인 아래 링크를 참조하세요.

http://jupyter.org/

이제 play_catch_game.ipynb 코드를 살펴봅시다. 먼저 전체 코드를 한눈에 살펴봅시다.

```
1    %matplotlib
2    %matplotlib inline
3
4    from train_catch_game import *
5    from IPython import display
6    import matplotlib.pyplot as plt
7    import matplotlib.patches as patches
8    import pylab as pl
9    import time
10   import tensorflow as tf
11   import math
12   import os
13
14   # 필요한 설정값들을 정의합니다.
15   gridSize = 10
16   maxGames = 30
17   env = CatchEnvironment(gridSize)
```

```
18    winCount = 0
19    loseCount = 0
20    numberOfGames = 0
21
22    # 화면을 그리기 위한 설정들을 정의합니다.
23    ground = 1
24    plot = pl.figure(figsize=(12,12))
25    axis = plot.add_subplot(111, aspect='equal')
26    axis.set_xlim([-1, 12])
27    axis.set_ylim([0, 12])
28
29    # 파라미터를 불러오기 위한 tf.train.Saver()를 선언합니다.
30    saver = tf.train.Saver()
31
32    # 현재 상태를 그리기 위한 drawState 함수를 정의합니다.
33    def drawState(fruitRow, fruitColumn, basket, gridSize):
34        # 과일이 몇번째 세로축에 있는지 정의합니다.
35        fruitX = fruitColumn
36        # 과일이 몇번째 가로축에 있는지 정의합니다.
37        fruitY = (gridSize - fruitRow + 1)
38        # 승리 횟수, 패배 횟수, 전체 게임 횟수를 화면 상단에 출력합니다.
39        statusTitle = "Wins: " + str(winCount) + " Losses: " + str(loseCount) + "
      TotalGame: " + str(numberOfGames)
40        axis.set_title(statusTitle, fontsize=30)
41        for p in [
42            # 배경의 위치를 지정합니다.
43            patches.Rectangle(
44            ((ground - 1), (ground)), 11, 10,
45            facecolor="#000000"    # Black
46            ),
47            # 바구니의 위치를 지정합니다.
48            patches.Rectangle(
49            (basket - 1, ground), 2, 0.5,
50            facecolor="#FF0000"    # Red
51            ),
52            # 과일의 위치를 지정합니다.
53            patches.Rectangle(
54            (fruitX - 0.5, fruitY - 0.5), 1, 1,
55            facecolor="#0000FF" # Blue
56            ),
```

```
57          ]:
58              axis.add_patch(p)
59          display.clear_output(wait=True)
60          display.display(pl.gcf())
61
62      with tf.Session() as sess:
63          # 저장된 파라미터를 불러옵니다.
64          saver.restore(sess, os.getcwd()+"/model.ckpt")
65          print('저장된 파라미터를 불러왔습니다!')
66
67          # maxGames 횟수만큼 게임을 플레이합니다.
68          while (numberOfGames < maxGames):
69              numberOfGames = numberOfGames + 1
70
71              # 최초의 상태를 정의합니다.
72              isGameOver = False
73              fruitRow, fruitColumn, basket = env.reset()
74              currentState = env.observe()
75              drawState(fruitRow, fruitColumn, basket, gridSize)
76
77              while (isGameOver != True):
78                  # 현재 상태를 DQN의 입력값으로 넣고 구한 Q값중 가장 큰 Q값을 갖는 행동을 취합니다.
79                  q = sess.run(y_pred, feed_dict={x: currentState})
80                  action = q.argmax()
81
82                  # 행동을 취하고 다음 상태로 넘어갑니다.
83                  nextState, reward, gameOver, stateInfo = env.act(action)
84                  fruitRow = stateInfo[0]
85                  fruitColumn = stateInfo[1]
86                  basket = stateInfo[2]
87
88                  # 과일을 받아내면 winCount를 1 늘리고 과일을 받아내지 못하면 loseCount를 1 늘립니다.
89                  if (reward == 1):
90                      winCount = winCount + 1
91                  elif (reward == -1):
92                      loseCount = loseCount + 1
93
94                  currentState = nextState
95                  isGameOver = gameOver
```

```
96          drawState(fruitRow, fruitColumn, basket, gridSize)
97          # 다음 행동을 취하기 전에 0.05초의 일시정지를 줍니다.
98          time.sleep(0.05)
99
100    # 최종 출력 결과 이미지를 하나로 정리합니다.
101    display.clear_output(wait=True)
```

01 | 먼저 필요한 라이브러리를 임포트합니다.

```
1     %matplotlib
2     %matplotlib inline
3
4     from train_catch_game import *
5     from IPython import display
6     import matplotlib.pyplot as plt
7     import matplotlib.patches as patches
8     import pylab as pl
9     import time
10    import tensorflow as tf
11    import math
12    import os
```

02 | 다음으로 필요한 설정값들을 정의합니다. maxGames 횟수만큼 DQN 에이전트가 게임을 플레이합니다.

```
14    # 필요한 설정값들을 정의합니다.
15    gridSize = 10
16    maxGames = 30
17    env = CatchEnvironment(gridSize)
18    winCount = 0
19    loseCount = 0
20    numberOfGames = 0
```

03 | 화면을 그리기 위한 설정값들을 정의합니다. 게임 플레이를 명확히 보여주기 위해서 이미지의 상하좌우 가장자리에 하얀색 빈칸을 한칸씩 추가합니다.

```
22    # 화면을 그리기 위한 설정들을 정의합니다.
23    ground = 1
24    plot = pl.figure(figsize=(12,12))
25    axis = plot.add_subplot(111, aspect='equal')
26    axis.set_xlim([-1, 12])
27    axis.set_ylim([0, 12])
```

04 | train_catch_game.py를 실행해서 model.ckpt 파일로 저장한 학습된 파라미터를 읽어오기 위해서 tf.train.Saver() API를 선언합니다.

```
29    # 파라미터를 불러오기 위한 tf.train.Saver()를 선언합니다.
30    saver = tf.train.Saver()
```

05 | 현재 상태를 화면에 그리기 위한 drawState 함수를 정의합니다. 과일은 파란색, 바구니는 빨간색, 배경은 검은색 네모로 표현합니다. 또한 승리 횟수, 패배 횟수, 전체 게임 횟수를 화면 상단에 출력합니다.

```
32    # 현재 상태를 그리기 위한 drawState 함수를 정의합니다.
33    def drawState(fruitRow, fruitColumn, basket, gridSize):
34        # 과일이 몇번째 세로축에 있는지 정의합니다.
35        fruitX = fruitColumn
36        # 과일이 몇번째 가로축에 있는지 정의합니다.
37        fruitY = (gridSize - fruitRow + 1)
38        # 승리 횟수, 패배 횟수, 전체 게임 횟수를 화면 상단에 출력합니다.
39        statusTitle = "Wins: " + str(winCount) + " Losses: " + str(loseCount) + "
TotalGame: " + str(numberOfGames)
40        axis.set_title(statusTitle, fontsize=30)
41        for p in [
42            # 배경의 위치를 지정합니다.
43            patches.Rectangle(
44            ((ground - 1), (ground)), 11, 10,
45            facecolor="#000000"    # Black
46            ),
47            # 바구니의 위치를 지정합니다.
48            patches.Rectangle(
49            (basket - 1, ground), 2, 0.5,
50            facecolor="#FF0000"    # Red
51            ),
52            # 과일의 위치를 지정합니다.
53            patches.Rectangle(
54            (fruitX - 0.5, fruitY - 0.5), 1, 1,
55            facecolor="#0000FF" # Blue
56            ),
57            ]:
58              axis.add_patch(p)
59        display.clear_output(wait=True)
60        display.display(pl.gcf())
```

06 | 이제 세션을 열어서 그래프를 실행합시다. model.ckpt 파일로부터 저장된 DQN 네트워크 파라미터를 읽어오고, 현재 상태를 DQN의 입력값으로 넣고 구한 Q값 중 가장 큰 Q값을 갖는 행동을 계속 취합니다.

```
62    with tf.Session() as sess:
63        # 저장된 파라미터를 불러옵니다.
64        saver.restore(sess, os.getcwd()+"/model.ckpt")
65        print('저장된 파라미터를 불러왔습니다!')
66
67        # maxGames 횟수만큼 게임을 플레이합니다.
68        while (numberOfGames < maxGames):
69            numberOfGames = numberOfGames + 1
70
71            # 최초의 상태를 정의합니다.
72            isGameOver = False
73            fruitRow, fruitColumn, basket = env.reset()
74            currentState = env.observe()
75            drawState(fruitRow, fruitColumn, basket, gridSize)
76
77            while (isGameOver != True):
78                # 현재 상태를 DQN의 입력값으로 넣고 구한 Q값중 가장 큰 Q값을 갖는 행동을 취합니다.
79                q = sess.run(y_pred, feed_dict={x: currentState})
80                action = q.argmax()
81
82                # 행동을 취하고 다음 상태로 넘어갑니다.
83                nextState, reward, gameOver, stateInfo = env.act(action)
84                fruitRow = stateInfo[0]
85                fruitColumn = stateInfo[1]
86                basket = stateInfo[2]
87
88                # 과일을 받아내면 winCount를 1 늘리고 과일을 받아내지 못하면 loseCount를 1 늘립니다.
89                if (reward == 1):
```

```
90              winCount = winCount + 1
91          elif (reward == -1):
92              loseCount = loseCount + 1
93
94          currentState = nextState
95          isGameOver = gameOver
96          drawState(fruitRow, fruitColumn, basket, gridSize)
97          # 다음 행동을 취하기 전에 0.05초의 일시정지를 줍니다.
98          time.sleep(0.05)
99
100     # 최종 출력 결과 이미지를 하나로 정리합니다.
101     display.clear_output(wait=True)
```

코드를 실행하면 그림 12-8과 같이 학습된 DQN 에이전트가 높은 확률로 과일을 잘 받아
내는 모습을 볼 수 있습니다.

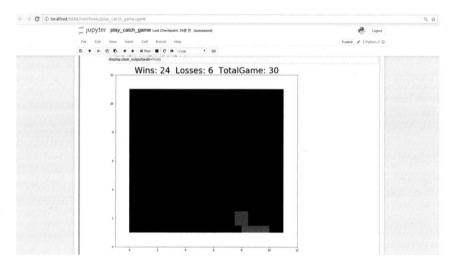

그림 12-8 | play_catch_game.ipynb 실행 결과

📍12.5 정리

이번 장에서 배운 내용을 정리해봅시다. 이번 장에서는 강화 학습의 개념과 강화 학습을 이용한 게임 플레이 에이전트 구현을 살펴보았습니다. 구체적으로 ,

① 강화 학습의 기본 구성 요소인 MDP 모델$(S, A, R(s, s'), P(s, s'), \gamma)$을 살펴보았습니다.

② 강화 학습의 기본 가정인 보상 가정과 상태 가치 함수와 행동 가치 함수의 개념을 살펴보았습니다.

③ 최적의 행동 가치 함수를 구해서 최적의 정책을 찾아내는 Q-Learning 기법과 Q-Table을 사용하는 전통적인 Q-Learning 알고리즘을 살펴보았습니다.

④ 복잡한 환경에서도 Q-Learning을 수행할 수 있는 Q-Networks 알고리즘과 Q-Networks를 발전시킨 DQN 기법을 살펴보았습니다.

⑤ 텐서플로 라이브러리를 이용해서 과일받기 게임(CatchGame)을 플레이하는 DQN 에이전트를 구해보았습니다.

강화 학습을 이용할 경우, 기존의 지도 학습만으로는 해결할 수 없었던 다양한 문제들을 해결할 수 있을 것이라고 기대되고 있습니다.

파인 튜닝과
사전 학습된 모델을
이용한 실제 문제 해결

파인 튜닝과 사전 학습된 모델을 이용한 실제 문제 해결

13.1 파인 튜닝Fine-Tuning 및 전이 학습Transfer Learning 기법 리뷰

6.3.1장에서 파인 튜닝Fine-Tuning과 전이 학습Transfer Learning의 개념을 살펴보았습니다. **파인 튜닝**Fine-Tuning 기법은 A라는 목적을 위해서 학습된 파라미터가 있고, B라는 또 다른 목적의 문제를 풀고 싶은 경우 B 문제를 풀 때 임의의 값으로 초기화한 파라미터로부터 학습을 진행하는 것이 아니라 A 문제에서 구한 파라미터를 토대로 이 값들을 수정해서 B 문제를 푸는 데 사용하는 기법을 말합니다. 따라서 파인 튜닝 기법은 **전이 학습**Transfer Learning이라고도 부릅니다. 파인 튜닝 기법을 사용할 경우 임의의 값으로 초기화한 파라미터로 처음부터 다시 학습하는 것보다 훨씬 빠른 시간안에 문제를 해결할 수 있습니다.

실제 문제를 해결할 때도 바닥부터 학습을 진행하기보다는 풀고자 하는 문제에 대해서 좋은 성능을 보여주는 공개된 모델을 다운 받고, 그 모델을 파인 튜닝해서 사용하는 경우가 많습니다. 혹은 다운 받은 **사전 학습된**Pre-Trained **모델**을 그대로 이용해서 문제를 해결할 수도 있습니다. 이번 장에서는 Inception v3 모델을 파인 튜닝해서 나만의 분류기를 만드는 방법과 사전 학습된 모델을 이용해서 물체 인식Object Detection을 수행하는 방법을 살펴봅시다.

13.2 Inception v3 Retraining을 이용한 나만의 분류기

13.2.1 Inception v3 모델

7.4.3장에서 2015년도에 ILSVRC 대회에서 우승을 차지한 CNN 모델인 GoogLeNet (Inception v1)을 살펴보았습니다. 구글에서는 Inception v1 모델을 계속 개선해서 Inception v2, Inception v3, Inception v4 모델을 발표하였습니다. 또한 많은 사람들이 Inception 모델을 사용할수 있도록 모델의 학습된 파라미터들을 웹상에 공개하고 있습니다. 그 중에서 Inception v3 모델은 파인 튜닝을 이용하여 나만의 데이터셋에 쉽게 적용할 수 있는 텐서플로 코드까지 함께 공개하였습니다. 그림 13-1은 Inception v3의 구조를 보여줍니다.

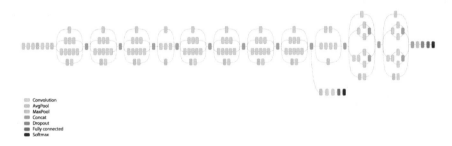

그림 13-1 | Inception v3의 구조

따라서 구글에서 공개한 Inception v3 파인 튜닝 코드를 이용하면 누구나 손쉽게 좋은 성능의 이미지 분류기를 만들 수 있습니다. Inception v3 모델을 파인 튜닝하는 코드는 아래 URL에서 다운 받을 수 있습니다.*

https://github.com/tensorflow/hub/blob/master/examples/image_retraining/retrain.py

하지만 이번 장에서는 한글 주석을 추가하고 추론을 수행하는 코드가 함께 포함되어 있는 이 책에서 사용하는 소스 코드가 모여있는 다음 GitHub 저장소 URL을 기준으로 설명을 진행합니다.

----

* 해당 저장소는 TensorFlow Hub를 사용하기 때문에 이 책에서 살펴보는 소스 코드와 구조가 조금 다릅니다.

371

https://github.com/solaris33/deep-learning-tensorflow-book-code/tree/master/Ch13-Fine-Tuning/Inceptionv3_retraining

inceptionv3_retraining 폴더는 파인 튜닝*을 진행하는 inceptionv3_retrain.py 코드와 파인 튜닝이 끝난 그래프 구조를 읽어서 추론을 진행하는 inceptionv3_inference.py 코드로 구성되어 있습니다. 먼저 파인 튜닝을 진행하기 위한 inceptionv3_retrain.py 코드를 살펴봅시다.

13.2.2 inceptionv3_retrain.py – 나만의 데이터셋으로 파인 튜닝

inceptionv3_retrain.py 코드를 살펴보기 전에 학습을 위한 폴더 구성법을 살펴봅시다. 이번 시간에는 chartreux, persian, ragdoll이라는 3가지 종류의 고양이를 분류하는 분류기를 만들어봅시다. 먼저 루트폴더를 하나 생성하고, 학습하고자 하는 데이터셋의 레이블Label을 폴더 이름으로 지정하고, 레이블 이름의 폴더 안에 레이블에 해당되는 이미지를 최소 30장 이상씩 준비합니다. 그림 13-2는 cat_photos라는 루트 폴더를 생성하고 chartreux, persian, ragdoll이라는 폴더를 생성하고 폴더 안에 40장씩 각각의 레이블에 해당되는 종의 고양이 이미지를 준비한 모습을 보여줍니다.

---

* 파인 튜닝 과정을 사전 학습된 모델을 다시 학습한다는 의미에서 재학습(retraining)이라고도 표현합니다

그림 13-2 | 학습을 위한 폴더 구성법

이렇게 폴더를 구성하고 ~/ 경로로 cat_photos 폴더를 이동시킵니다. 이로써 파인 튜닝을 위한 모든 준비가 끝났습니다. 이제 아래 명령어로 파인 튜닝을 진행합시다.

```
python inceptionv3_retrain.py --image_dir=~/cat_photos
```

파인 튜닝이 끝나면 /tmp/ 경로에 학습된 파라미터를 가진 그래프를 저장하고 있는 'out-put_graph.pb' 파일과 학습에 사용된 레이블들을 저장하고 있는 'output_labels.txt' 파일이 생성됩니다.

13.2.3 inceptionv3_retrain.py

이제 inceptionv3_retrain.py 코드를 살펴봅시다. 먼저 전체 코드를 한눈에 살펴봅시다.

```
1    """Inception v3 architecture 모델을 이용한 간단한 Transfer Learning (Ten-
     sorBoard 포함)
2    이 예제는 ImageNet 이미지(=1000개의 label)를 분류하도록 학습된 Inception v3 아
     키텍쳐에
3    우리가 원하는 새로운 이미지(=N개의 label)를 분류하도록 마지막 top layer를 추가해
     서 retrain하는 법을 보여줍니다.
4    마지막 top layer는 2048차원의 vector를 입력받아서 N개의 Label의 분류결과를 출
     력하는 Softmax 층입니다.
5    label이 이름인 폴더를 구성하는 방법은 아래와 같습니다.
6    예를 들어, flower_photos라는 루트 폴더에 subfolder들을 생성해서 이미지들을 넣는
     법은 다음과 같습니다.
7    ~/flower_photos/daisy/photo1.jpg
8    ~/flower_photos/daisy/photo2.jpg
9    ...
10   ~/flower_photos/rose/anotherphoto77.jpg
11   ...
12   ~/flower_photos/sunflower/somepicture.jpg
13   각각의 subfolder 이름은 중요하지만 subfolder 안에 이미지 파일들의 이름은 중요하
     지 않습니다.
14   TensorBoard 로그는 default값으로 /tmp/retrain_logs 경로에 저장됩니다.
15   따라서 TensorBoard에서 저장된 summary들을 시각화하고 싶을 경우 아래 명령어를 입
     력합니다.
16
17   tensorboard —logdir /tmp/retrain_logs
18   """
19   from _future_ import absolute_import
20   from _future_ import division
21   from _future_ import print_function
22
23   import argparse
24   from datetime import datetime
25   import hashlib
26   import os.path
27   import random
28   import re
29   import struct
30   import sys
31   import tarfile
32
33   import numpy as np
```

```
34    from six.moves import urllib
35    import tensorflow as tf
36
37    from tensorflow.python.framework import graph_util
38    from tensorflow.python.framework import tensor_shape
39    from tensorflow.python.platform import gfile
40    from tensorflow.python.util import compat
41
42    FLAGS = None
43
44    # 모든 파라미터들은 특정한 모델(=Inception v3) architecture와 묶여(tied) 있습니다.
45    # 이 스크립트에서는 Inception v3 모델의 tensor 이름이나 사이즈들을 사용합니다.
46    # 따라서 만약 이 스크립트를 다른 모델에 사용하고 싶다면 해당 모델에 맞게 tensor
      이름이나 사이즈들을 변경해주어야만 합니다.
47    DATA_URL = 'http://download.tensorflow.org/models/image/imagenet/incep-
      tion-2015-12-05.tgz'
48    BOTTLENECK_TENSOR_NAME = 'pool_3/_reshape:0'
49    BOTTLENECK_TENSOR_SIZE = 2048
50    MODEL_INPUT_WIDTH = 299
51    MODEL_INPUT_HEIGHT = 299
52    MODEL_INPUT_DEPTH = 3
53    JPEG_DATA_TENSOR_NAME = 'DecodeJpeg/contents:0'
54    RESIZED_INPUT_TENSOR_NAME = 'ResizeBilinear:0'
55    MAX_NUM_IMAGES_PER_CLASS = 2 ** 27 - 1  # ~134M
56
57
58    def create_image_lists(image_dir, testing_percentage, validation_percentage):
59      """file system으로부터 training 이미지들의 list를 만듭니다.
60      이미지 디렉토리로부터 sub folder들을 분석하고, 그들을 training, testing,
        validation sets으로 나눕니다.
61      그리고 각각의 label을 위한 이미지 list와 그들의 경로(path)를 나타내는 자료구
        조(data structure)를 반환합니다.
62      인자들(Args):
63      image_dir: 이미지들의 subfolder들을 포함한 folder의 String path
64      testing_percentage: 전체 이미지중 테스트를 위해 사용되는 비율을 나타내는
        Integer
65      validation_percentage: 전체 이미지중 validation을 위해 사용되는 비율을 나타
        내는 Integer
66      반환값들(Returns):
67      각각의 label subfolder를 위한 enrtry를 포함한 dictionary
```

```
68          (각각의 label에서 이미지들은 training, testing, validation sets으로 나뉘어
            져 있습니다).
69          """
70          if not gfile.Exists(image_dir):
71            print("Image directory '" + image_dir + "' not found.")
72            return None
73          result = {}
74          sub_dirs = [x[0] for x in gfile.Walk(image_dir)]
75          # root directory는 처음에 옵니다. 따라서 이를 skip합니다.
76          is_root_dir = True
77          for sub_dir in sub_dirs:
78            if is_root_dir:
79              is_root_dir = False
80              continue
81          extensions = ['jpg', 'jpeg', 'JPG', 'JPEG']
82          file_list = []
83          dir_name = os.path.basename(sub_dir)
84          if dir_name == image_dir:
85            continue
86          print("Looking for images in '" + dir_name + "'")
87          for extension in extensions:
88            file_glob = os.path.join(image_dir, dir_name, '*.' + extension)
89            file_list.extend(gfile.Glob(file_glob))
90          if not file_list:
91            print('No files found')
92            continue
93          if len(file_list) < 20:
94            print('WARNING: Folder has less than 20 images, which may cause issues.')
95          elif len (file_list) > MAX_NUM_IMAGES_PER_CLASS:
96            print('WARNING: Folder {} has more than {} images. Some images will '
97            'never be selected.'.format(dir_name, MAX_NUM_IMAGES_PER_CLASS))
98          label_name = re.sub(r'[^a-z0-9]+', ' ', dir_name.lower())
99          training_images = []
100         testing_images = []
101         validation_images = []
102         for file_name in file_list:
103           base_name = os.path.basename(file_name)
104           # 어떤 이미지로 리스트를 만들지 결정할때 파일 이름에 "_nohash_"가 포함되어
            있으면 이를 무시할 수 있습니다.
105           # 이를 이용해서, 데이터셋을 만드는 사람은 서로 비슷한 사진들을 grouping 할수
```

있습니다.

```
106        # 예를 들어, plant disease 데이터셋을 만들기 위해서, 여러 장의 같은 잎사귀
        (leaf)를 grouping할 수 있습니다.
107        hash_name = re.sub(r'_nohash_.*$', '', file_name)
108        # 이는 일종의 마법처럼 보일 수 있습니다. 하지만, 우리는 이 파일이 training
        sets로 갈지, testing sets로 갈지, validation sets로 갈지를 결정해야만 합니다.
109        # 그리고 우리는 더많은 파일들이 추가되더라도, 같은 set에 이미 존재하는 파일들
        이 유지되길 원합니다.
110        # 그렇게 하기 위해서, 우리는 파일 이름 그자체로부터 결정하는 안정적인 방법이
        있어야만 합니다.
111        # 이를 위해 우리는 파일 이름을 hash하고, 이를 할당하는데 사용하는 확률을 결정
        하는데 사용합니다.
112        hash_name_hashed = hashlib.sha1(compat.as_bytes(hash_name)).hexdigest()
113        percentage_hash = ((int(hash_name_hashed, 16) %
114            (MAX_NUM_IMAGES_PER_CLASS + 1)) *
115            (100.0/ MAX_NUM_IMAGES_PER_CLASS))
116        if percentage_hash < validation_percentage:
117            validation_images.append(base_name)
118        elif percentage_hash < (testing_percentage + validation_percentage):
119            testing_images.append(base_name)
120        else:
121            training_images.append(base_name)
122      result[label_name] = {
123        'dir': dir_name,
124        'training': training_images,
125        'testing': testing_images,
126        'validation': validation_images,
127      }
128    return result
129
130
131 def get_image_path(image_lists, label_name, index, image_dir, category):
132    """주어진 index에 대한 이미지 경로(path)를 리턴합니다.
133    인자들(Args):
134    image_lists: 각각의 label에 대한 training image들의 Dictionary
135    label_name: 우리가 얻고자하는 이미지의 Label string
136    index: 우리가 얻고자하는 이미지의 Int offset이고 이는 레이블에서 가능한 이미
        지의 개수에 따라 moduloed 될 것입니다.
137    따라서 임의의 큰값이 될 수도 있습니다.
138    image_dir: training 이미지들의 subfolder들을 포함하고 있는 Root folder
```

```python
                string
139             category: training, testing, 또는 validation sets으로부터 이미지에 pull할
            Name string
140         반환값(Returns):
141         요청된 파라미터들에 대응되는 이미지에 대한 파일 시스템 경로(file system path)
            string
142         """
143         if label_name not in image_lists:
144             tf.logging.fatal('Label does not exist %s.', label_name)
145         label_lists = image_lists[label_name]
146         if category not in label_lists:
147             tf.logging.fatal('Category does not exist %s.', category)
148         category_list = label_lists[category]
149         if not category_list:
150             tf.logging.fatal('Label %s has no images in the category %s.',
151                         label_name, category)
152         mod_index = index % len(category_list)
153         base_name = category_list[mod_index]
154         sub_dir = label_lists['dir']
155         full_path = os.path.join(image_dir, sub_dir, base_name)
156         return full_path
157
158
159     def get_bottleneck_path(image_lists, label_name, index, bottleneck_dir, category):
160         """주어진 index의 label에 해당되는 bottleneck 파일의 경로(path)를 리턴합니다.
161         인자들(Args):
162         image_lists: 각각의 label에 해당되는 training 이미지늘의 Dictionary
163         label_name: 우리가 얻고자하는 이미지의 Label string
164         index: 우리가 원하는 이미지의 Integer offset이고 가능한 이미지의 크기로 mod-
            uloed됩니다.
165         bottleneck_dir: bottleneck 파일들이 있는 Folder string
166         category: training, testing, 또는 validation sets으로부터 이미지에 pull할
            Name string
167         반환값들(Returns):
168         요청한 파라미터에 대응되는 이미지의 File system path
169         """
170         return get_image_path(image_lists, label_name, index, bottleneck_dir,
171                         category) + '.txt'
172
173
```

```
174  def create_inception_graph():
175      """Creates a graph from saved GraphDef file and returns a Graph object.
176      Returns:
177      Graph holding the trained Inception network, and various tensors we'll be
178      manipulating.
179      """
180      with tf.Graph().as_default() as graph:
181        model_filename = os.path.join(
182            FLAGS.model_dir, 'classify_image_graph_def.pb')
183      with gfile.FastGFile(model_filename, 'rb') as f:
184        graph_def = tf.GraphDef()
185        graph_def.ParseFromString(f.read())
186        bottleneck_tensor, jpeg_data_tensor, resized_input_tensor = (
187            tf.import_graph_def(graph_def, name='', return_elements=[
188                BOTTLENECK_TENSOR_NAME, JPEG_DATA_TENSOR_NAME,
189                RESIZED_INPUT_TENSOR_NAME]))
190      return graph, bottleneck_tensor, jpeg_data_tensor, resized_input_tensor
191
192
193  def run_bottleneck_on_image(sess, image_data, image_data_tensor,
194                              bottleneck_tensor):
195      """Runs inference on an image to extract the 'bottleneck' summary layer.
196      Args:
197      sess: Current active TensorFlow Session.
198      image_data: String of raw JPEG data.
199      image_data_tensor: Input data layer in the graph.
200      bottleneck_tensor: Layer before the final softmax.
201      Returns:
202      Numpy array of bottleneck values.
203      """
204      bottleneck_values = sess.run(
205        bottleneck_tensor,
206        {image_data_tensor: image_data})
207      bottleneck_values = np.squeeze(bottleneck_values)
208      return bottleneck_values
209
210
211  def maybe_download_and_extract():
212      """Download and extract model tar file.
213      If the pretrained model we're using doesn't already exist, this function
```

```
214        downloads it from the TensorFlow.org website and unpacks it into a directory.
215        """
216        dest_directory = FLAGS.model_dir
217        if not os.path.exists(dest_directory):
218            os.makedirs(dest_directory)
219        filename = DATA_URL.split('/')[-1]
220        filepath = os.path.join(dest_directory, filename)
221        if not os.path.exists(filepath):
222
223            def _progress (count, block_size, total_size):
224                sys.stdout.write('\r>> Downloading %s %.1f%%' %
225                    (filename,
226                    float(count * block_size) / float(total_size) * 100.0))
227                sys.stdout.flush()
228
229            filepath, _ = urllib.request.urlretrieve(DATA_URL,
230                                    filepath,
231                                    _progress)
232        print()
233        statinfo = os.stat(filepath)
234        print('Successfully downloaded', filename, statinfo.st_size, 'bytes.')
235    tarfile.open(filepath, 'r:gz').extractall(dest_directory)
236
237
238    def ensure_dir_exists(dir_name):
239        """Makes sure the folder exists on disk.
240        Args:
241        dir_name: Path string to the folder we want to create.
242        """
243        if not os.path.exists(dir_name):
244            os.makedirs(dir_name)
245
246
247    def write_list_of_floats_to_file(list_of_floats, file_path):
248        """Writes a given list of floats to a binary file.
249        Args:
250        list_of_floats: List of floats we want to write to a file.
251        file_path: Path to a file where list of floats will be stored.
252        """
253
```

```
254        s = struct.pack('d' * BOTTLENECK_TENSOR_SIZE, *list_of_floats)
255        with open(file_path, 'wb') as f:
256          f.write(s)
257
258
259    def read_list_of_floats_from_file(file_path):
260        """Reads list of floats from a given file.
261        Args:
262        file_path: Path to a file where list of floats was stored.
263        Returns:
264        Array of bottleneck values (list of floats).
265        """
266
267        with open(file_path, 'rb') as f:
268          s = struct.unpack('d' * BOTTLENECK_TENSOR_SIZE, f.read())
269          return list(s)
270
271
272    bottleneck_path_2_bottleneck_values = {}
273
274
275    def create_bottleneck_file(bottleneck_path, image_lists, label_name, index,
276                               image_dir, category, sess, jpeg_data_tensor,
277                               bottleneck_tensor):
278        """Create a single bottleneck file."""
279        print('Creating bottleneck at ' + bottleneck_path)
280        image_path = get_image_path(image_lists, label_name, index,
281                                    image_dir, category)
282        if not gfile.Exists(image_path):
283          tf.logging.fatal('File does not exist %s', image_path)
284        image_data = gfile.FastGFile(image_path, 'rb').read()
285        try:
286          bottleneck_values = run_bottleneck_on_image(
287            sess, image_data, jpeg_data_tensor, bottleneck_tensor)
288        except:
289          raise RuntimeError('Error during processing file %s' % image_path)
290
291        bottleneck_string = ','.join(str(x) for x in bottleneck_values)
292        with open(bottleneck_path, 'w') as bottleneck_file:
293          bottleneck_file.write(bottleneck_string)
```

```
294
295
296   def get_or_create_bottleneck(sess, image_lists, label_name, index, image_dir,
297                                 category, bottleneck_dir, jpeg_data_tensor,
298                                 bottleneck_tensor):
299     """Retrieves or calculates bottleneck values for an image.
300     If a cached version of the bottleneck data exists on-disk, return that,
301     otherwise calculate the data and save it to disk for future use.
302     Args:
303     sess: The current active TensorFlow Session
304     image_lists: Dictionary of training images for each label
305     label_name: Label string we want to get an image for
306     index: Integer offset of the image we want. This will be modulo-ed by the
307     available number of images for the label, so it can be arbitrarily large
308     image_dir: Root folder string of the subfolders containing the training
309     images
310     category: Name string of which set to pull images from - training, testing,
311     or validation
312     bottleneck_dir: Folder string holding cached files of bottleneck values.
313     jpeg_data_tensor: The tensor to feed loaded jpeg data into
314     bottleneck_tensor: The output tensor for the bottleneck values
315     Returns:
316     Numpy array of values produced by the bottleneck layer for the image.
317     """
318     label_lists = image_lists[label_name]
319     sub_dir = label_lists['dir']
320     sub_dir_path = os.path.join(bottleneck_dir, sub_dir)
321     ensure_dir_exists(sub_dir_path)
322     bottleneck_path = get_bottleneck_path(image_lists, label_name, index,
323                           bottleneck_dir, category)
324     if not os.path.exists(bottleneck_path):
325       create_bottleneck_file(bottleneck_path, image_lists, label_name, index,
326                           image_dir, category, sess, jpeg_data_tensor,
327                           bottleneck_tensor)
328     with open(bottleneck_path, 'r') as bottleneck_file:
329       bottleneck_string = bottleneck_file.read()
330     did_hit_error = False
331     try:
332       bottleneck_values = [float(x) for x in bottleneck_string.split(',')]
333     except ValueError:
```

```
334        print('Invalid float found, recreating bottleneck')
335        did_hit_error = True
336      if did_hit_error:
337        create_bottleneck_file(bottleneck_path, image_lists, label_name, index,
338                               image_dir, category, sess, jpeg_data_tensor,
339                               bottleneck_tensor)
340        with open(bottleneck_path, 'r') as bottleneck_file:
341          bottleneck_string = bottleneck_file.read()
342        # Allow exceptions to propagate here, since they shouldn't happen after a
343        # fresh creation
344        bottleneck_values = [float(x) for x in bottleneck_string.split(',')]
345      return bottleneck_values
346
347
348    def cache_bottlenecks(sess, image_lists, image_dir, bottleneck_dir,
349                          jpeg_data_tensor, bottleneck_tensor):
350      """Ensures all the training, testing, and validation bottlenecks are cached.
351      Because we're likely to read the same image multiple times (if there are no
352      distortions applied during training) it can speed things up a lot if we
353      calculate the bottleneck layer values once for each image during
354      preprocessing, and then just read those cached values repeatedly during
355      training. Here we go through all the images we've found, calculate those
356      values, and save them off.
357      Args:
358      sess: The current active TensorFlow Session.
359      image_lists: Dictionary of training images for each label.
360      image_dir: Root folder string of the subfolders containing the training
361      images.
362      bottleneck_dir: Folder string holding cached files of bottleneck values.
363      jpeg_data_tensor: Input tensor for jpeg data from file.
364      bottleneck_tensor: The penultimate output layer of the graph.
365      Returns:
366      Nothing.
367      """
368      how_many_bottlenecks = 0
369      ensure_dir_exists(bottleneck_dir)
370      for label_name, label_lists in image_lists.items():
371        for category in ['training', 'testing', 'validation']:
372          category_list = label_lists[category]
373          for index, unused_base_name in enumerate(category_list):
```

```
374          get_or_create_bottleneck(sess, image_lists, label_name, index,
375                              image_dir, category, bottleneck_dir,
376                              jpeg_data_tensor, bottleneck_tensor)
377
378      how_many_bottlenecks += 1
379      if how_many_bottlenecks % 100 == 0:
380        print(str(how_many_bottlenecks) + ' bottleneck files created.')
381
382
383    def get_random_cached_bottlenecks (sess, image_lists, how_many, category,
384                              bottleneck_dir, image_dir, jpeg_data_tensor,
385                              bottleneck_tensor):
386      """Retrieves bottleneck values for cached images.
387      If no distortions are being applied, this function can retrieve the cached
388      bottleneck values directly from disk for images. It picks a random set of
389      images from the specified category.
390      Args:
391      sess: Current TensorFlow Session.
392      image_lists: Dictionary of training images for each label.
393      how_many: If positive, a random sample of this size will be chosen.
394      If negative, all bottlenecks will be retrieved.
395      category: Name string of which set to pull from - training, testing, or
396      validation.
397      bottleneck_dir: Folder string holding cached files of bottleneck values.
398      image_dir: Root folder string of the subfolders containing the training
399      images.
400      jpeg_data_tensor: The layer to feed jpeg image data into.
401      bottleneck_tensor: The bottleneck output layer of the CNN graph.
402      Returns:
403      List of bottleneck arrays, their corresponding ground truths, and the
404      relevant filenames.
405      """
406      class_count = len(image_lists.keys())
407      bottlenecks = []
408      ground_truths = []
409      filenames = []
410      if how_many >= 0:
411        # Retrieve a random sample of bottlenecks.
412        for unused_i in range (how_many):
413          label_index = random.randrange(class_count)
```

```
414        label_name = list(image_lists.keys())[label_index]
415        image_index = random.randrange(MAX_NUM_IMAGES_PER_CLASS + 1)
416        image_name = get_image_path(image_lists, label_name, image_index,
417                                    image_dir, category)
418        bottleneck = get_or_create_bottleneck(sess, image_lists, label_name,
419                                              image_index, image_dir, category,
420                                              bottleneck_dir, jpeg_data_tensor,
421                                              bottleneck_tensor)
422        ground_truth = np.zeros(class_count, dtype=np.float32)
423        ground_truth[label_index] = 1.0
424        bottlenecks.append(bottleneck)
425        ground_truths.append(ground_truth)
426        filenames.append(image_name)
427    else:
428      # Retrieve all bottlenecks.
429      for label_index, label_name in enumerate(image_lists.keys()):
430        for image_index, image_name in enumerate(
431          image_lists[label_name][category]):
432        image_name = get_image_path(image_lists, label_name, image_index,
433                                    image_dir, category)
434        bottleneck = get_or_create_bottleneck(sess, image_lists, label_name,
435                                              image_index, image_dir, category,
436                                              bottleneck_dir, jpeg_data_tensor,
437                                              bottleneck_tensor)
438        ground_truth = np.zeros(class_count, dtype=np.float32)
439        ground_truth[label_index] = 1.0
440        bottlenecks.append(bottleneck)
441        ground_truths.append(ground_truth)
442        filenames.append(image_name)
443    return bottlenecks, ground_truths, filenames
444
445
446  def get_random_distorted_bottlenecks(
447    sess, image_lists, how_many, category, image_dir, input_jpeg_tensor,
448    distorted_image, resized_input_tensor, bottleneck_tensor):
449    """Retrieves bottleneck values for training images, after distortions.
450    If we're training with distortions like crops, scales, or flips, we have to
451    recalculate the full model for every image, and so we can't use cached
452    bottleneck values. Instead we find random images for the requested category,
453    run them through the distortion graph, and then the full graph to get the
```

```
454   bottleneck results for each.
455   Args:
456   sess: Current TensorFlow Session.
457   image_lists: Dictionary of training images for each label
458   how_many: The integer number of bottleneck values to return
459   category: Name string of which set of images to fetch - training, testing,
460   or validation
461   image_dir: Root folder string of the subfolders containing the training
462   images
462   input_jpeg_tensor: The input layer we feed the image data to
463   distorted_image: The output node of the distortion graph
464   resized_input_tensor: The input node of the recognition graph
465   bottleneck_tensor: The bottleneck output layer of the CNN graph
466   Returns:
467   List of bottleneck arrays and their corresponding ground truths.
468   """
469   class_count = len(image_lists.keys())
470   bottlenecks = []
471   ground_truths = []
472   for unused_i in range(how_many):
473     label_index = random.randrange(class_count)
474     label_name = list(image_lists.keys())[label_index]
475     image_index = random.randrange(MAX_NUM_IMAGES_PER_CLASS + 1)
476     image_path = get_image_path(image_lists, label_name, image_index,
477                       image_dir, category)
478     if not gfile.Exists(image_path):
479       tf.logging.fatal('File does not exist %s', image_path)
480     jpeg_data = gfile.FastGFile(image_path, 'rb').read()
481     # Note that we materialize the distorted_image_data as a numpy array before
482     # sending running inference on the image. This involves 2 memory copies and
483     # might be optimized in other implementations.
484     distorted_image_data = sess.run(distorted_image,
485                         {input_jpeg_tensor: jpeg_data})
486     bottleneck = run_bottleneck_on_image(sess, distorted_image_data,
487                            resized_input_tensor,
488                            bottleneck_tensor)
489     ground_truth = np.zeros(class_count, dtype=np.float32)
490     ground_truth[label_index] = 1.0
491     bottlenecks.append(bottleneck)
492     ground_truths.append(ground_truth)
```

```
493        return bottlenecks, ground_truths
494
495
496    def should_distort_images(flip_left_right, random_crop, random_scale,
497                  random_brightness):
498      """Whether any distortions are enabled, from the input flags.
499      Args:
500      flip_left_right: Boolean whether to randomly mirror images horizontally.
501      random_crop: Integer percentage setting the total margin used around the
502      crop box.
503      random_scale: Integer percentage of how much to vary the scale by.
504      random_brightness: Integer range to randomly multiply the pixel values by.
505      Returns:
506      Boolean value indicating whether any distortions should be applied.
507      """
508      return (flip_left_right or (random_crop != 0) or (random_scale != 0) or
509          (random_brightness != 0))
510
511
512    def add_input_distortions(flip_left_right, random_crop, random_scale,
513                  random_brightness):
514      """Creates the operations to apply the specified distortions.
515      During training it can help to improve the results if we run the images
516      through simple distortions like crops, scales, and flips. These reflect the
517      kind of variations we expect in the real world, and so can help train the
518      model to cope with natural data more effectively. Here we take the supplied
519      parameters and construct a network of operations to apply them to an image.
520      Cropping
521      ~~~~~~~~
522      Cropping is done by placing a bounding box at a random position in the full
523      image. The cropping parameter controls the size of that box relative to the
524      input image. If it's zero, then the box is the same size as the input and no
525      cropping is performed. If the value is 50%, then the crop box will be half the
526      width and height of the input. In a diagram it looks like this:
527      <       width       >
528      +---------------------+
529      |                     |
530      |   width - crop%     |
531      |   <       >         |
532      |   +-------+         |
```

```
533     |   |      |        |
534     |   |      |        |
535     |   |      |        |
536     |   +------+        |
537     |          |        |
538     |          |        |
539     +-------------------+
540     Scaling
541     ~~~~~~~
542     Scaling is a lot like cropping, except that the bounding box is always
543     centered and its size varies randomly within the given range. For example if
544     the scale percentage is zero, then the bounding box is the same size as the
545     input and no scaling is applied. If it's 50%, then the bounding box will be in
546     a random range between half the width and height and full size.
547     Args:
548     flip_left_right: Boolean whether to randomly mirror images horizontally
549     random_crop: Integer percentage setting the total margin used around the
550     crop box
551     random_scale: Integer percentage of how much to vary the scale by
552     random_brightness: Integer range to randomly multiply the pixel values by
553     graph
554     Returns:
555     The jpeg input layer and the distorted result tensor.
556     """
557
558     jpeg_data = tf.placeholder(tf.string, name='DistortJPGInput')
559     decoded_image = tf.image.decode_jpeg(jpeg_data, channels=MODEL_INPUT_DEPTH)
560     decoded_image_as_float = tf.cast(decoded_image, dtype=tf.float32)
561     decoded_image_4d = tf.expand_dims(decoded_image_as_float, 0)
562     margin_scale = 1.0 + (random_crop / 100.0)
563     resize_scale = 1.0 + (random_scale / 100.0)
564     margin_scale_value = tf.constant(margin_scale)
565     resize_scale_value = tf.random_uniform(tensor_shape.scalar(),
566                                            minval=1.0,
567                                            maxval=resize_scale)
568     scale_value = tf.multiply(margin_scale_value, resize_scale_value)
569     precrop_width = tf.multiply(scale_value, MODEL_INPUT_WIDTH)
570     precrop_height = tf.multiply(scale_value, MODEL_INPUT_HEIGHT)
571     precrop_shape = tf.stack([precrop_height, precrop_width])
572     precrop_shape_as_int = tf.cast(precrop_shape, dtype=tf.int32)
```

```
573        precropped_image = tf.image.resize_bilinear(decoded_image_4d,
574                                        precrop_shape_as_int)
575        precropped_image_3d = tf.squeeze(precropped_image, squeeze_dims=[0])
576        cropped_image = tf.random_crop(precropped_image_3d,
577                            [MODEL_INPUT_HEIGHT, MODEL_INPUT_WIDTH,
578                             MODEL_INPUT_DEPTH])
579        if flip_left_right:
580            flipped_image = tf.image.random_flip_left_right(cropped_image)
581        else:
582            flipped_image = cropped_image
583        brightness_min = 1.0 - (random_brightness / 100.0)
584        brightness_max = 1.0 + (random_brightness / 100.0)
585        brightness_value = tf.random_uniform(tensor_shape.scalar(),
586                                minval=brightness_min,
587                                maxval=brightness_max)
588        brightened_image = tf.multiply(flipped_image, brightness_value)
589        distort_result = tf.expand_dims(brightened_image, 0, name='DistortResult')
590        return jpeg_data, distort_result
591
592
593    def variable_summaries(var):
594        """TensorBoard 시각화를 위해서 텐서에 summary들을 추가합니다."""
595        with tf.name_scope('summaries'):
596            mean = tf.reduce_mean(var)
597            tf.summary.scalar('mean', mean)
598            with tf.name_scope('stddev'):
599                stddev = tf.sqrt(tf.reduce_mean(tf.square(var - mean)))
600            tf.summary.scalar('stddev', stddev)
601            tf.summary.scalar('max', tf.reduce_max(var))
602            tf.summary.scalar('min', tf.reduce_min(var))
603            tf.summary.histogram('histogram', var)
604
605
606    def add_final_training_ops(class_count, final_tensor_name, bottleneck_tensor):
607        """새로운 softmax 층을 추가합니다.
608        우리는 우리의 새로운 클래스들을 분류하기 위해서 가장 상단의(top)의 층을 re-
           train 할 필요가 있습니다.
609        인자들(Args):
610        class_count: 몇 개의 레이블을 분류할지를 나타내는 Integer
611        final_tensor_name: 새로 추가한 마지막 노드의 이름(Name) string
```

```
612    bottleneck_tensor: 사전 학습된 CNN 그래프의 출력값
613    반환값들(Returns):
614    training을 위한 연산, 크로스 엔트로피 출력값, bottleneck input과 ground
       truth input.
615    """
616    with tf.name_scope('input'):
617        bottleneck_input = tf.placeholder_with_default(
618        bottleneck_tensor, shape=[None, BOTTLENECK_TENSOR_SIZE],
619        name='BottleneckInputPlaceholder')
620
621        ground_truth_input = tf.placeholder(tf.float32,
622                                            [None, class_count],
623                                            name='GroundTruthInput')
624
625    # TensorBoard에서 보기좋게 만들기 위해서 'final_training_ops'라는 이름으로
       연산들에 name_scope를 지정합니다.
626    layer_name = 'final_training_ops'
627    with tf.name_scope(layer_name):
628        with tf.name_scope('weights'):
629            initial_value = tf.truncated_normal([BOTTLENECK_TENSOR_SIZE, class_count],
630                                    stddev=0.001)
631
632            layer_weights = tf.Variable(initial_value, name='final_weights')
633
634            variable_summaries(layer_weights)
635        with tf.name_scope('biases'):
636            layer_biases = tf.Variable(tf.zeros([class_count]), name='final_biases')
637            variable_summaries(layer_biases)
638        with tf.name_scope('Wx_plus_b'):
639            logits = tf.matmul(bottleneck_input, layer_weights) + layer_biases
640            tf.summary.histogram('pre_activations', logits)
641
642    # 새로 추가한 Softmax 층의 출력값을 계산합니다.
643    final_tensor = tf.nn.softmax(logits, name=final_tensor_name)
644    tf.summary.histogram('activations', final_tensor)
645
646    # 크로스 엔트로피 손실 함수를 정의합니다.
647    with tf.name_scope('cross_entropy'):
648        cross_entropy = tf.nn.softmax_cross_entropy_with_logits(
649            labels=ground_truth_input, logits=logits)
```

```
650        with tf.name_scope('total'):
651            cross_entropy_mean = tf.reduce_mean(cross_entropy)
652        tf.summary.scalar('cross_entropy', cross_entropy_mean)
653
654    # 옵티마이저를 정의하고, 파라미터를 업데이트하는 train_step 연산을 정의합니다.
655    with tf.name_scope('train'):
656        optimizer = tf.train.GradientDescentOptimizer(FLAGS.learning_rate)
657        train_step = optimizer.minimize(cross_entropy_mean)
658
659    return (train_step, cross_entropy_mean, bottleneck_input, ground_truth_
           input, final_tensor)


def add_evaluation_step(result_tensor, ground_truth_tensor):
    """결과값의 정확도(accuracy)를 측정하기 위한 연산들을 정의합니다.
    인자들(Args):
    result_tensor: 예측 결과값을 출력하는 새로 추가한 마지막 노드(final node)
    ground_truth_tensor: feed하는 ground truth data
    반환값들(Returns):
    (evaluation step, prediction) 쌍(tuple).
    """
    with tf.name_scope('accuracy'):
        with tf.name_scope('correct_prediction'):
            prediction = tf.argmax(result_tensor, 1)
            correct_prediction = tf.equal(
            prediction, tf.argmax(ground_truth_tensor, 1))
        with tf.name_scope('accuracy'):
            evaluation_step = tf.reduce_mean(tf.cast(correct_prediction, tf.float32))
    tf.summary.scalar('accuracy', evaluation_step)
    return evaluation_step, prediction


def main(_):
    # TensorBoard의 summary들을 write할 directory를 설정합니다.
    if tf.gfile.Exists(FLAGS.summaries_dir):
        tf.gfile.DeleteRecursively(FLAGS.summaries_dir)
    tf.gfile.MakeDirs(FLAGS.summaries_dir)

    # 사전 학습된 파라미터를 이용해서 graph를 생성합니다.
    maybe_download_and_extract()
```

```
689         graph, bottleneck_tensor, jpeg_data_tensor, resized_image_tensor = (
690             create_inception_graph())
691
692         # 폴더 구조를 살펴보고, 모든 이미지에 대한 lists를 생성합니다.
693         image_lists = create_image_lists(FLAGS.image_dir, FLAGS.testing_percentage,
694                                 FLAGS.validation_percentage)
695         class_count = len(image_lists.keys())
696         if class_count == 0:
697             print('No valid folders of images found at ' + FLAGS.image_dir)
698             return -1
699         if class_count == 1:
700             print('Only one valid folder of images found at ' + FLAGS.image_dir +
701                     ' - multiple classes are needed for classification.')
702             return -1
703
704         # distortion에 관련된 설정이 있으면 distortion들을 적용합니다.
705         do_distort_images = should_distort_images(
706             FLAGS.flip_left_right, FLAGS.random_crop, FLAGS.random_scale,
707             FLAGS.random_brightness)
708
709         # 세션을 열어서 학습을 진행합니다.
710         with tf.Session(graph=graph) as sess:
711
712             if do_distort_images:
713                 # do_distort_images 플래그가 True이면 distortion들을 적용합니다. 따라
서 distortion에 필요한 연산들(operations)을 설정합니다.
714                 (distorted_jpeg_data_tensor,
715                 distorted_image_tensor) = add_input_distortions(
716                     FLAGS.flip_left_right, FLAGS.random_crop,
717                     FLAGS.random_scale, FLAGS.random_brightness)
718             else:
719                 # 우리는 계산된 'bottleneck' 이미지 정보들을 가지고 있습니다.
720                 # 이를 disk에 caching합니다.
721                 cache_bottlenecks(sess, image_lists, FLAGS.image_dir,
722                         FLAGS.bottleneck_dir, jpeg_data_tensor,
723                         bottleneck_tensor)
724
725             # 사전 학습된 Inception 모델에 우리가 training할 새로운 Softmax 층을 추가
합니다.
726             (train_step, cross_entropy, bottleneck_input, ground_truth_input,
```

```
727         final_tensor) = add_final_training_ops(len (image_lists.keys()),
728                                        FLAGS.final_tensor_name,
729                                        bottleneck_tensor)
730
731         # 모델의 정확도를 평가하기 위한 operation들을 선언합니다.
732         evaluation_step, prediction = add_evaluation_step(
733           final_tensor, ground_truth_input)
734
735         # 모든 summary들을 하나로 합치고(merge) summaries_dir 경로에서
736         # training에 관련된 요약로그들은 train 폴더에, validation에 관련된 요약로
       그들은 validation 폴더에 write합니다.
737         merged = tf.summary.merge_all()
738         train_writer = tf.summary.FileWriter(FLAGS.summaries_dir + '/train',
739                             sess.graph)
740
741         validation_writer = tf.summary.FileWriter(
742           FLAGS.summaries_dir + '/validation')
743
744         # 모든 변수들에 초기값을 할당합니다.
745         init = tf.global_variables_initializer()
746         sess.run(init)
747
748         # 지정된 횟수만큼 학습을 진행합니다.
749         for i in range(FLAGS.how_many_training_steps):
750           # bottleneck batch를 설정합니다.
751           # do_distort_images 플래그가 True라면 distortion을 적용한뒤 batch를 구성하고,
752           # False라면 disk에 저장된 chache로부터 batch를 구성합니다.
753           if do_distort_images:
754             (train_bottlenecks,
755             train_ground_truth) = get_random_distorted_bottlenecks(
756               sess, image_lists, FLAGS.train_batch_size, 'training',
757               FLAGS.image_dir, distorted_jpeg_data_tensor,
758               distorted_image_tensor, resized_image_tensor, bottleneck_tensor)
759           else:
760             (train_bottlenecks,
761             train_ground_truth, _) = get_random_cached_bottlenecks(
762               sess, image_lists, FLAGS.train_batch_size, 'training',
763               FLAGS.bottleneck_dir, FLAGS.image_dir, jpeg_data_tensor,
764               bottleneck_tensor)
765           # training bottleneck(인풋 데이터)과 ground truth(타겟데이터)를 feed
```

해서 파라미터를 한 스텝 업데이트합니다.

```
766         # TensorBoard를 위한 merged 연산을 실행하고 training 요약로그들을 저장합니다.
767
768         train_summary, _ = sess.run(
769           [merged, train_step],
770           feed_dict={bottleneck_input: train_bottlenecks,
771                       ground_truth_input: train_ground_truth})
772         train_writer.add_summary(train_summary, i)
773
774         # 일정 step마다 training이 잘되고있는지 정확도와 손실 함수값을 출력합니다.
775         is_last_step = (i + 1 == FLAGS.how_many_training_steps)
776         if (i % FLAGS.eval_step_interval) == 0 or is_last_step:
777           train_accuracy, cross_entropy_value = sess.run(
778             [evaluation_step, cross_entropy],
779             feed_dict={bottleneck_input: train_bottlenecks,
780                         ground_truth_input: train_ground_truth})
781           print('%s: Step %d: Train accuracy = %.1f%%' % (datetime.now(), i,
782                             train_accuracy * 100))
783           print('%s: Step %d: Cross entropy = %f' % (datetime.now(), i,
784                             cross_entropy_value))
785           validation_bottlenecks, validation_ground_truth, _ = (
786             get_random_cached_bottlenecks(
787                 sess, image_lists, FLAGS.validation_batch_size, 'validation',
788                 FLAGS.bottleneck_dir, FLAGS.image_dir, jpeg_data_tensor,
789                 bottleneck_tensor))
790           # validation bottleneck(인풋 데이터)과 ground truth(타겟데이터)를
      feed해서 학습결과를 출력합니다.
791           validation_summary, validation_accuracy = sess.run(
792             [merged, evaluation_step],
793             feed_dict={bottleneck_input: validation_bottlenecks,
794                         ground_truth_input: validation_ground_truth})
795           validation_writer.add_summary(validation_summary, i)
796           print('%s: Step %d: Validation accuracy = %.1f%% (N=%d)' %
797                 (datetime.now(), i, validation_accuracy * 100,
798                 len(validation_bottlenecks)))
799
800       # 이제 트레이닝 과정이 모두 끝났습니다.
801       # 따라서 이전에 보지 못했던 이미지를 통해서 test를 진행합니다.
802       test_bottlenecks, test_ground_truth, test_filenames = (
803       get_random_cached_bottlenecks(sess, image_lists, FLAGS.test_batch_size,
```

```
804                        'testing', FLAGS.bottleneck_dir,
805                        FLAGS.image_dir, jpeg_data_tensor,
806                        bottleneck_tensor))
807         test_accuracy, predictions = sess.run(
808           [evaluation_step, prediction],
809           feed_dict={bottleneck_input: test_bottlenecks,
810               ground_truth_input: test_ground_truth})
811         print('Final test accuracy = %.1f%% (N=%d)' % (
812           test_accuracy * 100, len(test_bottlenecks)))
813
814         if FLAGS.print_misclassified_test_images:
815           print('=== MISCLASSIFIED TEST IMAGES ===')
816           for i, test_filename in enumerate(test_filenames):
817             if predictions[i] != test_ground_truth[i].argmax():
818               print('%70s %s' % (test_filename,
819                           list(image_lists.keys())[predictions[i]]))
820
821         # 학습된 그래프 파라미터들과 학습에 사용한 label들을 저장합니다.
822         output_graph_def = graph_util.convert_variables_to_constants(
823           sess, graph.as_graph_def(), [FLAGS.final_tensor_name])
824         with gfile.FastGFile(FLAGS.output_graph, 'wb') as f:
825           f.write(output_graph_def.SerializeToString())
826         with gfile.FastGFile(FLAGS.output_labels, 'w') as f:
827           f.write('\n'.join(image_lists.keys()) + '\n')
828
829
830   if __name__ == '__main__':
831     # 학습에 필요한 설정값들을 지정합니다.
832     parser = argparse.ArgumentParser()
833     parser.add_argument(
834       '--image_dir',
835       type=str,
836       default='',
837       help='Path to folders of labeled images.'
838     )
839     parser.add_argument(
840       '--output_graph',
841       type=str,
842       default='/tmp/output_graph.pb',
843       help='Where to save the trained graph.'
```

```
844            )
845        parser.add_argument(
846            '—output_labels',
847            type=str,
848            default='/tmp/output_labels.txt',
849            help='Where to save the trained graph\'s labels.'
850        )
851        parser.add_argument(
852            '—summaries_dir',
853            type=str,
854            default='/tmp/retrain_logs',
855            help='Where to save summary logs for TensorBoard.'
856        )
857        parser.add_argument(
858            '—how_many_training_steps',
859            type=int,
860            default=1000,
861            help='How many training steps to run before ending.'
862        )
863        parser.add_argument(
864            '—learning_rate',
865            type=float,
866            default=0.01,
867            help='How large a learning rate to use when training.'
868        )
869        parser.add_argument(
870            '—testing_percentage',
871            type=int,
872            default=10,
873            help='What percentage of images to use as a test set.'
874        )
875        parser.add_argument(
876            '—validation_percentage',
877            type=int,
878            default=10,
879            help='What percentage of images to use as a validation set.'
880        )
881        parser.add_argument(
882            '—eval_step_interval',
883            type=int,
```

```
884          default=10,
885          help='How often to evaluate the training results.'
886      )
887      parser.add_argument(
888          '--train_batch_size',
889          type=int,
890          default=100,
891          help='How many images to train on at a time.'
892      )
893      parser.add_argument(
894          '--test_batch_size',
895          type=int,
896          default=-1,
897          help="""\
898      How many images to test on. This test set is only used once, to
      evaluate the final accuracy of the model after training completes.
899          A value of -1 causes the entire test set to be used, which leads to more
900          stable results across runs.\
901          """
902      )
903      parser.add_argument(
904          '--validation_batch_size',
905          type=int,
906          default=100,
907          help="""\
908      How many images to use in an evaluation batch. This validation set is
909          used much more often than the test set, and is an early indicator of how
910          accurate the model is during training.
911          A value of -1 causes the entire validation set to be used, which leads to
912          more stable results across training iterations, but may be slower on large
913          training sets.\
914          """
915      )
916      parser.add_argument(
917          '--print_misclassified_test_images',
918          default=False,
919          help="""\
920      Whether to print out a list of all misclassified test images.\
921          """,
922          action='store_true'
```

```
923        )
924        parser.add_argument(
925            '--model_dir',
926            type=str,
927            default='/tmp/imagenet',
928            help="""\
929            Path to classify_image_graph_def.pb,
930            imagenet_synset_to_human_label_map.txt, and
931            imagenet_2012_challenge_label_map_proto.pbtxt.\
932            """
933        )
934        parser.add_argument(
935            '--bottleneck_dir',
936            type=str,
937            default='/tmp/bottleneck',
938            help='Path to cache bottleneck layer values as files.'
939        )
940        parser.add_argument(
941            '--final_tensor_name',
942            type=str,
943            default='final_result',
944            help="""\
945            The name of the output classification layer in the retrained graph.\
946            """
947        )
948        parser.add_argument(
949            '--flip_left_right',
950            default=False,
951            help="""\
952            Whether to randomly flip half of the training images horizontally.\
953            """,
954            action='store_true'
955        )
956        parser.add_argument(
957            '--random_crop',
958            type=int,
959            default=0,
960            help="""\
961            A percentage determining how much of a margin to randomly crop off the
962            training images.\
```

```
963            """
964        )
965        parser.add_argument(
966            '--random_scale',
967            type=int,
968            default=0,
969            help="""\
970            A percentage determining how much to randomly scale up the size of the
971            training images by.\
972            """
973        )
974        parser.add_argument(
975            '--random_brightness',
976            type=int,
977            default=0,
978            help="""\
979            A percentage determining how much to randomly multiply the training image
980            input pixels up or down by.\
981            """
982        )
983        FLAGS, unparsed = parser.parse_known_args()
984        tf.app.run(main=main, argv=[sys.argv[0]] + unparsed)
```

전체 코드가 상당히 길기 때문에 코드의 핵심 부분인 사전 학습된 Inception v3 모델에 새로운 Softmax 층을 추가하는 add_final_training_ops 함수만 살펴봅시다. inceptionv3_retrain.py 코드의 동작 과정을 그림으로 나타내면 그림 13-3과 같습니다. 1000개의 label을 가진 ImageNet 데이터셋에 대해 학습된 Inception v3 모델의 파라미터를 가져와서, 마지막 Softmax 층을 제거하고 우리가 분류하고자 하는 새로운 데이터셋의 label 개수만큼의 출력값을 갖는 새로운 Softmax 층을 추가합니다. 이때 마지막 Softmax 층 전까지는 파라미터를 고정하고(Freeze) 새로 추가한 Softmax 층만 재학습 Retrain합니다. add_final_training_ops 함수는 이 마지막 Softmax 층을 추가합니다. 또한 inceptionv3_retrain.py 코드에서 마지막 Softmax 층으로 들어오는 입력값을 BOTTLE-NECK이라고 합니다.

Transfer Learning With CNNs

1. Train on Imagenet

2. Small Dataset(C classes)

그림 13-3 | Inception v3 Retrain

01 | 사전 학습된 BOTTLENECK을 인풋 데이터로 받고, 우리가 새로 파인 튜닝하는 레이블을 타겟 데이터로 받기 위한 bottleneck_input, ground_truth_input 플레이스홀더를 정의합니다. 새로 추가하는 Softmax 층의 Weight, Bias 변수 layer_weights, layer_biases를 정의하고 Wx+b 연산 결과인 logits 연산을 정의합니다. 마지막으로 logits에 Softmax 함수를 적용한 최종 출력값 final_tensor를 정의합니다.

또한 tf.nn.softmax_cross_entropy_with_logits API를 이용해서 크로스 엔트로피 손실 함수를 정의하고, 그라디언트 디센트 옵티마이저, 파라미터를 한 스텝 업데이트하는 train_step 연산을 정의하고 정의한 연산들을 리턴합니다.

```python
606    def add_final_training_ops(class_count, final_tensor_name, bottleneck_tensor):
607      """새로운 softmax 층을 추가합니다.
608      우리는 우리의 새로운 클래스들을 분류하기 위해서 가장 상단의(top)의 층을 retrain
       할 필요가 있습니다.
609      인자들(Args):
610      class_count: 몇 개의 레이블을 분류할지를 나타내는 Integer
611      final_tensor_name: 새로 추가한 마지막 노드의 이름(Name) string
612      bottleneck_tensor: 사전 학습된 CNN 그래프의 출력값
613      반환값들(Returns):
614      training을 위한 연산, 크로스 엔트로피 출력값, bottleneck input과 ground
       truth input.
615      """
616      with tf.name_scope('input'):
617        bottleneck_input = tf.placeholder_with_default(
618        bottleneck_tensor, shape=[None, BOTTLENECK_TENSOR_SIZE],
619        name='BottleneckInputPlaceholder')
620
621        ground_truth_input = tf.placeholder(tf.float32,
622                                            [None, class_count],
623                                            name='GroundTruthInput')
624
625      # TensorBoard에서 보기좋게 만들기 위해서 'final_training_ops'라는 이름으로 연
       산들에 name_scope를 지정합니다.
626      layer_name = 'final_training_ops'
627      with tf.name_scope(layer_name):
628        with tf.name_scope('weights'):
629          initial_value = tf.truncated_normal([BOTTLENECK_TENSOR_SIZE, class_count],
630                                               stddev=0.001)
631
632          layer_weights = tf.Variable(initial_value, name='final_weights')
633
634          variable_summaries(layer_weights)
635        with tf.name_scope('biases'):
636          layer_biases = tf.Variable(tf.zeros([class_count]), name='final_biases')
637          variable_summaries(layer_biases)
638        with tf.name_scope('Wx_plus_b'):
639          logits = tf.matmul(bottleneck_input, layer_weights) + layer_biases
640          tf.summary.histogram('pre_activations', logits)
641
642      # 새로 추가한 Softmax 층의 출력값을 계산합니다.
```

```
643    final_tensor = tf.nn.softmax(logits, name=final_tensor_name)
644    tf.summary.histogram('activations', final_tensor)
645
646    # 크로스 엔트로피 손실 함수를 정의합니다.
647    with tf.name_scope('cross_entropy'):
648      cross_entropy = tf.nn.softmax_cross_entropy_with_logits(
649        labels=ground_truth_input, logits=logits)
650      with tf.name_scope('total'):
651        cross_entropy_mean = tf.reduce_mean(cross_entropy)
652    tf.summary.scalar('cross_entropy', cross_entropy_mean)
653
654    # 옵티마이저를 정의하고, 파라미터를 업데이트하는 train_step 연산을 정의합니다.
655    with tf.name_scope('train'):
656      optimizer = tf.train.GradientDescentOptimizer(FLAGS.learning_rate)
657      train_step = optimizer.minimize(cross_entropy_mean)
658
659    return (train_step, cross_entropy_mean, bottleneck_input, ground_truth_
             input, final_tensor)
```

inceptionv3_retrain.py 스크립트를 이용해서 파인 튜닝이 끝나면 inceptionv3_infer-
ence.py 스크립트를 이용해서 학습된 그래프를 불러와서 우리가 만든 분류기가 잘 동작
하는지 추론을 진행해봅시다.

13.2.4 inceptionv3_inference.py

inceptionv3_inference.py 스크립트는 파인 튜닝을 통해 학습된 그래프를 불러와서 지정한 이미지에 대한 추론을 진행합니다. 먼저 전체 코드를 한눈에 살펴봅시다.

```python
1   import numpy as np
2   import tensorflow as tf
3
4   image_path = '/tmp/test_chartreux.jpg'       # 추론을 진행할 이미지 파일경로
5   graph_pb_file_path = '/tmp/output_graph.pb'  # 읽어올 graph 파일 경로
6   labels_txt_file_path = '/tmp/output_labels.txt'# 읽어올 labels 파일 경로
7
8   # 저장된 output_graph.pb파일을 읽어서 그래프를 생성합니다.
9   def create_graph():
10    with tf.gfile.FastGFile(graph_pb_file_path, 'rb') as f:
11      graph_def = tf.GraphDef()
12      graph_def.ParseFromString(f.read())
13      _ = tf.import_graph_def(graph_def, name='')
14
15  # 이미지에 대한 추론(Inference)을 진행합니다.
16  def run_inference_on_image():
17    answer = None
18
19    # 만약 경로에 이미지 파일이 없을 경우 오류 로그를 출력합니다.
20    if not tf.gfile.Exists(image_path):
21      tf.logging.fatal('추론할 이미지 파일이 존재하지 않습니다. %s', image_path)
22      return answer
23
24    # 이미지 파일을 읽습니다.
25    image_data = tf.gfile.FastGFile(image_path, 'rb').read()
26
27    # 그래프를 생성합니다.
28    create_graph()
29
30    # 세션을 열고 그래프를 실행합니다.
31    with tf.Session() as sess:
32      # 최종 소프트 맥스 행렬의 출력 층을 지정합니다.
33      softmax_tensor = sess.graph.get_tensor_by_name('final_result:0')
34      # 추론할 이미지를 인풋으로 넣고 추론 결과인 소프트 맥스 행렬을 가져옵니다.
```

```
35    predictions = sess.run(softmax_tensor, feed_dict={'DecodeJpeg/con-
      tents:0': image_data})
36    # 불필요한 차원을 제거합니다.
37    predictions = np.squeeze(predictions)
38
39    # 가장 높은 확률을 가진 5개(top 5)의 예측값(predictions)들의 인덱스를 가져옵니다.
40    # e.g. [0 3 2 4 1]]
41    top_k = predictions.argsort()[-5:][::-1]
42
43    # output_labels.txt 파일로부터 정답 레이블들을 list 형태로 가져옵니다.
44    f = open(labels_txt_file_path, 'rb')
45    lines = f.readlines()
46    labels = [str(w).replace("\n", "") for w in lines]
47
48    # 가장 높은 확률을 가진 인덱스들부터 추론 결과(Top-5)를 출력합니다.
49    print("Top-5 추론 결과:")
50    for node_id in top_k:
51      label_name = labels[node_id]
52      probability = predictions[node_id]
53      print('%s (확률 = %.5f)' % (label_name, probability))
54
55    # 가장 높은 확률을 가진 Top-1 추론 결과를 출력합니다.
56    print("\nTop-1 추론 결과:" )
57    answer = labels[top_k[0]]
58    probability = predictions[top_k[0]]
59    print('%s (확률 = %.5f)' % (answer, probability))
60
61  if __name__ == '__main__':
62    run_inference_on_image()
```

01 | 텐서플로와 numpy 라이브러리를 임포트합니다.

```
1    import numpy as np
2    import tensorflow as tf
```

02 | 추론할 이미지 파일 경로와 파인 튜닝 결과로 생성된 그래프를 저장하고 있는 out-put_graph.pb 파일, 파인 튜닝에 사용한 레이블이 저장된 output_labels.txt 파일의 경로를 지정합니다.

```
4    image_path = '/tmp/test_chartreux.jpg'       # 추론을 진행할 이미지 파일경로
5    graph_pb_file_path = '/tmp/output_graph.pb'  # 읽어올 graph 파일 경로
6    labels_txt_file_path = '/tmp/output_labels.txt' # 읽어올 labels 파일 경로
```

03 | 사전 학습된 파라미터와 그래프 구조를 저장하고 있는 output_graph.pb 파일을 읽어서 그래프를 생성하는 create_graph() 함수를 정의합니다.

```
8    # 저장된 output_graph.pb파일을 읽어서 그래프를 생성합니다.
9    def create_graph():
10     with tf.gfile.FastGFile(graph_pb_file_path, 'rb') as f:
11       graph_def = tf.GraphDef()
12       graph_def.ParseFromString(f.read())
13       _ = tf.import_graph_def(graph_def, name='')
```

04 | 파이썬 스크립트가 최초로 호출하는 if __name__ == '__main__': 블럭에서 이미지에 대한 추론을 진행하는 run_inference_on_image() 함수를 호출합니다.

```
61   if __name__ == '__main__':
62     run_inference_on_image()
```

05 | 이미지에 대한 추론을 진행하는 run_inference_on_image() 함수를 정의합니다. 만약 경로에 이미지 파일이 없을 경우 오류 로그를 출력합니다. 이미지 파일을 읽고 create_graph() 함수를 호출해서 그래프를 생성합니다.

```
15    # 이미지에 대한 추론(Inference)을 진행합니다.
16    def run_inference_on_image():
17        answer = None
18
19        # 만약 경로에 이미지 파일이 없을 경우 오류 로그를 출력합니다.
20        if not tf.gfile.Exists(image_path):
21            tf.logging.fatal('추론할 이미지 파일이 존재하지 않습니다. %s', image_path)
22            return answer
23
24        # 이미지 파일을 읽습니다.
25        image_data = tf.gfile.FastGFile(image_path, 'rb').read()
26
27        # 그래프를 생성합니다.
28        create_graph()
```

06 | 이제 그래프를 실행합시다. 이미지에 대한 추론값인 소프트맥스 행렬을 출력하는 최종 출력층을 softmax_tensor라는 변수로 설정하고, 추론할 이미지를 DecodeJpeg/contents:0라는 이름의 플레이스홀더에 넣고 softmax_tensor를 실행해서 네트워크의 출력값 predictions을 구합니다. 이후 np.squeeze API를 이용해서 predictions의 불필요한 차원을 제거합니다.

```
30        # 세션을 열고 그래프를 실행합니다.
31        with tf.Session() as sess:
32            # 최종 소프트 맥스 행렬의 출력 층을 지정합니다.
33            softmax_tensor = sess.graph.get_tensor_by_name('final_result:0')
34            # 추론할 이미지를 인풋으로 넣고 추론 결과인 소프트 맥스 행렬을 가져옵니다.
35            predictions = sess.run(softmax_tensor, feed_dict={'DecodeJpeg/con-
    tents:0': image_data})
36            # 불필요한 차원을 제거합니다.
37            predictions = np.squeeze(predictions)
```

07 | Softmax 행렬 형태의 출력값 중에 높은 확률을 가진 레이블들의 인덱스를 top_k에 지정하고 output_labels.txt 파일로부터 읽은 레이블들을 list 형태로 labels에 지정합니다. 그리고 가장 높은 확률을 가진 레이블들(Top-5, Top-1)의 레이블 이름과 확률값을 출력합니다.

```
39    # 가장 높은 확률을 가진 5개(top 5)의 예측값(predictions)들의 인덱스를 가져옵니다.
40    # e.g. [0 3 2 4 1]]
41    top_k = predictions.argsort()[-5:][::-1]
42
43    # output_labels.txt 파일로부터 정답 레이블들을 list 형태로 가져옵니다.
44    f = open(labels_txt_file_path, 'rb')
45    lines = f.readlines()
46    labels = [str(w).replace("\n", "") for w in lines]
47
48    # 가장 높은 확률을 가진 인덱스들부터 추론 결과(Top-5)를 출력합니다.
49    print("Top-5 추론 결과:")
50    for node_id in top_k:
51      label_name = labels[node_id]
52      probability = predictions[node_id]
53      print('%s (확률 = %.5f)' % (label_name, probability))
54
55    # 가장 높은 확률을 가진 Top-1 추론 결과를 출력합니다.
56    print("\nTop-1 추론 결과:" )
57    answer = labels[top_k[0]]
58    probability = predictions[top_k[0]]
59    print('%s (확률 = %.5f)' % (answer, probability))
```

그림 13-4과 같은 test_chartreux.jpg 이미지를 /tmp/ 경로에 넣고 스크립트를 실행합시다.

그림 13-4 | 추론을 진행할 테스트 샤트룩스 이미지 (test_chartreux.jpg)

코드가 실행되면 다음과 같이 분류기가 99.6% 확률로 정확히 샤트룩스로 이미지를 분류했음을 알 수 있습니다.

```
Top-5 추론 결과:
chartreux (확률 = 0.99666)
ragdoll (확률 = 0.00218)
persian (확률 = 0.00116)

Top-1 추론 결과:
chartreux (확률 = 0.99666)
```

이번 시간에는 고양이 분류기를 만들어보았지만 이 Inception v3 Retraining 코드를 이용할 경우, 원하는 어떤 형태의 분류기도 손쉽게 만들수 있습니다. 모두 자신만의 데이터셋으로 분류기를 만들어보세요.

13.3 사전 학습된 모델을 이용한 물체 검출 수행

13.3.1 물체 검출Object Detection의 개념

물체 검출 Object Detection은 이미지에서 물체가 있는 부분에 물체의 **레이블**Label과 **바운딩 박스** Bounding Box를 그려주는 기법입니다. 좀 더 구체적으로 물체가 있는 바운딩 박스의 4개의 모서리 지점의 좌표를 예측하는 기법입니다. 그림 13-5는 물체 검출의 예제를 보여줍니다.

그림 13-5 | 물체 검출의 예제

물체 검출은 얼굴 인식Face Recognition, 보행자 검출Pedestrian Detection 등 다양한 분야에 응용될 수 있습니다. 물체 검출을 위한 대표적인 딥러닝 모델로는 R-CNN, Fast R-CNN, Faster R-CNN, YOLO 등이 있습니다. 이들 모델 역시 사전 학습된 모델이 웹상에 공개되어 있으므로 이를 이용해서 손쉽게 물체 검출기Object Detector를 만들수 있습니다. 다음 장에서는 대표적인 물체 검출 모델인 Faster R-CNN의 사전 학습된 파라미터를 가져와서 물체 검출기를 만들어봅시다. 그림 13-6은 Faster R-CNN 모델의 구조를 보여줍니다.

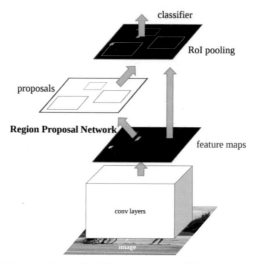

classifier
RoI pooling
proposals
Region Proposal Network
feature maps
conv layers
image
Figure 2: Faster R-CNN is a single, unified network for object detection. The RPN module serves as the 'attention' of this unified network.

그림 13-6 | Faster R-CNN의 구조

13.3.2 사전 학습된 Faster R-CNN 모델로 Object Detection 수행

이제 사전 학습된 Faster R-CNN을 모델을 이용해서 이용해서 물체 검출을 수행해봅시다. 구글에서는 텐서플로를 이용해서 물체 검출에 대해서 사전 학습된 모델들을 손쉽게 가져다 쓸 수 있도록 GitHub 저장소에 코드를 공개하고 있습니다. 아래 URL에 들어가면 공개된 코드를 살펴볼 수 있습니다.

https://github.com/tensorflow/models/tree/master/research/object_detection

하지만 이번 장에서는 해당 코드에 한글 주석을 추가하고 추론 코드를 추가한 이 책에서 사용하는 GitHub 저장소를 기준으로 설명합니다.

https://github.com/solaris33/deep-learning-tensorflow-book-code/tree/master/Ch13-Fine-Tuning/faster_rcnn_object_detection

먼저 코드를 실행하기 전에 **프로토콜 버퍼**^{Protocol Buffer}* 컴파일러^{Compiler}인 protoc를 설치해야 합니다. 프로토콜 버퍼를 설치하는 법은 아래의 프로토콜 버퍼 공식 홈페이지를 참조하세요.

https://developers.google.com/protocol-buffers/

protoc를 설치했다면 deep-learning-tensorflow-book-code/Ch13-Fine-Tuning/faster_rcnn_object_detection/ 경로에서 아래 명령어로 프로토콜 버퍼 라이브러리를 컴파일합니다.

```
protoc object_detection/protos/*.proto --python_out=.
```

프로토콜 버퍼 라이브러리들을 컴파일했다면 faster_rcnn_inference.py 파일을 이용해서 이미지에 대한 물체 검출을 수행할 수 있습니다.

---

* 프로토콜 버퍼는 구글에서 만든 Serialization을 위한 데이터 구조입니다.

13.3.3 faster_rcnn_inference.py

사전 학습된 Faster R-CNN 모델을 이용해서 물체 검출을 위한 추론을 진행하는 faster_rcnn_inference.py 코드를 살펴봅시다. 먼저 전체 코드를 한눈에 살펴봅시다.

```
1    # 필요한 라이브러리들을 임포트합니다.
2    import numpy as np
3    import os
4    import six.moves.urllib as urllib
5    import sys
6    import tarfile
7    import tensorflow as tf
8    import zipfile
9
10   from collections import defaultdict
11   from io import StringIO
12   from matplotlib import pyplot as plt
13   from PIL import Image
14
15   # 현재 디렉토리를 모듈 경로로 추가합니다.
16   sys.path.append("..")

17   # 물체인식을 위한 유틸리티 함수들을 임포트합니다.
18   from utils import label_map_util
19   from utils import visualization_utils as vis_util
20
21   # 물체 인식을 위해 사용할 사전 학습된 Faster R-CNN 모델을 다운받기 위한 URL을 설
       정합니다.
22   # 다운 가능한 전체 사전 학습된 모델은 아래 URL에서 확인하실 수 있습니다.
23   #https://github.com/tensorflow/models/blob/master/research/object_
       detection/g3doc/detection_model_zoo.md
24   MODEL_NAME = 'faster_rcnn_resnet50_coco_2018_01_28'
25   MODEL_FILE = MODEL_NAME + '.tar.gz'
26   DOWNLOAD_BASE = 'http://download.tensorflow.org/models/object_detection/'
27
28   # 다운 받은 학습이 완료된(Frozen) Object Detection을 위한 그래프 pb 파일 경로를
       지정합니다.
29   PATH_TO_CKPT = MODEL_NAME + '/frozen_inference_graph.pb'
30
```

```
31   # 추론에 사용할 레이블들이 저장된 pbtxt 파일의 경로를 지정합니다.
32   # 기본값인 mscoco_label_map.pbtxt는 90개의 레이블로 구성되어 있습니다.
33   PATH_TO_LABELS = os.path.join('data', 'mscoco_label_map.pbtxt')
34
35   NUM_CLASSES = 90
36
37   # 지정한 URL에서 사전 학습된 Faster R-CNN 모델을 다운받고 압축을 해제합니다.
38   opener = urllib.request.URLopener()
39   opener.retrieve(DOWNLOAD_BASE + MODEL_FILE, MODEL_FILE)
40   tar_file = tarfile.open(MODEL_FILE)
41   for file in tar_file.getmembers():
42     file_name = os.path.basename(file.name)
43     if 'frozen_inference_graph.pb' in file_name:
44       tar_file.extract(file, os.getcwd())
45
46   # 다운받은 그래프가 저장된 pb파일을 읽어서 그래프를 생성합니다.
47   detection_graph = tf.Graph()
48   with detection_graph.as_default():
49     od_graph_def = tf.GraphDef()
50     with tf.gfile.GFile(PATH_TO_CKPT, 'rb') as fid:
51       serialized_graph = fid.read()
52       od_graph_def.ParseFromString(serialized_graph)
53       tf.import_graph_def(od_graph_def, name='')
54
55   # 레이블별로 id가 할당된 레이블맵을 불러옵니다.
56   label_map = label_map_util.load_labelmap(PATH_TO_LABELS)
57   categories = label_map_util.convert_label_map_to_categories(label_map,
     max_num_classes=NUM_CLASSES, use_display_name=True)
58   category_index = label_map_util.create_category_index(categories)
59
60   # 이미지를 numpy 형태로 읽어오기 위한 유틸리티 함수를 정의합니다.
61   def load_image_into_numpy_array(image):
62     (im_width, im_height) = image.size
63     return np.array(image.getdata()).reshape(
64       (im_height, im_width, 3)).astype(np.uint8)
65
66   # test_images 폴더에 있는 기본 테스트용 이미지 2개(image1.jpg, imge2.jpg)를 불
       러옵니다.
67   PATH_TO_TEST_IMAGES_DIR = 'test_images'
```

```
68    TEST_IMAGE_PATHS = [ os.path.join(PATH_TO_TEST_IMAGES_DIR, 'image{}.jpg'.
      format(i)) for i in range(1, 3) ]
69
70    # inch로 표현한 출력 이미지의 크기
71    IMAGE_SIZE = (12, 8)
72
73    # 불러온 테스트 이미지들을 하나씩 화면에 출력합니다.
74    # 다음으로 넘어가기 위해서는 아무 버튼을 1번 입력해야합니다.(plt.
      waitforbuttonpress())
75    for image_path in TEST_IMAGE_PATHS:
76        image = Image.open(image_path)
77        plt.figure(figsize=IMAGE_SIZE)
78        plt.imshow(image)
79        plt.draw()
80        plt.waitforbuttonpress()
81
82    # 불러온 이미지에 대해서 물체인식 추론(Inference)을 진행하고 추론 결과를 화면에 출
      력합니다.
83    with detection_graph.as_default():
84        with tf.Session(graph=detection_graph) as sess:
85            # 이미지를 입력받을 인풋 플레이스홀더를 지정합니다.
86            image_tensor = detection_graph.get_tensor_by_name('image_tensor:0')
87            # 물체 인식 결과인 Bounding Box들을 리턴 받을 변수를 지정합니다.
88            detection_boxes = detection_graph.get_tensor_by_name('detection_
      boxes:0')
89            # 추론 결과에 대한 확신의 정도를 리턴 받을 scores텐서와 labels에 대한 추론 결
      과를 리턴받을 classes 변수를 지정합니다.
90            # 출력 결과 : 바운딩 박스 + 레이블 + 확신의 정도(score)
91            detection_scores = detection_graph.get_tensor_by_name('detection_
      scores:0')
92            detection_classes = detection_graph.get_tensor_by_name('detection_
      classes:0')
93            num_detections = detection_graph.get_tensor_by_name('num_
      detections:0')
94            for image_path in TEST_IMAGE_PATHS:
95                image = Image.open(image_path)
96                # 입력받은 이미지를 numpy 형태의 배열로 변환합니다.
97                image_np = load_image_into_numpy_array(image)
98                # 모델의 인풋인 [1, None, None, 3] 형태로 차원을 확장(Expand)합니다.
```

```
99          image_np_expanded = np.expand_dims(image_np, axis=0)
100         # 인풋 이미지를 플레이스홀더에 넣고 추론을 지행합니다.
101         (boxes, scores, classes, num) = sess.run(
102             [detection_boxes, detection_scores, detection_classes, num_detections],
103             feed_dict={image_tensor: image_np_expanded})
104         # 추론 결과를 화면에 출력합니다.
105         # 출력결과 : 바운딩 박스 + 레이블 + 확신의 정도(score)
106         vis_util.visualize_boxes_and_labels_on_image_array(
107             image_np,
108             np.squeeze(boxes),
109             np.squeeze(classes).astype(np.int32),
110             np.squeeze(scores),
111             category_index,
112             use_normalized_coordinates=True,
113             line_thickness=8)
114     plt.figure(figsize=IMAGE_SIZE)
115     plt.imshow(image_np)
116     plt.draw()
117     plt.waitforbuttonpress()
118
119 # 나만의 이미지로 추론을 진행해봅시다.
120 image = Image.open('test_chartreux.jpg')
121 plt.figure(figsize=IMAGE_SIZE)
122 plt.imshow(image)
123 plt.draw()
124 plt.waitforbuttonpress()
125
126 # 불러온 이미지에 대해서 물체인식 추론(Inference)을 진행하고 추론 결과를 화면에 출
    력합니다.
127 with detection_graph.as_default():
128   with tf.Session(graph=detection_graph) as sess:
129     # 이미지를 입력받을 인풋 플레이스홀더를 지정합니다.
130     image_tensor = detection_graph.get_tensor_by_name('image_tensor:0')
131     # 물체 인식 결과인 Bounding Box들을 리턴 받을 변수를 지정합니다.
132     detection_boxes = detection_graph.get_tensor_by_name('detection_
    boxes:0')
133     # 추론 결과에 대한 확신의 정도를 리턴 받을 scores텐서와 labels에 대한 추론 결
    과를 리턴 받을 classes 변수를 지정합니다.
```

```
134        # 출력결과 : 바운딩 박스 + 레이블 + 확신의 정도(score)
135        detection_scores = detection_graph.get_tensor_by_name('detection_
       scores:0')
136        detection_classes = detection_graph.get_tensor_by_name('detection_
       classes:0')
137        num_detections = detection_graph.get_tensor_by_name('num_detections:0')
138
139        # 입력 받은 이미지를 numpy 형태의 배열로 변환합니다.
140        image_np = load_image_into_numpy_array(image)
141        # 모델의 인풋인 [1, None, None, 3] 형태로 차원을 확장(Expand)합니다.
142        image_np_expanded = np.expand_dims(image_np, axis=0)
143        # 인풋 이미지를 플레이스홀더에 넣고 추론을 진행합니다.
144        (boxes, scores, classes, num) = sess.run(
145            [detection_boxes, detection_scores, detection_classes, num_
       detections],
146            feed_dict={image_tensor: image_np_expanded})
147        # 추론 결과를 화면에 출력합니다.
148        # 출력결과 : 바운딩 박스 + 레이블 + 확신의 정도(score)
149        vis_util.visualize_boxes_and_labels_on_image_array(
150            image_np,
151            np.squeeze(boxes),
152            np.squeeze(classes).astype(np.int32),
153            np.squeeze(scores),
154            category_index,
155            use_normalized_coordinates=True,
156            line_thickness=8)
157        plt.figure(figsize=IMAGE_SIZE)
158        plt.imshow(image_np)
159        plt.draw()
160        plt.waitforbuttonpress()
161        # 추론 결과를 파일로 저장합니다.
162        plt.savefig("test_chartreux_result.jpg")
```

01 | 필요한 라이브러리를 임포트합니다. sys.path.append로 현재 디렉토리를 모듈 경로로 추가하고 유틸리티 모듈을 임포트합니다.

```
1    # 필요한 라이브러리들을 임포트합니다.
2    import numpy as np
3    import os
4    import six.moves.urllib as urllib
5    import sys
6    import tarfile
7    import tensorflow as tf
8    import zipfile
9
10   from collections import defaultdict
11   from io import StringIO
12   from matplotlib import pyplot as plt
13   from PIL import Image
14
15   # 현재 디렉토리를 모듈 경로로 추가합니다.
16   sys.path.append("..")
17
18   # 물체인식을 위한 유틸리티 함수들을 임포트합니다.
     from utils import label_map_util
19   from utils import visualization_utils as vis_util
```

02 | 사전 학습된 Faster R-CNN 모델을 다운받기 위한 URL을 설정합니다. 이번 시간에 다운받을 Faster R-CNN 모델은 90개(=NUM_CLASSES)의 레이블을 가진 MS COCO 데이터셋에 대해서 ResNet 구조를 이용해서 트레이닝한 Faster R-CNN입니다. 이외에도 다양한 Object Detection 문제에 대해 Pre-Trained된 다양한 모델을 아래 URL에서 확인하실 수 있습니다.

https://github.com/tensorflow/models/blob/master/research/object_detection/g3doc/detection_model_zoo.md

다운받은 그래프 파일의 압축을 풀고 읽어들여서 메모리에 그래프 구조를 올립니다.

```
21  # 물체 인식을 위해 사용할 사전 학습된 Faster R-CNN 모델을 다운받기 위한 URL을 설
    정합니다.
22  # 다운 가능한 전체 사전 학습된 모델은 아래 URL에서 확인하실 수 있습니다.
23  #https://github.com/tensorflow/models/blob/master/research/object_detec-
    tion/g3doc/detection_model_zoo.md
24  MODEL_NAME = 'faster_rcnn_resnet50_coco_2018_01_28'
25  MODEL_FILE = MODEL_NAME + '.tar.gz'
26  DOWNLOAD_BASE = 'http://download.tensorflow.org/models/object_detection/'
27
28  # 다운 받은 학습이 완료된(Frozen) Object Detection을 위한 그래프 pb 파일 경로를
    지정합니다.
29  PATH_TO_CKPT = MODEL_NAME + '/frozen_inference_graph.pb'
30
31  # 추론에 사용할 레이블들이 저장된 pbtxt 파일의 경로를 지정합니다.
32  # 기본값인 mscoco_label_map.pbtxt는 90개의 레이블로 구성되어 있습니다.
33  PATH_TO_LABELS = os.path.join('data', 'mscoco_label_map.pbtxt')
34
35  NUM_CLASSES = 90
36
37  # 지정한 URL에서 사전 학습된 Faster R-CNN 모델을 다운받고 압축을 해제합니다.
38  opener = urllib.request.URLopener()
39  opener.retrieve(DOWNLOAD_BASE + MODEL_FILE, MODEL_FILE)
40  tar_file = tarfile.open(MODEL_FILE)
41  for file in tar_file.getmembers():
42    file_name = os.path.basename(file.name)
43    if 'frozen_inference_graph.pb' in file_name:
44      tar_file.extract(file, os.getcwd())
45
46  # 다운받은 그래프가 저장된 pb파일을 읽어서 그래프를 생성합니다.
47  detection_graph = tf.Graph()
48  with detection_graph.as_default():
49    od_graph_def = tf.GraphDef()
50    with tf.gfile.GFile(PATH_TO_CKPT, 'rb') as fid:
51      serialized_graph = fid.read()
52      od_graph_def.ParseFromString(serialized_graph)
53      tf.import_graph_def(od_graph_def, name='')
```

03 | mscoco_label_map.pbtxt 파일로부터 추론에 사용할 레이블들을 읽어오고, 읽어온 이미지를 numpy 행렬 형태로 바꿔주는 유틸리티 함수인 load_image_into_numpy_array 함수를 정의합니다.

```
55   # 레이블별로 id가 할당된 레이블맵을 불러옵니다.
56   label_map = label_map_util.load_labelmap(PATH_TO_LABELS)
57   categories = label_map_util.convert_label_map_to_categories(label_map,
     max_num_classes=NUM_CLASSES, use_display_name=True)
58   category_index = label_map_util.create_category_index(categories)
59
60   # 이미지를 numpy 형태로 읽어오기 위한 유틸리티 함수를 정의합니다.
61   def load_image_into_numpy_array(image):
62       (im_width, im_height) = image.size
63       return np.array(image.getdata()).reshape(
64           (im_height, im_width, 3)).astype(np.uint8)
```

04 | test_images 폴더에 있는 테스트 이미지(image1.jpg, image2.jpg)들을 읽어오고 테스트 이미지들을 화면에 출력합니다.

```
66   # test_images 폴더에 있는 기본 테스트용 이미지 2개(image1.jpg, imge2.jpg)를 불
     러옵니다.
67   PATH_TO_TEST_IMAGES_DIR = 'test_images'
68   TEST_IMAGE_PATHS = [ os.path.join(PATH_TO_TEST_IMAGES_DIR, 'image{}.jpg'.
     format(i)) for i in range(1, 3) ]
69
70   # inch로 표현한 출력 이미지의 크기
71   IMAGE_SIZE = (12, 8)
72
73   # 불러온 테스트 이미지들을 하나씩 화면에 출력합니다.
74   # 다음으로 넘어가기 위해서는 아무 버튼을 1번 입력해야합니다.(plt.waitforbutton-
     press())
75   for image_path in TEST_IMAGE_PATHS:
76       image = Image.open(image_path)
77       plt.figure(figsize=IMAGE_SIZE)
78       plt.imshow(image)
79       plt.draw()
80       plt.waitforbuttonpress()
```

05 │ 이제 그래프 정의와 이미지 준비가 완료되었고 세션을 열어서 추론을 진행합시다. 사전 학습된 그래프 구조에서 이미지를 입력받을 플레이스홀더가 정의된 이름인 'image_tensor:0'를 이용해서 이미지를 입력받을 플레이스홀더 image_tensor를 선언합니다. 마찬가지로 'detection_boxes:0'라는 이름으로 정의된 물체 검출 결과를 리턴하는 연산을 detection_boxes, 검출에 대한 확신의 정도, 검출된 물체의 레이블, 검출된 물체의 개수를 나타내는 detection_scores, detection_classes, num_detections을 선언합니다. test_images 폴더에 정의된 2개의 이미지를 읽고, 그래프를 실행해서 Object Detection 결과를 리턴받고, 입력 이미지인 image_np에 바운딩 박스 + 레이블 + 확신의 정도(score)를 그려주는 유틸리티 함수인 vis_util.visualize_boxes_and_labels_on_image_array를 이용해서 입력 이미지에 결과값을 표시하고 plt.imshow(image_np)를 이용해서 결과값을 화면에 출력합니다.

```
82    # 불러온 이미지에 대해서 물체인식 추론(Inference)을 진행하고 추론 결과를 화면에 출
      력합니다.
83    with detection_graph.as_default():
84      with tf.Session(graph=detection_graph) as sess:
85        # 이미지를 입력받을 인풋 플레이스홀더를 지정합니다.
86        image_tensor = detection_graph.get_tensor_by_name('image_tensor:0')
87        # 물체 인식 결과인 Bounding Box들을 리턴 받을 변수를 지정합니다.
88        detection_boxes = detection_graph.get_tensor_by_name('detection_box-
      es:0')
89        # 추론 결과에 대한 확신의 정도를 리턴 받을 scores텐서와 labels에 대한 추론 결
      과를 리턴받을 classes 변수를 지정합니다.
90        # 출력 결과 : 바운딩 박스 + 레이블 + 확신의 정도(score)
91        detection_scores = detection_graph.get_tensor_by_name('detection_
      scores:0')
92        detection_classes = detection_graph.get_tensor_by_name('detection_
      classes:0')
93        num_detections = detection_graph.get_tensor_by_name('num_detec-
      tions:0')
94        for image_path in TEST_IMAGE_PATHS:
95          image = Image.open(image_path)
96          # 입력받은 이미지를 numpy 형태의 배열로 변환합니다.
97          image_np = load_image_into_numpy_array(image)
98          # 모델의 인풋인 [1, None, None, 3] 형태로 차원을 확장(Expand)합니다.
99          image_np_expanded = np.expand_dims(image_np, axis=0)
```

```
100        # 인풋 이미지를 플레이스홀더에 넣고 추론을 지행합니다.
101        (boxes, scores, classes, num) = sess.run(
102            [detection_boxes, detection_scores, detection_classes, num_detections],
103            feed_dict={image_tensor: image_np_expanded})
104        # 추론 결과를 화면에 출력합니다.
105        # 출력결과 : 바운딩 박스 + 레이블 + 확신의 정도(score)
106        vis_util.visualize_boxes_and_labels_on_image_array(
107            image_np,
108            np.squeeze(boxes),
109            np.squeeze(classes).astype(np.int32),
110            np.squeeze(scores),
111            category_index,
112            use_normalized_coordinates=True,
113            line_thickness=8)
114        plt.figure(figsize=IMAGE_SIZE)
115        plt.imshow(image_np)
116        plt.draw()
117        plt.waitforbuttonpress()
```

06 │ 같은 과정을 나만의 이미지(test_chartreux.jpg)에 대해서 수행하고, 추론 결과를 "test_chartreux_result.jpg"라는 이름의 파일로 저장합니다.

```
119    # 나만의 이미지로 추론을 진행해봅시다.
120    image = Image.open('test_chartreux.jpg')
121    plt.figure(figsize=IMAGE_SIZE)
122    plt.imshow(image)
123    plt.draw()
124    plt.waitforbuttonpress()
125
126    # 불러온 이미지에 대해서 물체인식 추론(Inference)을 진행하고 추론 결과를 화면에 출
       력합니다.
127    with detection_graph.as_default():
128      with tf.Session(graph=detection_graph) as sess:
129        # 이미지를 입력받을 인풋 플레이스홀더를 지정합니다.
130        image_tensor = detection_graph.get_tensor_by_name('image_tensor:0')
131        # 물체 인식 결과인 Bounding Box들을 리턴 받을 변수를 지정합니다.
132        detection_boxes = detection_graph.get_tensor_by_name('detection_box-
       es:0')
```

```
133    # 추론 결과에 대한 확신의 정도를 리턴 받을 scores텐서와 labels에 대한 추론 결
       과를 리턴 받을 classes 변수를 지정합니다.
134    # 출력결과 : 바운딩 박스 + 레이블 + 확신의 정도(score)
135    detection_scores = detection_graph.get_tensor_by_name('detection_
       scores:0')
136    detection_classes = detection_graph.get_tensor_by_name('detection_
       classes:0')
137    num_detections = detection_graph.get_tensor_by_name('num_detections:0')
138
139    # 입력 받은 이미지를 numpy 형태의 배열로 변환합니다.
140    image_np = load_image_into_numpy_array(image)
141    # 모델의 인풋인 [1, None, None, 3] 형태로 차원을 확장(Expand)합니다.
142    image_np_expanded = np.expand_dims(image_np, axis=0)
143    # 인풋 이미지를 플레이스홀더에 넣고 추론을 진행합니다.
144    (boxes, scores, classes, num) = sess.run(
145      [detection_boxes, detection_scores, detection_classes, num_detec-
       tions],
146      feed_dict={image_tensor: image_np_expanded})
147    # 추론 결과를 화면에 출력합니다.
148    # 출력결과 : 바운딩 박스 + 레이블 + 확신의 정도(score)
149    vis_util.visualize_boxes_and_labels_on_image_array(
150      image_np,
151      np.squeeze(boxes),
152      np.squeeze(classes).astype(np.int32),
153      np.squeeze(scores),
154      category_index,
155      use_normalized_coordinates=True,
156      line_thickness=8)
157    plt.figure(figsize=IMAGE_SIZE)
158    plt.imshow(image_np)
159    plt.draw()
160    plt.waitforbuttonpress()
161    # 추론 결과를 파일로 저장합니다.
162    plt.savefig("test_chartreux_result.jpg")
```

코드를 실행하면 test_chartreux.jpg 이미지에 대해서 그림 13-7과 같이 그림에서 고양이 부분을 검출 해낸 모습을 볼 수 있습니다.

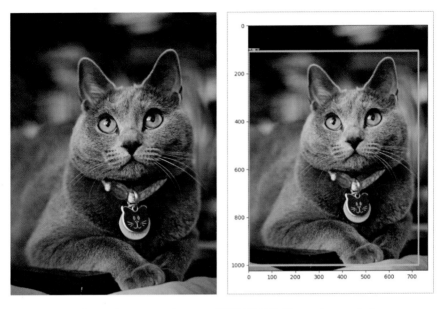

그림 13-7 | faster_rcnn_inference.py 실행 결과(추론 이미지: test_chartreux.jpg)

모두 물체를 검출하고 싶은 나만의 이미지를 불러와서 물체 검출을 수행해봅시다.

13.4 TensorFlow Hub

이번 장에서는 파인 튜닝과 사전 학습된 모델을 이용해서 실제 문제를 해결하는 방법을 살펴보았습니다. 이런 식으로 공개된 모델을 재사용할 경우, 적은 노력으로도 많은 문제를 해결할 수 있기 때문에 매우 실용적인 방법론입니다.

따라서 구글은 일반화된 문제들에 대해서 모델의 재사용성을 극대화하기 위해서 Tensor-Flow Hub라는 API를 새롭게 공개하였습니다. TensorFlow Hub를 이용할 경우 다양한 사전 학습된 모델을 다음과 같이 **모듈**^{Module} 형태로 손쉽게 바로 사용하거나 파인 튜닝해서 사용할 수 있습니다.

```
1    import tensorflow as tf
2    import tensorflow_hub as hub
3
4    with tf.Graph(). as_default():
5      embed = hub.Module("https://tfhub.dev/google/nnlm-en-dim128-with-
       normalization/1")
6      embeddings = embed(["A long sentence.", "single-word", "http://example.
       com"])
7
8      with tf.Session() as sess:
9        sess.run(tf.global_variables_initializer())
10       sess.run(tf.tables_initializer())
11
12       print(sess.run(embeddings))
```

TensorFlow Hub는 텐서플로 1.7.0 버전 이상에서 사용 가능하고, 다음 명령어로 Ten-sorFlow Hub 라이브러리를 설치해주어야만 합니다.

```
pip install tensorflow-hub
```

TensorFlow Hub에 대한 더 자세한 내용은 텐서플로 공식 홈페이지인 아래 URL을 참조하세요.

https://www.tensorflow.org/hub/

13.5 정리

이번 장에서 배운 내용을 정리해봅시다. 이번 장에서는 파인 튜닝과 사전 학습된 모델을 이용해서 실제 문제를 해결하는 방법을 살펴보았습니다. 구체적으로,

1. Inception v3 모델을 파인 튜닝하여 chartreux, ragdoll, persian 3가지 종류의 고양이를 분류하는 분류기를 만들어보았습니다.
2. 사전 학습된 Faster R-CNN 모델을 이용해서 물체 검출^{Object Detection}을 수행해 보았습니다.
3. 파인 튜닝과 사전 학습된 모델을 손쉽게 사용할 수 있는 API인 TensorFlow Hub를 살펴보았습니다.

딥러닝을 이용해서 어떤 실제 문제를 해결하고자 할 때, 바닥부터 모델을 새로 만드는 것은 매우 어려운 일이기 때문에 사전 학습된 모델과 파인 튜닝 기법은 광범위하게 사용됩니다. 따라서 웹상에 공개된 사전 학습된 모델과 이를 파인 튜닝해서 사용하는 방법을 잘 알아둡시다.

13.6 더 공부할 것들

이로써 이 책에서 다루는 내용은 모두 끝났습니다. 독자분들이 딥러닝과 텐서플로의 기초부터 심화까지 단계별로 따라올수 있도록 최대한 부족함 없이 내용을 다루었습니다. 하지만 딥러닝 분야는 지금 이순간에도 새로운 기법들이 끊임없이 등장하는 핫한 연구 분야입니다. 따라서 이 책에서 배운 내용을 토대로 독자분들이 추가적으로 최신 기법들을 공부할 수 있도록 딥러닝 트렌드를 이끄는 연구기관들과 최신 논문을 구현한 GitHub 저장소를 소개하고 책을 마무리하려고 합니다.

먼저 전세계적으로 대표적인 딥러닝 연구기관들을 살펴봅시다.

1. Google DeepMind

그 유명한 알파고^{AlphaGo}를 만든 회사입니다. 구글의 CEO인 래리 페이지가 Atari 게임에 대한 DQN 구현에 반해서 시제품도 없는 회사를 5000억이라는 거액을 주고 인수하여 큰 화제가 되었습니다. 런던에 위치하고 있고, 영국의 체스 신동으로도 유명한 데미스 하사비스 Demis Hassabis가 2010년 9월 23일에 창업하였습니다. 주요 연구 분야는 딥러닝, 강화 학습, 신경과학입니다. 특히 딥마인드는 딥러닝 붐에 더해서 강화 학습을 AI 연구의 핵심축으로 가져왔다는 점에서 큰 의미가 있는 연구소입니다. 또한 창업자인 데미스 하사비스가 신경과학으로 박사학위를 받았기 때문에 신경과학에서 많은 아이디어를 가져온다는 특징이 있습니다. 딥마인드에서 출판하는 논문들은 아래의 링크에서 확인할 수 있습니다.

https://deepmind.com/research/publications

2. OpenAI

Tesla, SpaceX로 유명한 일론 머스크^{Elon Musk}와 와이 컴비네이터^{Y Combinator}의 CEO로 유명한 샘 알트만^{Sam Altman}이 함께 설립한 샌프란시스코에 위치한 비영리 AI 연구소입니다. 창립일은 2015년 12월 11일입니다. OpenAI는 설립 목적이 상당히 특이한데, 일론 머스크는

범용적인 인공지능^{AGI(Artificial General Intelligence)}의 출현이 인류의 존재론적 위협이 될 수 있다고 보고, 최신 AI 연구결과를 모두에게 공개하기 위해서 OpenAI를 설립하였습니다. 대표적인 성과물로는 Python 환경에서 강화 학습 알고리즘을 손쉽게 테스트해 볼 수 있는 플랫폼인 OpenAI Gym이 있습니다. 주요 연구 분야는 강화 학습, 로보틱스^{Robotics}, 생성 모델입니다. OpenAI에서 출판하는 논문들은 아래의 링크에서 확인할 수 있습니다.

https://openai.com/research/#publications

3. Facebook AI Research(FAIR)

딥러닝의 대가이자 CNN을 창안한 얀 르쿤^{Yann Lecun} NYU 교수가 이끄는 페이스북 산하의 AI 연구소입니다. 대표적인 성과물로는 bAbI Project를 중심으로한 NLP^{Natural Language Processing} 연구들(예를 들면, Memory Networks)이 있습니다. FAIR에서 출판하는 논문들은 아래의 링크에서 확인할 수 있습니다.

https://research.fb.com/publications

4. Montreal Institute for Learning Algorithms(MILA)

또 다른 딥러닝의 대가인 요슈아 벤지오^{Yoshua Bengio} 교수가 이끄는 몬트리올 대학의 연구소입니다. 기업에 속해 있는 앞의 연구소들과는 다르게 학교에 속해있기 때문에 응용보다는 학문적인 분위기가 강한 점이 특징입니다. 요슈아 벤지오 교수는 MILA 외에도 AI 스타트업을 위한 인큐베이터인 ElementAI에도 참여하고 있습니다. MILA에서 출판하는 논문들은 아래의 링크에서 확인할 수 있습니다.

http://www.iro.umontreal.ca/~lisa/publications2/index.php/publications

5. tensorflow/models

구글에서 관리하는 텐서플로 예제 및 텐서플로를 이용해서 최신 논문을 구현한 코드들을 모아놓은 GitHub 저장소입니다. 아래 URL에서 최신 논문들을 구현한 다양한 텐서플로 코드들을 살펴볼 수 있습니다.

https://github.com/tensorflow/models

그림 13-11 | tensorflow/models GitHub 저장소

[1] Mitchell, Tom M. "Machine learning. 1997." Burr Ridge, IL: McGraw Hill 45.37 (1997): 870-877.

[2] LeCun, Yann, Yoshua Bengio, and Geoffrey Hinton. "Deep learning." nature 521.7553 (2015): 436.

[3] Bengio, Yoshua, Aaron Courville, and Pascal Vincent. "Representation learning: A review and new perspectives." IEEE transactions on pattern analysis and machine intelligence 35.8 (2013): 1798-1828.

[4] https://en.wikipedia.org/wiki/MNIST_database

[5] Huang, Jonathan, et al. "Speed/accuracy trade-offs for modern convolutional object detectors." IEEE CVPR. Vol. 4. 2017.

[6] Wu, Yonghui, et al. "Google's neural machine translation system: Bridging the gap between human and machine translation." arXiv preprint arXiv:1609.08144 (2016).

[7] https://commons.wikimedia.org/wiki/File:Cortana_google_now_i_siri.jpg

[8] Silver, David, et al. "Mastering the game of Go with deep neural networks and tree search." nature 529.7587 (2016): 484.

[9] Berthelot, David, Thomas Schumm, and Luke Metz. "BEGAN: boundary equilibrium generative adversarial networks." arXiv preprint arXiv:1703.10717 (2017).

[10] https://en.wikipedia.org/wiki/Overfitting

[11] https://en.wikipedia.org/wiki/Neuron

[12] https://en.wikipedia.org/wiki/Perceptron

[13] https://en.wikipedia.org/wiki/Step_function

[14] https://sebastianraschka.com/Articles/2015_single-layer_neurons.html

[15] https://en.wikipedia.org/wiki/Activation_function

[16] https://sebastianraschka.com/faq/docs/visual-backpropagation.html

[17] Rumelhart, David E., Geoffrey E. Hinton, and Ronald J. Williams. "Learning representations by back-propagating errors." nature 323.6088 (1986): 533.

[18] http://ufldl.stanford.edu/wiki/index.php/UFLDL_Tutorial

[19] Pan, Sinno Jialin, and Qiang Yang. "A survey on transfer learning." IEEE Transactions on knowledge and data engineering 22.10 (2010): 1345-1359.

[20] https://en.wikipedia.org/wiki/Convolutional_neural_network

[21] http://cs231n.stanford.edu/

[22] https://www.cs.toronto.edu/~kriz/cifar.html

[23] Srivastava, Nitish, et al. "Dropout: a simple way to prevent neural networks from overfitting." The Journal of Machine Learning Research 15.1 (2014): 1929-1958.

[24] Krizhevsky, Alex, Ilya Sutskever, and Geoffrey E. Hinton. "Imagenet classification with deep convolutional neural networks." Advances in neural information processing systems. 2012.

[25] Simonyan, Karen, and Andrew Zisserman. "Very deep convolutional networks for large-scale image recognition." arXiv preprint arXiv:1409.1556 (2014).

[26] Szegedy, Christian, et al. "Going deeper with convolutions." Proceedings of the IEEE conference on computer vision and pattern recognition. 2015.

[27] He, Kaiming, et al. "Deep residual learning for image recognition." Proceedings of the IEEE conference on computer vision and pattern recognition. 2016.

[28] https://tex.stackexchange.com/questions/364413/drawing-an-unfolded-recurrent-neural-network?noredirect=1&lq=1

[29] Graves, Alex. Supervised sequence labelling with recurrent neural networks. Vol. 385. Springer Science & Business Media, 2012

[30] Chung, Junyoung, et al. "Empirical evaluation of gated recurrent neural networks on sequence modeling." arXiv preprint arXiv:1412.3555 (2014).

[31] https://www.tensorflow.org/tutorials/representation/word2vec

[32] Vinyals, Oriol, et al. "Show and tell: Lessons learned from the 2015 mscoco image captioning challenge." IEEE transactions on pattern analysis and machine intelligence 39.4 (2017): 652-663.

[33] https://competitions.codalab.org/competitions/3221

[34] https://commons.wikimedia.org/wiki/File:Image-segmentation-example-segmented.png

[35] Havaei, Mohammad, et al. "Brain tumor segmentation with deep neural networks." Medical image analysis 35 (2017): 18-31.

[36] Long, Jonathan, Evan Shelhamer, and Trevor Darrell. "Fully convolutional networks for semantic segmentation." Proceedings of the IEEE conference on computer vision and pattern recognition. 2015.

[37] Zhou, Bolei, et al. "Scene parsing through ade20k dataset." Proceedings of the IEEE Conference on Computer Vision and Pattern Recognition. Vol. 1. No. 2. IEEE, 2017.

[38] Goodfellow, Ian, et al. "Generative adversarial nets." Advances in neural information processing systems. 2014.

[39] Mnih, Volodymyr, et al. "Human-level control through deep reinforcement learning." Nature 518.7540 (2015): 529.

[40] https://en.wikipedia.org/wiki/Breakout_(video_game)

[41] Sutton, Richard S., and Andrew G. Barto. Reinforcement learning: An introduction. MIT press, 1998.

[42] https://ai.googleblog.com/2016/08/improving-inception-and-image.html

[43] Ren, Shaoqing, et al. "Faster r-cnn: Towards real-time object detection with region proposal networks." Advances in neural information processing systems. 2015.

텐서플로로 배우는
딥러닝

1판 1쇄 발행 | 2018년 11월 16일
1판 4쇄 발행 | 2023년 6월 12일

저 자 | 솔라리스
발 행 인 | 김길수
발 행 처 | (주)영진닷컴
주 소 | (우)08505 서울 금천구 가산디지털2로 123
　　　　　　월드메르디앙벤처센터 2차 10층
등 록 | 2007. 4. 27. 제16-4189호

도서문의처 | http://www.youngjin.com　　　　YoungJin.com **Y.**
　　　　　　　　　　　　　　　　　　　　　　　　영진닷컴